mira cómo se hace

mira

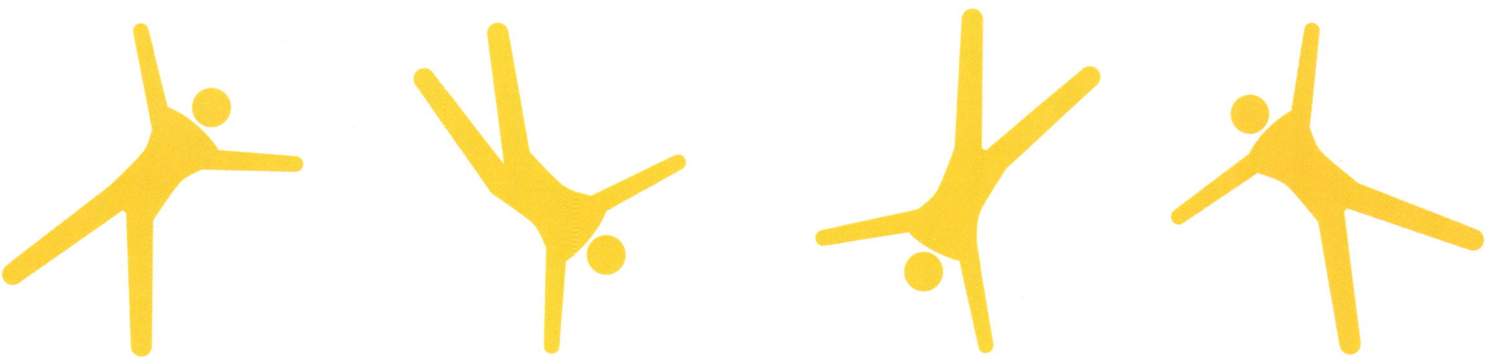

cómo se hace

500 COSAS QUE DEBES SABER

Instrucciones para la vida - Desde lo cotidiano a lo más exótico

DEREK FAGERSTROM, LAUREN SMITH Y EL SHOW ME TEAM

Círculo de Lectores

mira cómo se hace…

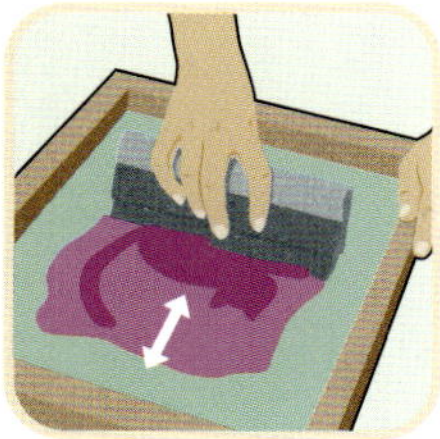

arte

artesanía

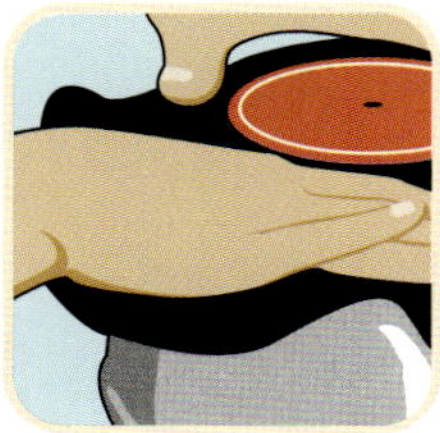

proyectos de ciencia

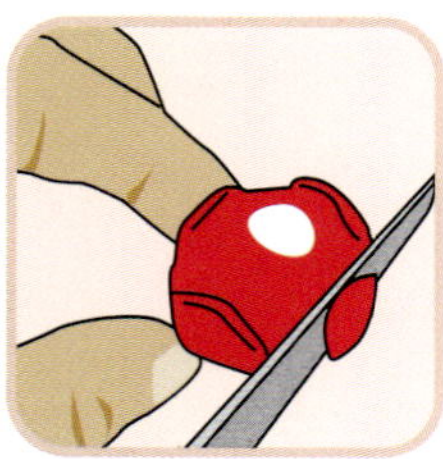

consejos culinarios

1 use este libro

haga

2 haga un columpio
3 prense flores bonitas
4 decore huevos
5 cree cuentas de fimo
6 ensarte cuentas de fimo
7 modele animales de arcilla
8 cree bichos raros con arcilla
9 confeccione un muñeco vudú
10 use el muñeco vudú
11 protéjase con un amuleto
12 dibuje a hurtadillas
13 escriba con tinta invisible
14 haga un libro hueco
15 monte un supertirachinas
16 haga una estrella de 16 puntas
17 construya una caja de *origami*
18 cree un pingüino de papel
19 serigrafíe un diseño fantástico
20 encuaderne un libro
21 haga una esfera con un CD
22 fabrique un bol con un disco
23 haga un *didgeridoo* con un tubo
24 cree una billetera con una baraja
25 fabrique un biquini de malla
26 haga una espada de gomaespuma
27 cree un reloj con patatas
28 accione una máquina de hilar
29 fabrique una radio de trincheras
30 haga una caja para ver eclipses
31 construya un volcán en erupción
32 monte un terrario tropical
33 teja una pulsera de la amistad
34 haga una burbuja gigantesca
35 haga formas con un globo
36 forme azúcar cande
37 haga una piñata para una fiesta
38 talle un sello de patata
39 haga una bola de nieve de cristal
40 construya una guirnalda navideña
41 fabrique una bola aromática
42 haga una lámpara con una lata
43 tiña un mantel de batik
44 interprete el batik
45 consiga una camiseta desteñida
46 cree una espiral desteñida
47 haga el montaje para tejer
48 haga punto del derecho
49 haga punto del revés
50 aprenda las puntadas básicas
51 cosa diseños indígenas
52 mida sus pies para los mocasines
53 fabrique unos mocasines de ante

coma

54 abra una granada
55 parta un mango
56 deshuese un aguacate
57 parta un coco
58 corte una piña
59 hierva un huevo
60 pele un huevo duro rápidamente
61 fría huevos

62 escalfe huevos
63 enrolle un burrito
64 fría nachos
65 prepare guacamole
66 corte un chile
67 elabore pico de gallo
68 haga una flor de tomate
69 talle una rosa de rábano
70 pique jengibre
71 pele un pimiento
72 arregle una alcachofa
73 quite el óxido a una sartén
74 haga que el rodillo no se pegue
75 afile y saque brillo a un cuchillo
76 sepa cuánto se mantiene la comida
77 utilice palillos
78 enrolle *sushi temaki*
79 enrolle *maki*
80 limpie una langosta
81 pele y desvene una gamba
82 casque un cangrejo
83 abra una ostra
84 conozca los cortes de la vaca
85 elabore salchichas
86 conozca los cortes del cerdo
87 prepare una hamburguesa
88 cocine un suculento bistec
89 prepare pollo a la cerveza
90 ase un pavo
91 trinche un pavo
92 prepare el clásico pollo frito
93 haga salsa a fuego lento
94 acompañe la pasta con salsas
95 amase la pasta
96 corte *fettuccini*
97 doble *tortellini*
98 doble una *galette*
99 amase una *baguette*
100 trence un *brioche*
101 prepare el adorno de una tarta

beba

102 sirva y acompañe el champán
103 sirva y acompañe un pinot gris
104 sirva y acompañe un chardonnay
105 sirva y acompañe un pinot negro
106 sirva y acompañe un merlot
107 sirva y acompañe un cabernet
108 abra una botella de vino
109 quite trozos de corcho del vino
110 cate un vino
111 deslumbre con el *sabrage*
112 descorche una botella de champán
113 prepare absenta al estilo tradicional
114 prepare un licor digestivo
115 haga una refrescante sangría
116 adorne un vaso con azúcar o sal
117 mezcle bebidas en una coctelera
118 prepare deliciosos cócteles
119 utilice un mortero
120 mezcle un martini clásico
121 elabore variaciones del martini
122 prepare un té digno de una reina
123 haga té ruso en un samovar
124 elabore té de mantequilla de yak
125 sirva té helado tailandés
126 conozca los cafés expresos
127 escoja una bebida con cafeína
128 utilice una prensa francesa
129 prepare el expreso perfecto
130 dibuje una hoja con leche
131 abra una cerveza con otra cerveza
132 abra una cerveza con un mechero
133 sirva cerveza en el vaso adecuado
134 sirva una pinta correctamente
135 beba de una bota

cocine

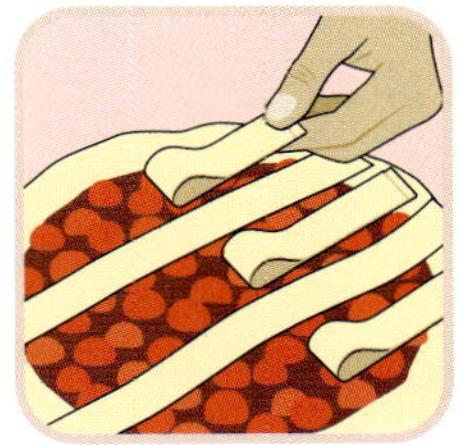

hornee

cócteles

café
y
té

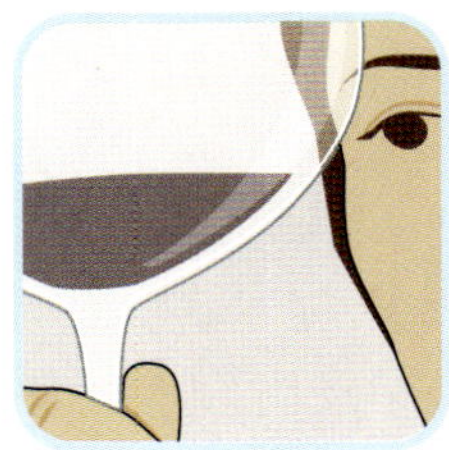

vino

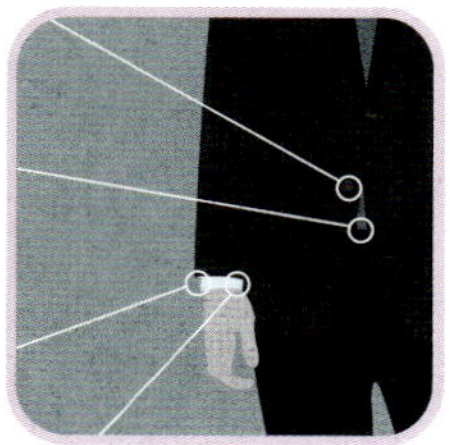

ropa

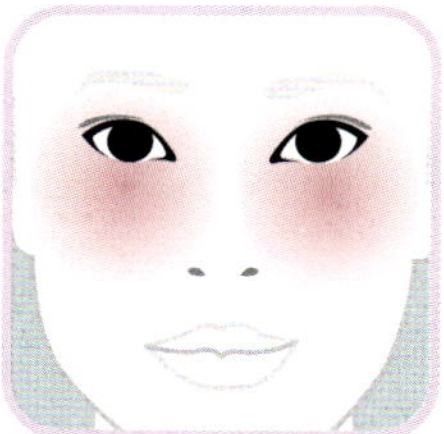

pelo

maquillaje

flirteo

citas

estilo

136 conozca los diseños de las telas
137 elija un traje para cada estación
138 lleve un traje con pulcritud
139 lustre zapatos
140 conozca los bigotes y las barbas
141 aféitese bien la barba
142 haga una trenza de raíz
143 hágase un recogido sofisticado
144 luzca un moño cardado
145 presuma de ondas fabulosas
146 cree extensiones de pelo con hilo
147 consiga una cresta de indio
148 luzca trencitas
149 hágase rastas
150 transfórmese en un zombi
151 elabore sangre de mentira
152 simule un hueso salido
153 cree una herida sangrante
154 conviértase en un hada
155 sea un extraterrestre
156 añádase décadas
157 pase un hilo por sus cejas
158 ponga y quite pestañas postizas
159 consiga unos ojos sexis
160 píntese los labios
161 aplíquese el colorete
162 póngase un quimono
163 descifre los tipos de quimono
164 maquíllese como una *geisha*
165 hágase una manicura perfecta
166 mime sus pies con una pedicura
167 limpie su piel
168 aplíquese una mascarilla casera
169 exfóliese adecuadamente
170 luzca una piel joven y radiante
171 elija una blusa
172 escoja unos pantalones
173 conozca talles de falda y vestido
174 evite ser una hortera
175 asombre con su nudo
176 ate una pajarita
177 haga un nudo *windsor* tradicional
178 ate sus zapatos con estilo
179 póngase un pañuelo retro
180 repare los vaqueros rasgados
181 dobladille unos vaqueros
182 cosa un botón
183 haga una falda vaquera sin coser
184 quite las manchas
185 lave un jersey a mano
186 planche una camisa con botones

amor

187 lea su lenguaje corporal
188 coquetee por la noche
189 encuentre su pareja del zodiaco
190 busque a la del horóscopo chino
191 salga de un coche en minifalda
192 rodee con el brazo a su pareja
193 ate un tallo de cereza con la boca
194 haga piececitos
195 haga un masaje en los pies
196 acabe con el dolor de brazo
197 baile el vals toda la noche
198 baile un *swing* con su pareja
199 baile un sensual tango
200 sorprenda bailando salsa
201 ligue con emoticonos
202 ligue con emoticonos complejos

203 ate un corsé *sexy*
204 ponga unas esposas de cuerda
205 dé un primer beso memorable
206 conecte con su pareja con yoga
207 lea la línea del amor
208 lea la línea de la cabeza
209 lea la línea de la vida
210 elija la forma de una joya
211 póngase *henna* matrimonial
212 haga un diseño con *henna*
213 conozca los símbolos de *henna*
214 prepare un elegante ramo
215 prepare una flor para el chaqué
216 improvise un anillo de papel
217 atienda a un invitado ebrio
218 prepare un hogar romántico

hogar

219 conozca la teoría del color
220 elija una paleta para su casa
221 empapele a la perfección
222 retire el papel de pared viejo
223 quite los desconchones
224 arregle un zócalo roto
225 arregle un tablero de yeso
226 prepare y pinte una habitación
227 pinte rayas decorativas
228 pinte con esponja
229 ensamble madera
230 cuelgue una estantería
231 ahorre espacio con esta cama
232 haga una cabecera forrada
233 haga una cama perfecta
234 doble perfectamente las sábanas
235 doble una sábana bajera
236 construya una pecera
237 cree una silla con cámaras de aire
238 cree una alfombra de plástico
239 instale un interruptor
240 mejore su *wi-fi* con un colador
241 cree una lámpara
242 desatasque el wc
243 recupere objetos del desagüe
244 repare un cabezal de ducha
245 arregle la cisterna de su wc
246 ordene todos los días
247 limpie cada semana
248 haga tareas estacionales
249 limpie con sustancias naturales
250 organice su casa con *feng shui*
251 purifique su casa
252 protéjase con la cruz de brígida
253 aprenda lo básico sobre cortinas
254 descubra los tipos de cortinas
255 cosa cortinas sencillas
256 fabrique ladrillos de adobe
257 construya una pared de adobe
258 construya una verja de bambú
259 ate una verja de bambú
260 construya una casa de árbol fabulosa
261 decore una casa de árbol

vida

262 cultive un aguacate
263 trasplante una planta de interior
264 trasplante una planta a otro tiesto
265 plante un árbol con la raíz desnuda

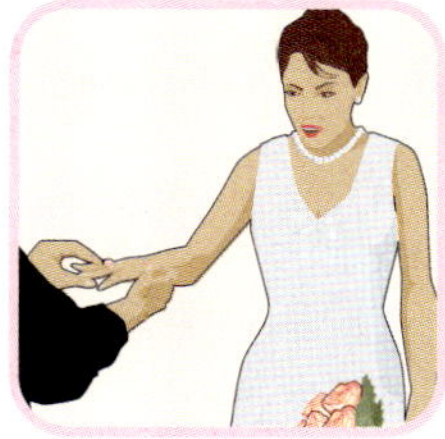

boda

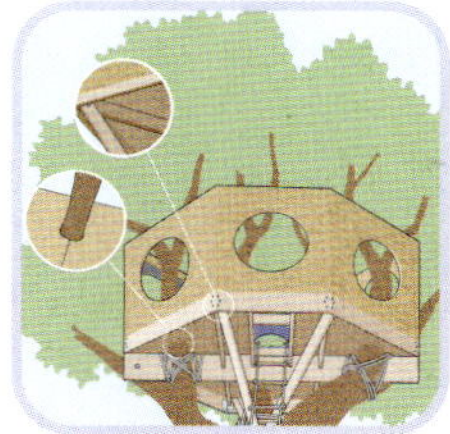

decoración

fontanería

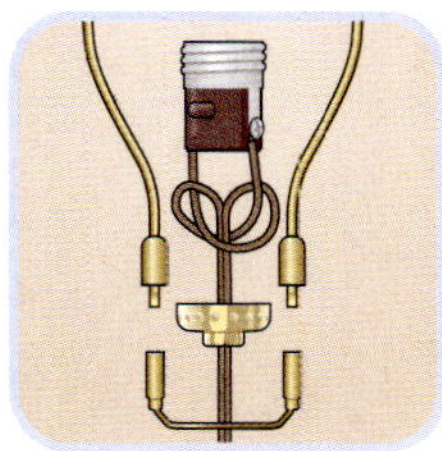

electricidad

plantas

mascotas

hijos

deportes

ejercicio

266 injerte un árbol cítrico
267 pode un rosal
268 plante bulbos correctamente
269 trasplante plantas de semillero
270 cultive con esquejes de plantas
271 cree un jardín zen japonés
272 diseñe un jardín de parterres
273 siembre un huerto
274 cultive plantas suculentas
275 acabe con las plagas del patio
276 atraiga a bichos inofensivos
277 prepare sebo para las aves
278 monte una colmena
279 construya una granja de hormigas
280 ordeñe una cabra
281 dé el biberón a un cordero
282 acicale un caballo
283 alimente una *grammostola rosea*
284 determine el sexo de una tortuga
285 bañe a un loro
286 construya un estanque de *kois*
287 abrace a un puercoespín
288 levante un conejo
289 cepille los dientes a un cachorro
290 lea su lenguaje corporal
291 salude a un perro desconocido
292 dele una pastilla al perro
293 elija un collar de perro adecuado
294 descifre su lenguaje corporal
295 quite las pulgas con hierbas
296 hágase amigo de un gato asustado
297 dé una pastilla a un gato
298 corte las uñas a su gato
299 bañe a un bebé
300 prepare una deliciosa papilla
301 cuelgue un móvil llamativo
302 prepare una bolsa de recambio
303 envuelva a una criaturita
304 haga eructar a un bebé
305 dé masajes a un bebé con cólicos
306 ponga un pañal a un bebé
307 enseñe a un niño a montar en bici
308 destierre monstruos imaginarios
309 quite un chicle del pelo
310 convénzale para que coma verdura
311 sirva un pulpo de plátano

disfrute

312 elija el palo de golf apropiado
313 perfeccione el *swing*
314 conozca el campo de golf
315 lance una bola rápida
316 enceste un tiro libre
317 lance un servicio directo
318 haga un lanzamiento de petanca
319 adopte el básico 4-4-2
320 marque un gol con un 4-3-3
321 asegure el centro con un 3-5-2
322 baje a defender con un 4-5-1
323 comprenda las sanciones del fútbol
324 dé toques con la cabeza
325 defienda una portería de fútbol
326 conozca las vitaminas
327 queme calorías con actividades
328 visualice las raciones
329 cure con digitopuntura
330 logre un escritorio ergonómico
331 calme una quemadura leve
332 detenga una hemorragia nasal
333 cure una picadura de abeja
334 saque una astilla
335 quítese una mota del ojo
336 prepare un botiquín
337 detenga una hemorragia
338 vende un corte profundo
339 haga un torniquete
340 realice la rcp
341 salve a una víctima de asfixia

342 entablille una pierna herida
343 póngase un cabestrillo
344 dé a luz en un taxi
345 realice una autoexploración
346 dé el pecho a un bebé
347 salve a un bebé que se asfixia
348 medite para lograr paz interior
349 relájese en una sauna finlandesa
350 dese un masaje con piedras
351 cure con *reiki*
352 haga un movimiento de taichi
353 haga una postura básica de yoga
354 entrénese para largas distancias
355 estire antes de entrenar
356 fortalezca y tonifique el centro
357 endurezca la parte inferior
358 ejercite la parte superior
359 nade a crol
360 nade a espaldas
361 nade a braza
362 imite a un saltador olímpico
363 recupérese de una caída
364 baje una pendiente esquiando
365 descienda en una tabla
366 lleve los esquís
367 escale una pista con su equipo

viajes

368 elija su destino ideal
369 sepa la hora en cualquier lugar
370 doble ropa femenina para viajar
371 doble ropa masculina para viajar
372 elija el mejor asiento del avión
373 haga ejercicios en el avión
374 combata el *jet lag*
375 conozca los distintos inodoros
376 encuentre el lavabo de señoras
377 encuentre el lavabo de caballeros
378 utilice una placa turca
379 refrésquese en un bidé
380 juegue a las tabas
381 disfrute de un ritual de pipa
382 túmbese en una hamaca
383 comparta auténtica yerba mate
384 ponga un parche a un neumático
385 arregle un pinchazo
386 señalice con las manos en la bici
387 trepe por una chimenea de roca
388 haga rápel por una pared rocosa
389 salte desde un acantilado
390 enderece una piragua
391 saque el agua de las gafas
392 conozca las partes de un barco
393 descifre las banderas de señales
394 supere el mareo en un barco
395 haga nudos marineros básicos
396 manténgase en una tabla de surf
397 realice un intrépido pato
398 empalme complejas maniobras
399 arranque haciendo un puente
400 repare una rueda pinchada
401 ponga y lance el anzuelo
402 prepare una crepitante fogata
403 haga una tostada en un palo
404 haga un rico sándwich con dulces
405 abra una botella sin sacacorchos
406 monte en elefante
407 monte en camello
408 monte a caballo
409 saque una fotografía memorable
410 evite que la imagen salga borrosa
411 emplee efectos profesionales
412 desfile en el carnaval de Río
413 empápese en colores
414 corra el encierro de Pamplona
415 celebre el día de muertos

primeros auxilios

viajes

cultura

ocio

navegue

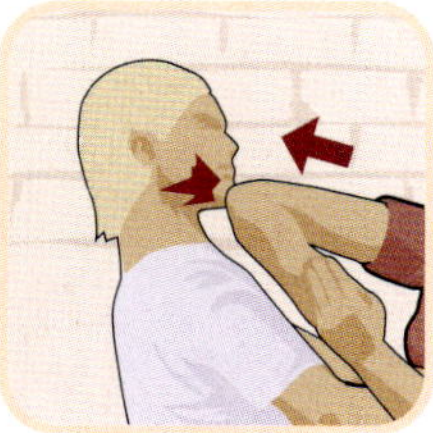

defiéndase

selva

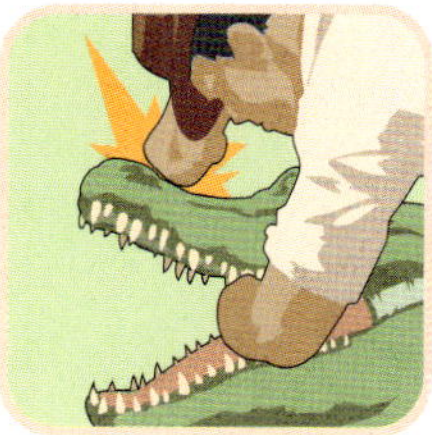

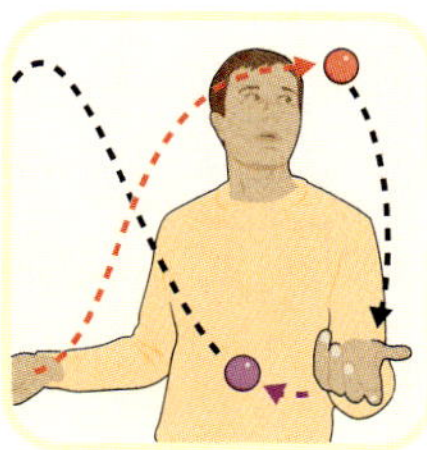

trucos

sobreviva

416 oriéntese con la estrella polar
417 construya una brújula solar
418 oriéntese utilizando un reloj
419 improvise una brújula magnética
420 oriéntese con la cruz del sur
421 calcule la luz solar que queda
422 haga una cabaña
423 fabrique un quitasol
424 monte una cama en un pantano
425 cave una cueva en la nieve
426 atrape un pez sin guantes
427 fabrique una trampa para peces
428 ase una tarántula
429 atrape una liebre
430 prepare una deliciosa serpiente
431 cure una picadura de serpiente
432 mantenga los mosquitos a raya
433 circule por la selva
434 evite el ataque de una pantera
435 vaya seguro por sitios peligrosos
436 dé un puñetazo efectivo
437 escape de un estrangulamiento
438 escape si le agarran por detrás
439 salga de un agujero en el hielo
440 atrape un pez en un lago helado
441 salve a un hipotérmico
442 trate un caso de congelación
443 identifique plantas comestibles
444 camine seguro por un pantano
445 encienda un fuego con una lata
446 salga de arenas movedizas
447 enfréntese a un cocodrilo
448 siga a flote con sus pantalones
449 haga el muerto bocabajo
450 conozca el código morse
451 sobreviva a un naufragio
452 defiéndase de un tiburón
453 consiga agua en el desierto
454 haga señales a un avión

increíble

455 ate un lazo con un nudo de honda
456 atrape a un ternero
457 descubra otro tipo de lazo
458 rompa un listín por la mitad
459 lance una bola de papel
460 gire una pelota de baloncesto
461 haga saltar una piedra en el agua
462 pasee al perro
463 avance como un gusano
464 baile el *moonwalk* con estilo
465 baile como un robot
466 toque "chopsticks"
467 toque un *twelve-bar blues*
468 lea música
469 construya una sierra musical
470 anude un cigarrillo
471 beba cerveza de un casco
472 gane las apuestas de los bares
473 súbase encima de un barril
474 acabe con el hipo
475 utilice el poder del *cloudbuster*
476 engañe a los radares
477 haga círculos en los cultivos
478 lea el futuro en las hojas de té
479 prediga cuándo pasará
480 encuentre los símbolos

481 proyecte sombras chinas
482 incorpore efectos de sonido
483 sorprenda con un truco
484 haga creer que levita
485 escápese de una camisa de fuerza
486 quite el mantel de la mesa
487 cree una huella dactilar falsa
488 abra una cerradura
489 desenmascare a un mentiroso
490 haga un giro de 180° con el coche
491 levante rueda con su moto
492 gire con el coche sobre sí mismo
493 escupa fuego
494 vaya en monociclo
495 domine el malabarismo
496 practique el cañón humano
497 haga un *ollie*
498 baje por una rampa
499 aterrice con un *kickflip* de 180°
500 haga un *fingerflip* haciendo el pino

bromas

trucos

material

índice

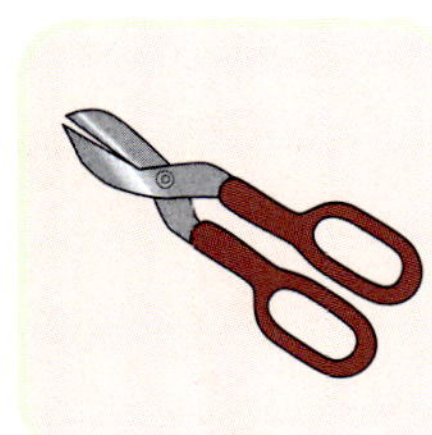

una nota de derek y lauren

8 cree bichos raros con arcilla

238 cree una alfombra de plástico

Hasta donde nos alcanza la memoria, siempre nos ha gustado coleccionar y compartir conocimientos raros, eclécticos y, a veces, útiles. Nuestra pasión por aprender nos ha llevado a cumplir la tradición mensual de reunirnos con amigos con el fin de aprender a hacer cosas fantásticas, en ocasiones hasta un poco ridículas; desde nuestra propia mermelada (deliciosa) a animales con globos (impresiona tanto a niños como a compañeros de trabajo). Ahora tenemos un pequeño y divertido taller donde animamos a la gente a hacer todo tipo de cosas curiosas, como carteras con cinta adhesiva, criaturas de ganchillo e instrumentos musicales. Así que nos encantó que el Show Me Team nos pidiese ayuda para traer este fantástico libro al mundo, un mundo que claramente necesita instrucciones sencillas para hacer monstruos con arcilla (nº 8), alfombras con bolsas de la compra (nº 238) y para escapar de las panteras (nº 434).

De hecho, sabemos que antes de leer esta nota habrá hojeado algunas páginas del libro y habrá aprendido algunos trucos fabulosos. Si, como a Derek, le gusta conocer todo a fondo, lea el libro de cabo a rabo. Si, como Lauren, prefiere centrarse en mejorar algunas facetas de su vida de una forma más organizada, deje que sus intereses le guíen por los diferentes temas. O, incluso mejor, puede invitar a sus amigos a explorar el libro juntos. ***Mira cómo se hace*** se ha diseñado para formar, divertir, y a veces, asombrar. Así que si cada vez que lee el libro aprende algo nuevo, o simplemente le inspira para aprender cualquier cosa rara o maravillosa, entonces habremos hecho bien nuestro trabajo.

434 evite el ataque de una pantera

DEREK disfruta cuidando sus abejas (nº 278, nº 333), arrancándole una melodía a su sierra (nº 469), y satisfaciendo su obsesión con el café (nº 126-130) y la acampada (nº 402-404). Le encanta que su trabajo en ***Mira cómo se hace*** haya mejorado su habilidad para hacer nudos (nº 95) y espera ansioso la oportunidad de probar su nueva habilidad para abrazar a un puercoespín (nº 287).

LAUREN nació para ser artesana y puede pasarse horas tejiendo (nº 48), bordando (nº 50) o haciendo *origami* (nº 18). Siempre está buscando una excusa para sacar la vieja caja de herramientas y está decidida a instalar interruptores (nº 239) en cada habitación de la casa. Aunque no le da miedo colocar el papel de las paredes (nº 221), nunca, nunca, nunca querría luchar contra un tiburón (nº 452), pero le gusta saber que está preparada por si se da el caso.

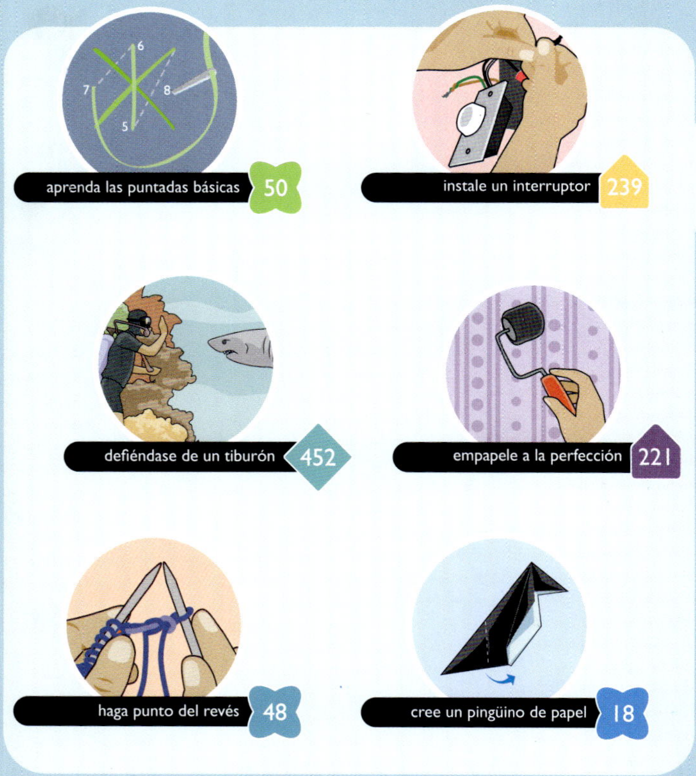

use este libro

Mira cómo se hace es un tipo de libro novedoso y diferente, uno en el que prácticamente cada dato importante se presenta de forma gráfica. En la mayoría de los casos, las ilustraciones lo explican todo. No obstante, conviene conocer también las instrucciones.

REFERENCIAS CRUZADAS En ocasiones una cosa remite a otra. Siga las referencias para conocer información relacionada, útil o interesante.

haga saltar una piedra en el agua 461

MATERIAL Las ilustraciones muestran todo lo necesario para realizar la actividad descrita. ¿Le cuesta descifrar de qué objeto se trata? Consulte el práctico glosario del final del libro.

MÁS INFORMACIÓN Si hay algo vital que debe saber al realizar una actividad, o algo muy interesante, busque el texto marcado con un ✱.

ZOOMS Remarcados en un círculo o un marco al lado, los *zooms* resaltan información importante o advertencias sobre ciertas actividades.

MATEMÁTICAS Los iconos de los ángulos le ayudarán a hacer las cosas en la dirección correcta. ¿Y si es un problema de proporción? Busque iconos como 3:1 para saber cómo conseguir la medida perfecta. Cuando las medidas son importantes, se señalan a la derecha del cuadro.

3:1 (240-475 ml)

GUÍA DE ICONOS Aquí mostramos los distintos iconos que aparecen por todo el libro y que le guiarán sobre los aspectos clave relacionados con el tiempo, la temperatura, la seguridad, etc.

¡Peligro, peligro! No trate de hacer esto si no ha recibido la formación adecuada.

¡Humos! Abra una ventana antes de realizar esta actividad.

9-1-1 Llame al 1-1-2 para solicitar ayuda profesional si se encuentra en esta situación.

×2 Repita la acción descrita el número de veces señalado.

¡Cópieme! Esta página sirve de patrón. Fotocópiela o escanéela, ampliándola cuanto sea necesario y, después, siga las instrucciones.

2-3 min Compruebe el reloj para saber cuánto tiempo requiere hacer una actividad relativamente corta.

El calendario muestra cuántos días, semanas o meses se tarda en hacer algo.

Busque el termómetro para saber cuál es la temperatura adecuada.

¿Cómo de caliente? Cocine con fuego bajo, medio, alto, respectivamente.

El termómetro de carne le permitirá saber cuándo algo está hecho.

NOTA PARA LOS LECTORES En ***Mira cómo se hace*** las descripciones se presentan como mero entretenimiento. Por favor, tenga en cuenta lo siguiente si trata de realizar alguna de estas actividades.

- **ACTIVIDADES DE RIESGO** Ciertas actividades de este libro no solo son arriesgadas, sino de locos. Antes de intentar llevarlas a cabo, asegúrese de que conoce sus limitaciones y los riesgos que conllevan (y, por favor, nunca realice la nº 493. De verdad.)
- **ASESORAMIENTO PROFESIONAL** Aunque se ha investigado minuciosamente cada aspecto del libro, ***Mira cómo se hace*** no sustituye el asesoramiento profesional ni la formación sobre temas de naturaleza médica, culinaria, sartorial, veterinaria, deportiva o romántica.
- **ACTIVIDADES FÍSICAS Y RELACIONADAS CON LA SALUD** Asegúrese de consultar a un médico antes de intentar realizar cualquier actividad relacionada con la salud o la alimentación, o cualquier actividad que implique un esfuerzo físico, sobre todo si sufre cualquier dolencia que le impida o limite su capacidad para llevar a cabo dicha actividad. O si no quiere parecer tonto (ver nº 471).
- **SUPERVISIÓN ADULTA** Las actividades recogidas en este libro están destinadas únicamente a un público adulto y no deben ser realizadas por niños sin supervisión adulta responsable. Muchas de ellas ni siquiera deberían ser realizadas por adultos si lo pueden evitar (ver nº 433).
- **INFRINGIMIENTO DE LA LEY** La información suministrada en este libro no debe utilizarse para infringir ninguna ley o norma. En otras palabras, si se encuentra en Nueva York, no trate de hacer el nº 500.

haga

2 haga un columpio

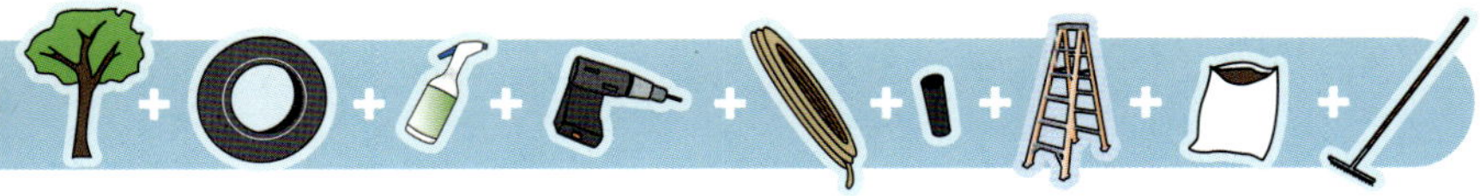

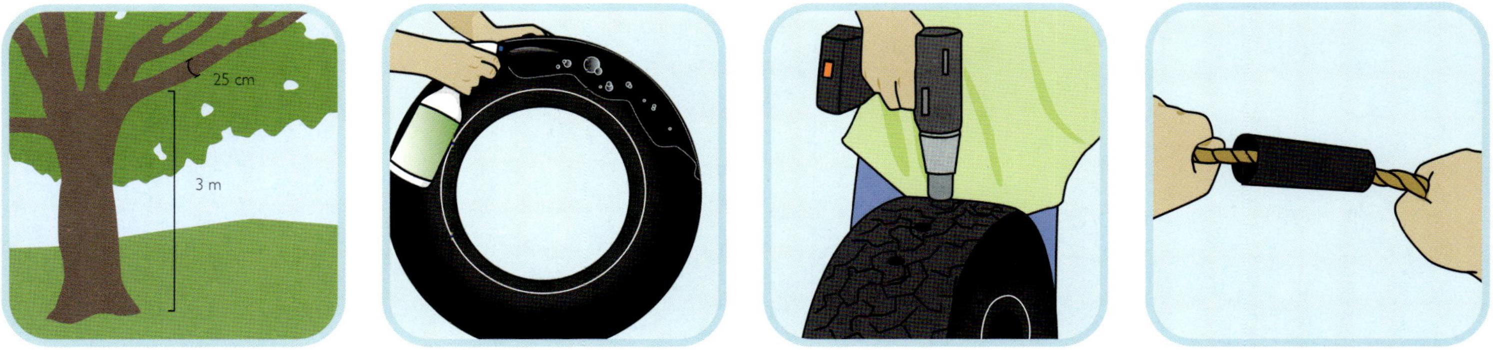

Elija una rama alta y fuerte.

Taladre tres agujeros para que drene.

Para impedir que la cuerda se rompa.

Asegúrelo con un nudo llano.

Cuélguelo con la parte taladrada debajo.

Ponga mantillo para atenuar las caídas.

3 prense flores bonitas

Póngalas en periódicos, dóblelos.

Manténgalas así unos días.

Enmárquelas en papel sin ácido.

decore huevos

4

5 cree cuentas de fimo

219 conozca la teoría del color

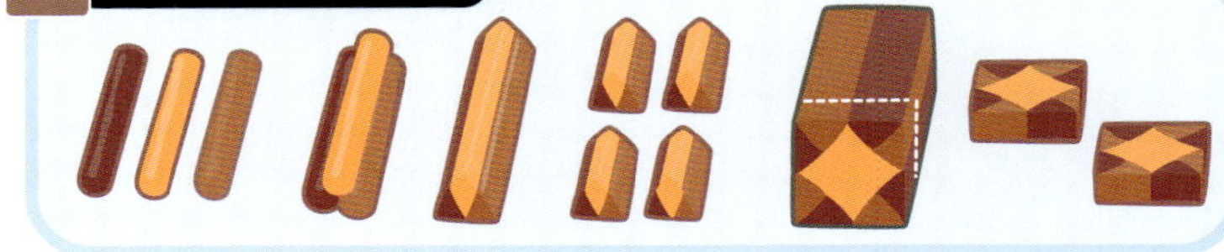

7 modele animales de arcilla

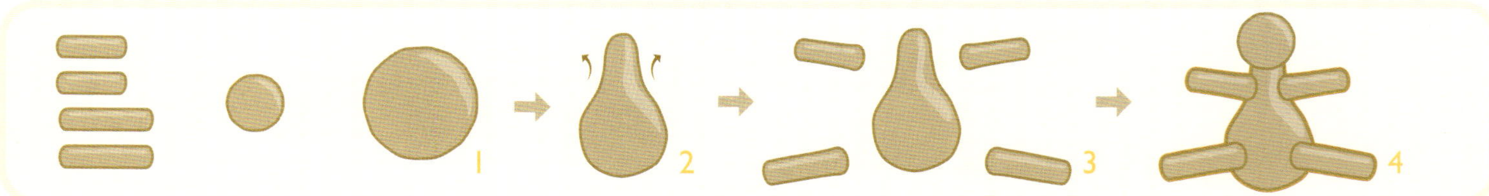

perro

gato

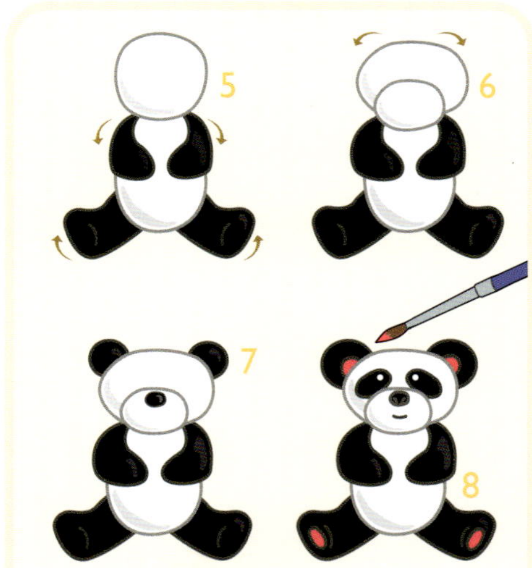

oso panda

ensarte cuentas de fimo 6

Mientras el fimo sigue blando, agujeree las cuentas con una aguja gruesa.

1 Doble, anude e inserte el hilo por la cuenta.

2 Anúdelo por debajo, deshilache y recorte el fleco.

colgante

Corte hilo suficiente para que se ajuste al cuello con facilidad. Para atarlo, anude los extremos o ponga un broche.

collar

* Anime sus creaciones con abalorios. Colóquelos para hacer los ojos, los botones, los pies o las antenas y experimente con diferentes capas y colores. ¿Qué tal unos ojos con "visión de rayos x" para su extraterrestre o una ventana en la nave espacial?

cree bichos raros con arcilla 8

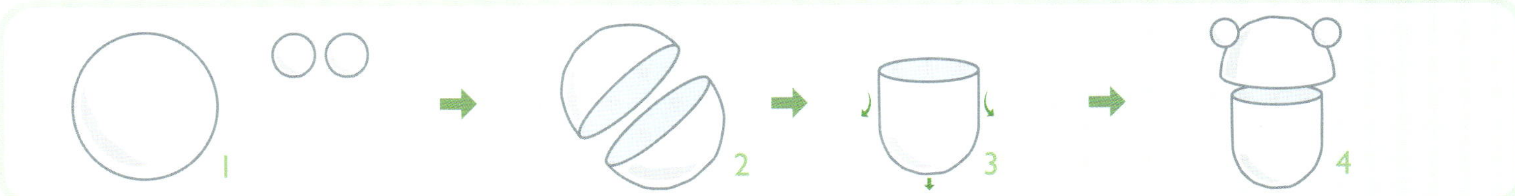

haga círculos en cultivos 477

extraterrestre

nave espacial

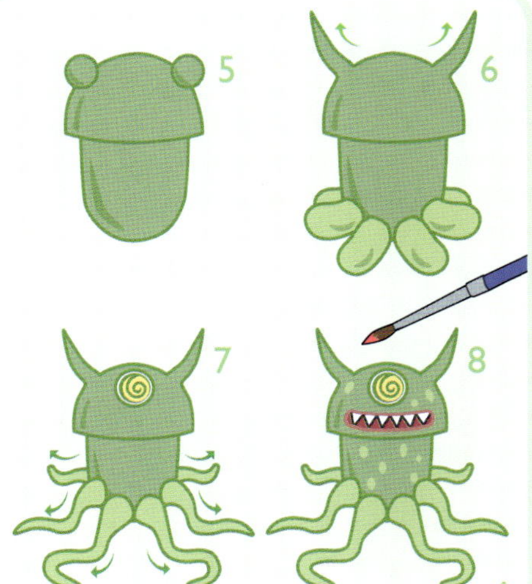

monstruo

9 confeccione un muñeco vudú

Escoja un enemigo.

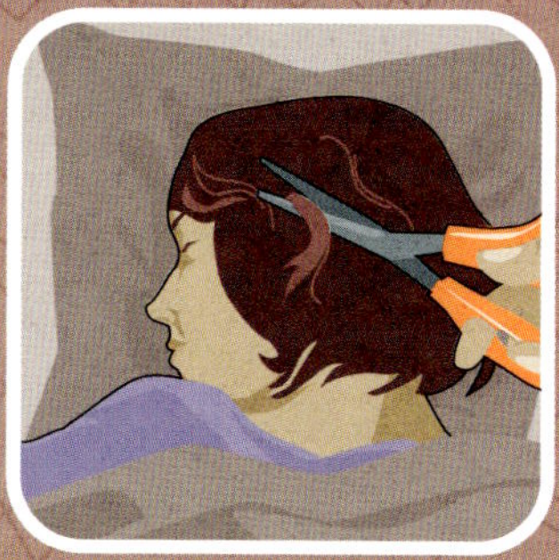

Consiga algún efecto personal.

Copie y recorte el patrón.

Cálquelo en tela.

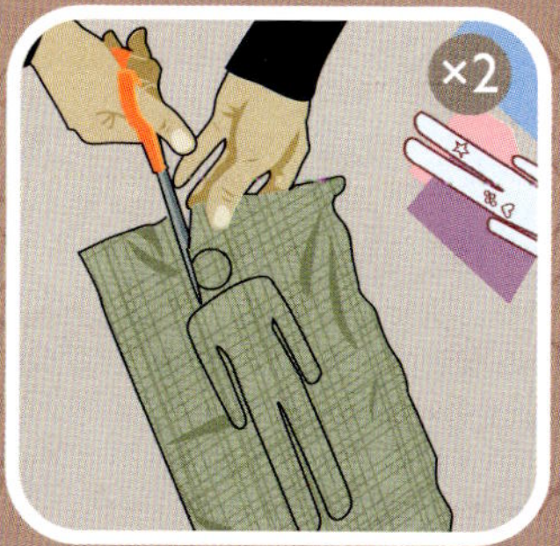

Recorte dos siluetas.

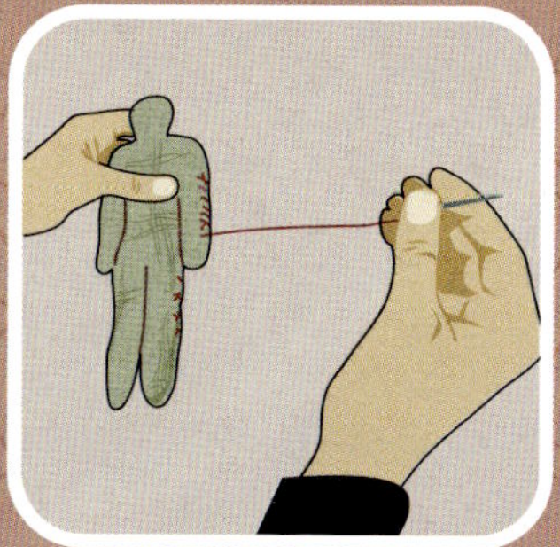

Cosa las dos partes por los lados.

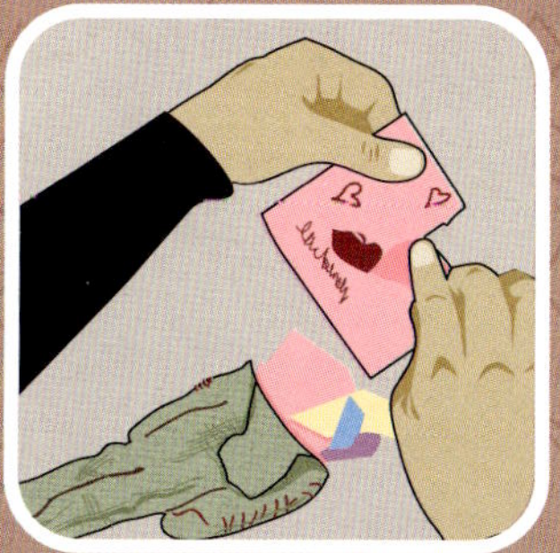

Rellénelo con cosas relacionadas.

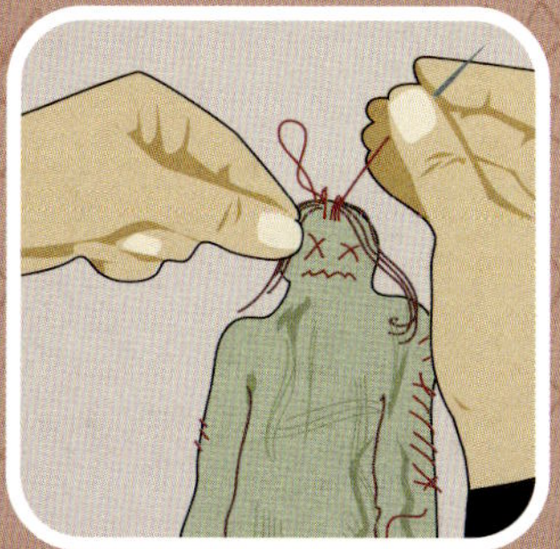

Póngale el pelo de su enemigo.

10 use el muñeco vudú

Para infligir dolor (o placer) a su víctima (o al ser amado), hay que decorar el muñeco con los símbolos que se correspondan a sus deseos. Después, hay que elegir un alfiler y pinchar al muñeco en los símbolos adecuados. Los cánticos ayudan a lanzar el hechizo, pero hay que utilizar los poderes sabiamente.

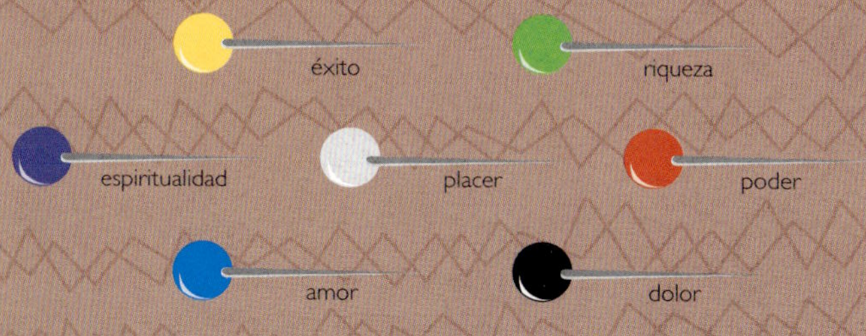

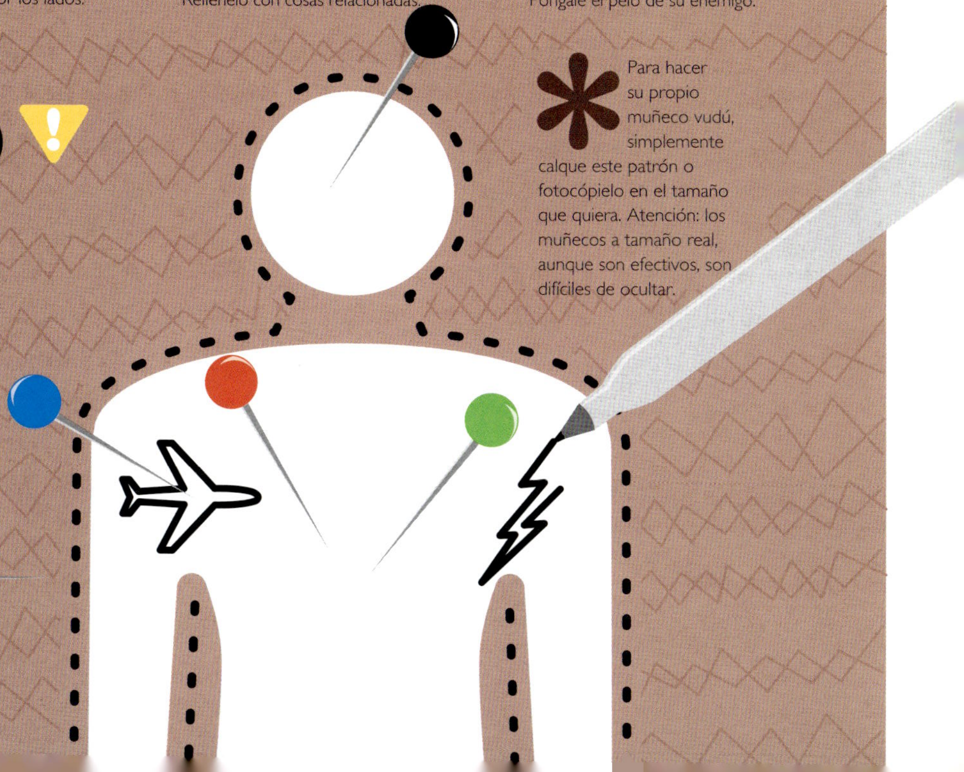

* Para hacer su propio muñeco vudú, simplemente calque este patrón o fotocópielo en el tamaño que quiera. Atención: los muñecos a tamaño real, aunque son efectivos, son difíciles de ocultar.

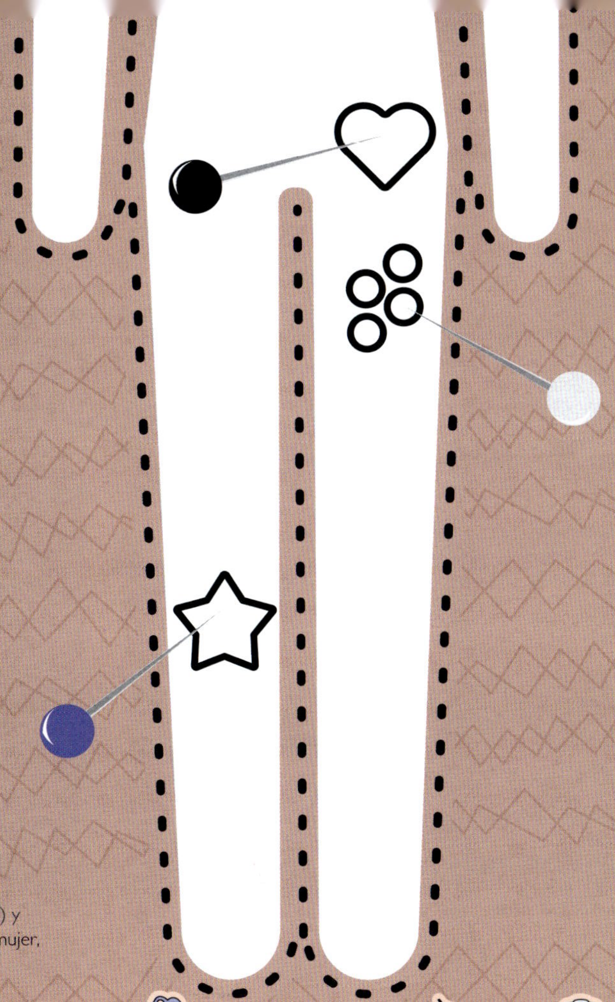

¿Cree que alguien le ha hecho vudú? Rellene este saquito con un máximo de 13 objetos (piedras, hierbas o mugre del cementerio) y utilícelo para mantener alejadas las fuerzas malignas. Si es usted mujer, llévelo a la izquierda y si es hombre, a la derecha.

11 protéjase con un amuleto

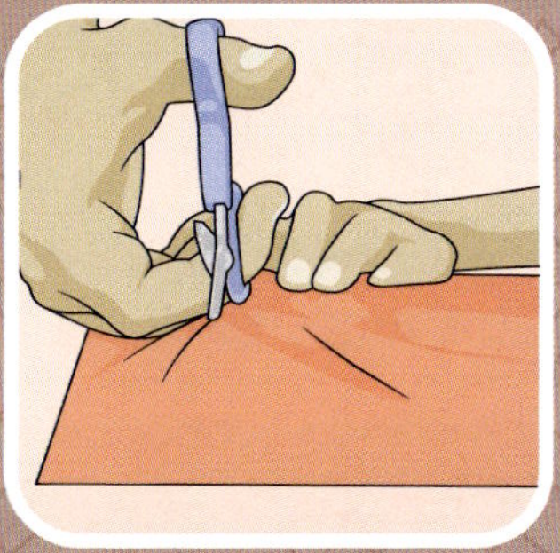

Corte un cuadrado de fieltro rojo.

Rellénelo con objetos raros.

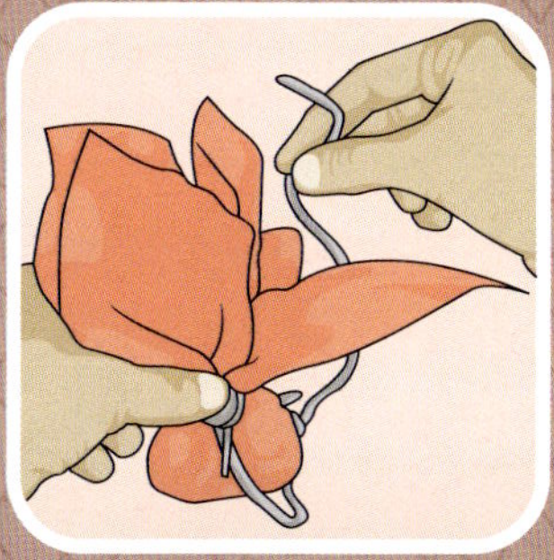

Átelo con una cinta.

252 protéjase con la cruz de brígida

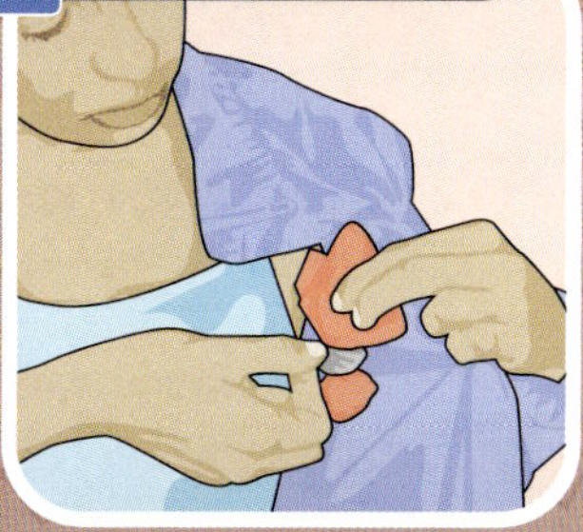

Préndalo en su camisa.

¡cópieme!

12 dibuje a hurtadillas

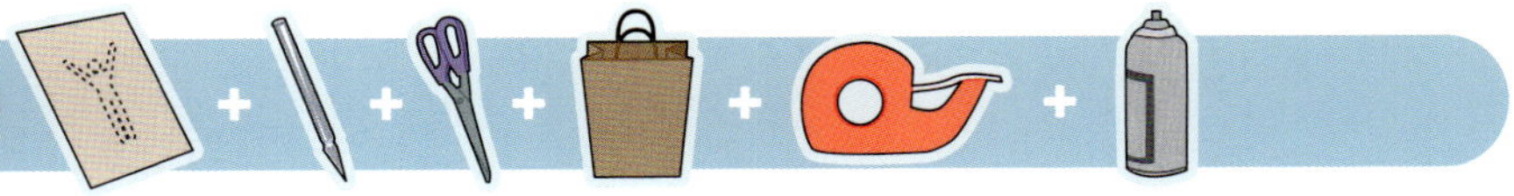

Diseñe y recorte lo que quiera.

Recorte la parte inferior de la bolsa.

Acérquese sigilosamente con ropa oscura.

Aléjese con indiferencia.

13 escriba con tinta invisible

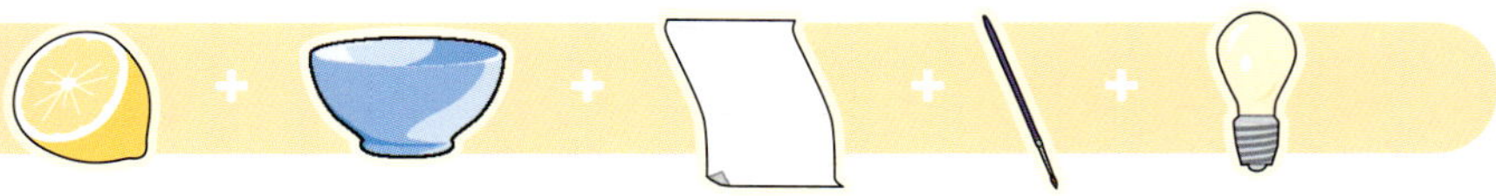

Dibuje con el zumo.

Entrégueselo a su confidente.

haga un libro hueco 14

Aplique pegamento en los bordes.

Ponga un separador de cartón y déjelo secar.

Recorte y quite las páginas.

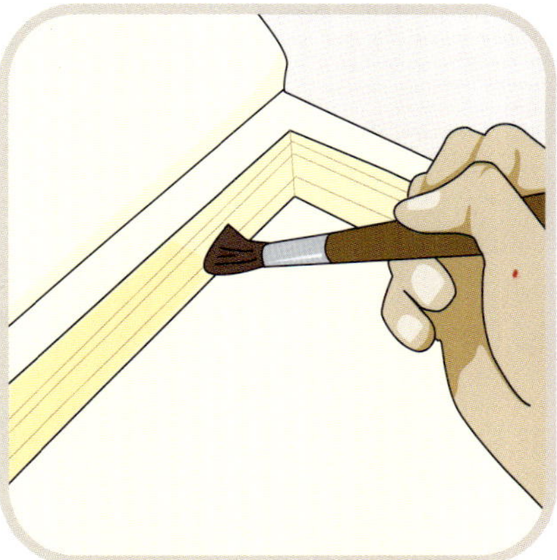

Ponga pegamento en las páginas interiores.

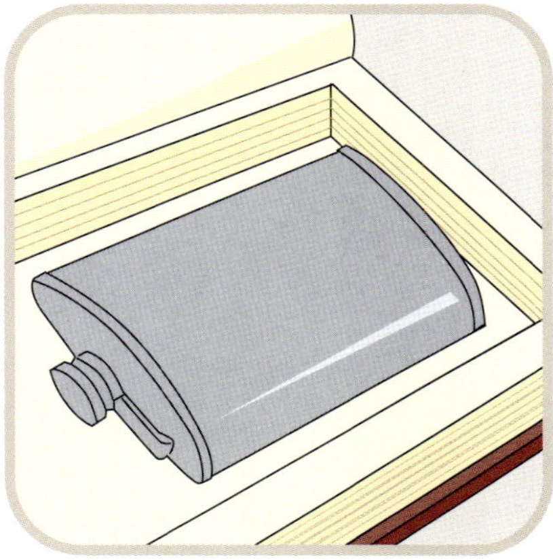

Llénelo con objetos secretos.

monte un supertirachinas 15

Corte las gomas para abrirlas.

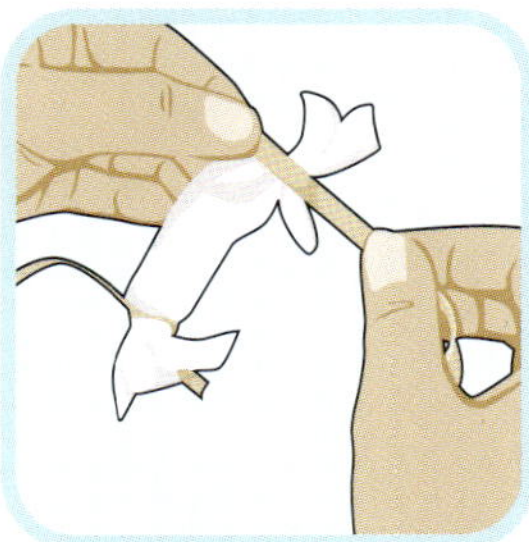

Átelas a la tela.

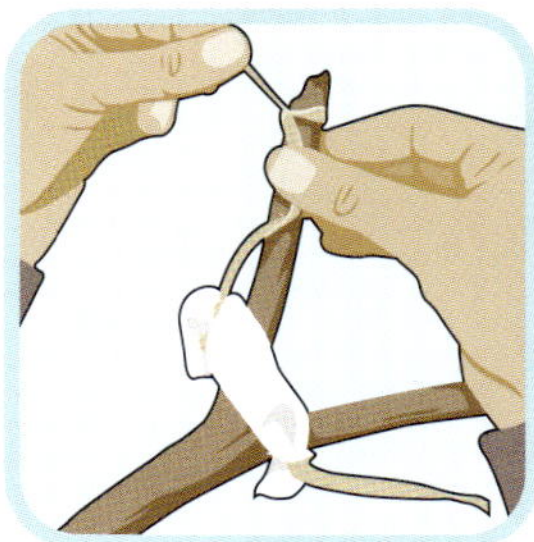

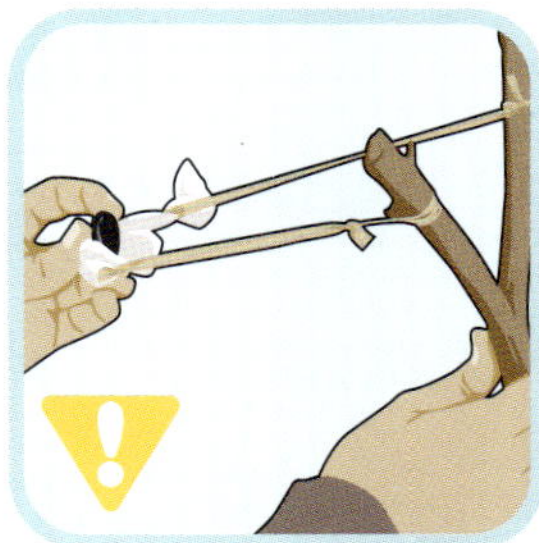

Busque una piedra y ¡ataque!

16 haga una estrella de 16 puntas

Es fácil modificar este alegre motivo decorativo. Añada más puntas para aumentar su tamaño o utilice diferentes colores para darle un aspecto más festivo.

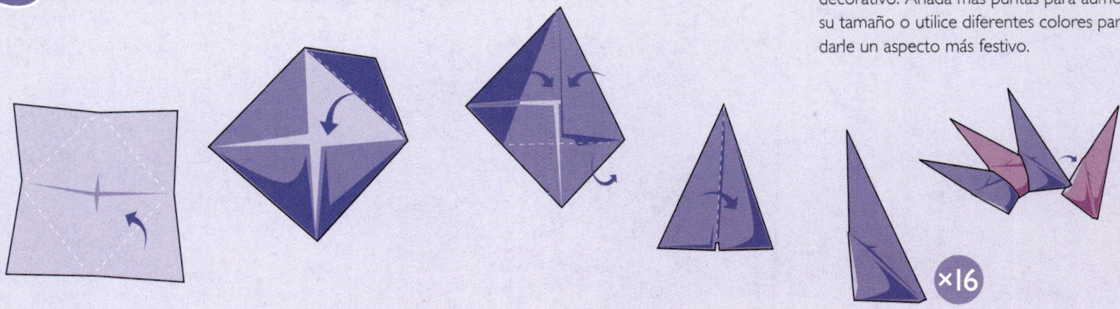

216 improvise un anillo de papel

17 construya una caja de *origami*

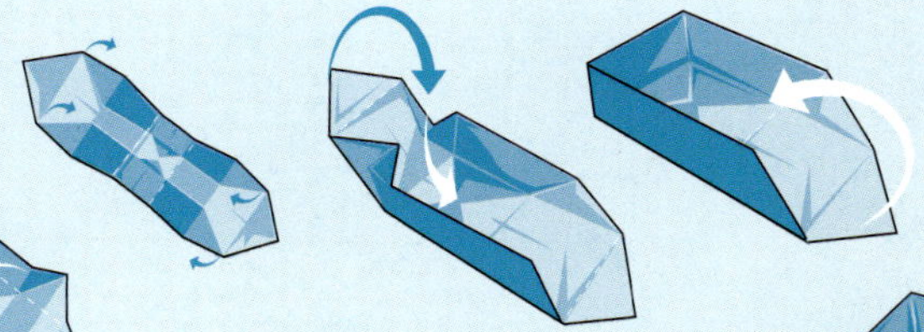

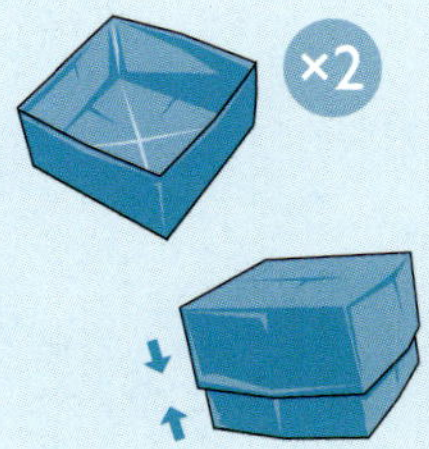

Para hacer la tapa de la caja, siga las mismas instrucciones. Al terminar de doblar, presione suavemente la caja para que la tapa encaje en ella.

18 cree un pingüino de papel

¡Siga atentamente las instrucciones y este pingüinito se mantendrá en pie solo! Extienda ligeramente su "pie" doblado para que apoye su peso.

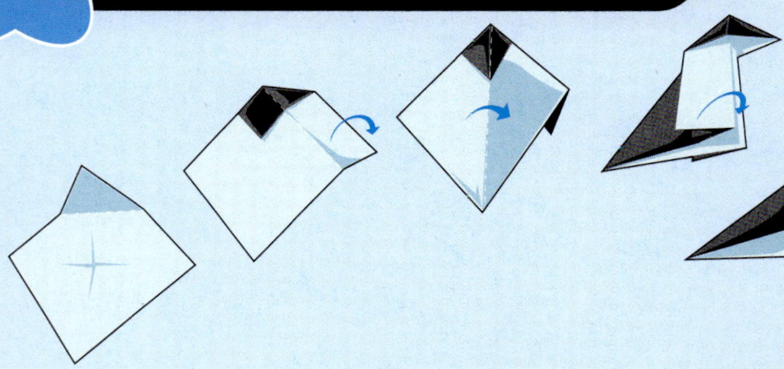

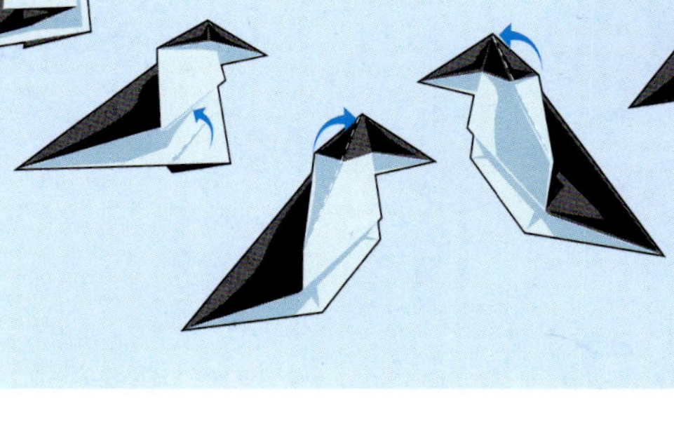

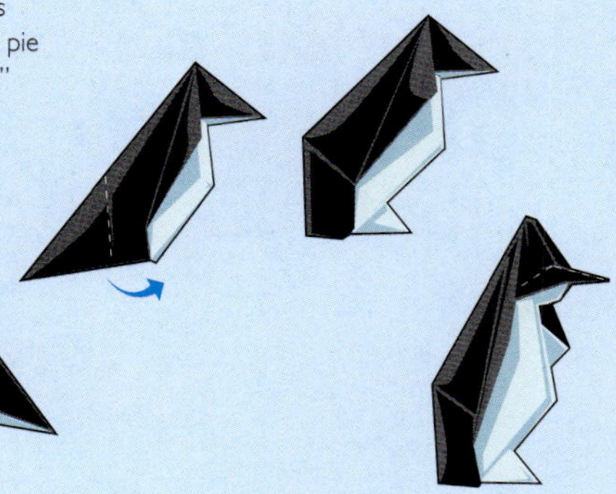

serigrafíe un diseño fantástico 19

Copie el dibujo en una diapositiva.

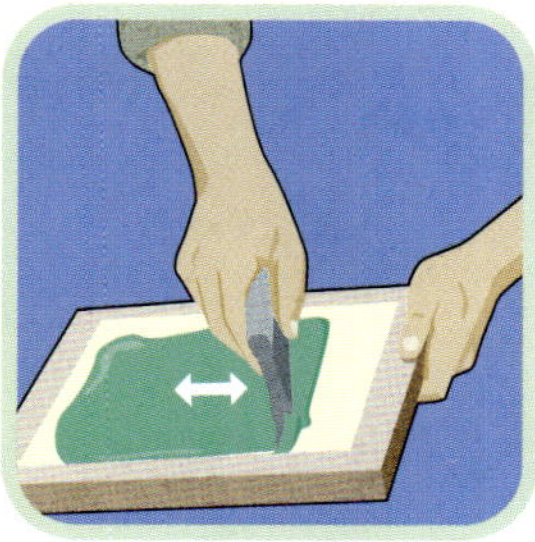

Pase la rasqueta y la emulsión.

Repita por detrás. Deje secar.

Fije la diapositiva con celo.

Ponga el cristal.

Expóngalo a una luz de 250 vatios.

Aclare minuciosamente.

Coloque el marco sobre un papel.

Pase la rasqueta con pintura.

hágase amigo de un gato asustado 296

Levante el marco.

Para obtener mejores resultados, elija un diseño impactante, que no tenga detalles borrosos o letras que puedan invertirse al llevar a cabo el proceso de serigrafiado.

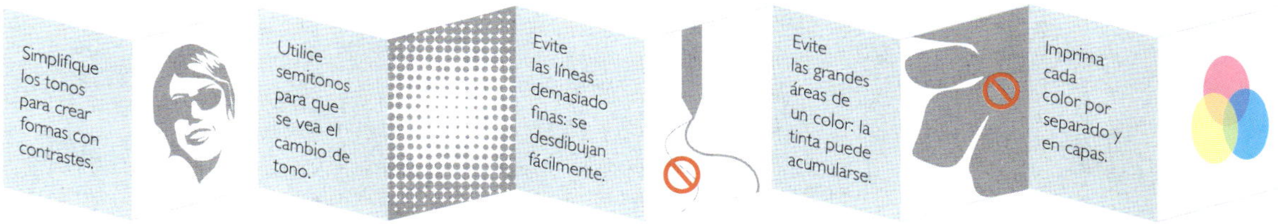

encuaderne un libro 20

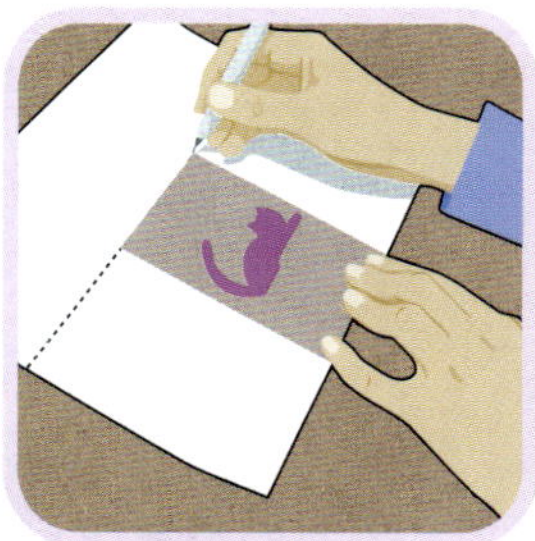

Mida las páginas con la tapa.

Dóblelas por la mitad.

Superpóngalas y péguelas.

Pegue la tapa encima.

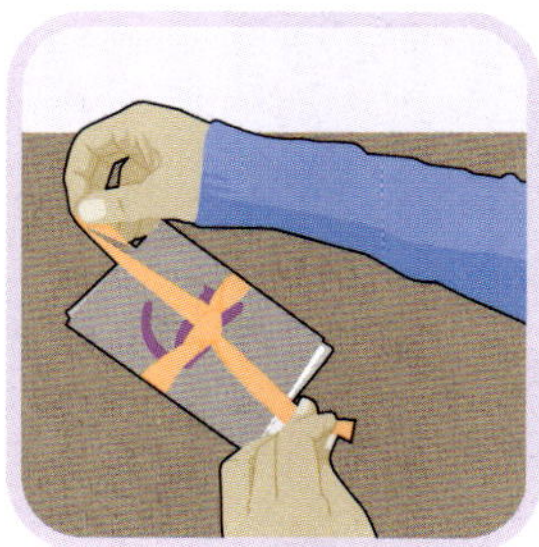

21 haga una esfera con un cd

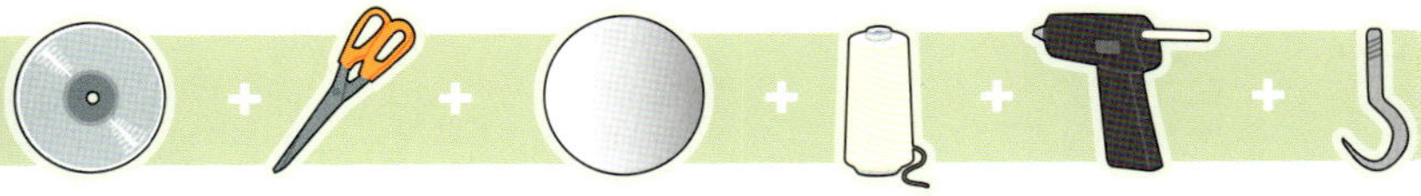

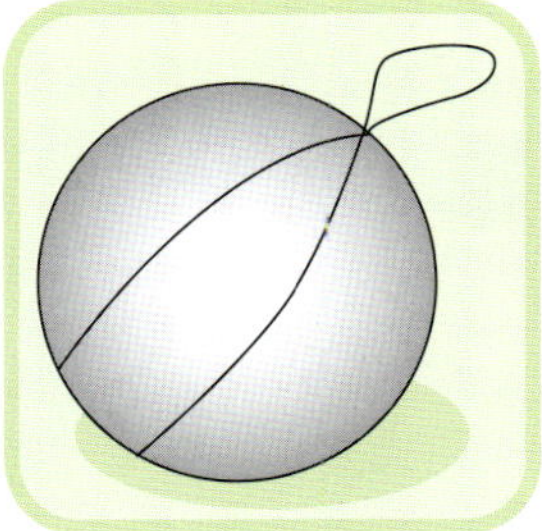

Rodéela dos veces; anúdelo.

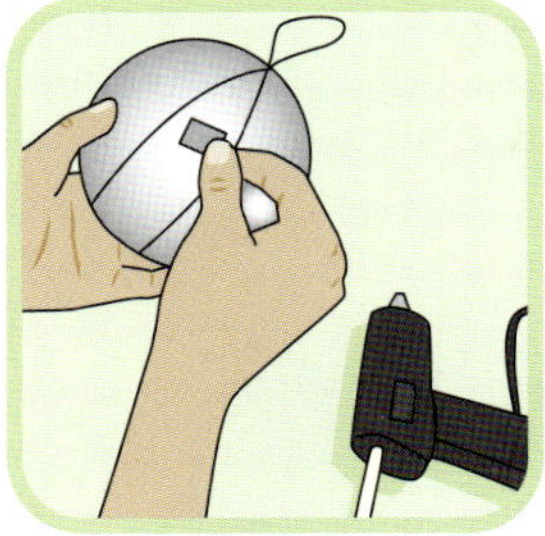

Péguelos a la esfera.

Continúe por toda la esfera.

464 baile el *moonwalk* con estilo

Cuélguela y baile.

22 fabrique un bol con un disco

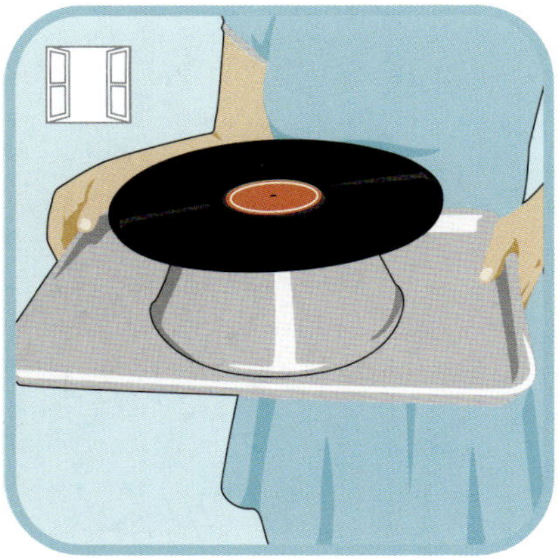

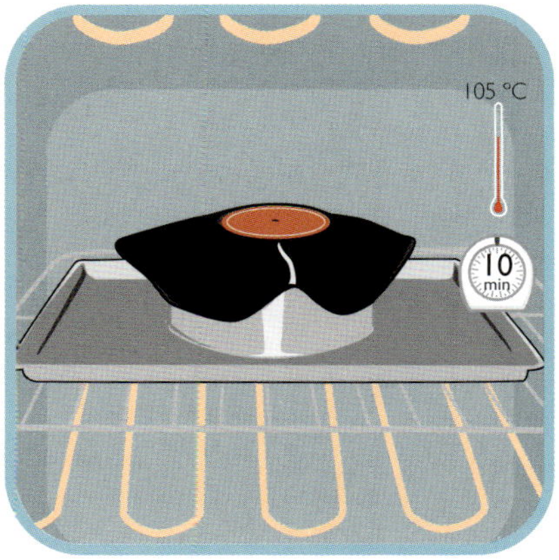

331 calme una quemadura leve

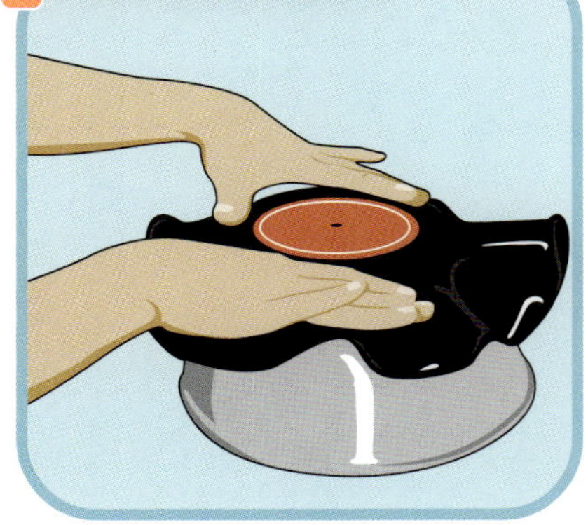

Moldee con cuidado el disco sobre el bol.

Presione con un bol más grande.

Déjelo reposar.

Vuélquelo y úselo como bol decorativo.

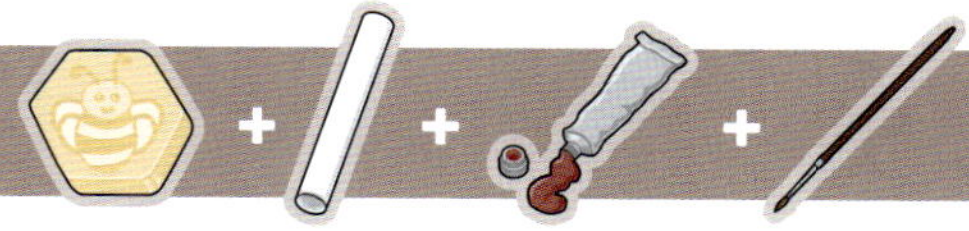

haga un *didgeridoo* con un tubo 23

Ablándela calentándola.

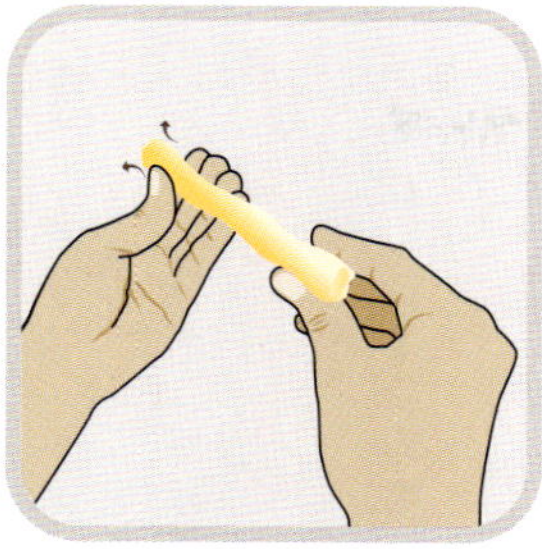

Moldee en forma de "serpiente".

Cubra la boca del tubo.

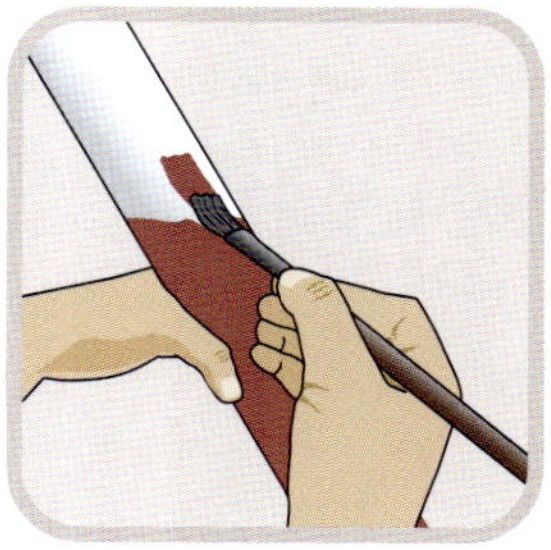

Pegue los labios y sople.

El extraño zumbido del *didgeridoo* se debe a la respiración circular. Cuando los pulmones del músico están casi llenos, almacena su último aliento en las mejillas, y lo suelta lentamente mientras inhala a través de la nariz, por lo que el aire está siempre circulando, creándose un gorjeo.

cree una billetera con una baraja 24

Pegue la baraja a un panel sólido.

"Plastifique" la parte de atrás.

Doble las cuatro cartas; una los lados.

Una el "bolsillo" hecho con dos cartas al resto.

Cierre la parte de abajo con cinta.

25 fabrique un biquini de malla

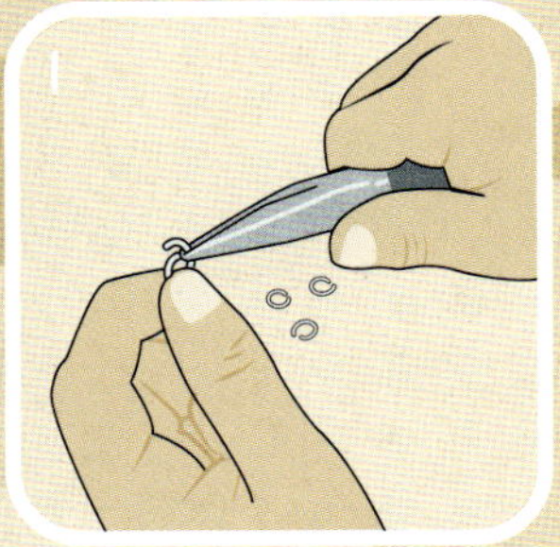

Abra una anilla.

Meta dos anillas y ciérrela.

Repítalo creando una cadena.

Una dos cadenas.

Cree y una tres paneles.

Una los bordes interiores.

Conéctelos y cree una costura.

Una todas la piezas.

haga una espada de gomaespuma

26

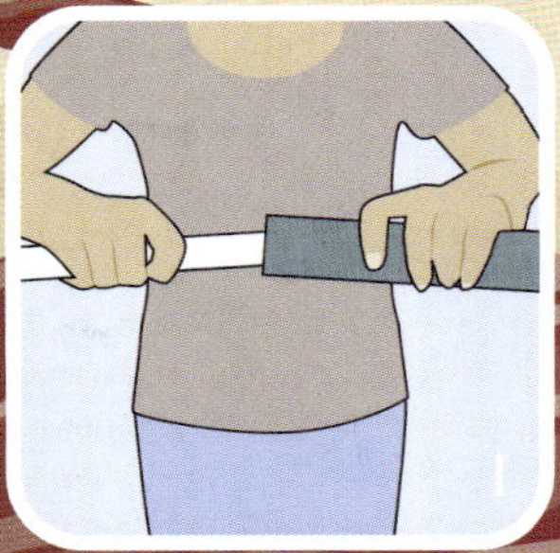

Envuelva el tubo con la espuma.

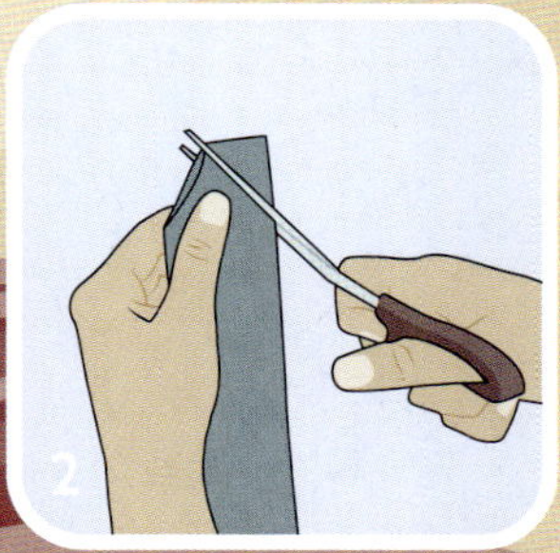

Recorte la espuma en punta.

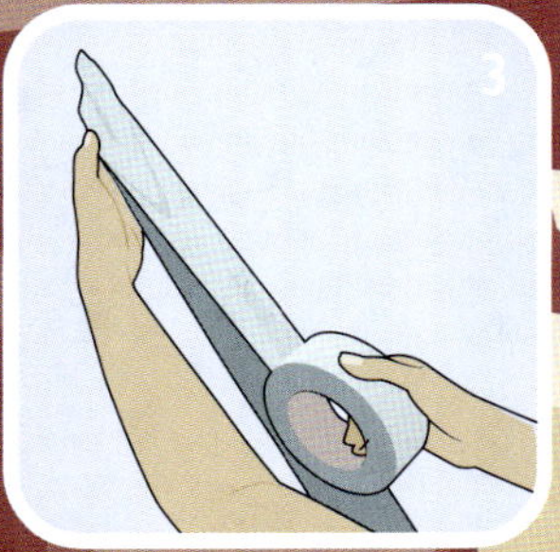

Cúbrala con cinta aislante.

Es más flexible con agujeros.

Agujeree el tubo menor.

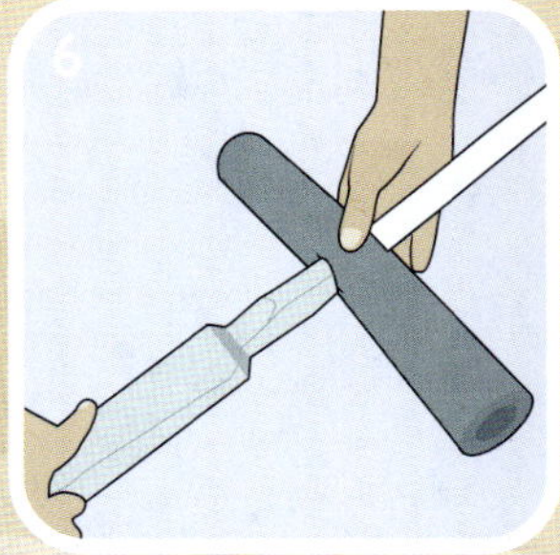

Deslícelo por la espada.

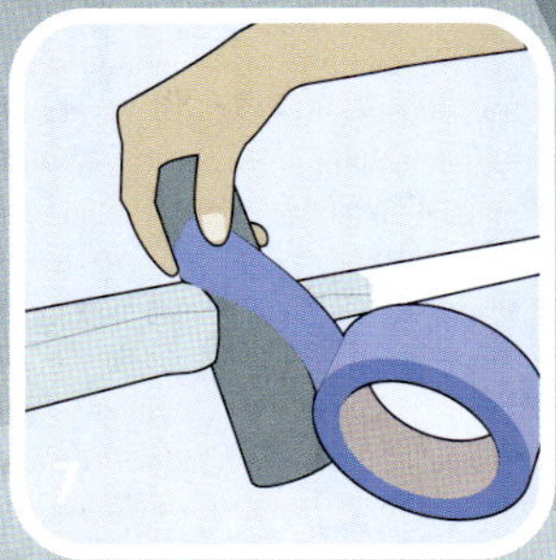

Envuelva la barra transversal.

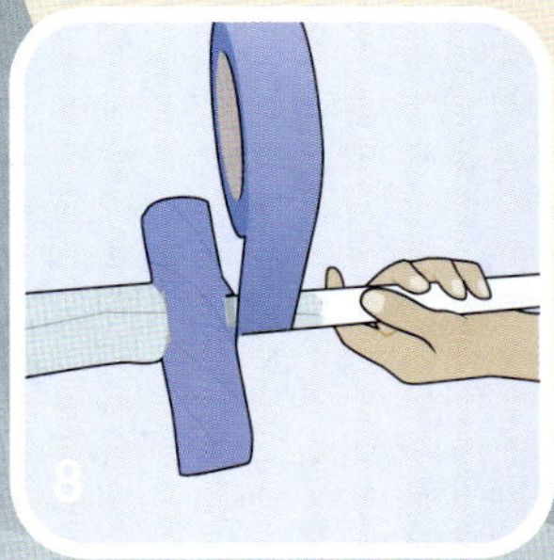

Envuelva la empuñadura.

27 cree un reloj con patatas

Coloque dos clavos galvanizados.

Inserte dos alambres de cobre.

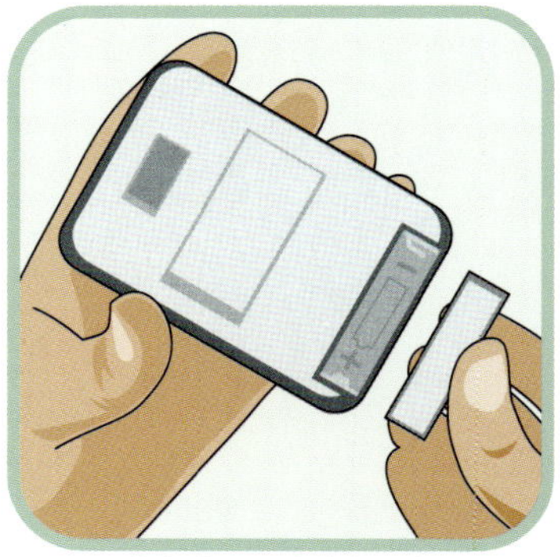

Quite la tapa de la batería.

Las patatas pueden llegar a ser unas estupendas baterías, aunque no son los únicos objetos que pueden hacerlo; casi cualquier cosa puede conducir la electricidad necesaria. Inténtelo con cítricos, plátanos, aguacates o incluso con soda y recuerde que el clavo y el alambre de cobre deben estar lo más lejos posible el uno del otro: es la distancia entre estos lo que genera la potencia.

28 accione una máquina de hilar

Enrolle cable eléctrico a una pila.

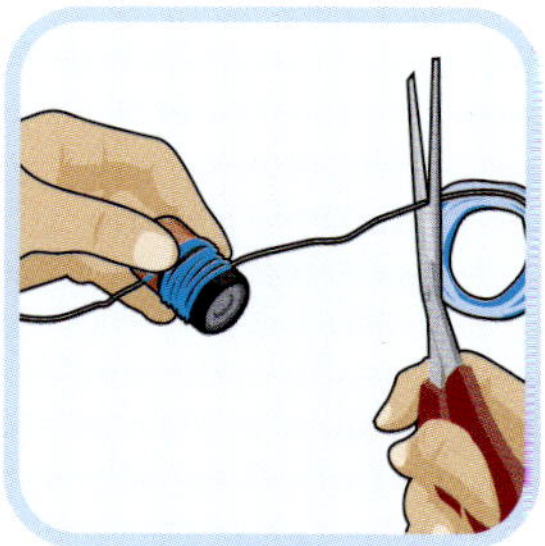

Córtelo; quite la pila.

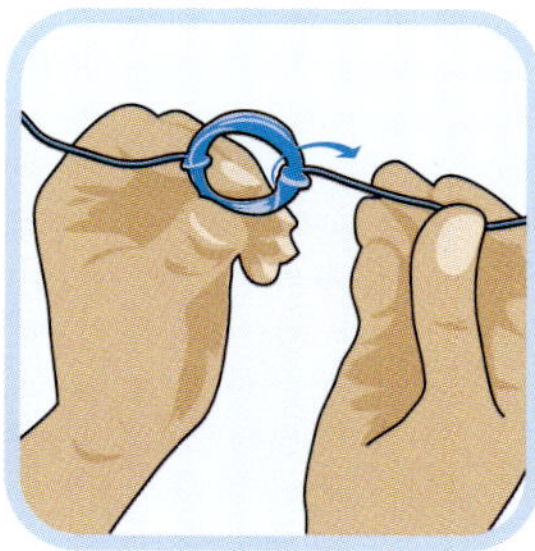

Junte el rollo.

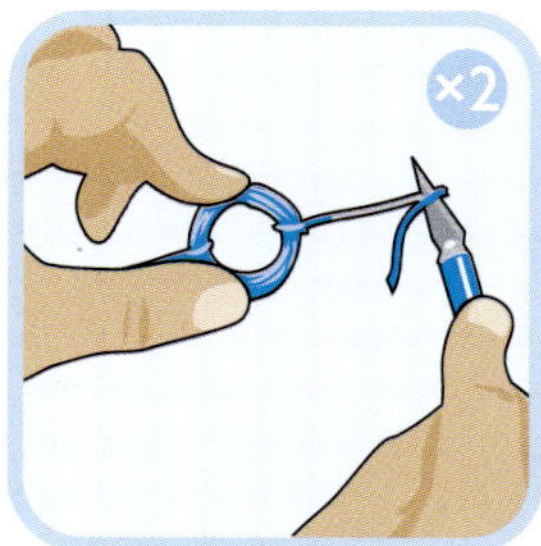

Quite la capa de plástico.

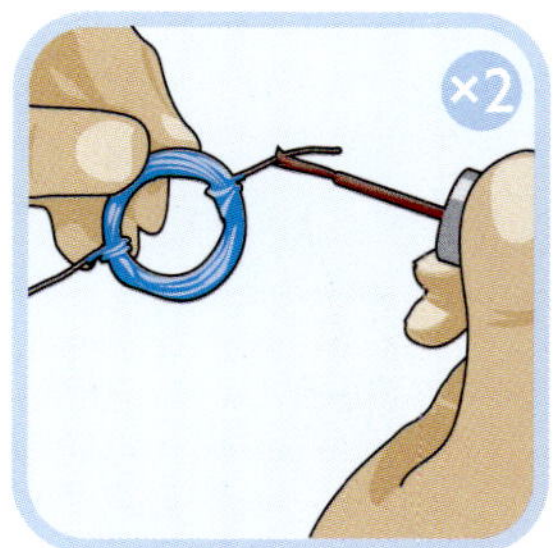

Ponga laca de uñas al final.

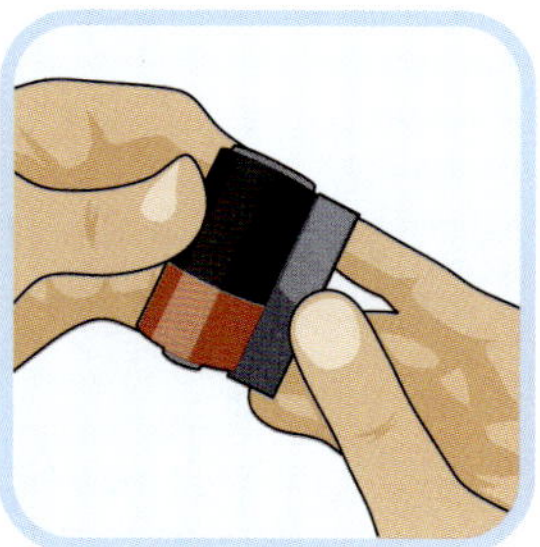

Coloque la pila.

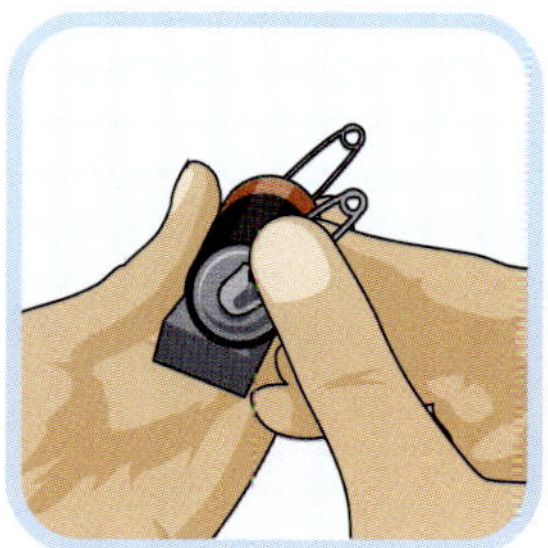

Ponga los imperdibles.

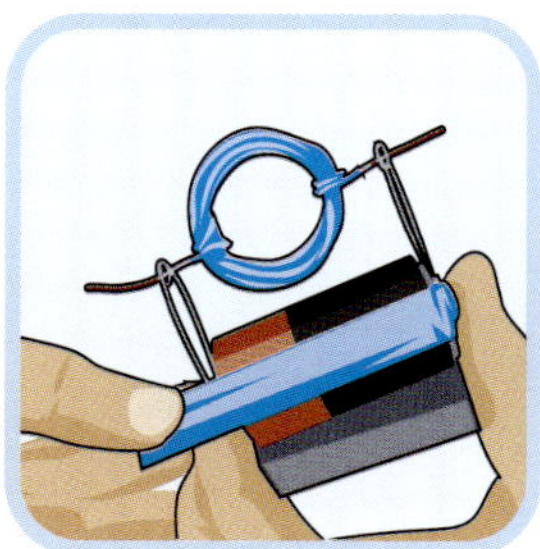

Añada el rollo; únalo todo.

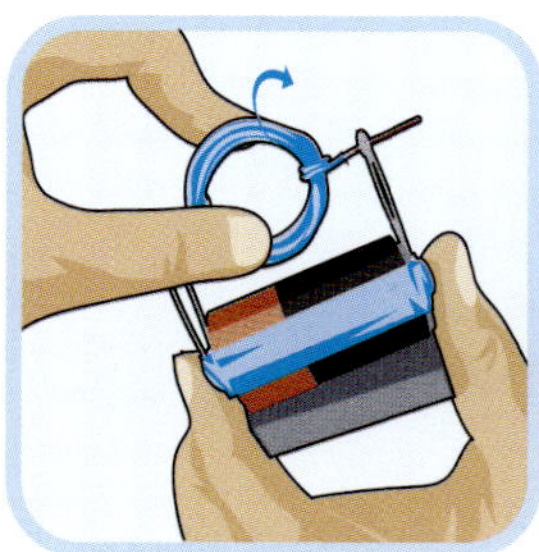

Gire el rollo una vez.

¡Mire cómo funciona!

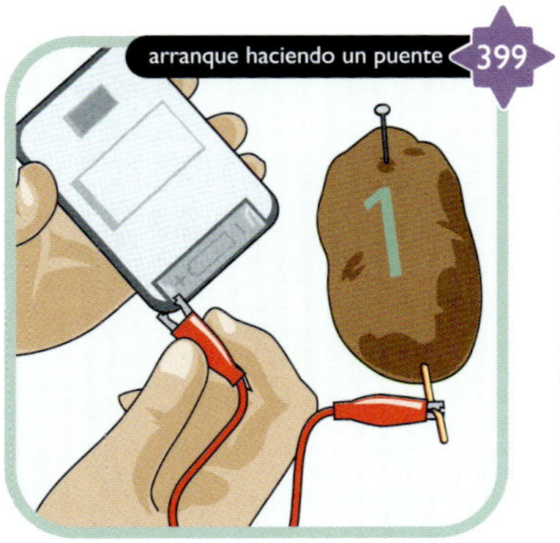

arranque haciendo un puente 399

Conecte un alambre de cobre al reloj.

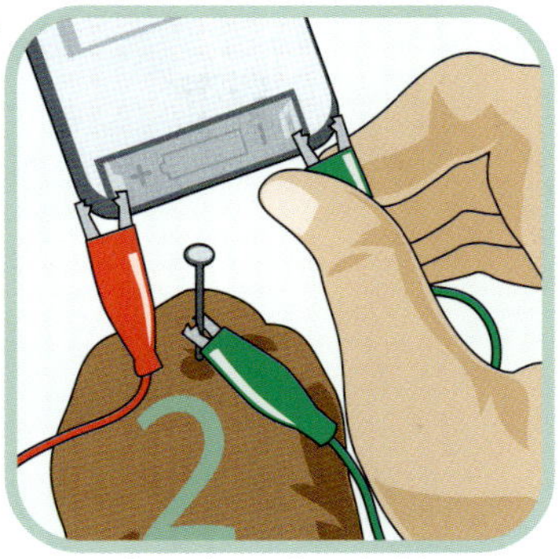

Enganche un clavo al reloj.

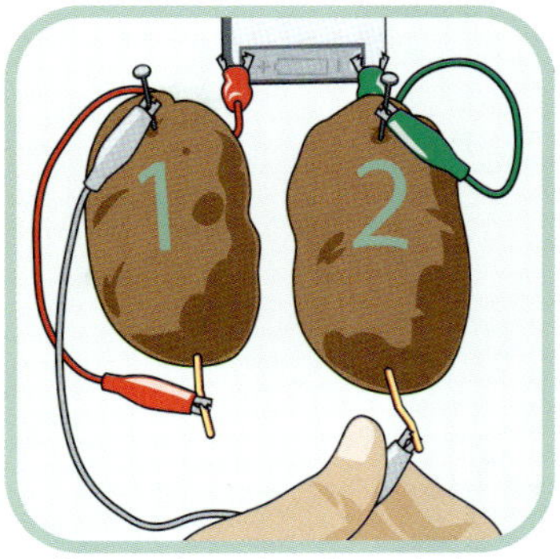

Conecte el otro clavo al otro alambre.

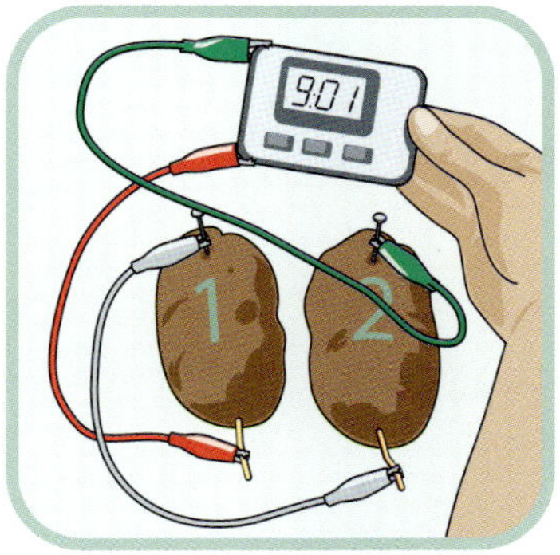

Ponga el reloj en hora.

fabrique una radio de trincheras 29

Estas ingeniosas radios fueron inventadas por los soldados de la Segunda Guerra Mundial para comunicarse con el mundo exterior. Algunos de sus componentes, como la cuchilla de afeitar pavonada y el auricular de cristal, pueden ser difíciles de encontrar; hay que buscarlos en Internet o en una ferretería.

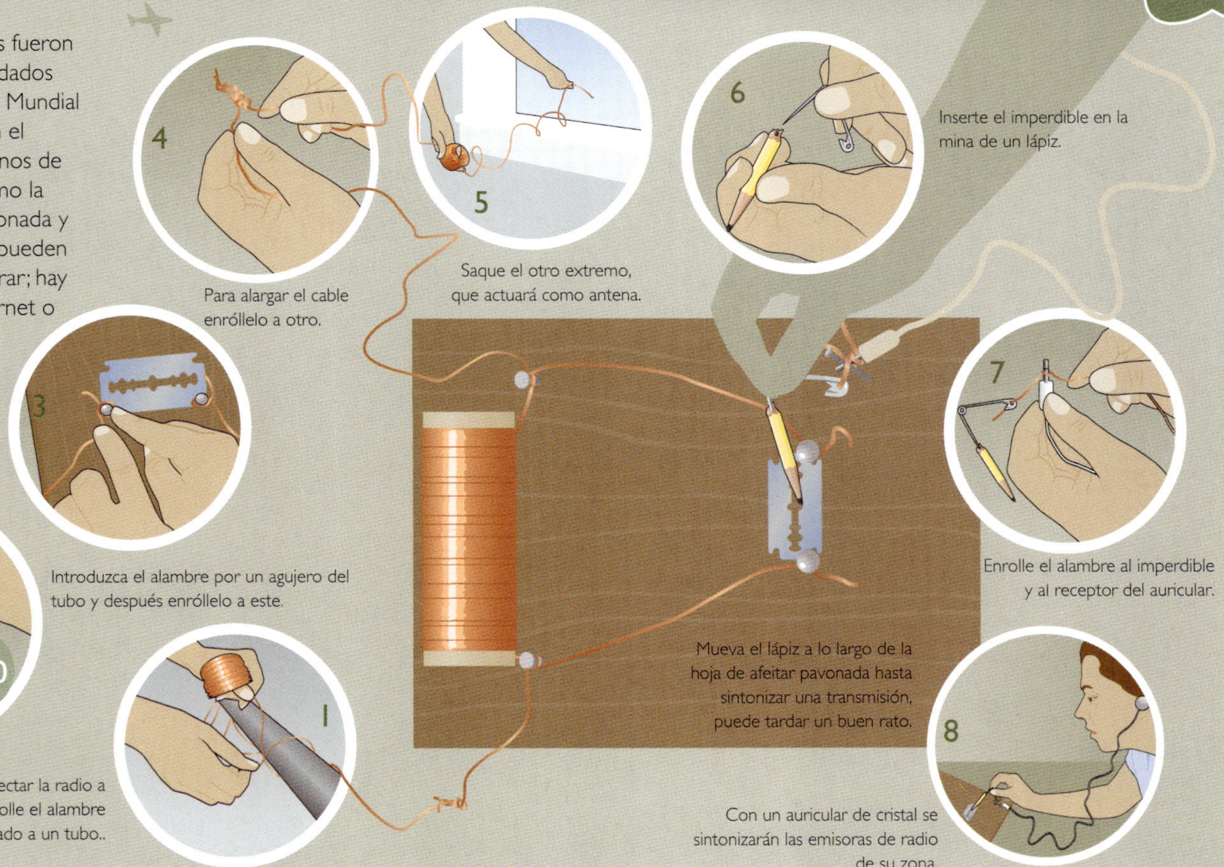

Para conectar la radio a tierra, enrolle el alambre galvanizado a un tubo..

Introduzca el alambre por un agujero del tubo y después enróllelo a este.

Conecte todos los elementos con el cable. Enróllelo a las chinchetas clavadas al tablero.

Para alargar el cable enróllelo a otro.

Saque el otro extremo, que actuará como antena.

Inserte el imperdible en la mina de un lápiz.

Enrolle el alambre al imperdible y al receptor del auricular.

Mueva el lápiz a lo largo de la hoja de afeitar pavonada hasta sintonizar una transmisión, puede tardar un buen rato.

Con un auricular de cristal se sintonizarán las emisoras de radio de su zona.

30 haga una caja para ver eclipses

Pegue papel dentro de la caja.

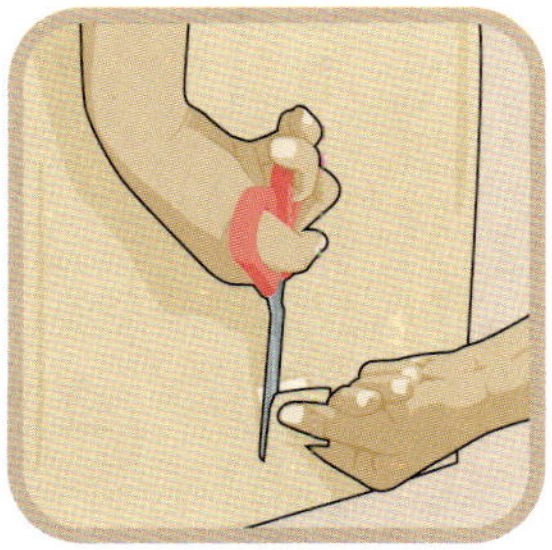

Haga un agujero enfrente.

Póngale aluminio. Agujeréelo.

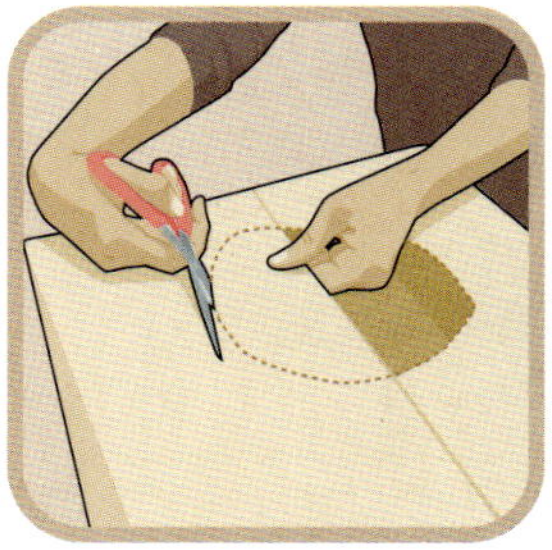

Haga el agujero de la cabeza.

Regúlela para ver el eclipse.

Un eclipse solar es una visión fascinante, pero puede ser la última si se mira hacia él directamente. El pequeño agujero de la caja proyecta la imagen del eclipse en la pantalla de papel, y así, los ojos no miran a la luz directamente. Cuanto más larga sea la caja, más grande será la imagen.

31 construya un volcán en erupción

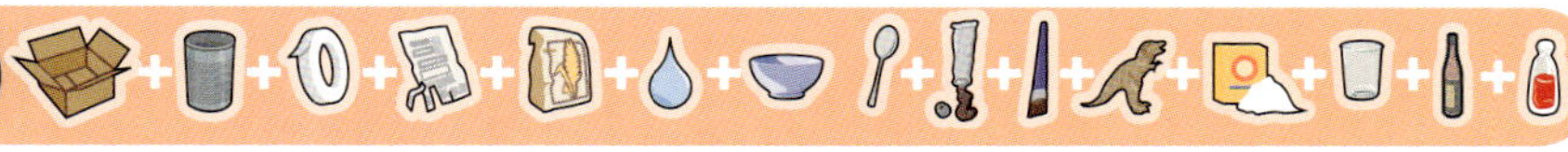

Rodee la lata con un cono de periódico.

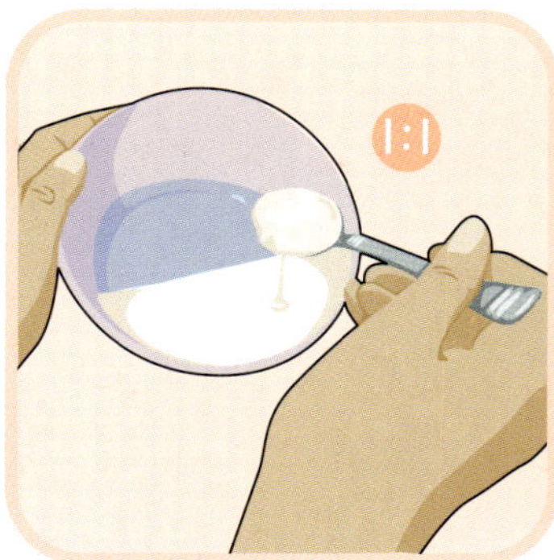

Cree una pasta con harina y agua.

Empaste las tiras de papel al cono.

Cuando el volcán se seque, píntelo.

Llene la lata con bicarbonato.

Añada vinagre y colorante.

Disfrute del mágico mundo en miniatura de un terrario. Esta versión tropical está repleta de plantas de entornos húmedos, mientras que los terrarios desérticos se caracterizan por contener plantas suculentas (es mejor dejar estas últimas al descubierto para que se evapore el exceso de humedad).

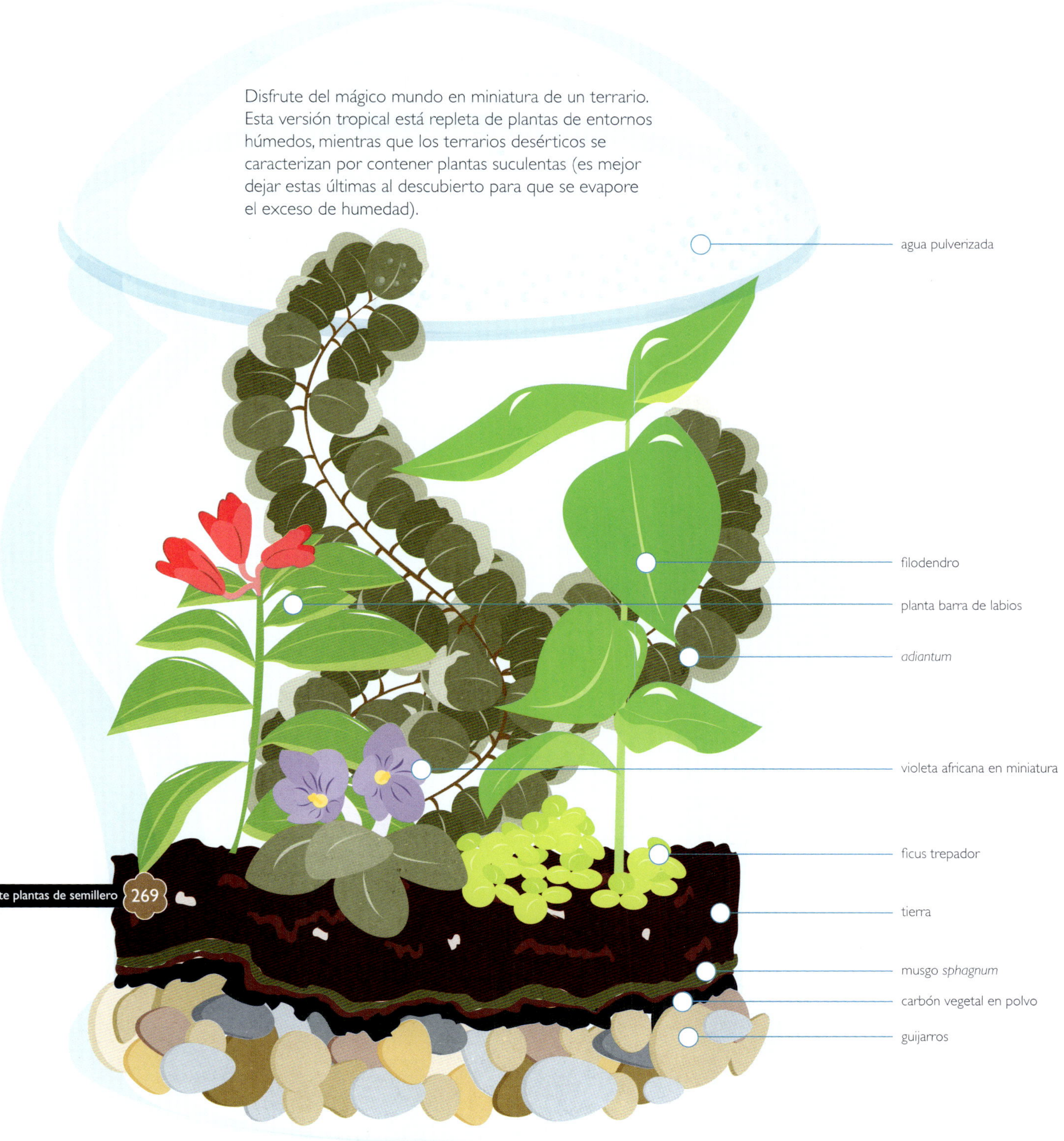

trasplante plantas de semillero 269

33 teja una pulsera de la amistad

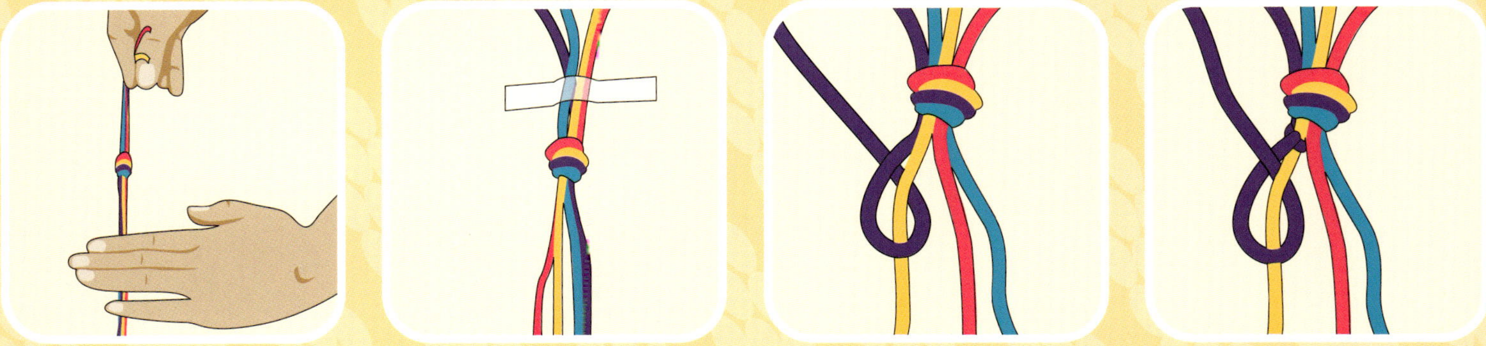

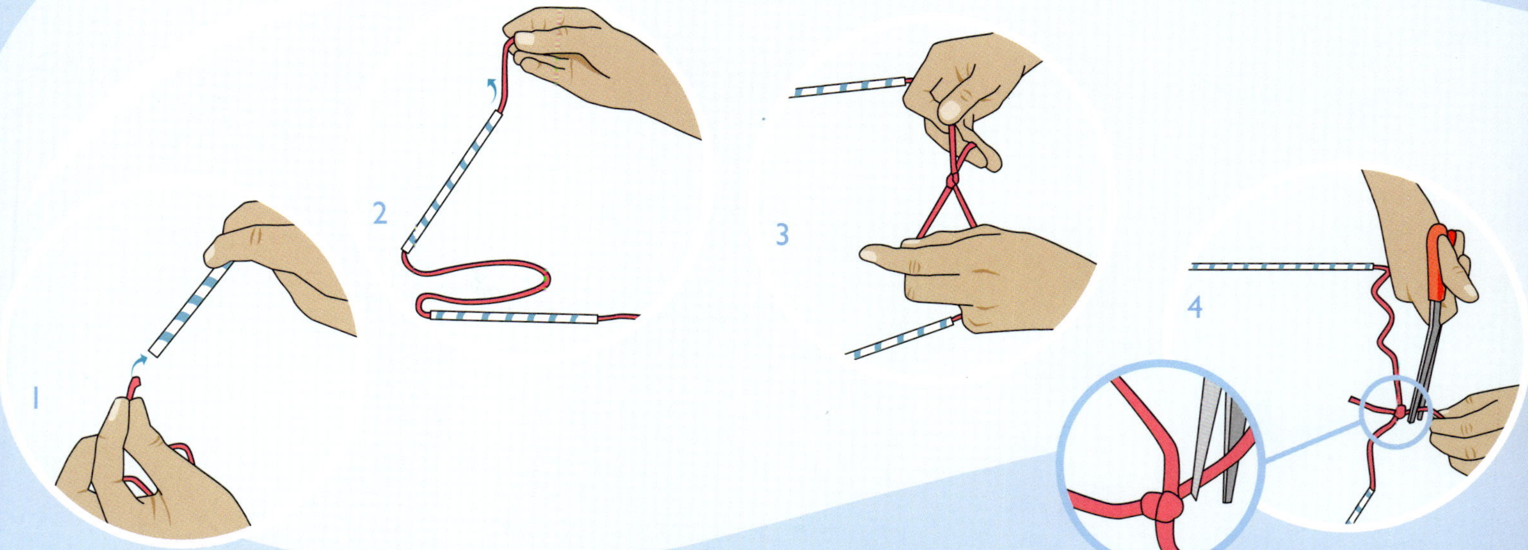

haga una burbuja gigantesca 34

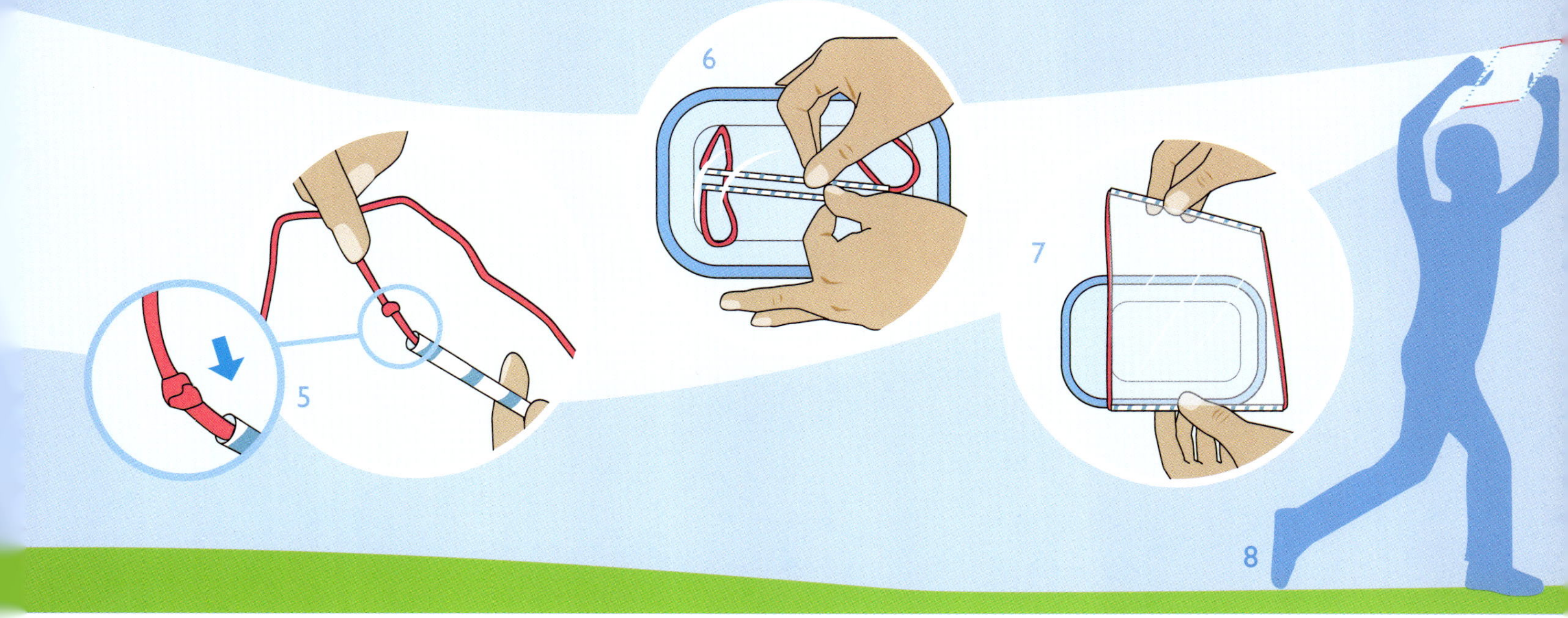

35 haga formas con un globo

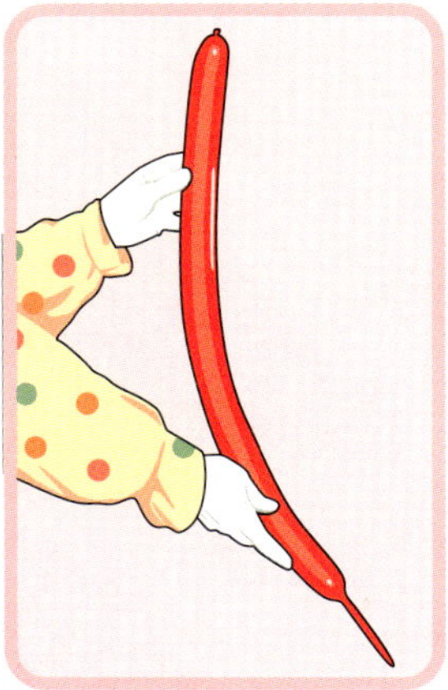
No infle la punta inferior.

Cree tres partes girándolo.

Doble hacia atrás dos partes.

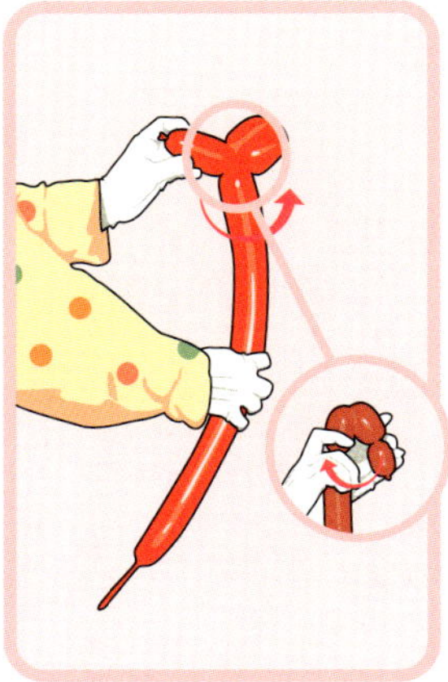
Una la primera con la tercera.

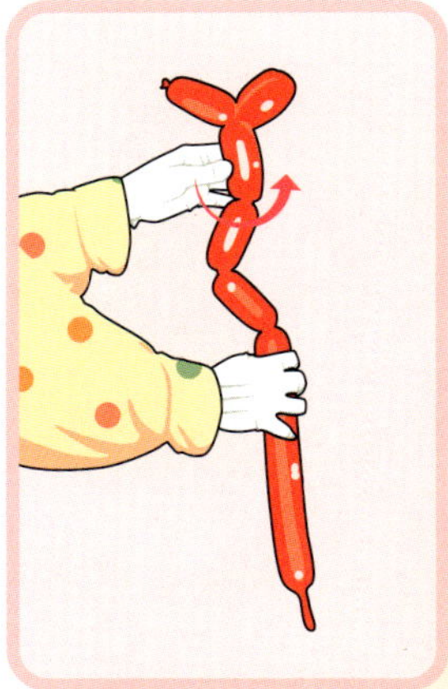

291 salude a un perro desconocido

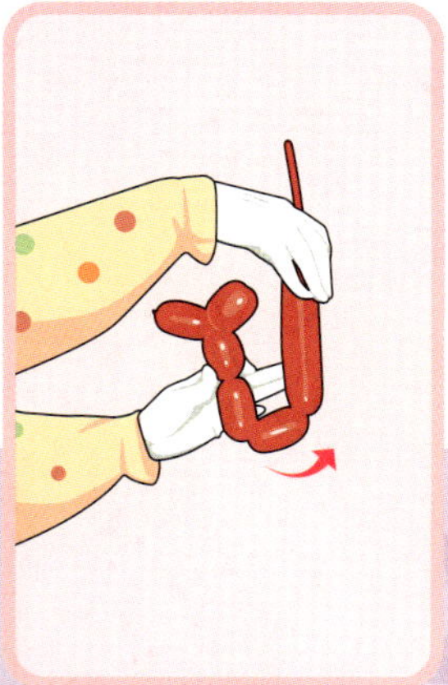

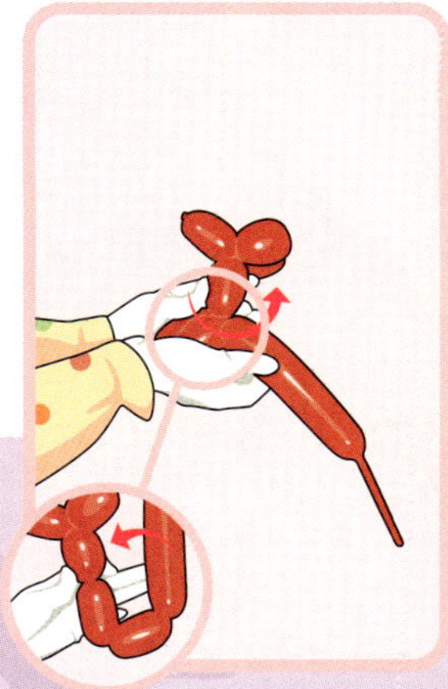

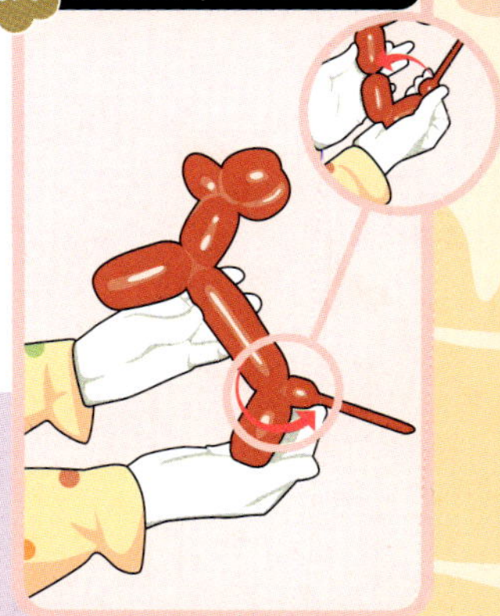

36 forme azúcar cande

Disuelva el azúcar en agua.

Mézclelo con el colorante.

Moje el palo; póngale azúcar.

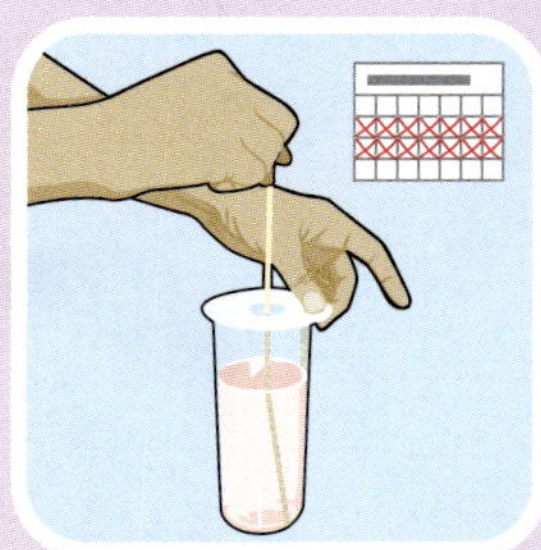
Cúbralo y meta el palo.

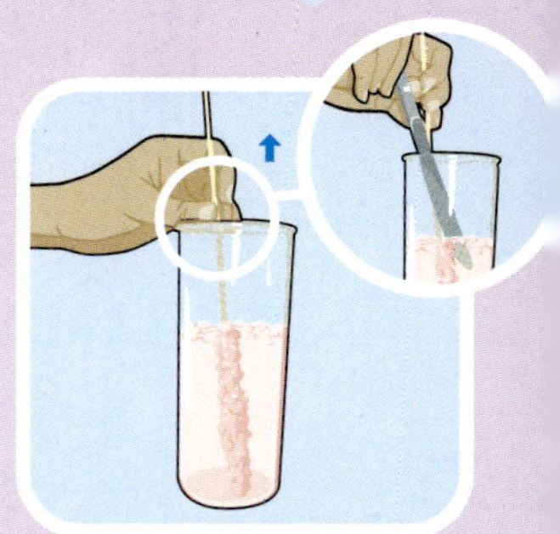
Quite el palo si es necesario.

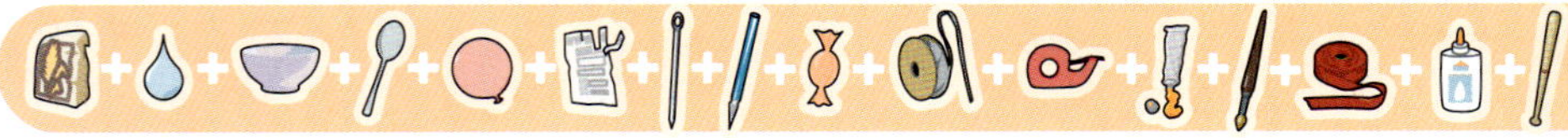

haga una piñata para una fiesta 37

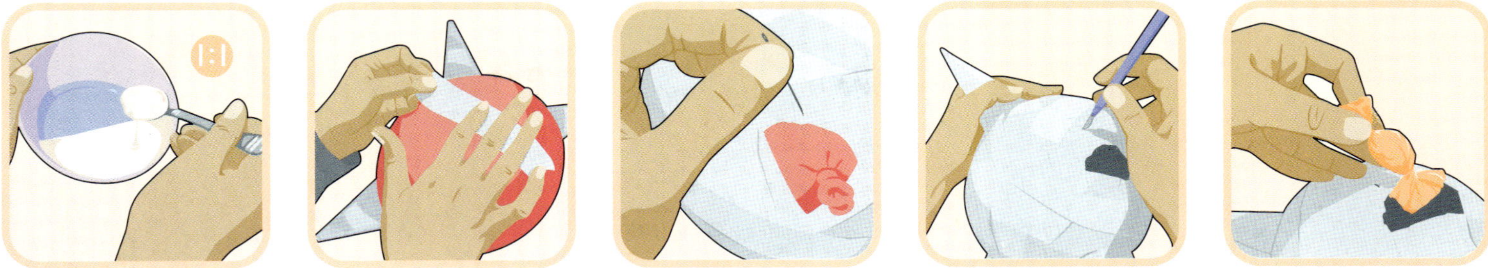

Mezcle la harina y el agua. Pegue tiras y conos de papel. Déjela secar. Pinche el globo. Haga dos agujeros.

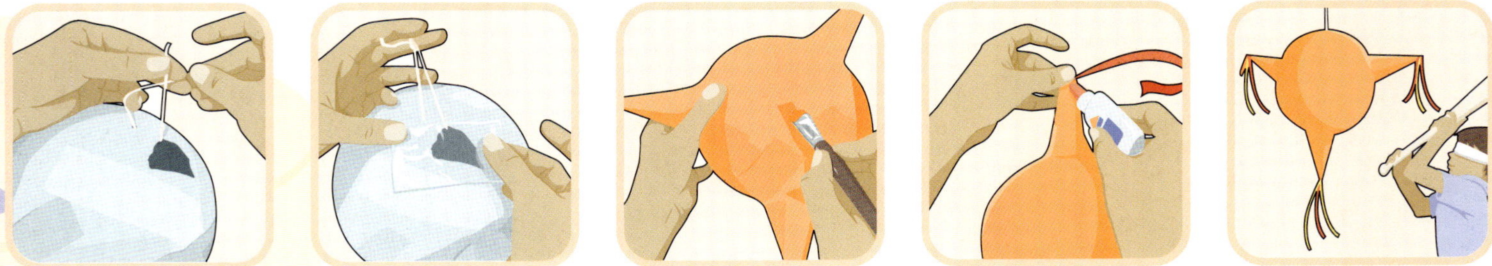

Ensarte los dos agujeros. Cuelgue la piñata; balancéela.

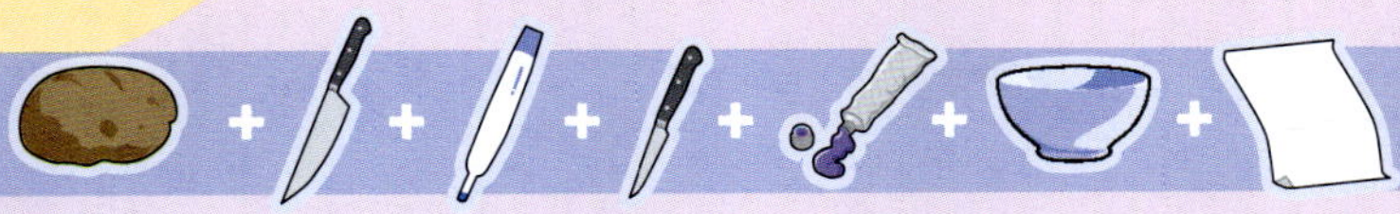

talle un sello de patata 38

cree un reloj con patatas 27

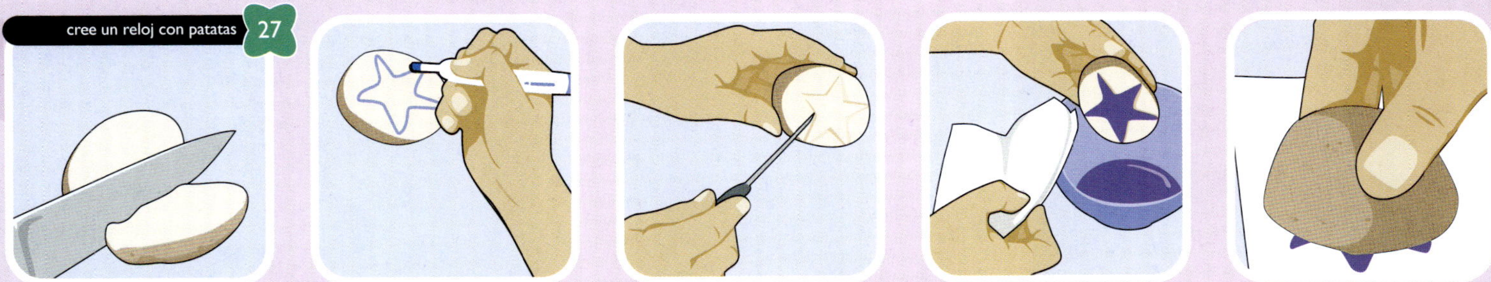

Talle la forma en relieve.

39 haga una bola de nieve de cristal

40 construya una guirnalda navideña

Transforme la percha en un círculo.

Cúbrala con las ramitas.

Fíjelas con el alambre floral.

41 fabrique una bola aromática

injerte un árbol cítrico 266

Cúbrala con las especias.

Déjela reposar.

42 haga una lámpara con una lata

Congélela, así estará rígida.

Haga agujeros con un clavo.

El agua tibia funde el hielo.

Encienda una vela dentro.

43 tiña un mantel de batik

Aclare la tela.

Tíñala con el color del diseño.

Dibuje su propio diseño.

Derrita la cera; pinte el diseño.

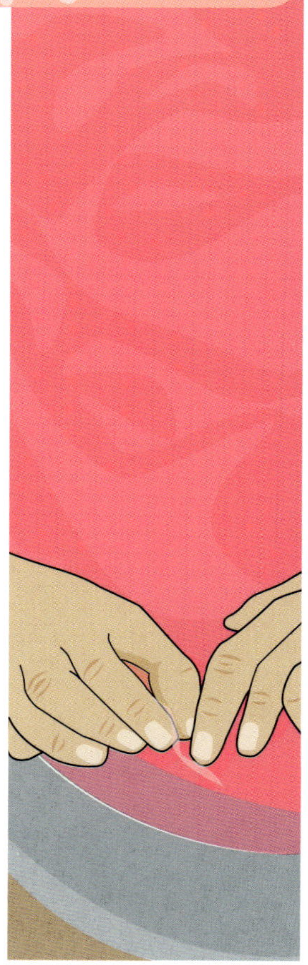

Tíñala con el color de fondo.

45 consiga una camiseta desteñida

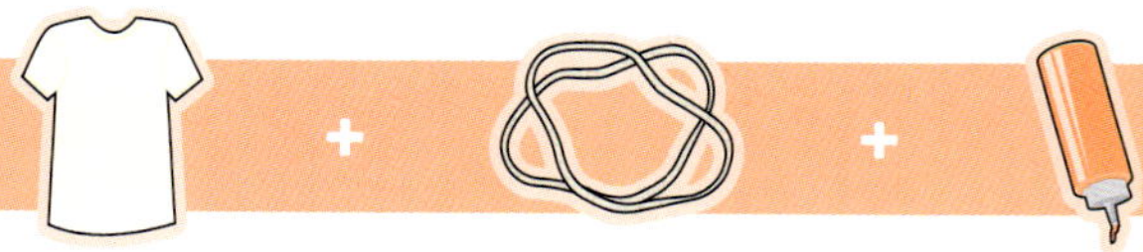

Pliegue el centro.

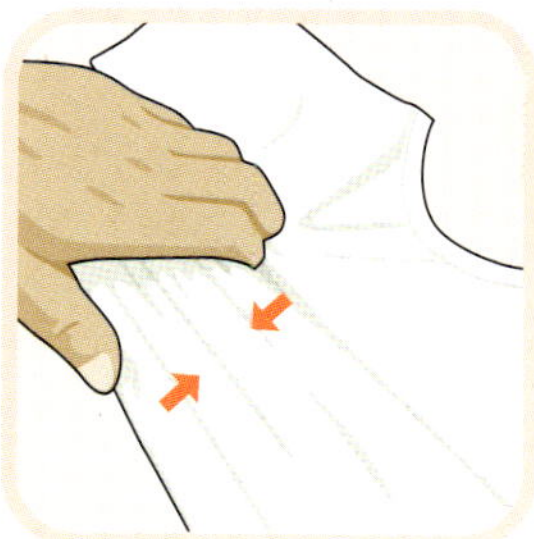

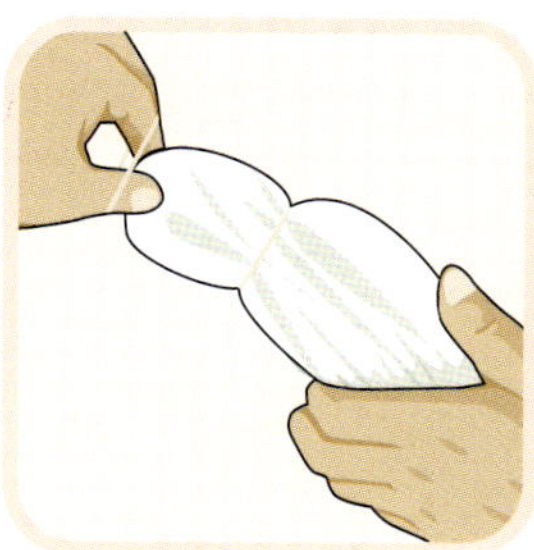

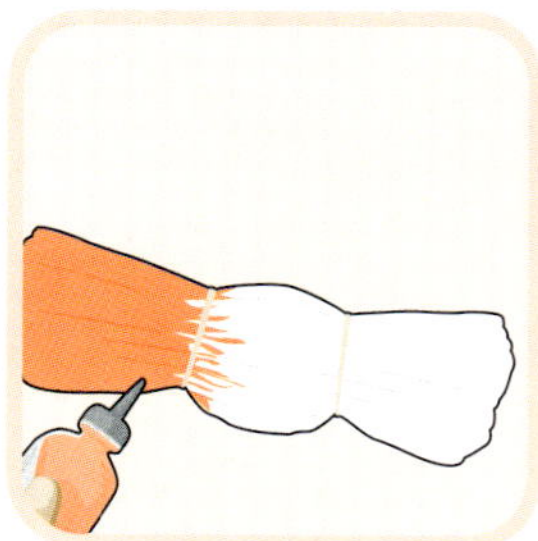

Aclárela y póngasela.

Cuélguela y déjela secar.

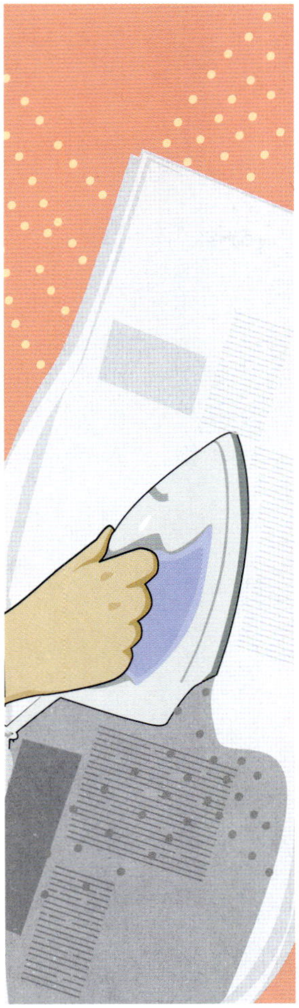

Plánchela para eliminar la cera.

quite las manchas 184

Lave el mantel antes de usarlo.

interprete el batik 44

Este diseño indonesio, llamado *sido dadi*, augura buena suerte. Significa: "serás lo que desees".

Solo los más distinguidos usan el *satrio wibowo*, que se caracteriza por su estampado de diamantes.

El simétrico *kawung*, llevado en su día por la realeza, equilibra la energía, el poder y otras fuerzas.

El *purang rusak* fue en su día el favorito de la familia del sultán. Se cree que sus líneas curvas traen suerte.

cree una espiral desteñida 46

+

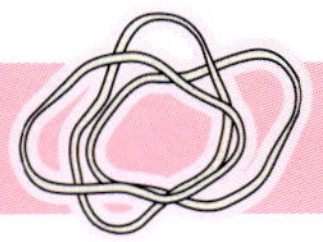

+

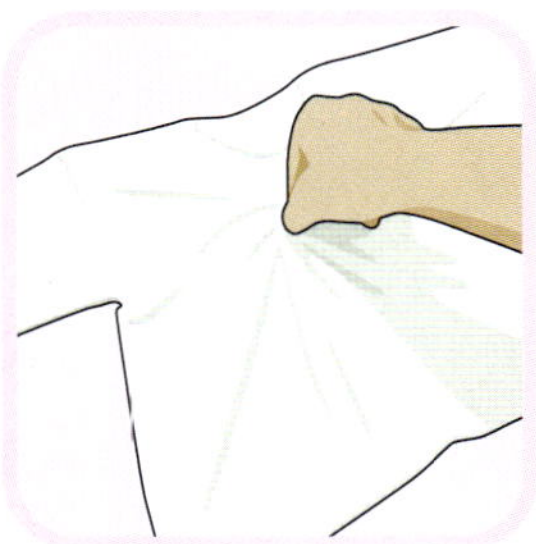

Pliegue el centro.

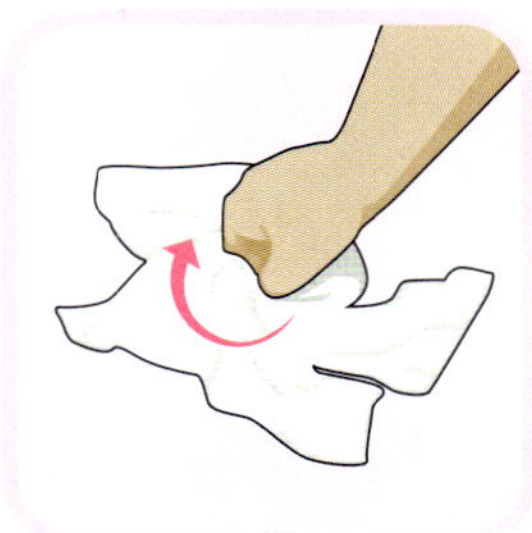

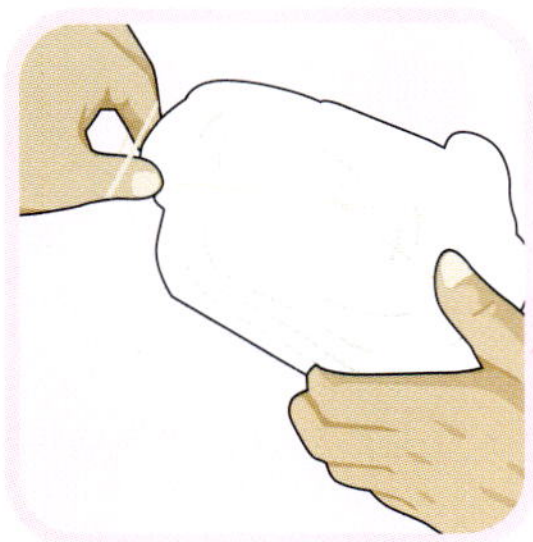

Aclárela y póngasela.

47 haga el montaje para tejer

146 cree extensiones de pelo con hilo

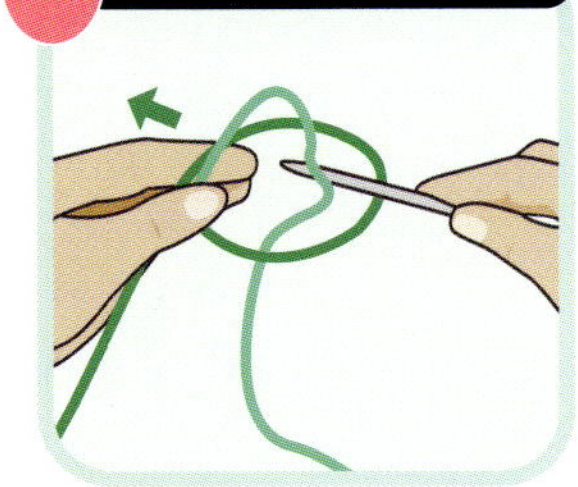
Haga un nudo corredizo.

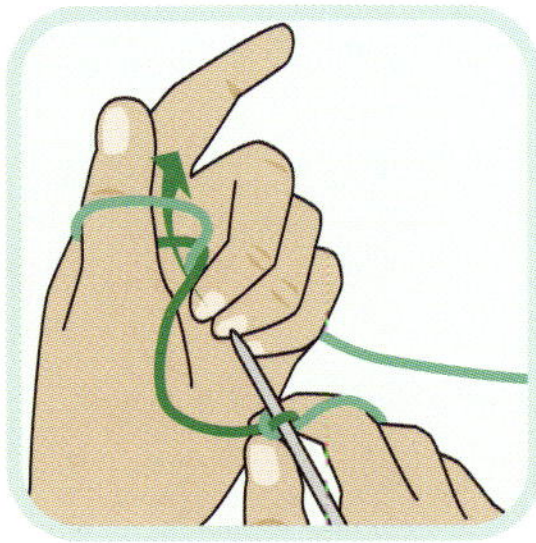
Tire a través del nudo.

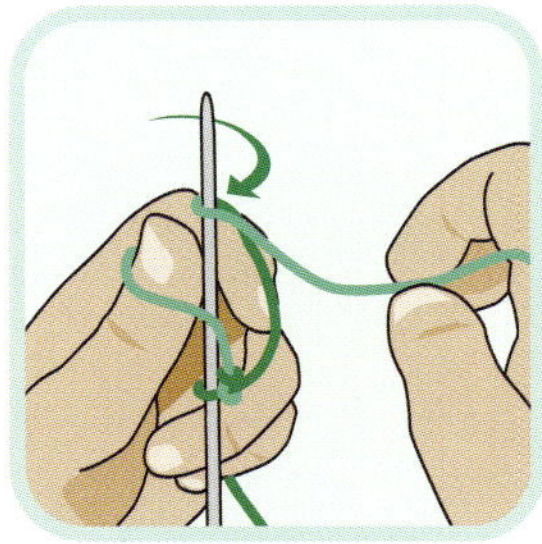
Haga un nudo en la aguja.

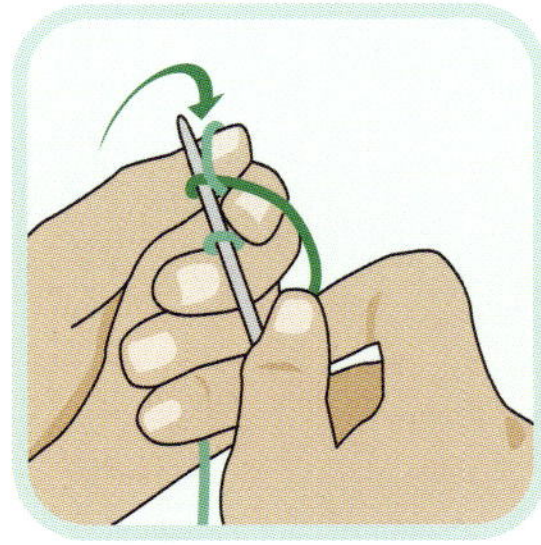
Tire del hilo sobre la aguja.

Ténselo tirando de él.

48 haga punto del derecho

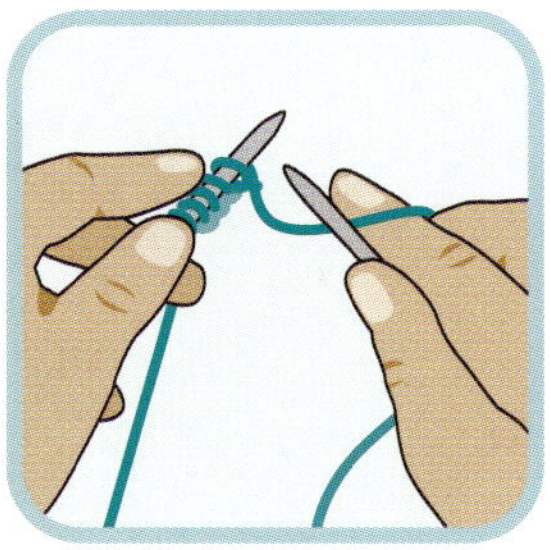

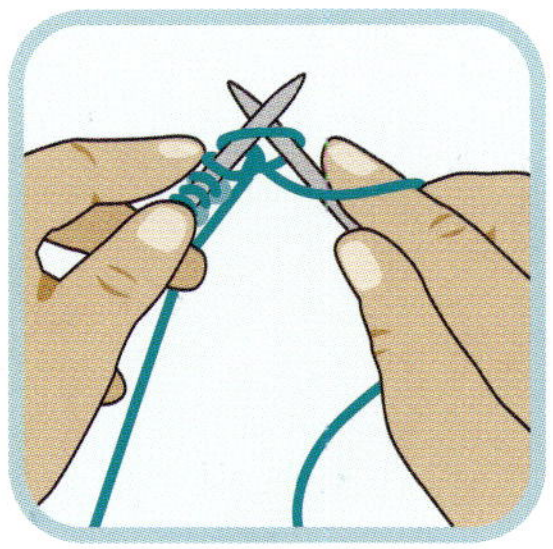
Ponga la aguja derecha detrás.

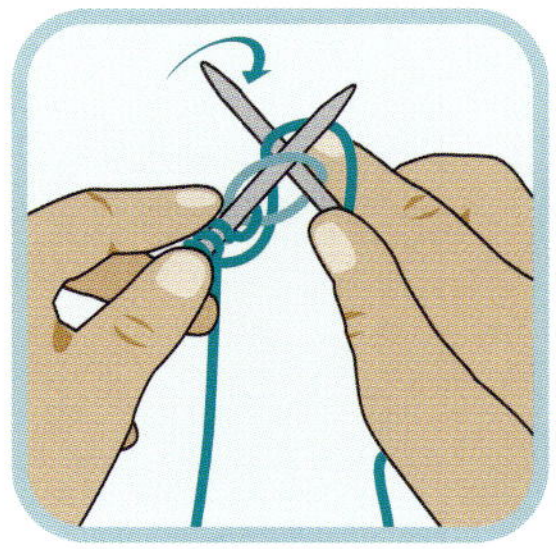
Rodee la aguja con el hilo.

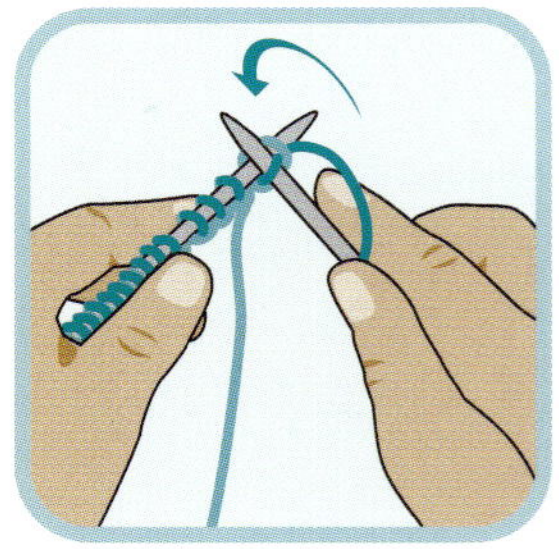
Lleve la aguja trasera adelante.

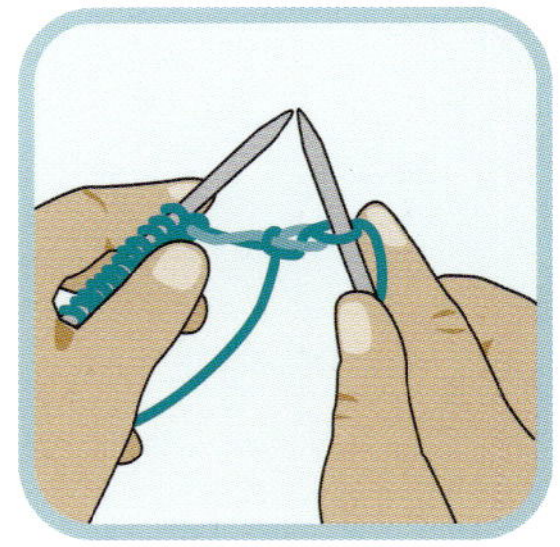
Deslice la aguja izquierda.

49 haga punto del revés

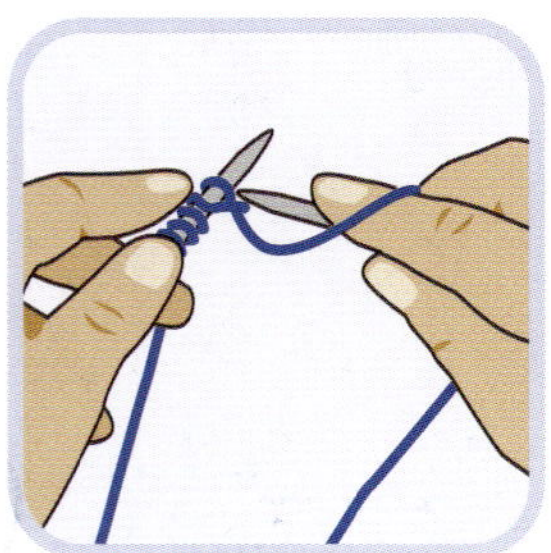

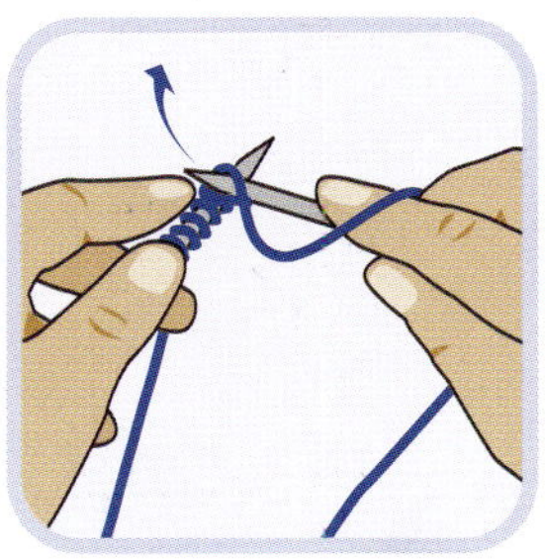
Ponga la aguja derecha delante.

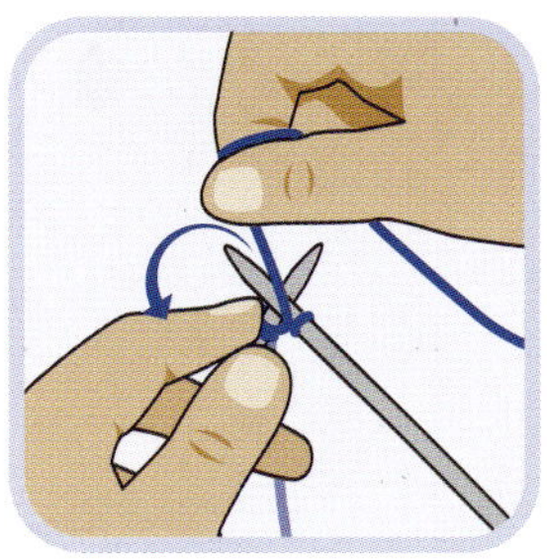
Rodee la aguja con el hilo.

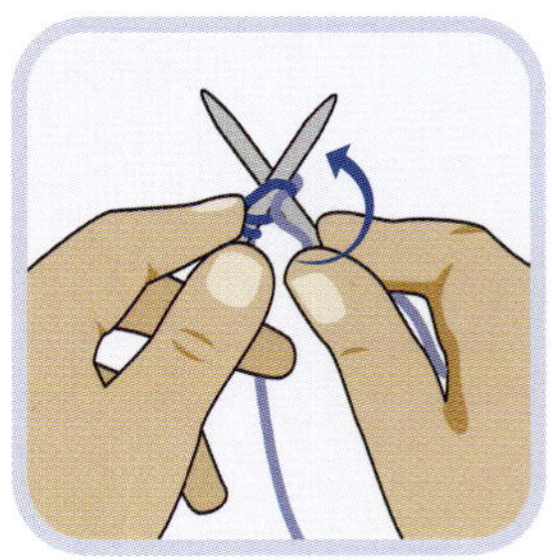
Lleve la aguja de delante atrás.

185 lave un jersey a mano

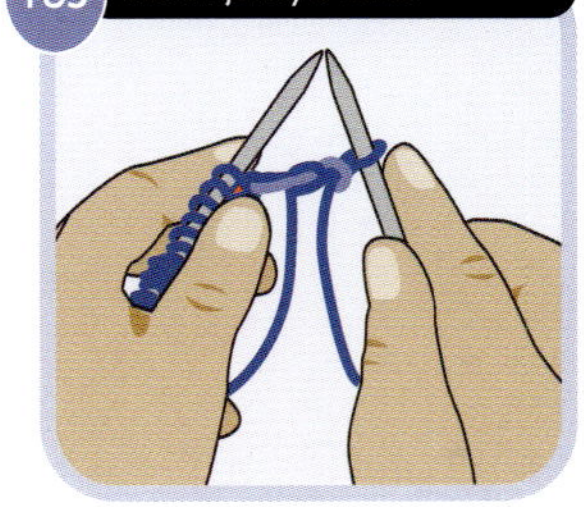
Deslice la aguja izquierda.

cruz

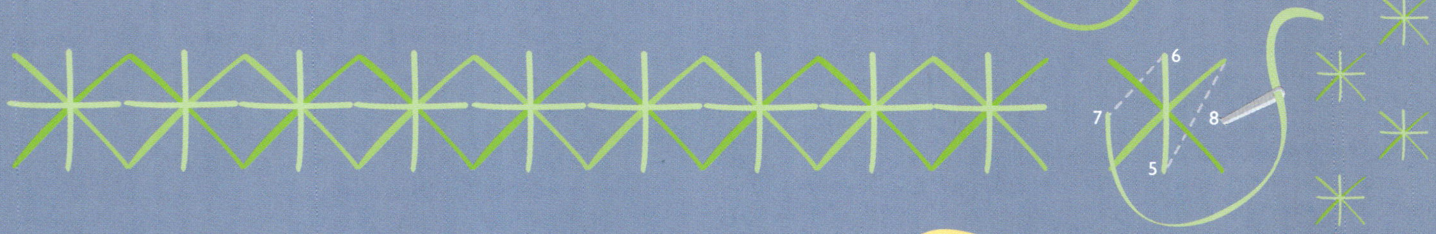

diablo

escapulario en línea

escapulario sobrebordado

haz

cadeneta

espina simple

roca · pluma · lucero del alba

51 cosa diseños indígenas

Con doble hilo, alterne las cuentas en forma vertical y horizontal.

Cosa hacia dentro a partir del borde del ante.

Rodee el borde de la tela con las cuentas. Después, atraviéselas con la aguja. .

52 mida sus pies para los mocasines

¿Quiere hacerse unos mocasines como los de antes, sin accesorios modernos? Dibuje sus pies en el ante y recorte suficiente tela para cubrirlos.

Amplíe este patrón, de manera que cubra sus pies.

tortuga · rayo · puntas de flechas

sol · río con una isla · pezuña de alce

pájaro huellas de caballo cabeza

caminos

53 fabrique unos mocasines de ante

Dóblelo por la mitad.

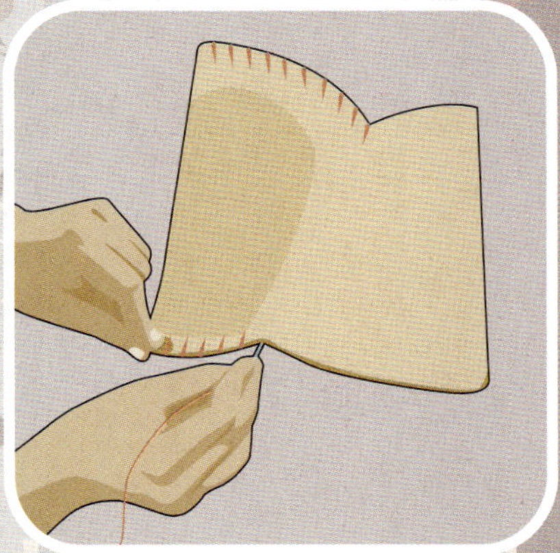

Cosa ambos lados.

Dele la vuelta.

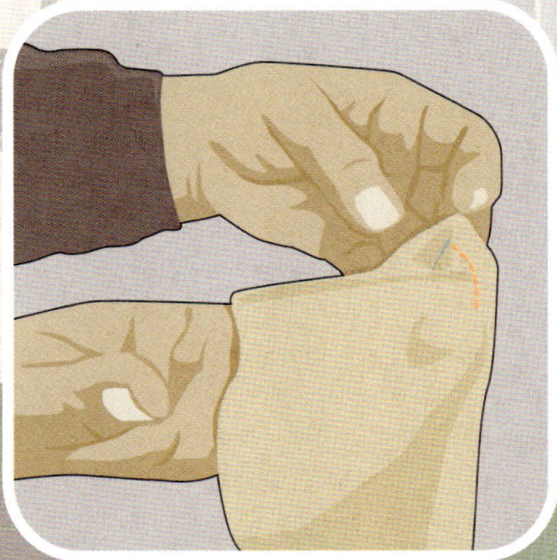

Decórelo con cuentas.

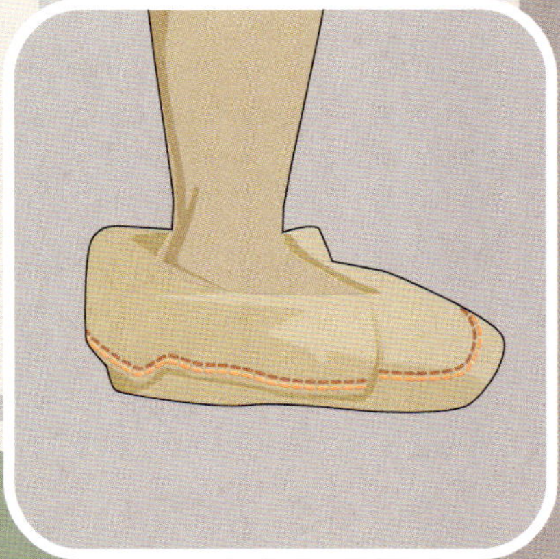

Doble las solapas y póngaselo.

araña

libélula

tipi cangrejo tormenta estrella

coma

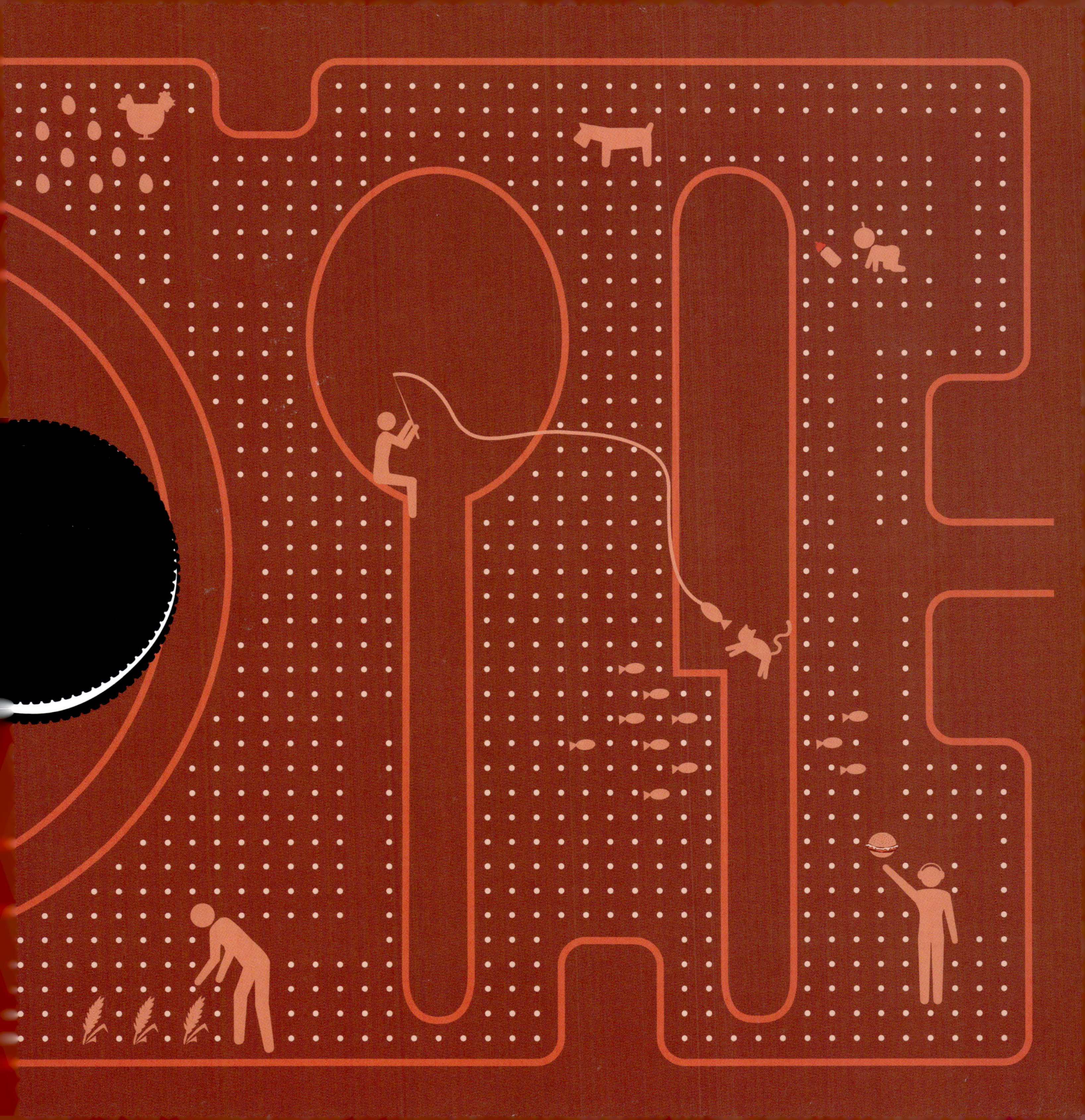

54 abra una granada

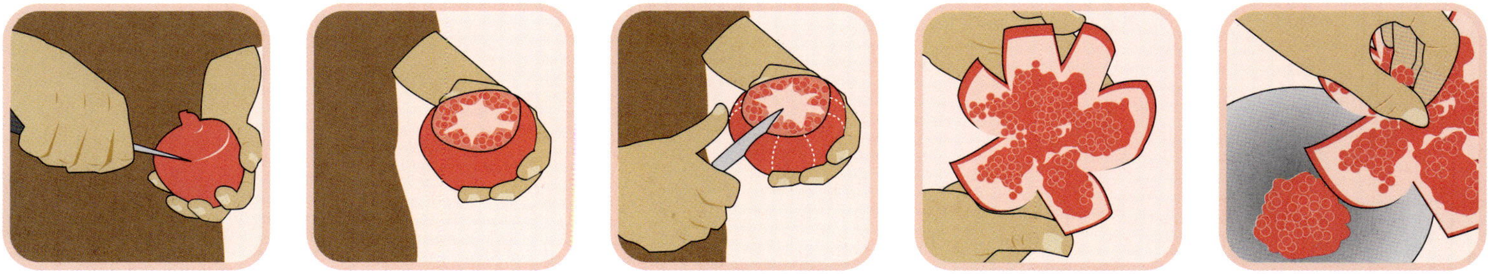

Corte la cáscara por secciones.

Ábrala; quite la parte blanca.

55 parta un mango

Corte a ambos lados del hueso.

Retire el hueso.

Vuelque el interior hacia fuera.

Retire la fruta de la piel.

56 deshuese un aguacate

262 cultive un aguacate

Golpee el hueso; sáquelo girando.

Saque la pulpa con una cuchara.

parta un coco 57

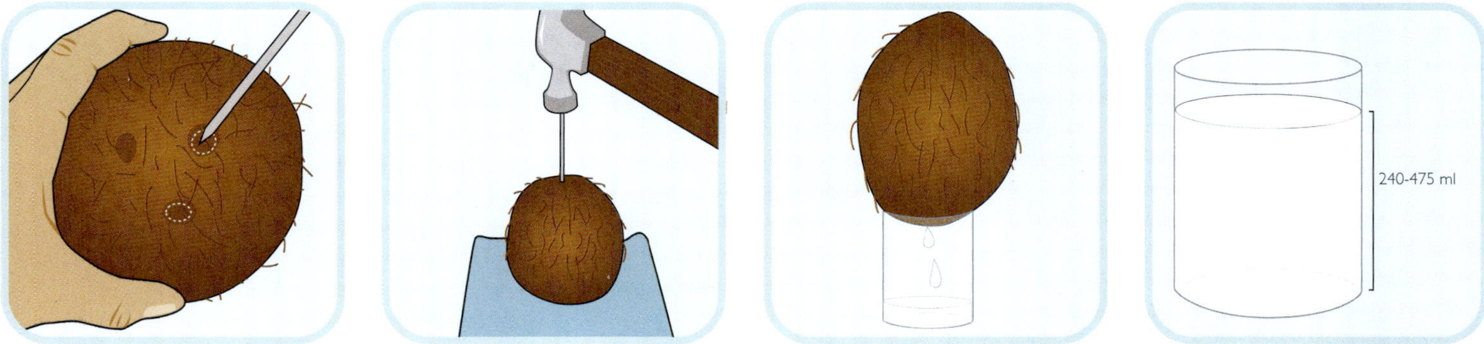

Agujeree dos de las partes más blandas.

Haga los agujeros profundos. Retire los clavos.

Deje que salga el jugo.

Separe la carne de la cáscara.

corte una piña 58

Corte la parte superior y la inferior.

59 hierva un huevo

Eche sal al agua hirviendo para evitar que la cáscara se agriete.

4 decore huevos

61 fría huevos

Derrita mantequilla.

62 escalfe huevos

El vinagre hace que la clara del huevo se solidifique más rápidamente.

pele un huevo duro rápidamente 60

Golpee. Pellizque. Golpee. Pellizque.

* Para sacar el huevo de la cáscara hay que soplar fuerte: los principiantes deben empezar rodando el huevo sobre una superficie dura, haciendo que la cáscara se despegue para que ceda con más facilidad.

Vierta los huevos lentamente para que no se rompa la yema.

¿Le gustan hechos solo por un lado? Retírelos del fuego y sírvalos.

¿No le gusta el sabor avinagrado? Enjuague los huevos antes de servirlos.

63 enrolle un burrito

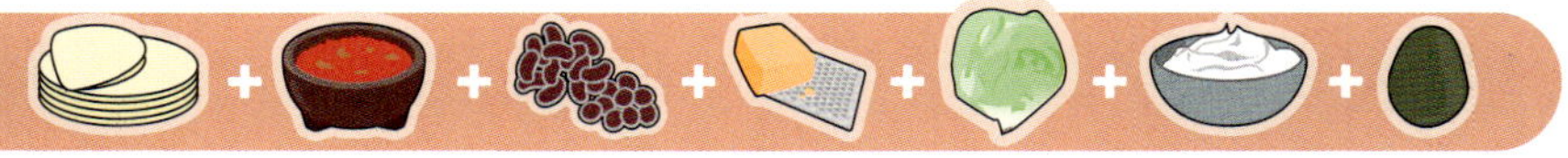

Comience con una tortilla caliente.

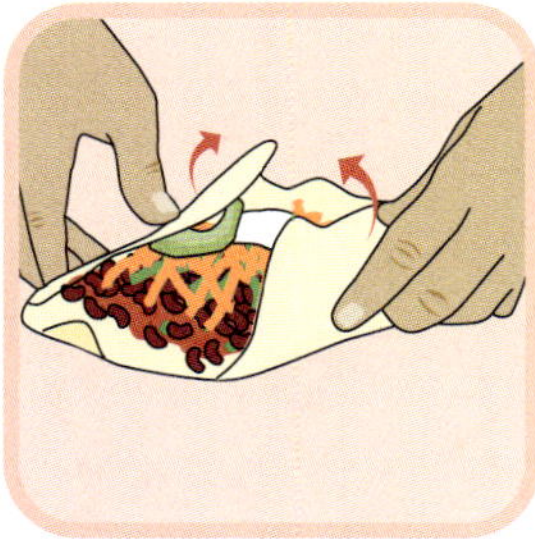

Doble los lados de la tortilla.

Doble la parte superior y la inferior.

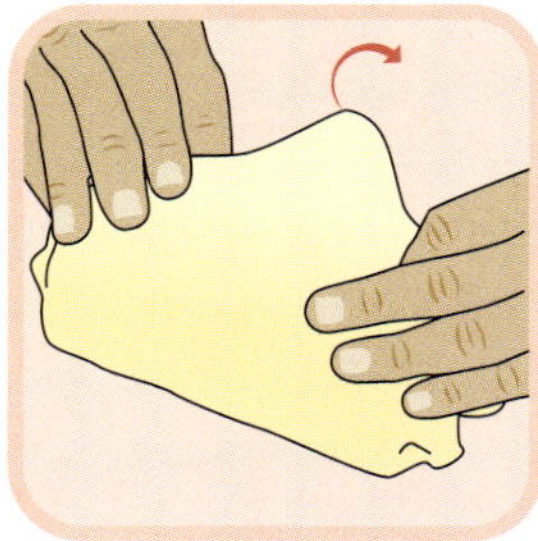

Líelo, envolviendo la solapa superior.

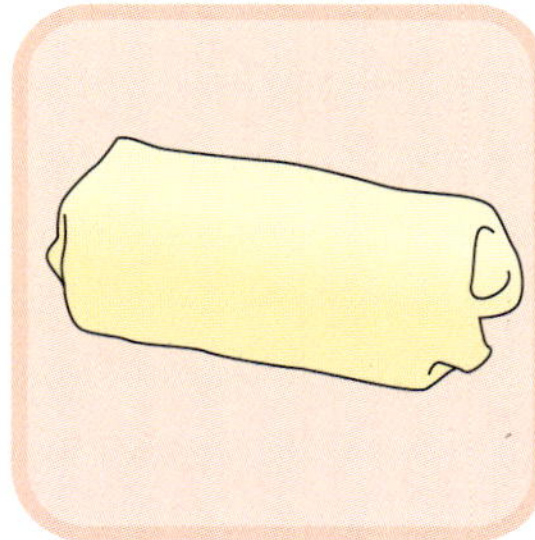

Remeta los bordes.

64 fría nachos

Corte las tortillas en seis trozos.

Vierta mucho aceite de maíz.

Fríalas, girando de vez en cuando.

Deje que enfríen. Séquelas en paños.

Espolvoree un poco de sal.

65 prepare guacamole

56 deshuese un aguacate

Rocíelo con zumo de lima.

Pique el cilantro.

Parta la cebolla.

Mézclelo todo y macháquelo.

corte un chile 66

Córtelo en cuatro trozos.

Retire los nervios y las semillas.

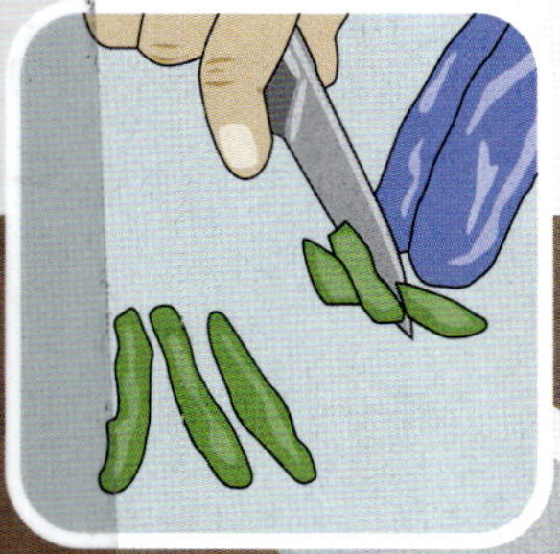

elabore pico de gallo 67

Este sencillo y colorido aliño proporciona un toque alegre a cualquier plato. Pique los ingredientes, mézclelos y métalos en el frigorífico durante una hora. Sírvalo como aperitivo picante en una fiesta informal o como acompañamiento para platos mexicanos.

sorprenda bailando salsa 200

68 haga una flor de tomate

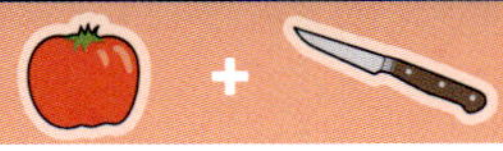

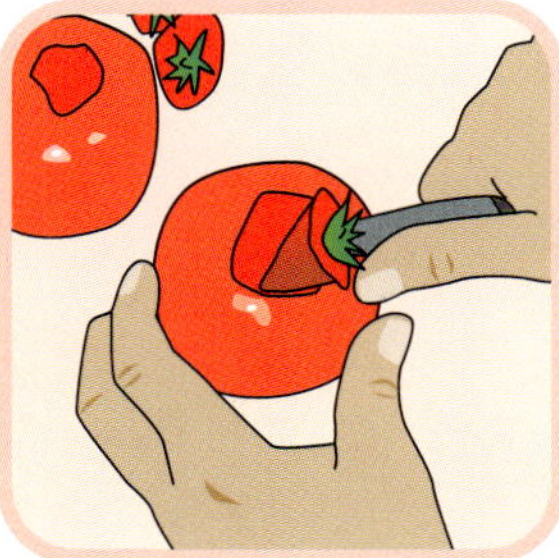

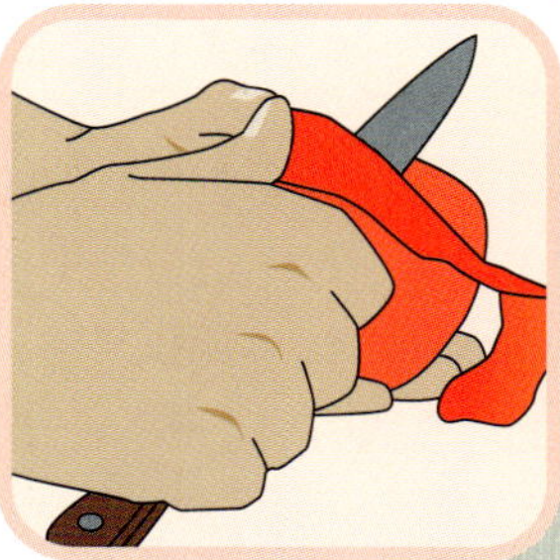

Retire la piel en una tira larga.

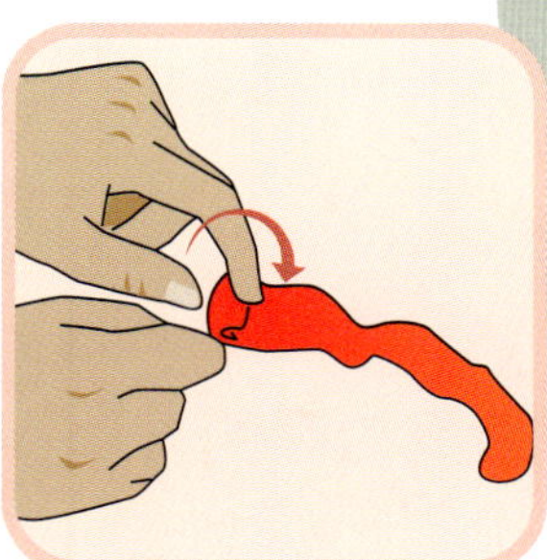

Comience a enrollar la piel.

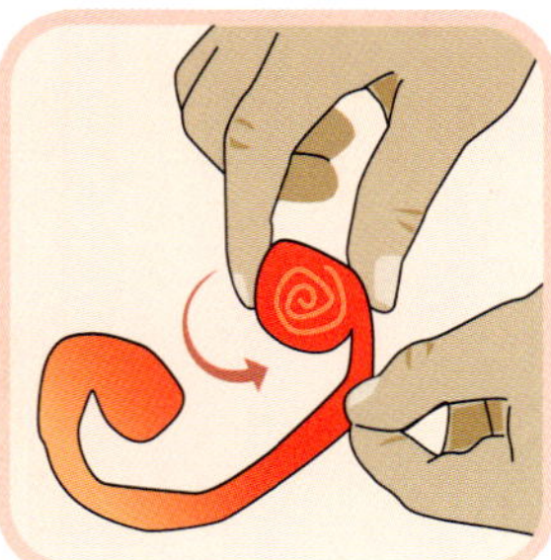

Enróllela hasta que tenga forma de flor.

69 talle una rosa de rábano

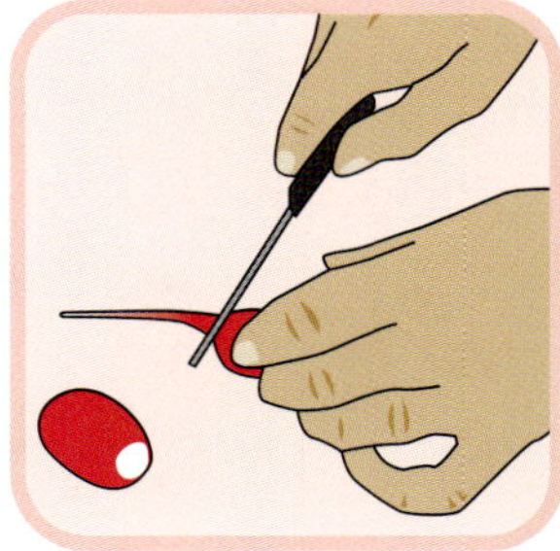

Realice cortes a cada lado.

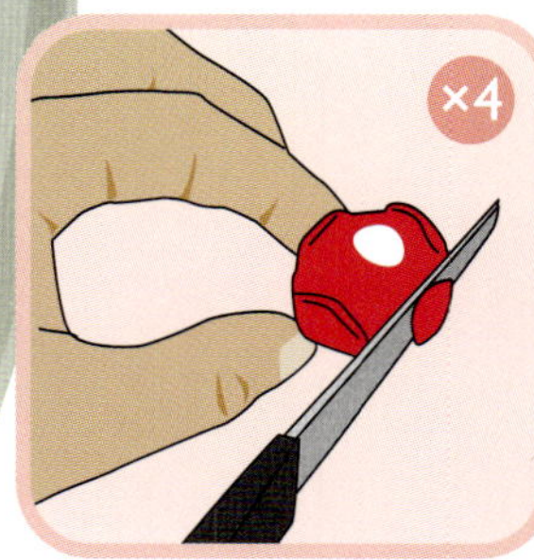

Corte detrás de los primeros cortes.

Enfríelo para abrir los pétalos.

267 pode un rosal

pique jengibre 70

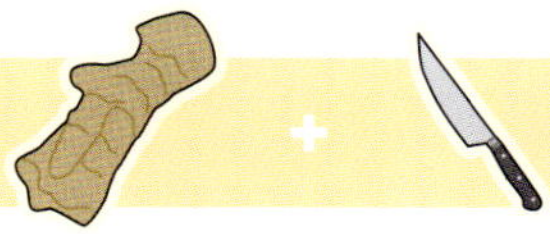

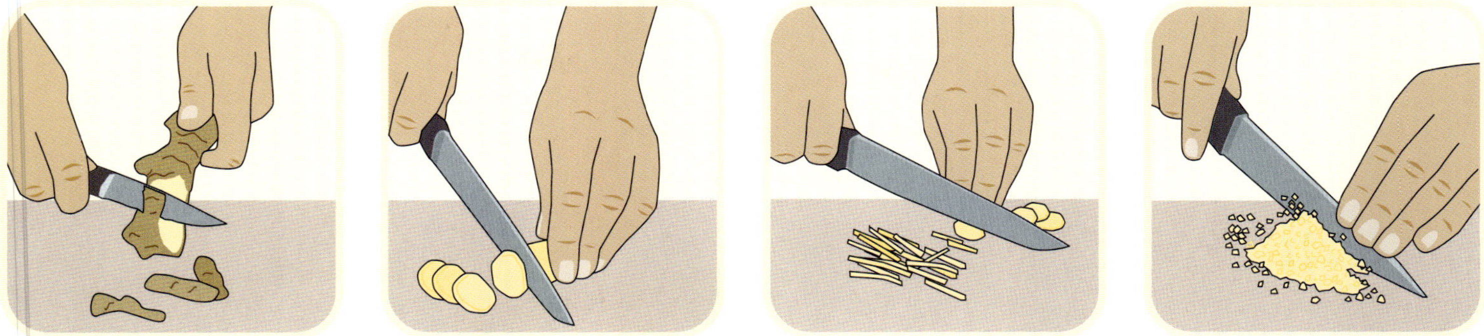

Córtelo sin que el cuchillo toque las manos.

Junte las rodajas; píquelas.

Lleve el cuchillo hacia delante y hacia detrás.

pele un pimiento 71

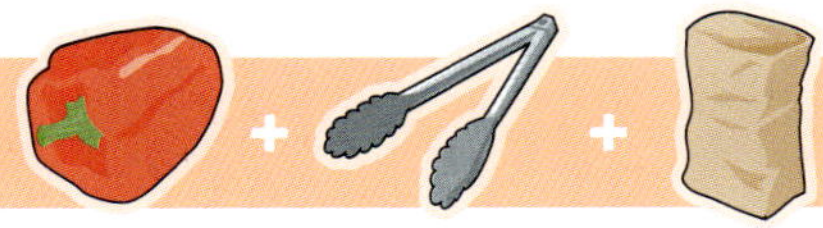

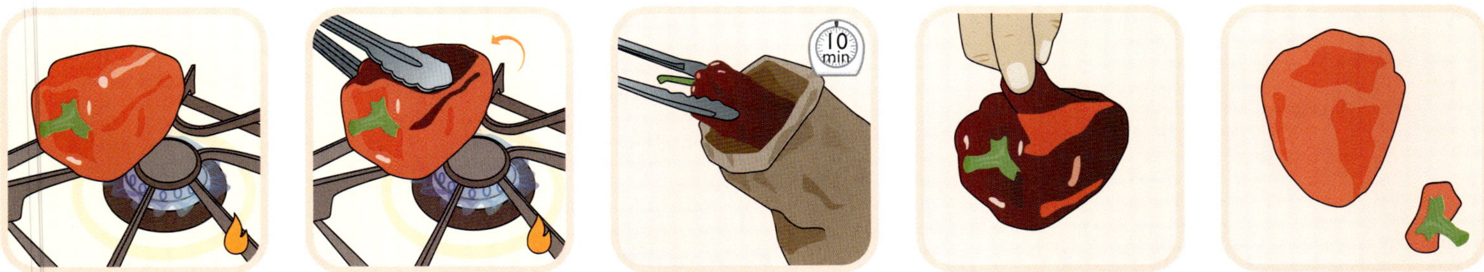

Gírelo, carbonizando cada lado.

Cuézalo al vapor.

Quite la piel que ya está suelta.

Retire el tallo.

arregle una alcachofa 72

Retire las hojas externas.

Corte el tercio superior.

Pele el tallo; frótelo con limón.

Córtela en cuatro trozos.

Quite las hojas fibrosas.

73 quite el óxido a una sartén

Frote con un estropajo de aluminio.

Cubra la sartén de hierro fundido con aceite.

Añada sal hasta elaborar una pasta.

Quítela con papel de cocina y aclare.

74 haga que el rodillo no se pegue

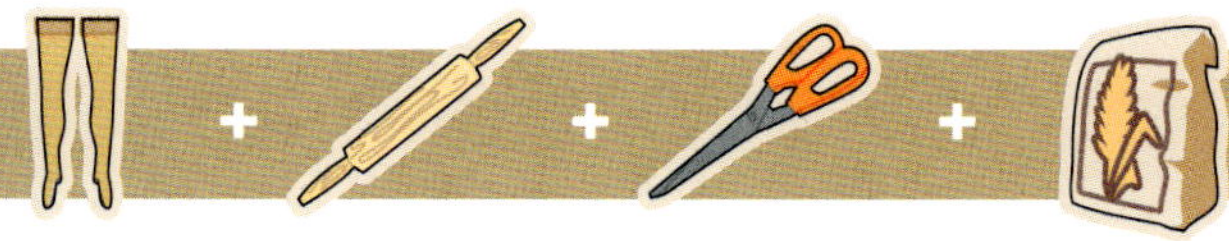

Estire una media de nailon.

Meta el rodillo.

Utilícelo en una superficie enharinada.

75 afile y saque brillo a un cuchillo

Ponga a remojo las piedras de afilar.

Empuje el cuchillo hacia delante.

Dele la vuelta; llévelo hacia atrás.

Cambie las piedras y repítalo.

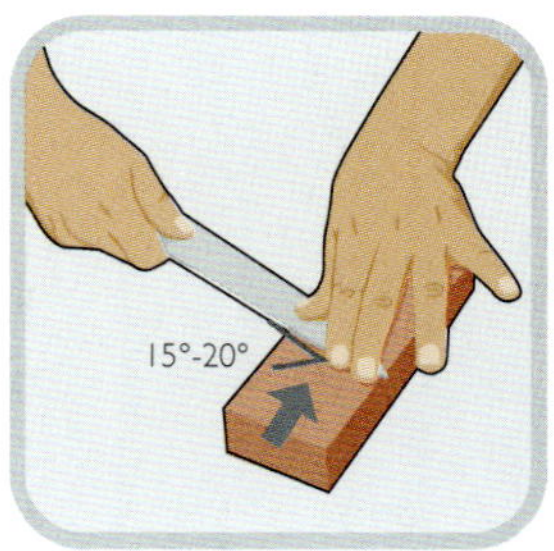

sepa cuánto se mantiene la comida 76

* Para mantener las ramitas de hierbas frescas, sumerja sus tallos en un vaso de agua y métalas en el frigorífico, a excepción de la albahaca, ya que tiende a ponerse marrón en el refrigerador.

pesque un pez con las manos 426

visualice las raciones 328

77 utilice palillos

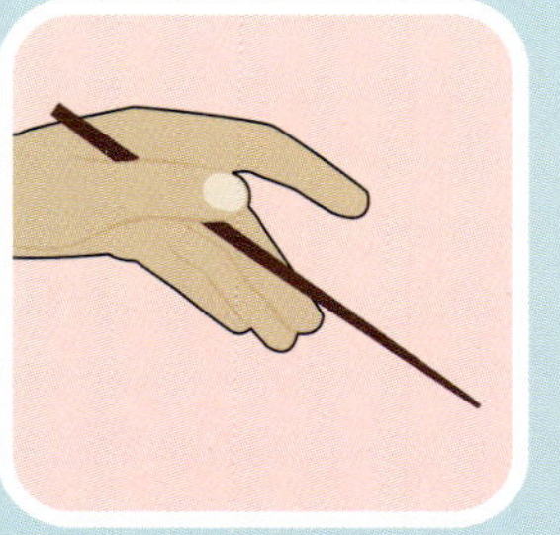

Coloque uno en la base del pulgar.

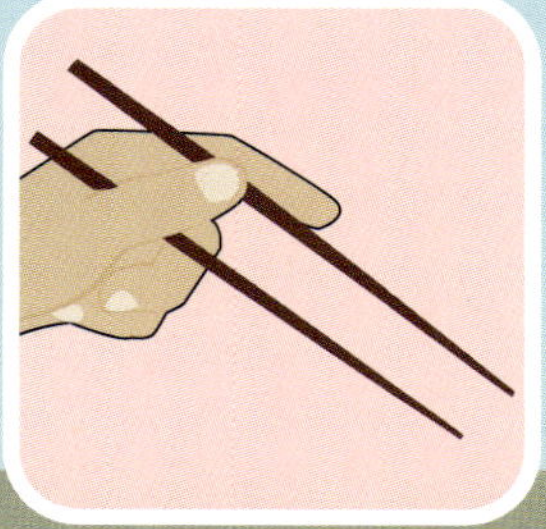

Apriete contra el índice.

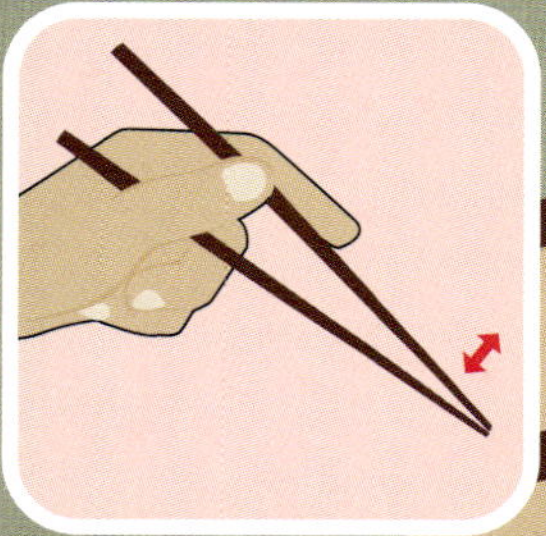

Mantenga el palillo inferior inmóvil.

* Los pa illos pueden resultar intimidantes, pero lo único que conviene recordar es que no hay que pasarse la comida con ellos, ya que así es como os japoneses reciben las cenizas de sus familiares en los funerales.

78 enrolle *sushi temaki*

Ponga arroz en un alga.

Deje una zona libre arriba.
Unte una línea de *wasabi*.
Añada los ingredientes.
Ejerza presión sobre el alga.
Enrolle apretándolo.
ikura (huevas de salmón) *nigiri*
sake (salmón) *nigiri*
maguro (atún) *nigiri*
ebi (gamba) *nigiri*
maguro (atún) *temaki*
shoyu (salsa de soja)
Remeta el borde que queda suelto
wasabi
gari (jengibre en vinagre)

80 limpie una langosta

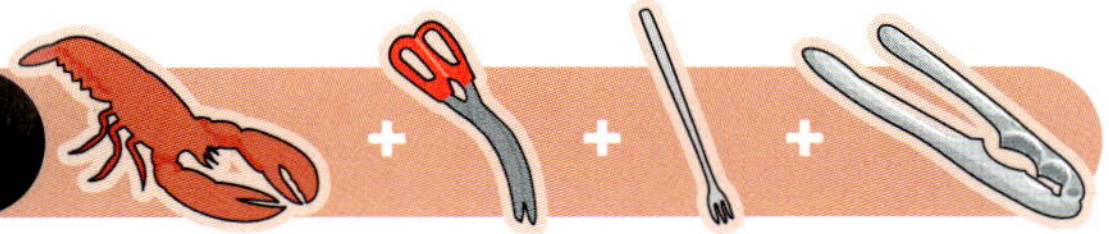

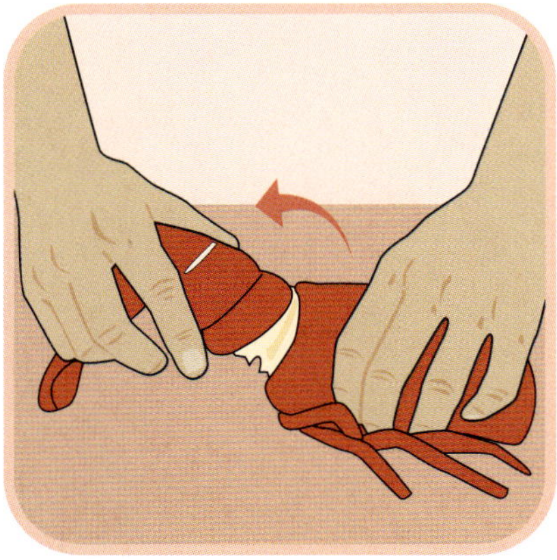

Gire la cola para separarla del cuerpo.

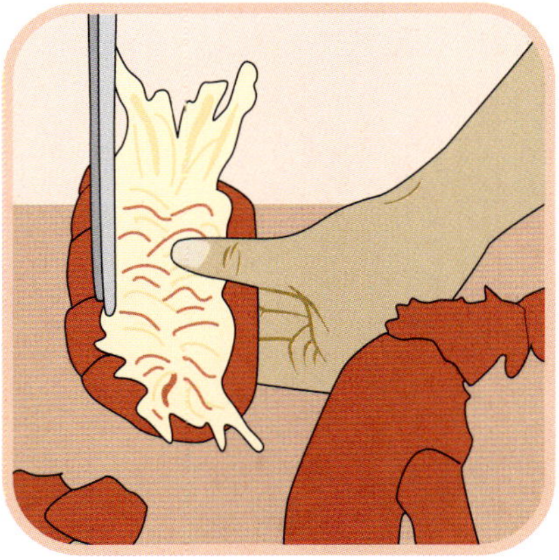

Corte el cartílago; retire la carne.

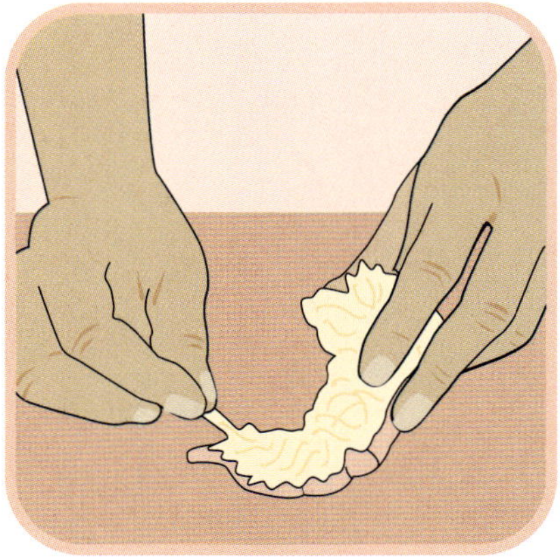

Retire la vena intestinal.

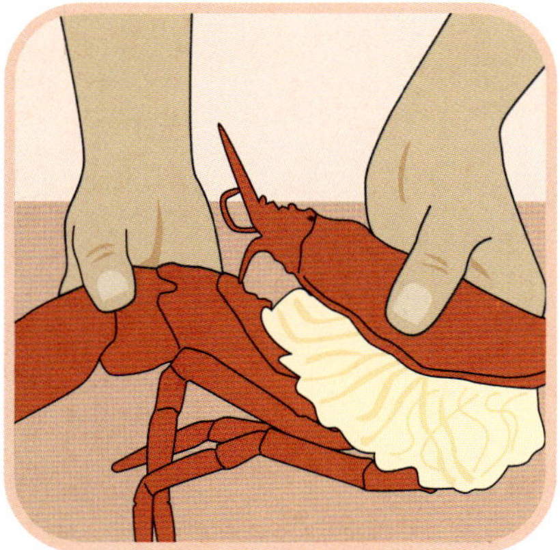

Separe el caparazón del abdomen.

Parta el caparazón por la mitad. Extraiga la carne.

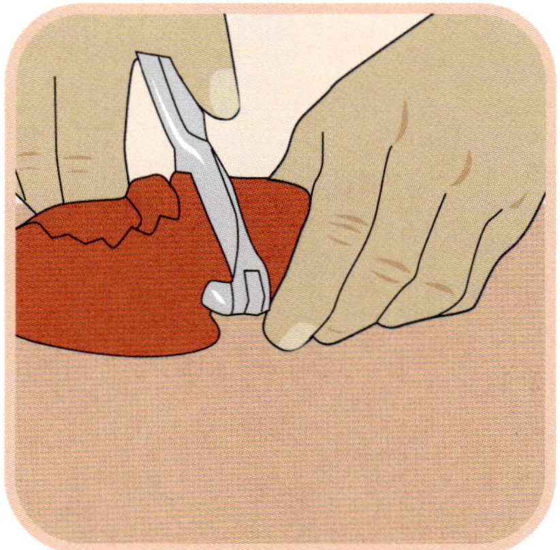

Parta las pinzas; retire la carne.

81 pele y desvene una gamba

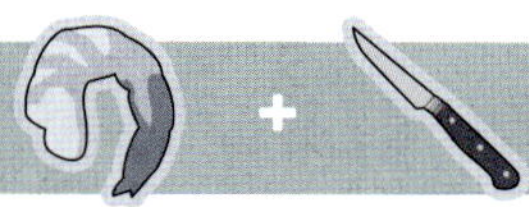

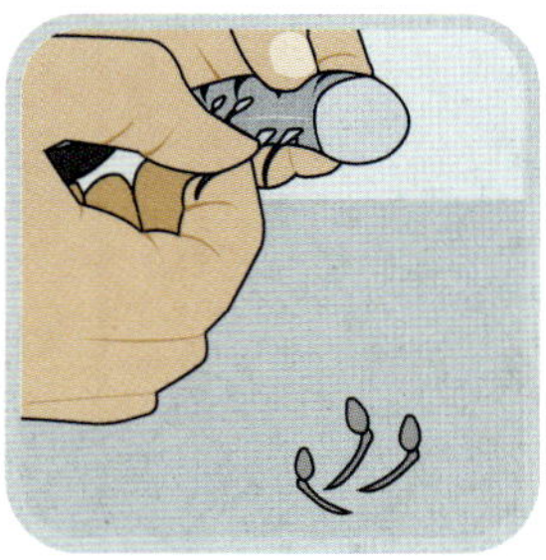

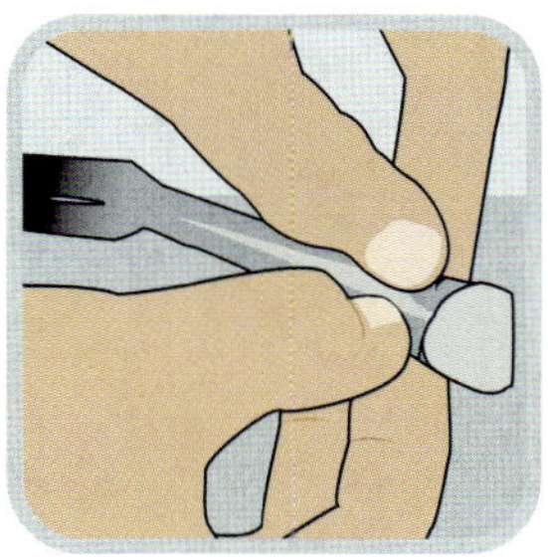

Quítele la cáscara.

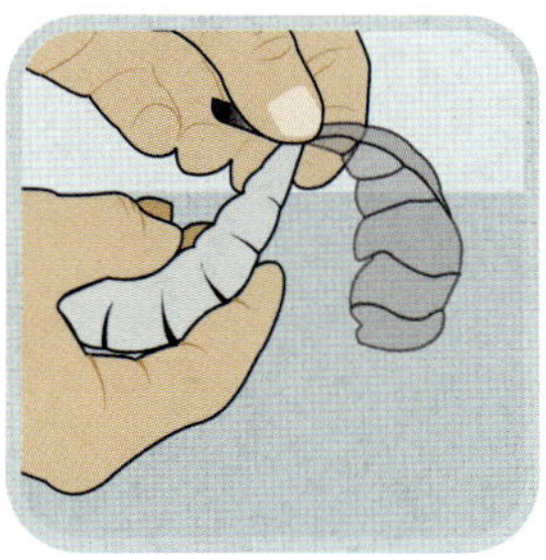

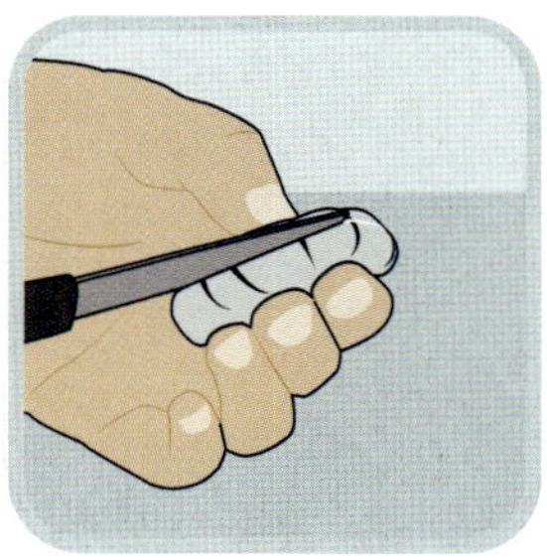

Corte a lo largo de la vena.

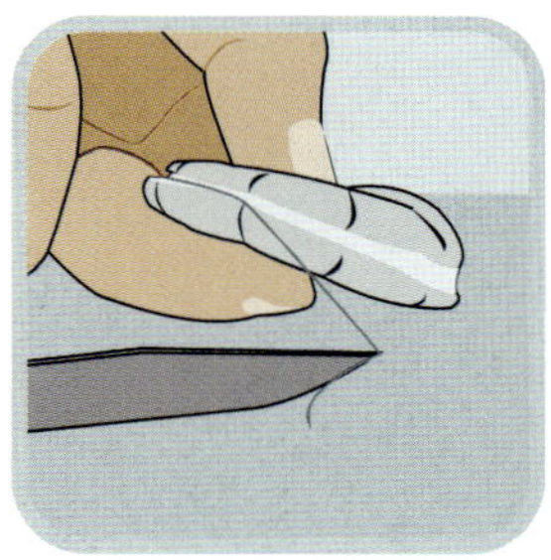

Retire el intestino.

casque un cangrejo 82

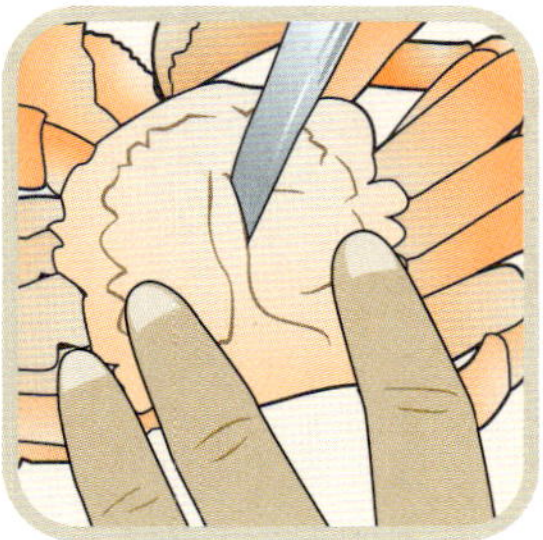

Corte o retire el abdomen.

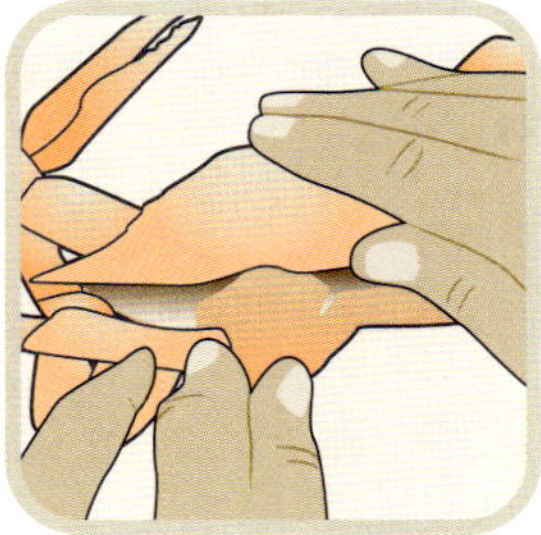

Retire la parte de arriba.

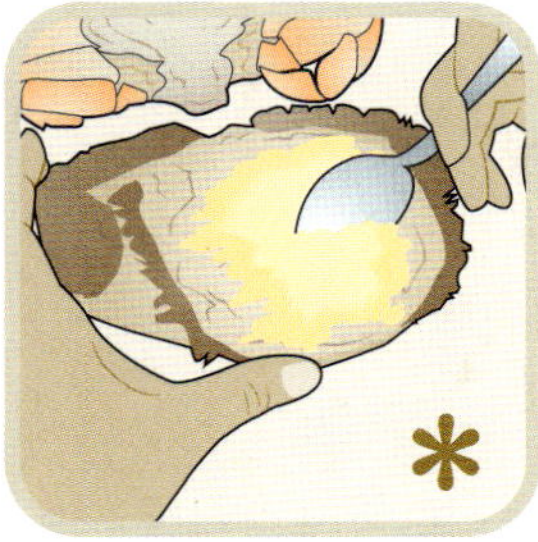

Guarde la grasa del caparazón.

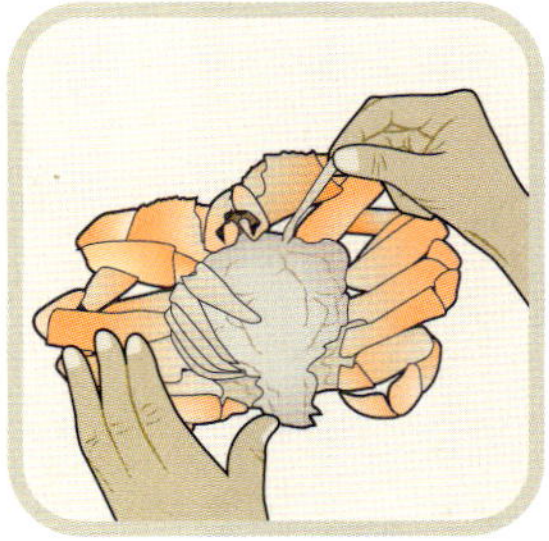

Retire las agallas.

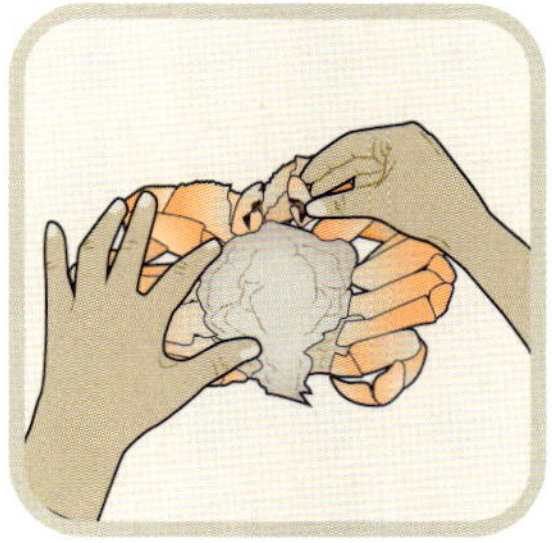

Retire las mandíbulas.

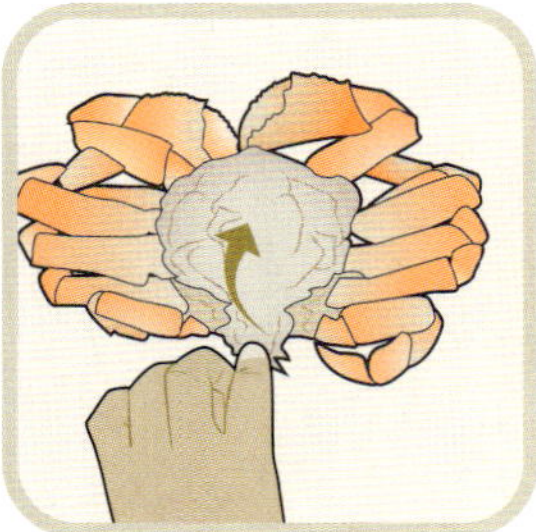

Retire el intestino.

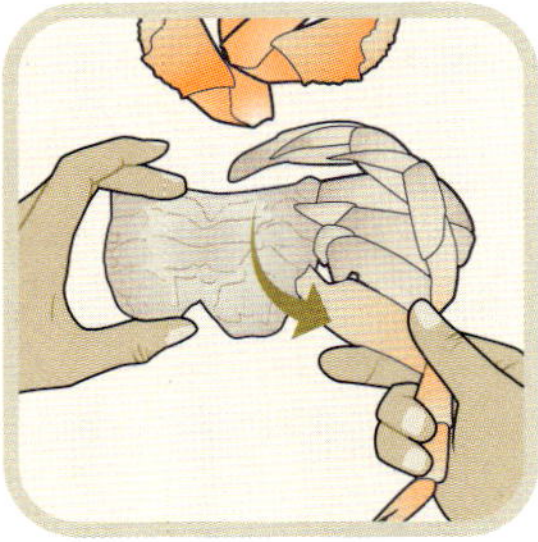

Retuerza las pinzas y patas.

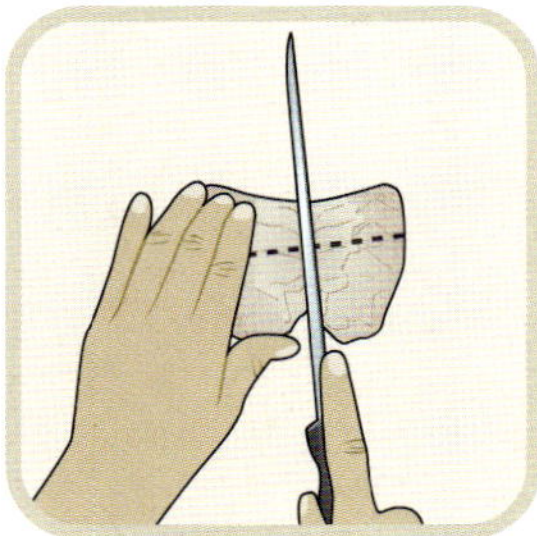

Córtelo en cuatro trozos.

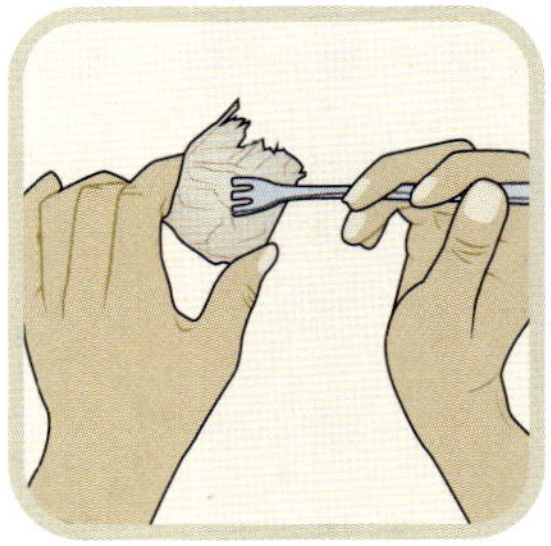

Saque la carne.

Rompa las pinzas.

* ¡Espere, no tire la grasa! Esta sustancia de color amarillo pálido llamada "mantequilla de cangrejo" tiene un sabor delicioso y ligeramente salado que la convierte en un apetitoso acompañamiento para salsas y mantequillas.

abra una ostra 83

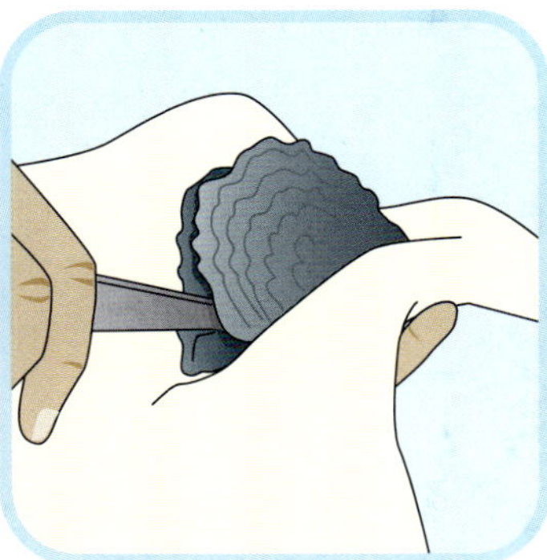

Rompa la bisagra de las valvas.

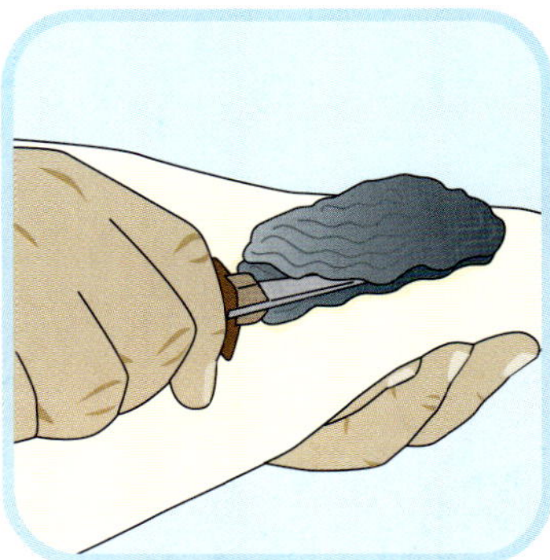

Separe el músculo de las valvas.

Quite la valva superior.

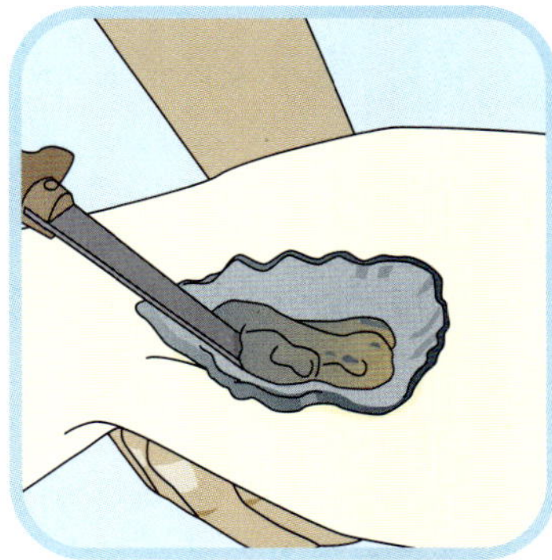

Suelte la carne de la ostra.

84 conozca los cortes de la vaca

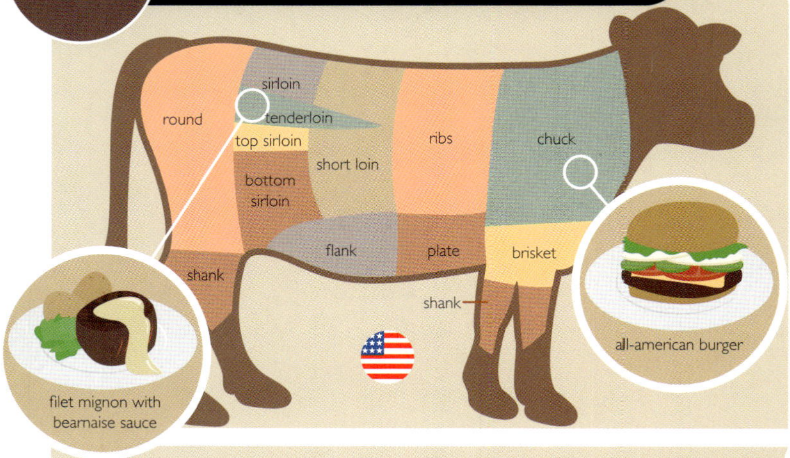

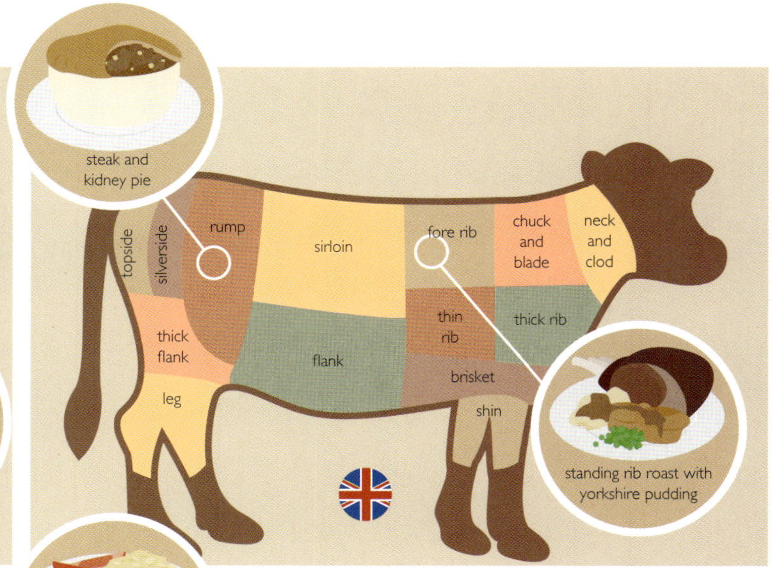

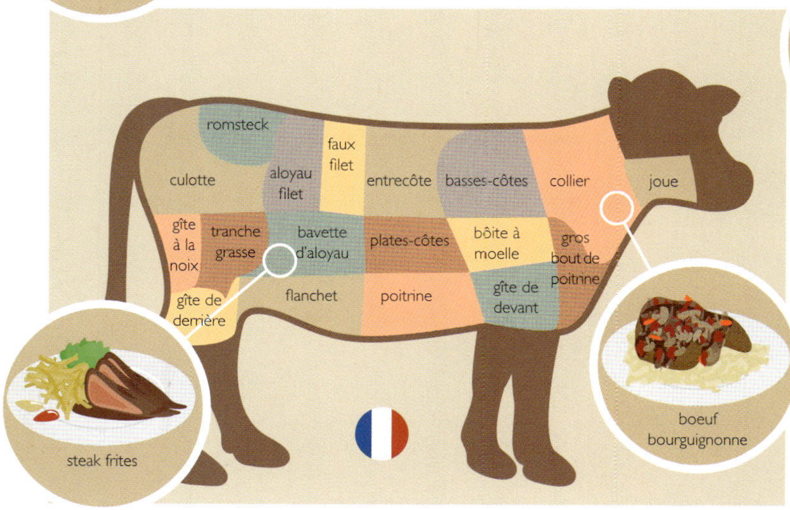

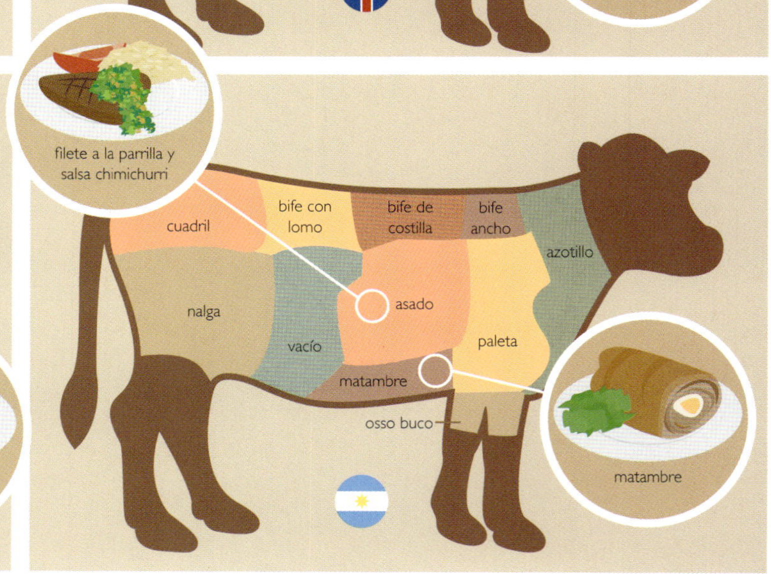

86 elabore salchichas

Mezcle la carne y las especias.

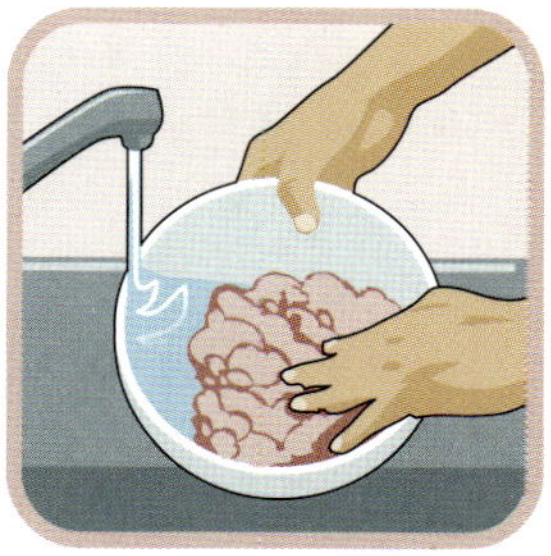
Enjuague las envolturas.

Lubrique la máquina de embuchar.

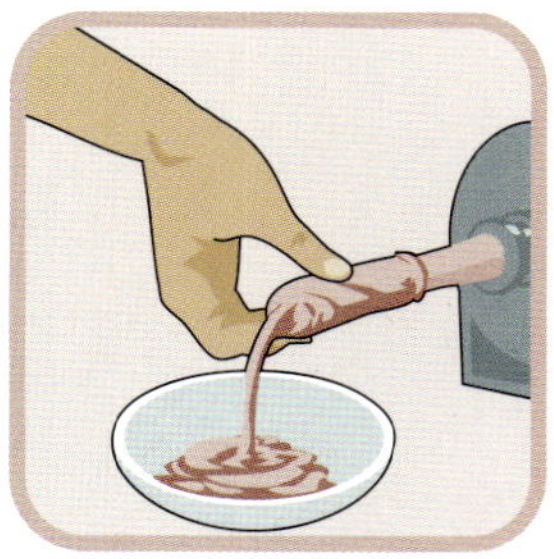
Inserte las envolturas con cuidado.

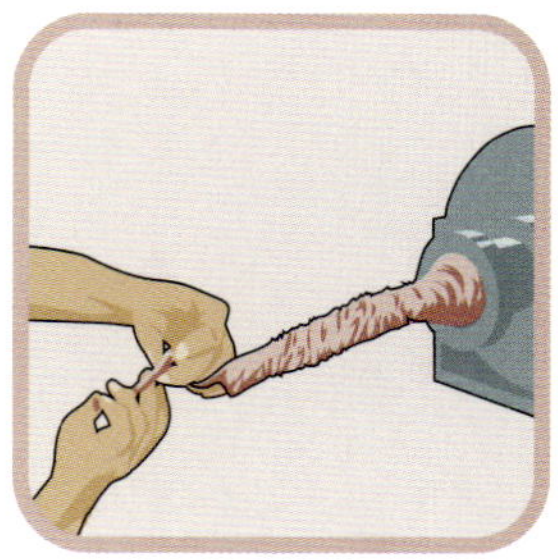
Ate el extremo.

conozca los cortes del cerdo 85

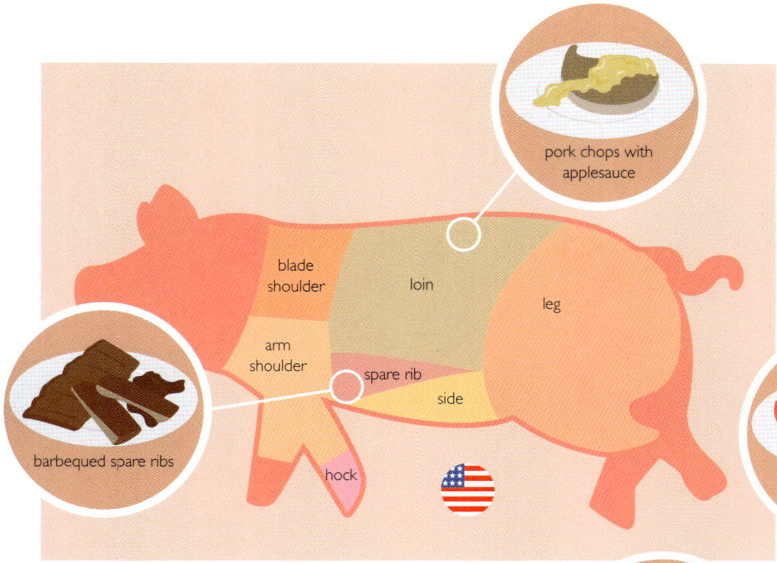

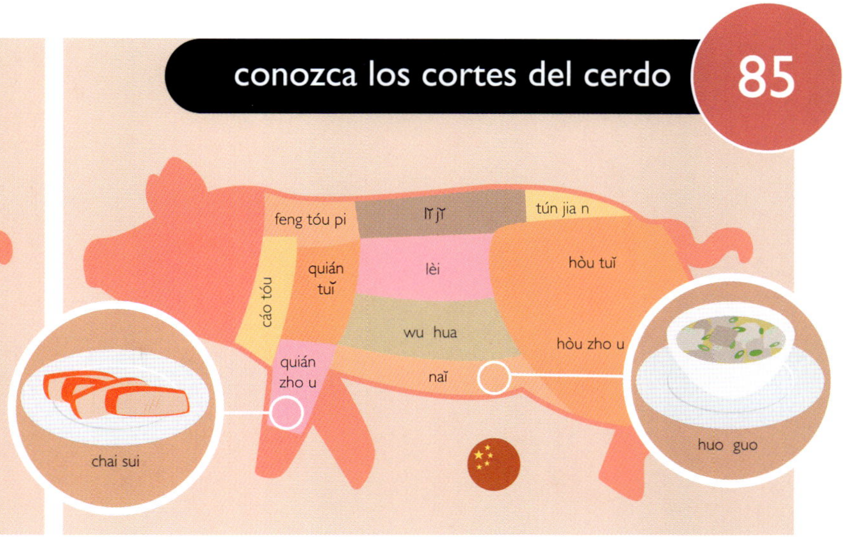

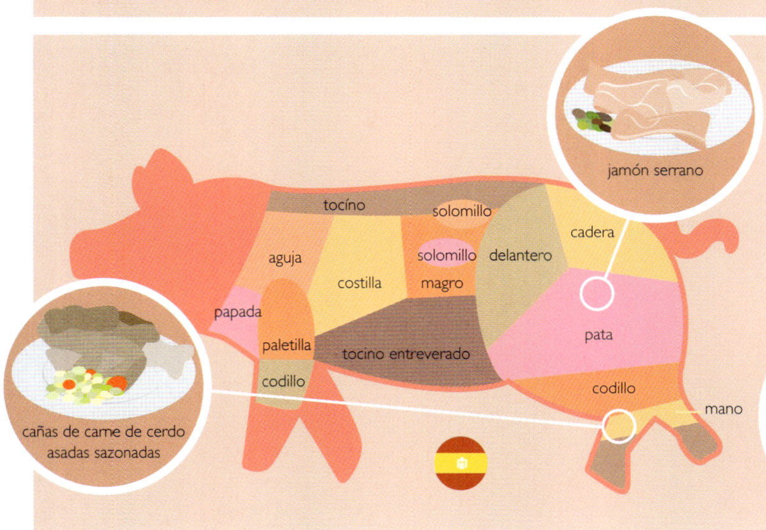

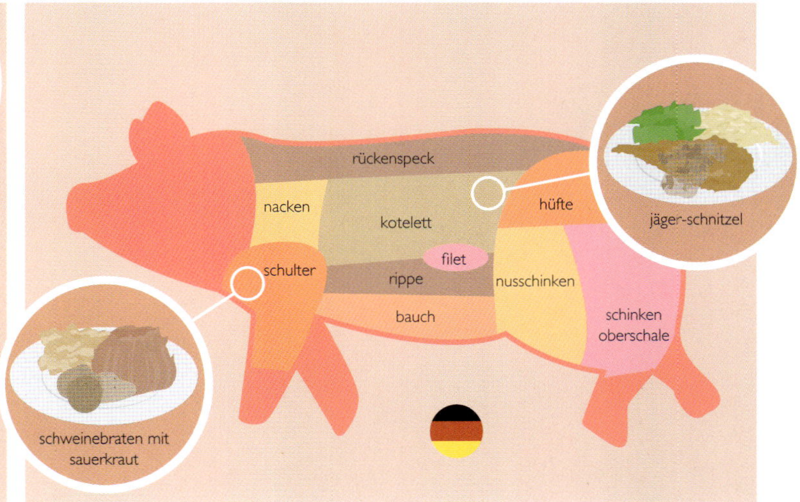

haga formas con un globo 35

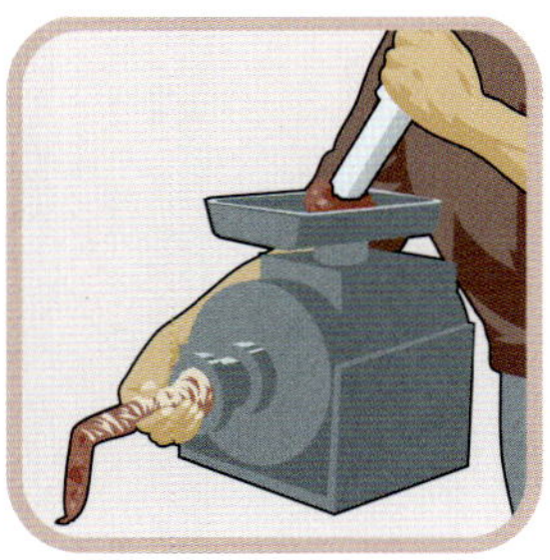
Introduzca la carne en la máquina.

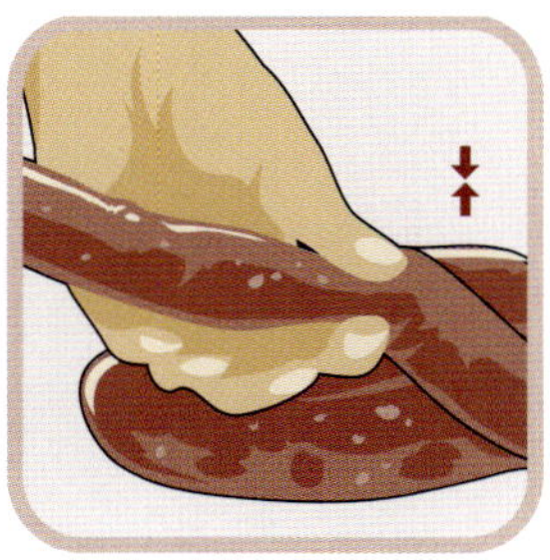
Pellizque la salchicha.

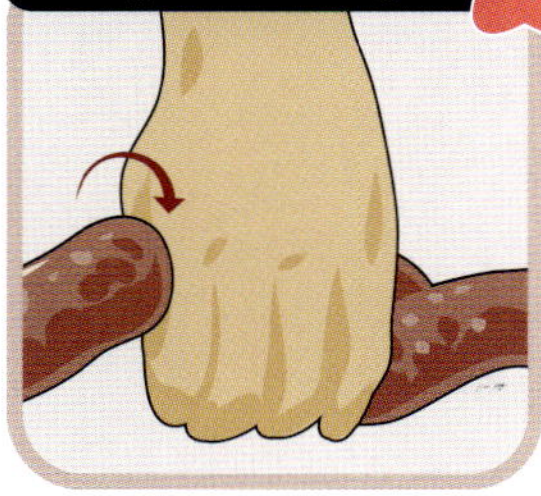
Gire hacia la derecha.

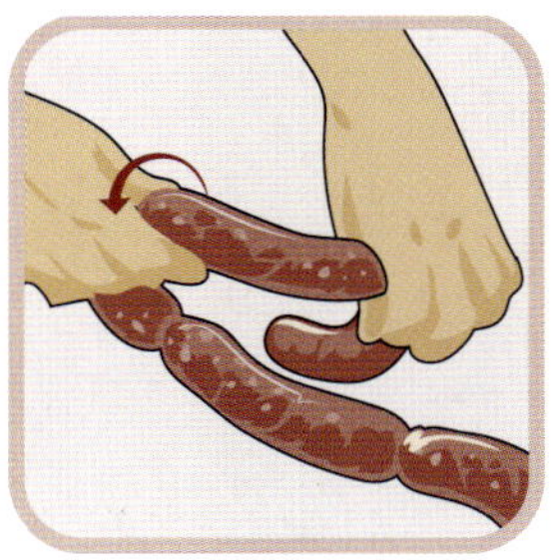
Vaya cambiando de dirección.

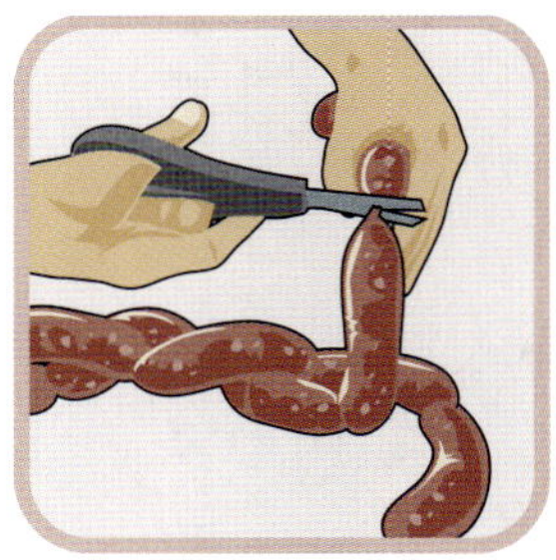
Sepárelas antes de cocinarlas.

87 prepare una hamburguesa

hamburguesa clásica

hamburguesa *aloha*

hamburguesa de setas

hamburguesa de cordero griega

hamburguesa *cordon bleu*

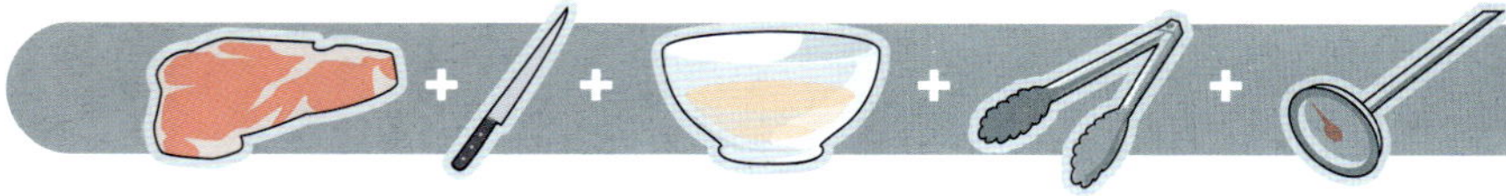

cocine un suculento bistec 88

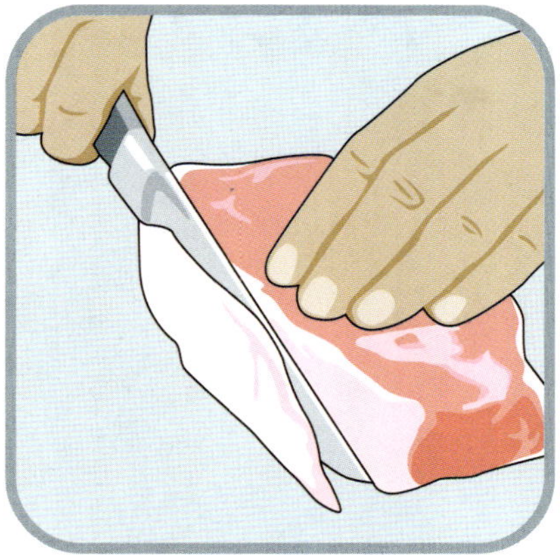

Quite la grasa que sobra.

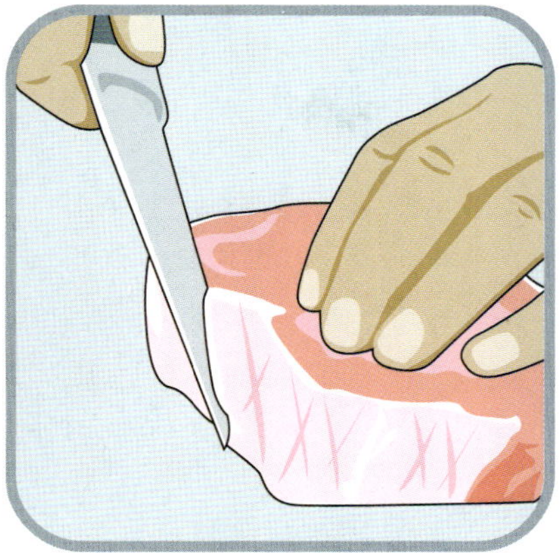

Haga cortes en los extremos para evitar que se ricen.

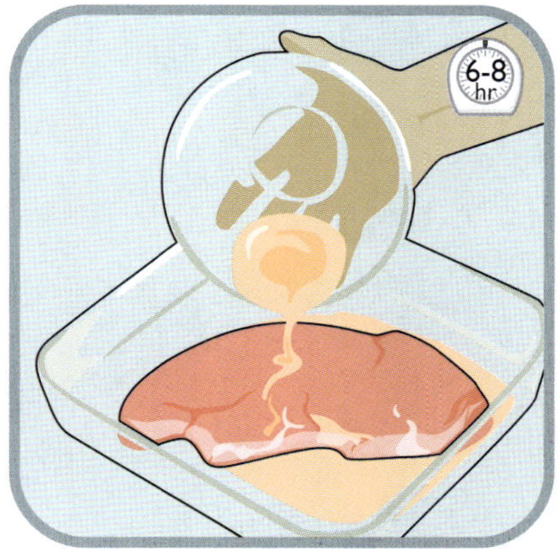

Vierta el adobo y métalo en el frigorífico.

Póngalo en una parrilla precalentada.

Dele la vuelta. Gírelo para que quede a rombos.

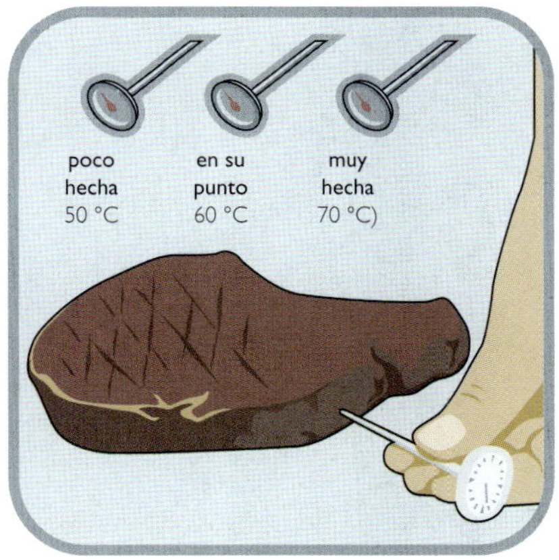

Compruebe la cocción.

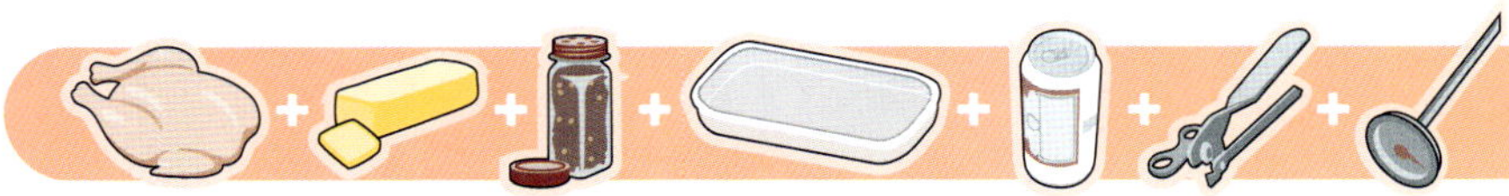

prepare pollo a la cerveza 89

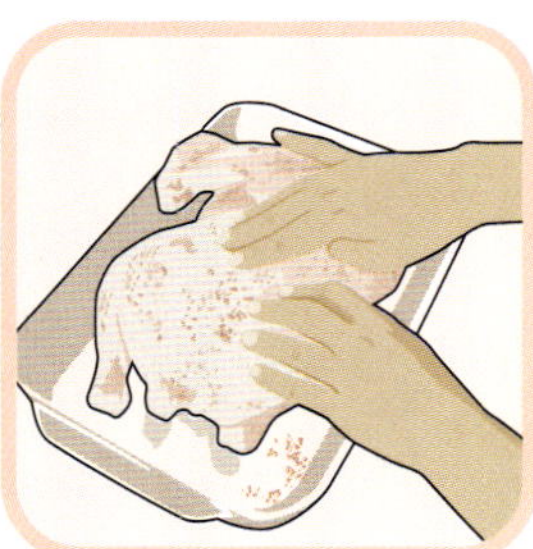

Úntelo con mantequilla y especias.

471 beba cerveza de un casco

Añada sus especias favoritas.

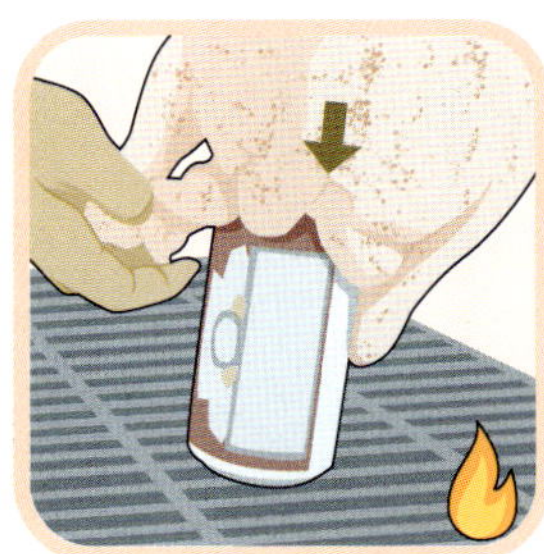

Introduzca la lata dentro.

90 ase un pavo

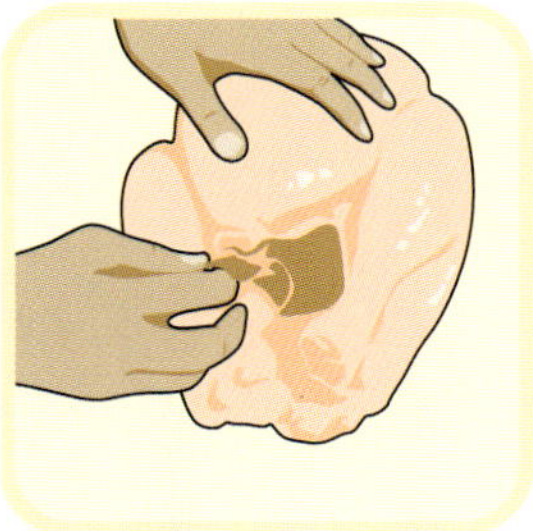

Retire los menudillos.

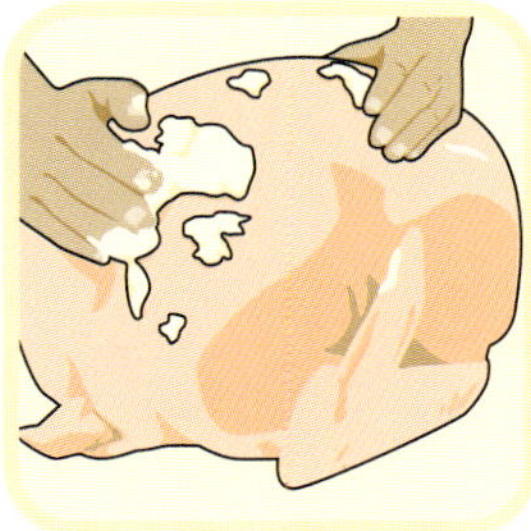

Unte mantequilla por toda la piel.

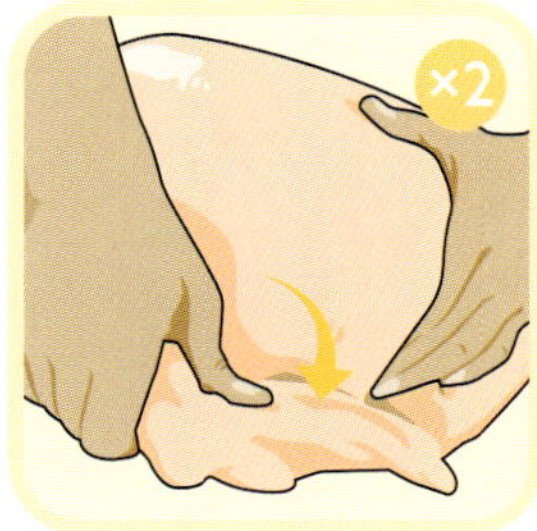

Esconda las alas.

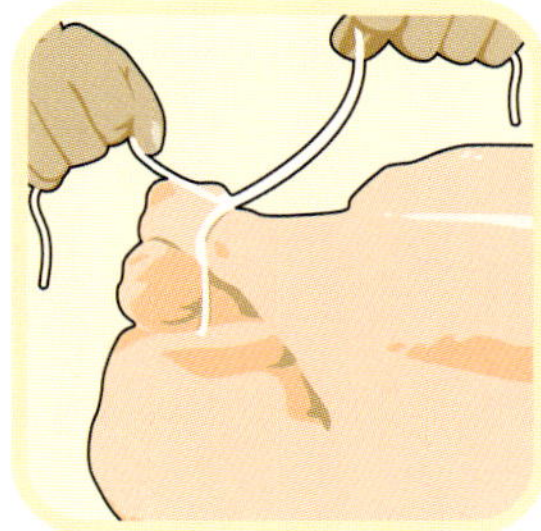

Ate los muslos.

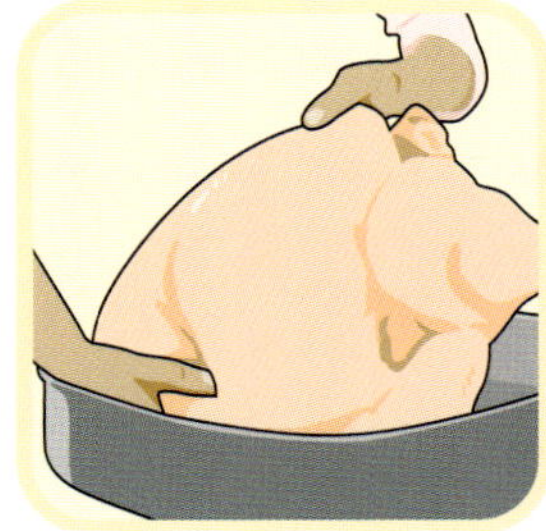

Coloque las pechugas bocarriba.

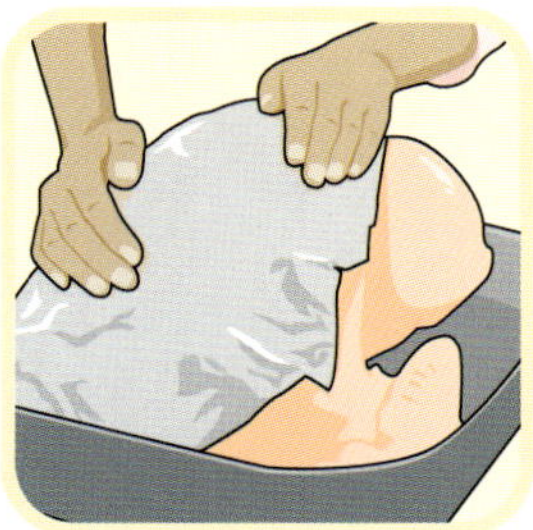

Cubra las pechugas con aluminio.

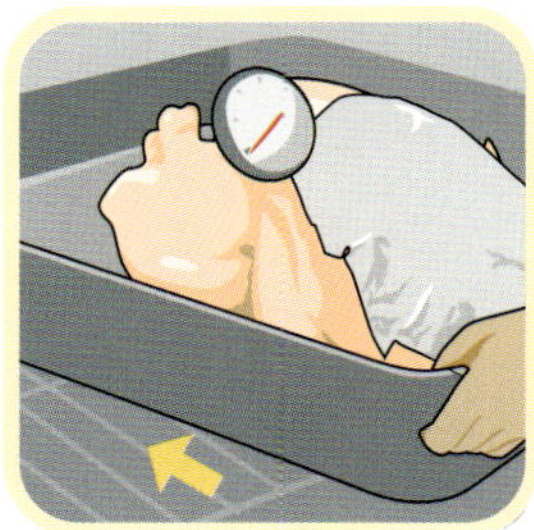

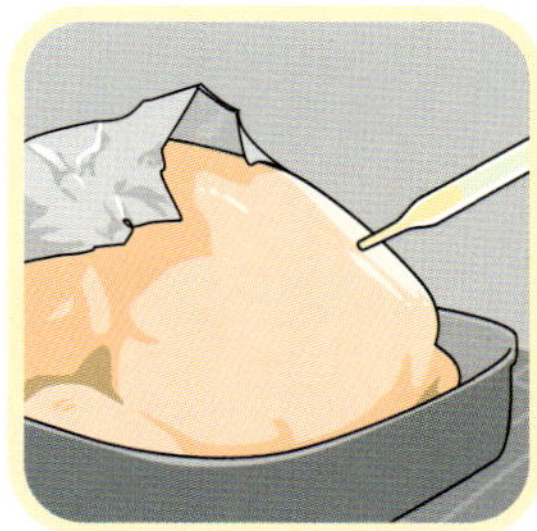

Rocíe cada 45 minutos.

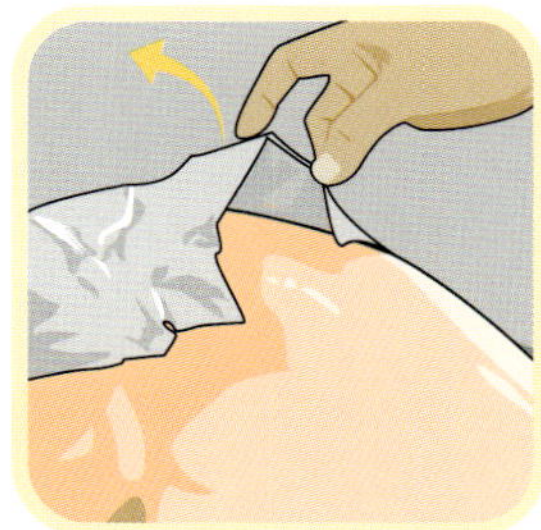

Déjelo destapado la última hora.

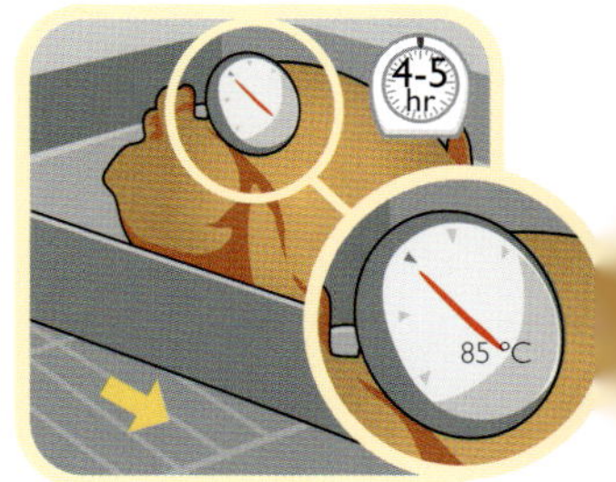

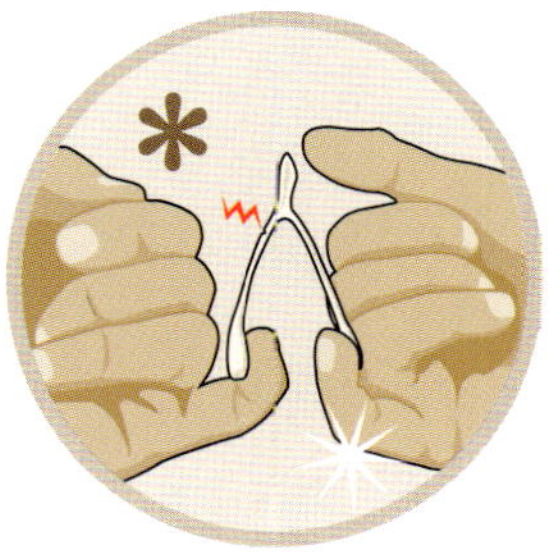

Los antiguos romanos fueron los primeros en practicar esta divertida tradición, que se ha convertido en una simpática competición el día de Acción de Gracias en Estados Unidos. ¿El largo o el corto? Dos personas colocan sus meñiques en la fúrcula (la clavícula del ave) y tratan de romperla y conseguir el trozo más largo, que da suerte.

91 trinche un pavo

Corte las alas.

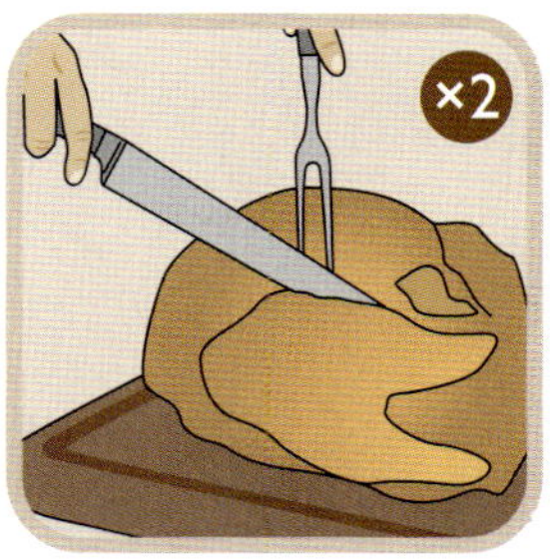

Quite las patas.

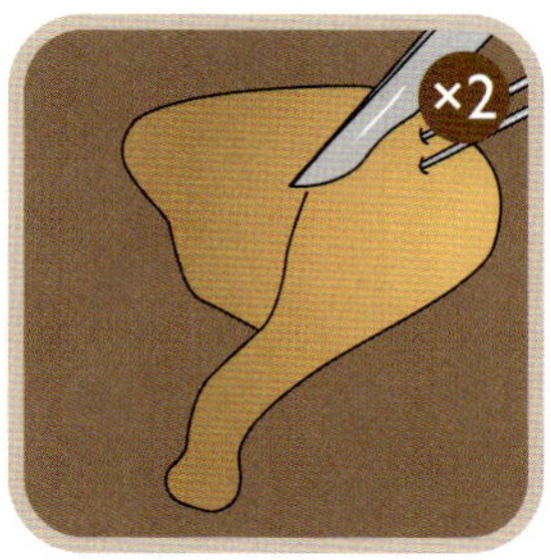

Corte el muslo.

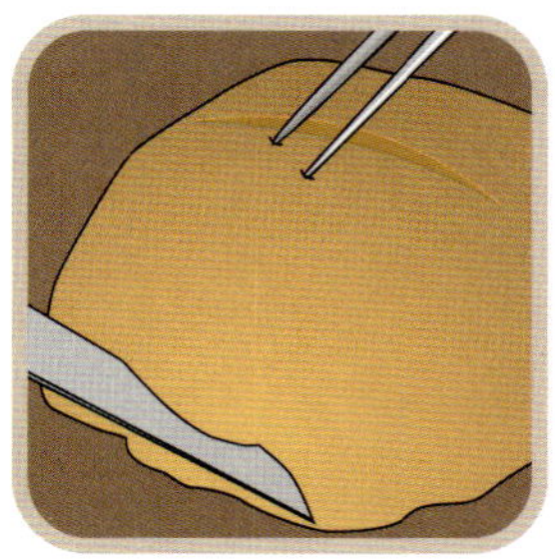

Trinche en paralelo al hueso.

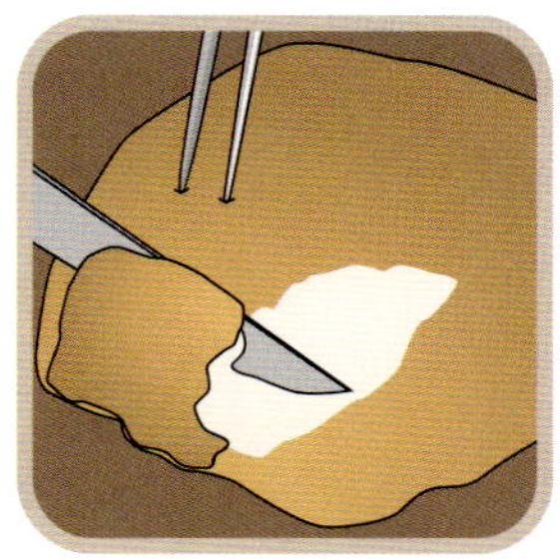

Corte la pechuga en trozos.

prepare el clásico pollo frito 92

Bata el suero de la leche y la sal.

Sumerja los trozos de pollo; métalos en el frigorífico.

Reboce los trozos en harina y especias.

Caliente mucho aceite.

Fría cada lado hasta que esté dorado.

Horneélo y después compruebe que está hecho.

haga salsa a fuego lento 93

Deje que la grasa se separe.

Extraiga el jugo de la grasa.

Añada harina y mantequilla.

Añada el jugo y caldo; bátalo.

Consiga el espesor deseado.

94 acompañe la pasta con salsas

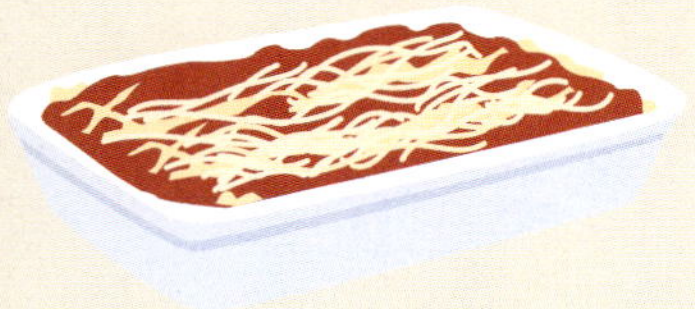

La pasta grande es excelente para los guisos con salsas de tomate.

Las cremosas salsas con nata combinan a la perfección con pastas finas y rellenas.

La pasta de forma irregular atrapa los deliciosos pedacitos de las suculentas salsas de tomate.

La pasta pequeña aporta mucha textura a sopas y ensaladas.

amase la pasta 95

Haga un hoyo en la harina.

Añada la mezcla de aceite y huevos.

Vaya agregando la harina.

Haga una bola con la masa.

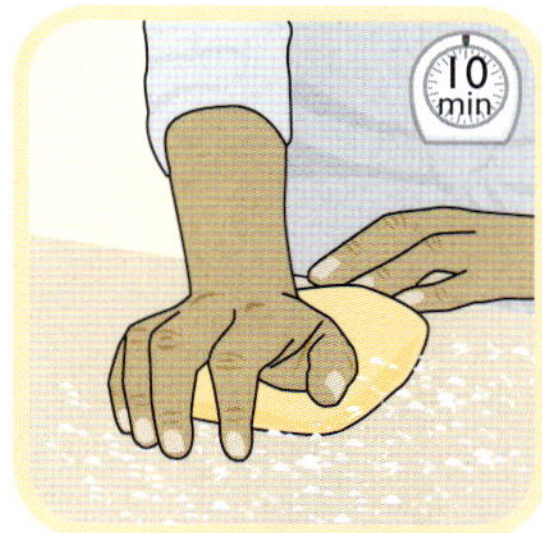

Amase en una superficie enharinada.

Divídala en cuatro trozos.

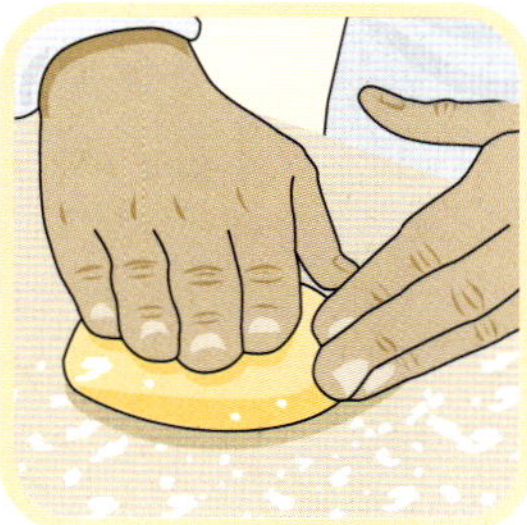
Aplástelos para hacer discos.

74 haga que el rodillo no se pegue

Dele la vuelta y amase de nuevo.

Compruebe que deja pasar la luz.

corte *fettuccini* 96

Extiéndalo; deje secar.

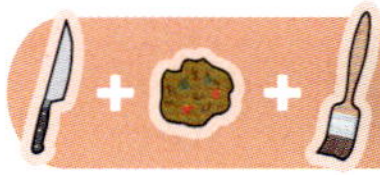

doble *tortellini* 97

Añada el relleno y moje los bordes.

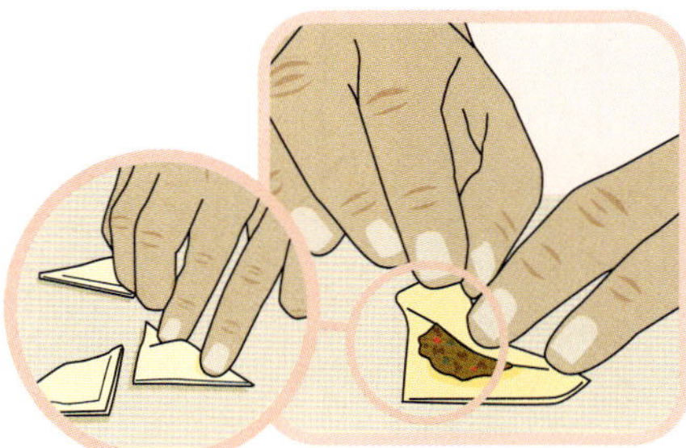

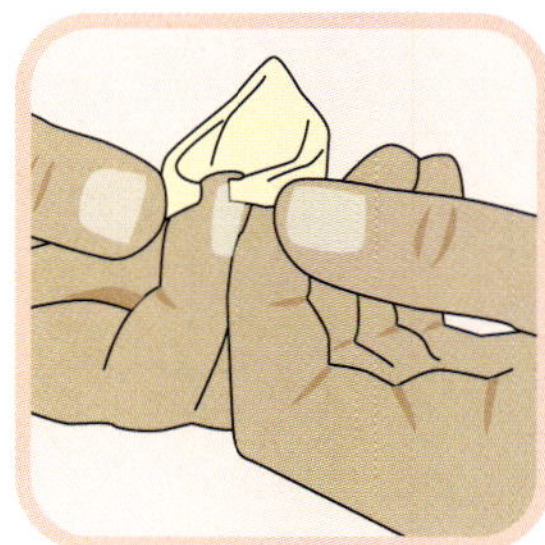

98 doble una *galette*

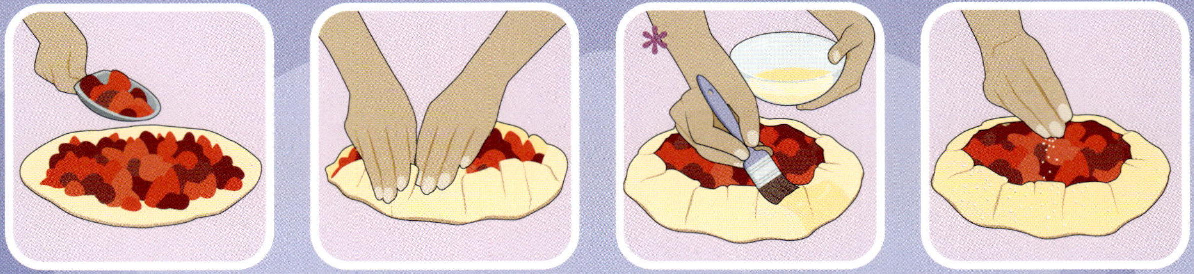

Doble los bordes hacia dentro. Unte huevo batido con agua. Espolvoree con azúcar.

* La mezcla de huevo batido y agua se utiliza para cubrir bollos y panes con un ligero barniz y mantener su delicioso sabor.

99 amase una *baguette*

436 dé un puñetazo efectivo

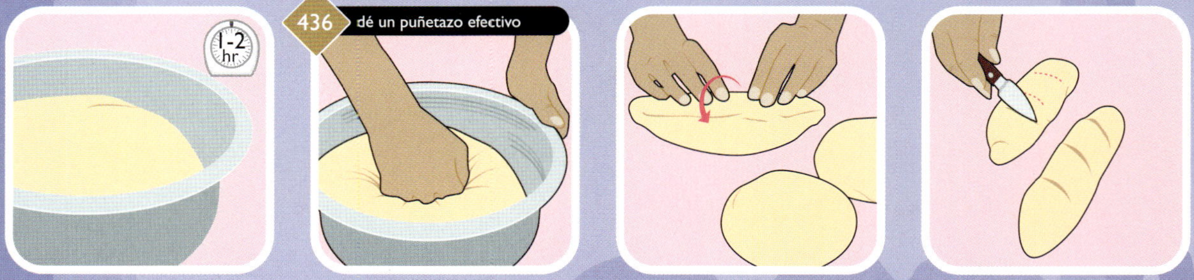

Deje que la masa suba. Dé un puñetazo para liberar el gas.

100 trence un *brioche*

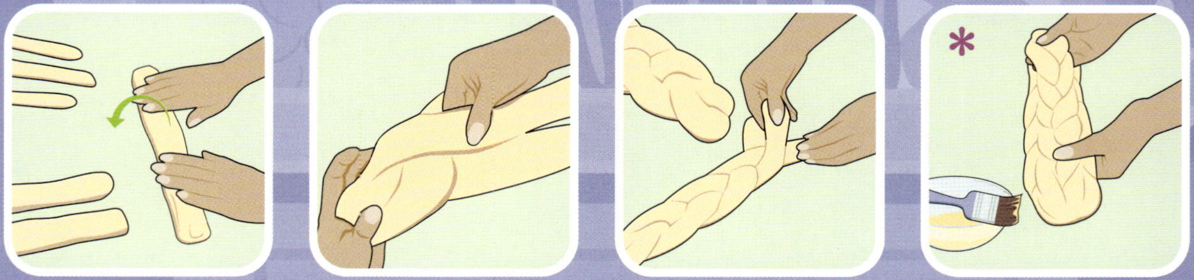

Trence las tres piezas grandes. Haga una trenza delgada. Presione; póngale barniz de huevo.

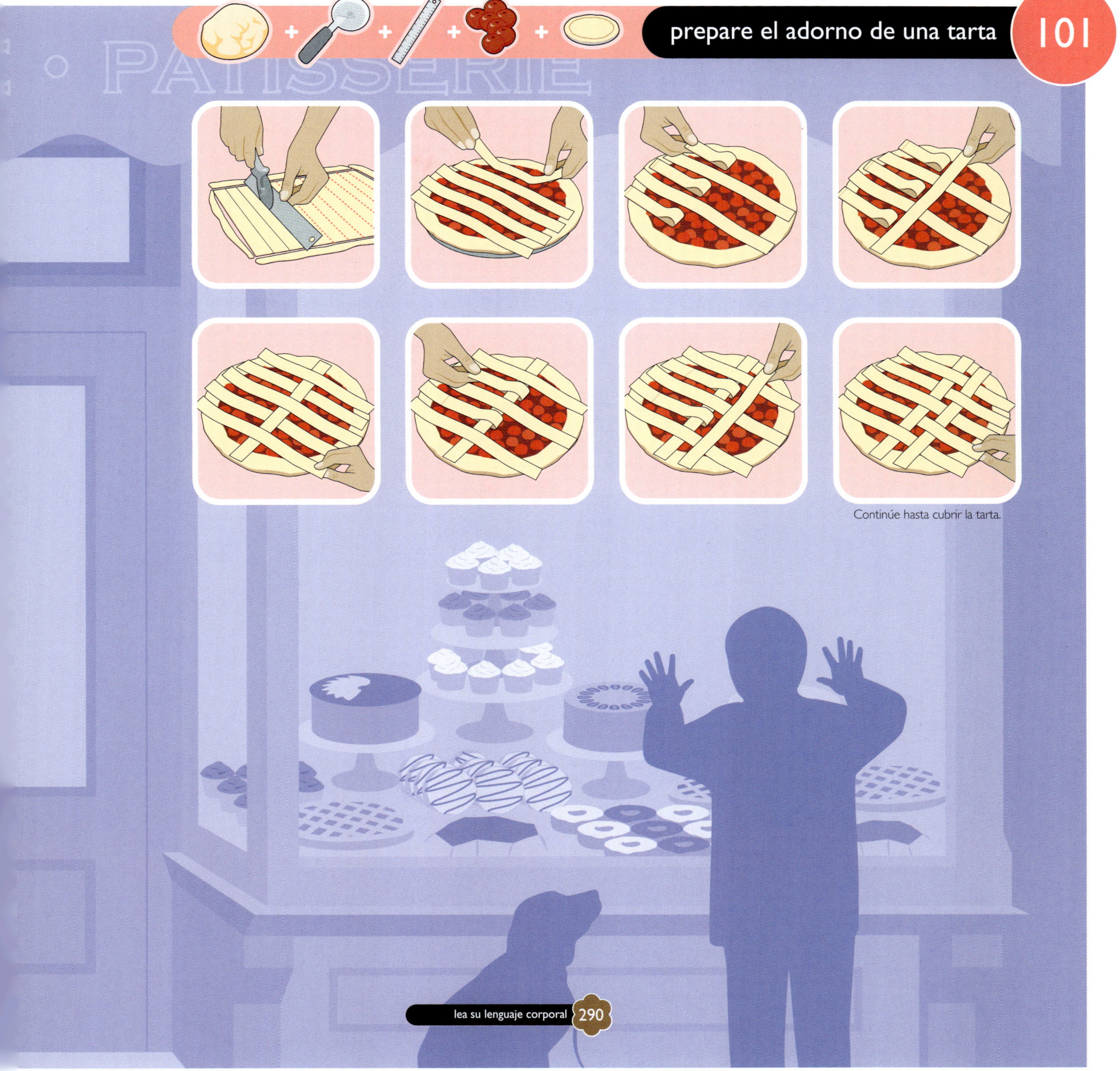

Continúe hasta cubrir la tarta.

lea su lenguaje corporal 290

beba

102 sirva y acompañe el champán

El champán tiene un toque de limón, avellana, manzana verde y pan tostado, así como de matices florales.

La forma alargada permite apreciar sus brillantes burbujas.

103 sirva y acompañe un pinot gris

Los Pinot grises contienen un enérgico toque de minerales, pepino, manzana, limón y especias.

Hay que beberlo en una copa española pequeña para apreciar su fresco sabor.

104 sirva y acompañe un chardonnay

Muchos detectan el intenso sabor de la mantequilla, la pera, la avellana, la naranja y la vainilla en el Chardonnay.

Una pequeña copa española concentra los sabores del Chardonnay en el borde.

sirva y acompañe un pinot negro 105

El sabor de las especias, el plátano, la cereza, la lavanda y la fresa se mezclan en el jugoso sabor de este vino.

Una copa Burgundy revela el robusto aroma del Pinot negro.

sirva y acompañe un merlot 106

El pimiento, las bayas, el anís estrellado, la canela y la ciruela aportan un toque especiado al Merlot.

Una copa española grande permite disfrutar del natural buqué del Merlot.

sirva y acompañe un cabernet 107

Este vino se aviva gracias al sabor de la zarzamora, el pimiento, los puros, la pimienta negra y el clavo.

La forma estrecha de la copa Burdeos intensifica el aroma de este vino.

108 abra una botella de vino

Para cortar el precinto, gire la cuchilla.

405 abra una botella sin sacacorchos

Introduzca la espiral hasta la mitad del corcho.

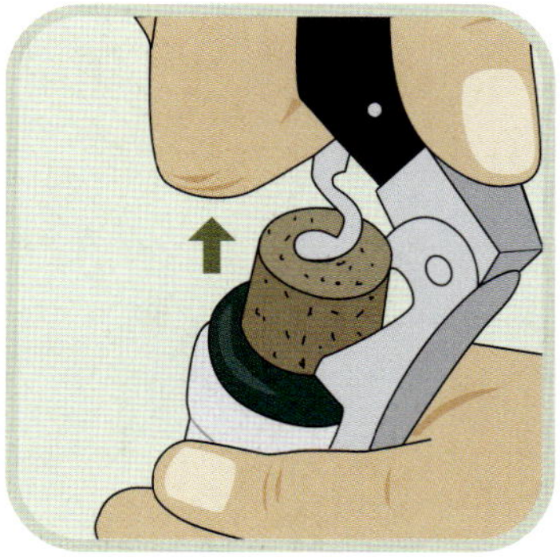

Coloque la palanca en el borde; tire.

Gire ligeramente para evitar que salpique.

109 quite trozos de corcho del vino

Busque trozos de corcho en la botella.

Coloque un filtro sobre la copa.

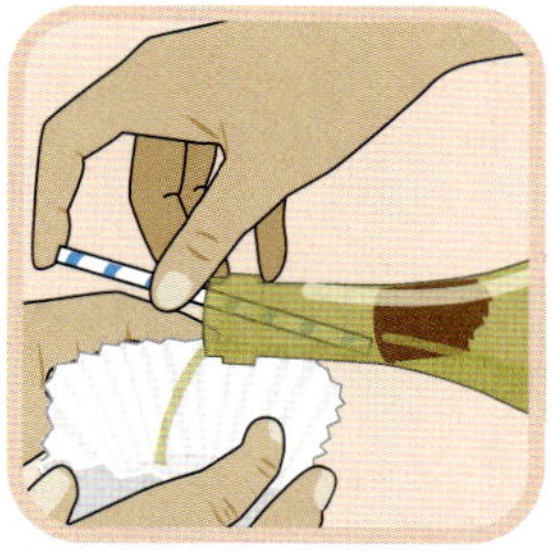

Vierta el vino sujetando el corcho.

110 cate un vino

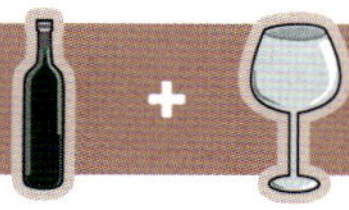

Fíjese en el color y la claridad.

Agite; observe las lágrimas.

Inhale su aroma.

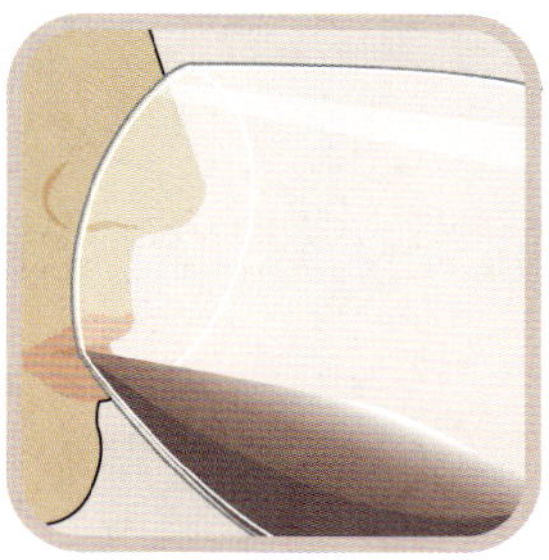

Llene una tercera parte de su boca.

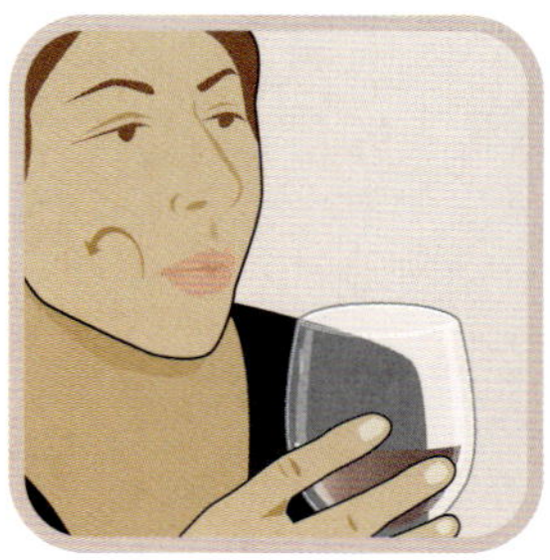

Saboree el vino con detenimiento.

deslumbre con el *sabrage* 111

Seque el exceso de humedad.

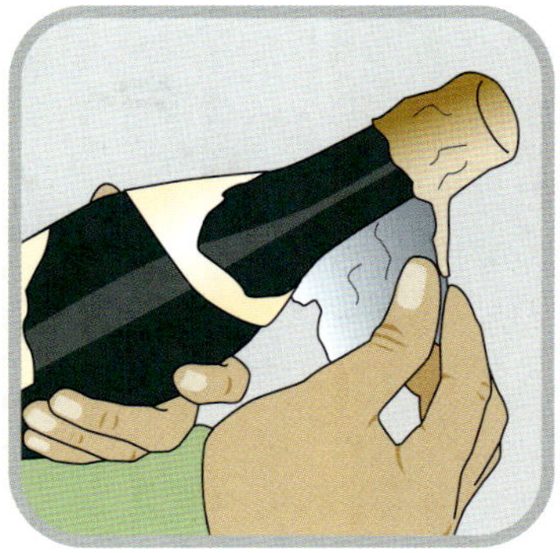

Desenrolle el alambre y retire el morrión.

Localice la unión de la junta con la boquilla.

Golpee hacia delante con un solo movimiento.

El chorro arrastra cualcuier fragmento.

* Este flamante truco fue popularizado por los soldados de Napoleón. ¿El secreto? Las juntas entrecruzadas de la botella crean un punto débil que, bajo presión, se rompe con facilidad, impresionando (y a veces, empapando) a todos los asistentes.

descorche una botella de champán 112

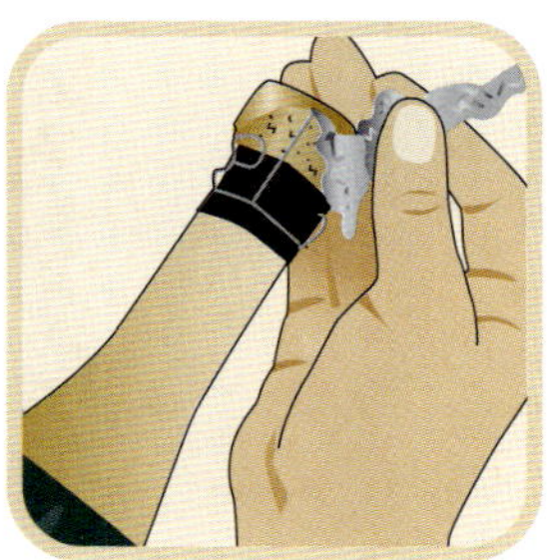

Para abrir la botella, gírela.

Llene la copa poco a poco.

113 prepare absenta al estilo tradicional

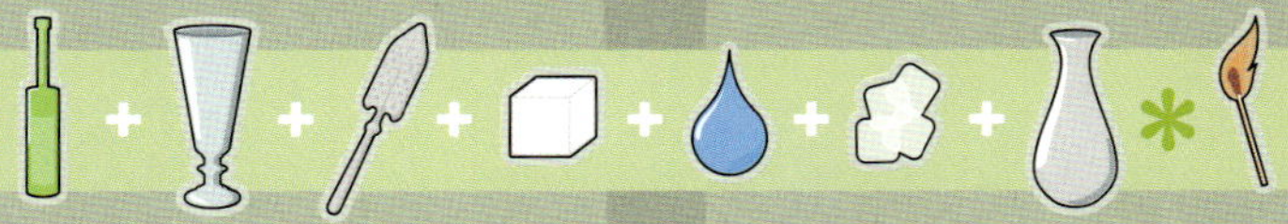

Ponga azúcar en una cuchara de absenta.

Diluya a su gusto.

140 conozca los bigotes y las barbas

En esta variación checa de un lienzo francés, el terrón de azúcar se moja en la absenta y se quema (no hay que entusiasmarse demasiado, el alto contenido en alcohol de la absenta la hace muy inflamable). Una vez derretido el azúcar, dilúyalo en la bebida y sírvaselo al impresionado bohemio que esté más cerca. *Na zdraví!*

prepare un licor digestivo 114

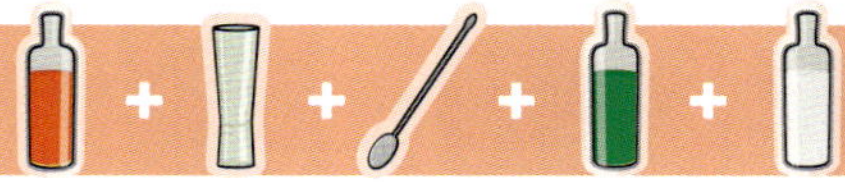

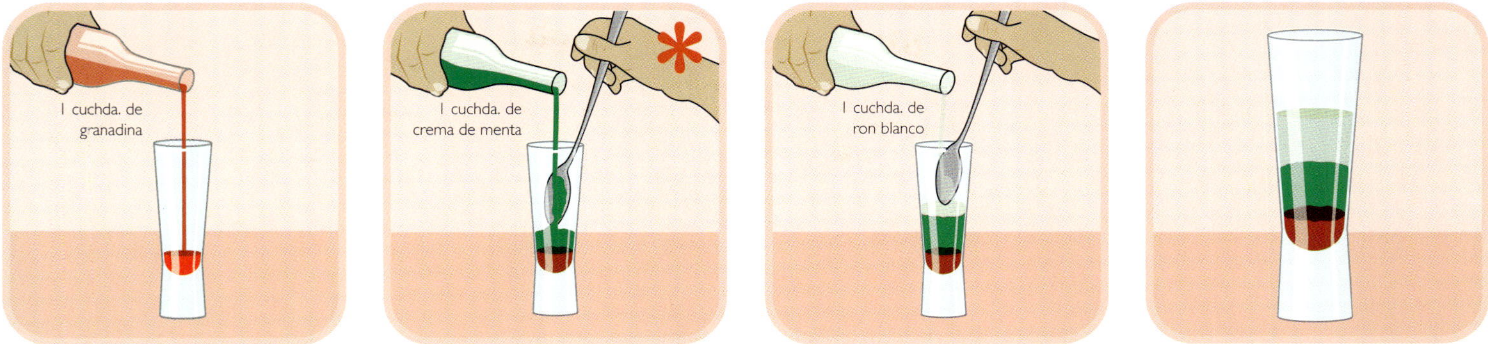

Sírvalo así, sin removerlo.

* Este licor, llamado *pousse-café*, es famoso por sus capas diferenciadas, originadas por la gravedad. Para mantener los licores uno encima de otro sin que se mezclen, hay que verterlos en orden, del más al menos denso. Deje que caigan sobre la parte posterior de una cuchara para evitar que se mezclen al asentarse.

haga una refrescante sangría 115

Corte la fruta que quiera.

Métala en el frigorífico o sirva directamente.

116 adorne un vaso con azúcar o sal

Gire el vaso sobre azúcar o sal.

margarita de fresa
60 ml de tequila blanco
30 ml de zumo de lima
8 fresas limpias
1 fresa
sal para el borde

sidecar
45 ml de *brandy*
1 cuchda. de triple seco
1 cuchda. de licor de marrasquino
1 cuchda. de zumo de limón
azúcar para el borde

bloody mary
60 ml de vodka
120 ml de zumo de tomate
1 cuchda. de zumo de lima
¼ cuchta. de comino molido
2 gotas de salsa Worcestershire
¼ cuchta. de pimienta
2 gotas de salsa picante
1 pizca de sal
1 tallo de apio
1 trozo de lima

mai tai
1 cuchda. de *brandy* de albaricoque
2 cuchda. de triple seco
3 cuchda. de ron ámbar
2 cuchda. de ron blanco
2 cuchda. de zumo de lima
2 cuchda. de sirope de azúcar
1 gota de *orgeat*

agite · remueva · mezcle

negroni
30 ml de ginebra
30 ml de vermú dulce
30 ml de Campari
1 rodaja de naranja de adorno
1 cereza marrasquino

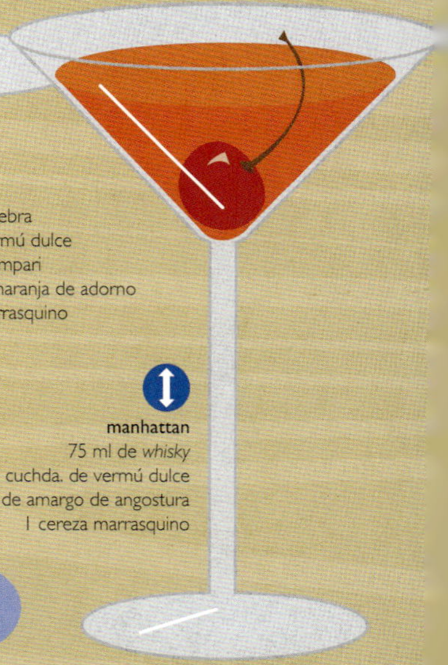

manhattan
75 ml de *whisky*
1½ cuchda. de vermú dulce
2 gotas de amargo de angostura
1 cereza marrasquino

Cada bebida se prepara de distinta manera: agitando con fuerza, removiendo despacio de un lado a otro o incluso utilizando la batidora. Esta guía le permitirá convertirse en un barman de primera.

117 mezcle bebidas en una coctelera

Vierta el licor; añada el hielo. · Dé golpecitos para que encaje. · Dele la vuelta; agite con fuerza. · Golpee para desencajar. · Sujete el colador; vierta el líquido.

118 prepare deliciosos cócteles

cape cod
75 ml de vodka
120 ml de zumo de arándano
1 trozo de lima

té helado long island
1 cuchda. de ginebra
1 cuchda. de ron blanco
1 cuchda. de tequila blanco
1 cuchda. de vodka
1 cuchda. de triple seco
30 ml de zumo de limón
1 cuchda. de sirope de azúcar
1 trozo de limón
150 ml de coca-cola

tequila sunrise
75 ml de tequila blanco
120 ml de zumo de naranja
1½ cuchta. de granadina
1 trozo de piña

singapore sling
60 ml de ginebra
1 cuchta. de Bénédictine
1 cuchda. de *brandy* de cereza
30 ml de zumo de limón
1 cuchda. de sirope de azúcar
60 ml de gaseosa
1 trozo de limón

corte una piña 58

cuba libre
75 ml de ron blanco
30 ml de zumo de lima
180 ml de coca-cola
1 trozo de limón

tom collins
60 ml de ginebra
1 cuchda. de zumo de limón
1 cuchda. de sirope de azúcar
150 ml de gaseosa
1 trozo de limón
1 cereza marrosquina

ate un tallo de cereza con la boca 193

mojito
6 hojas de menta, machacadas
1½ cuchda. de sirope de azúcar
1 cuchda. de zumo de lima
60 ml de ron blanco
60 ml de gaseosa
2 trozos de lima

ruso blanco
60 ml de vodka
30 ml de licor de café
30 ml de nata fresca

piña colada
60 ml de ron blanco
180 ml de zumo de piña
60 ml de crema de coco
1 trozo de piña de adorno
1 cereza marrasquino de adorno

119 utilice un mortero

caipirinha
2 trozos de lima, machacados
1 cuchda. de sirope de azúcar
60 ml de cachaza

Muela hasta que quede liso.

120 mezcle un martini clásico

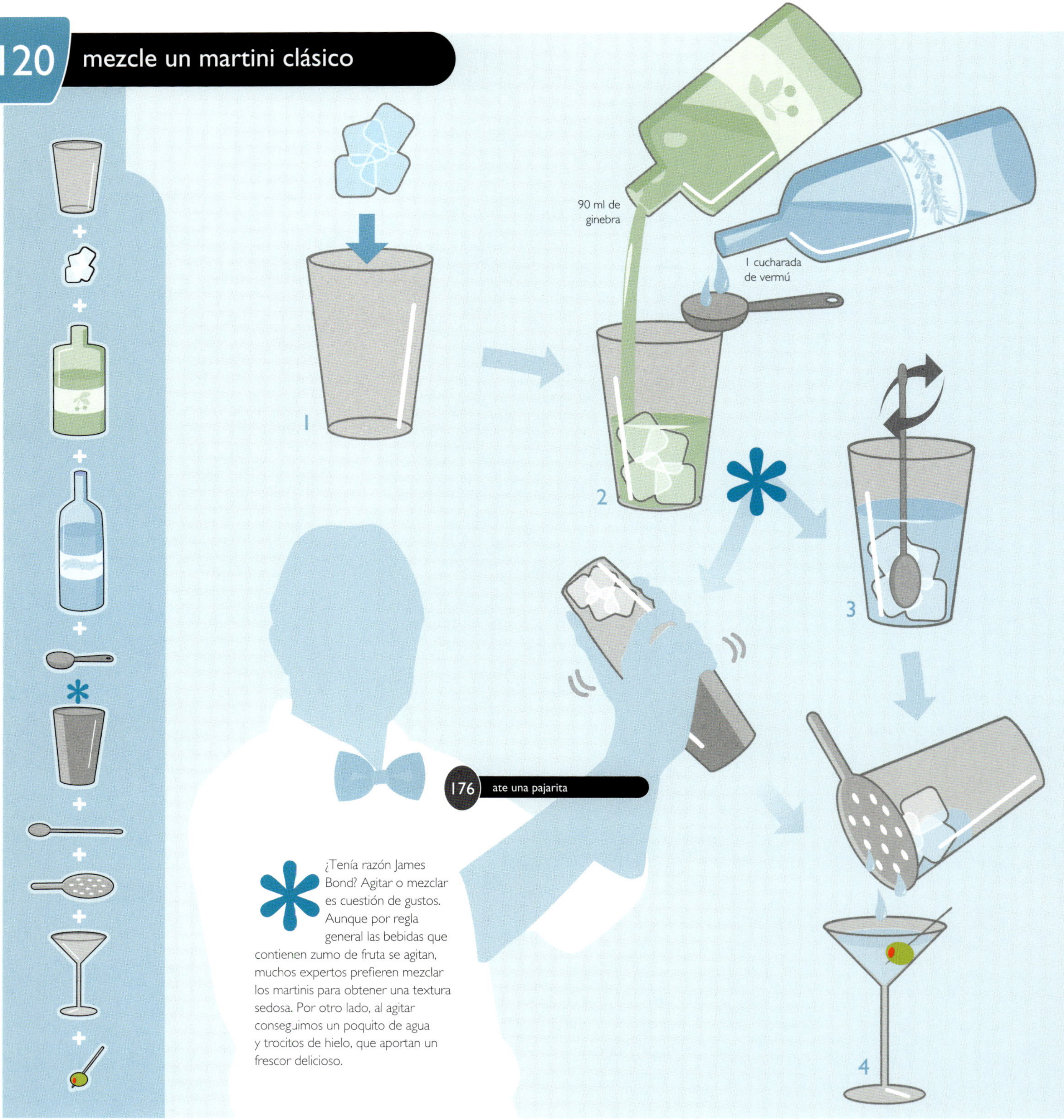

176 ate una pajarita

¿Tenía razón James Bond? Agitar o mezclar es cuestión de gustos. Aunque por regla general las bebidas que contienen zumo de fruta se agitan, muchos expertos prefieren mezclar los martinis para obtener una textura sedosa. Por otro lado, al agitar conseguimos un poquito de agua y trocitos de hielo, que aportan un frescor delicioso.

cosmo
60 ml de vodka cítrico
1 cuchda. de triple seco
1 cuchda. de zumo de arándanos
1 cuchda. de zumo de lima

cooperstown
3 cuchda. de ginebra
1 cuchda. de vermú dulce
1 cuchda. de vermú seco
1 ramita de menta de adorno

cajun
75 ml de vodka de pimienta
1 cuchda. de vermú seco
1 chile de adorno

bermuda rose
60 ml de ginebra
1 cuchda. de *brandy* de albaricoque
1 gota de granadina
1 trozo de albaricoque

vesper
35 ml de ginebra
35 ml de vodka
1 cuchda. de Lillet Blanc
1 trozo de limón

chocolate
60 ml de vodka
30 ml de crema de cacao
1 dulce de chocolate

gibson
90 ml de ginebra
1 cuchda. de vermú seco
1 cebollita

banana rum
60 ml de ron ambar
1 cuchda. de crema de plátano
1 trozo de plátano de adorno

orange blossom
75 ml de ginebra
30 ml de zumo de naranja
1½ cuchda. de sirope de azúcar
1 trozo de naranja

corpse reviver
45 ml de triple seco
30 ml de vermú seco
1 cuchda. de zumo de limón
2 gotas de absenta
1 trozo de limón

prepare absenta al estilo tradicional 113

ópera
60 ml de ginebra
1 cuchda. de Dubonnet Rouge
1 cuchda. de licor de marrasquino

naked
90 ml de ginebra
1 aceituna verde de adorno

bacontini
90 ml de vodka
1 gota de vermú
1 loncha de bacón

conozca los cortes del cerdo 85

saketini
75 ml de ginebra
1½ cuchta. de sake
1 aceituna verde

tequilatini
75 ml de tequila
1½ cuchta. de vermú dulce
1 cereza marrasquino

bloodhound
60 ml de ginebra
1 cuchda. de vermú seco
1 cuchda. de vermú dulce
2 cuchta. de *coulis* de fresas
1 fresa

122 prepare un té digno de una reina

Hierva agua.

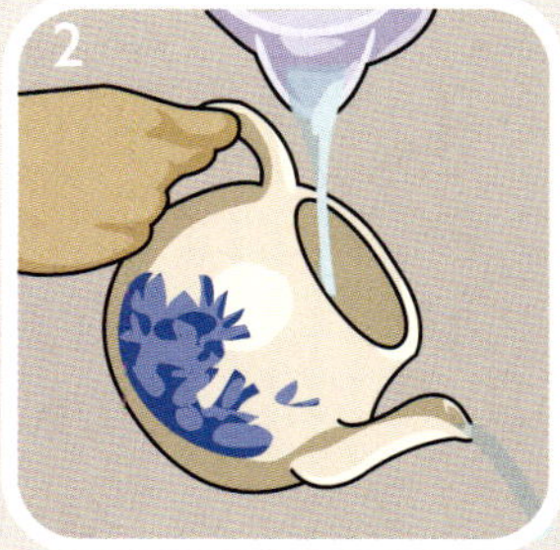

Viértala en la tetera para calentarla.

Hierva agua para el té.

478 lea el futuro en las hojas de té

Añada hojas de té negro de la India.

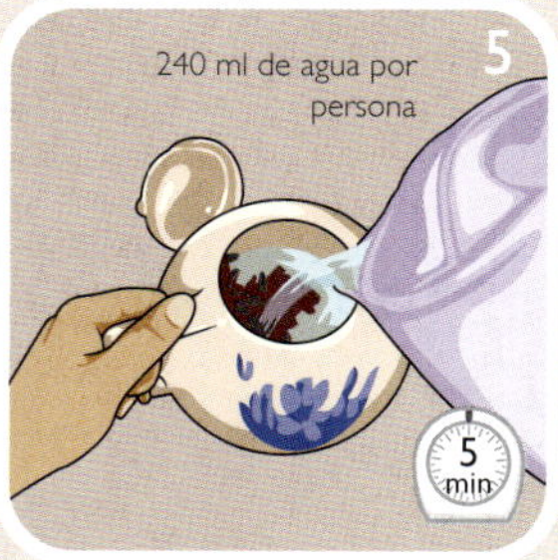

Deje que se empapen bien.

Cuélelo.

Añada leche y azúcar al gusto.

Acompáñelo de unos bollos.

123 haga té ruso en un samovar

Encienda las piñas para hervir el agua.

Añada hojas de té negro de la India.

Añada agua hirviendo.

Coloque la tetera encima del samovar.

Viértalo en el *podstakannik*.

Dilúyalo al gusto.

elabore té de mantequilla de yak 124

Añada el té al agua hirviendo.

Vierta un tercio en la mantequera.

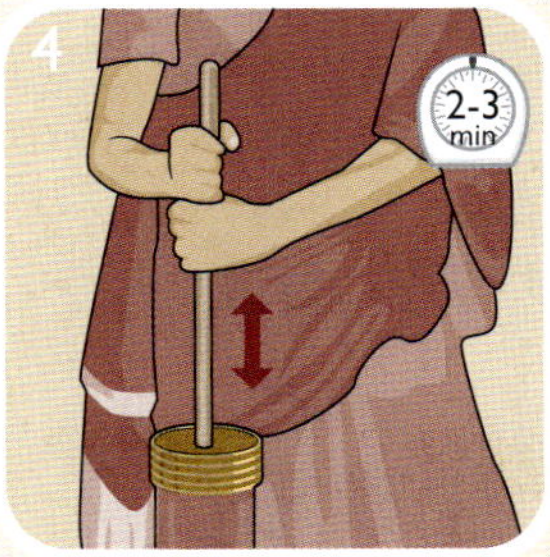

Agite vigorosamente.

Vuelva a verter la mitad en la tetera.

Repita hasta que esté todo mezclado.

sirva té helado tailandés 125

Añada hojas de té tailandés especiado.

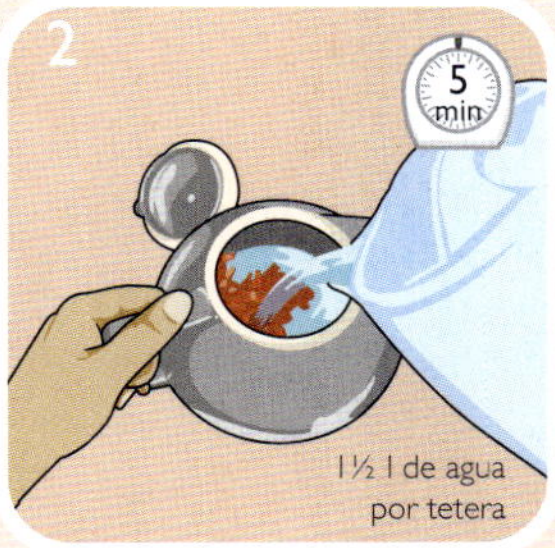

Añada agua hasta que quede naranja.

Páselo por el colador de tela.

Déjelo enfriar tanto como quiera.

126 conozca los cafés expresos

¿Leche hirviendo o en espuma? ¿Entera o desnatada? Si la carta de cafés de la cafetería le da dolor de cabeza estudie estas sencillas recetas.

127 escoja una bebida con cafeína

¿Necesita energía para trasnochar o, por el contrario, acostarse temprano para descansar suficiente? Utilice esta tabla comparativa para elegir la bebida con cafeína que mejor se ajuste a sus necesidades.

128 utilice una prensa francesa

Añada agua hirviendo.

Deje que se empape bien.

Presione el émbolo uniformemente.

Sujete la tapa; vierta el café.

129 prepare el expreso perfecto

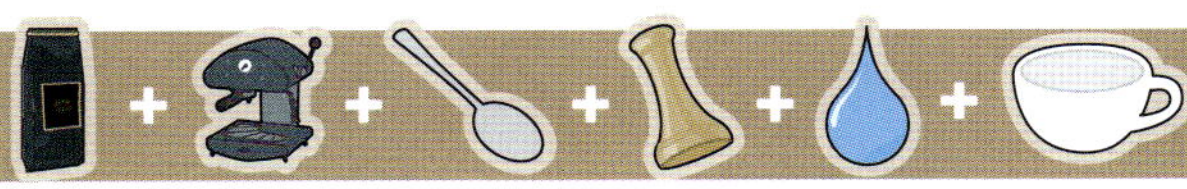

Llénelo con café molido.

Alíselo y retire lo que sobra.

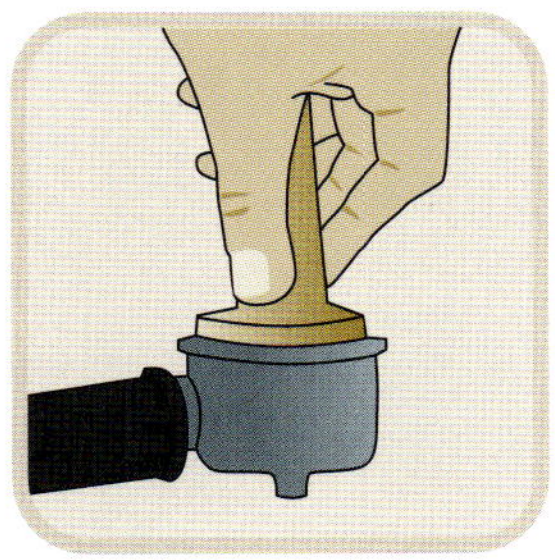
Prénselo hasta que quede compacto.

Coloque la taza en su sitio.

Tire de la manivela.

130 dibuje una hoja con leche

Hierva leche y muévala en círculos.

Dele golpes si aparecen burbujas.

Viértala moviendo la muñeca.

Haga el dibujo.

131 abra una cerveza con otra cerveza

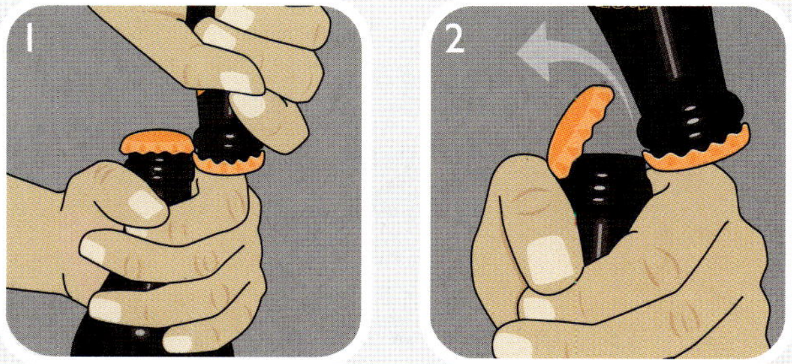

Enganche las chapas.

Golpee con fuerza hacia abajo.

132 abra una cerveza con un mechero

Utilícelo a modo de palanca.

133 sirva cerveza en el vaso adecuado

Sirva la cerveza belga o la *barley wine* en una copa española. Su bulbosa forma y su borde acampanado realzan los deliciosos aromas.

El vaso Weizenbier se inventó específicamente para la cerveza de trigo c mismo nombre. Su form pone en relieve la espon espuma y los tonos dora de la cerveza. Hay que evitar los cítricos, ya que estropearían la espuma.

Remueva una cerveza fuerte en una copa de coñac. Su gran cuenco captura los aromas y los concentra en el borde del vaso.

Las cervezas suaves van muy bien con la forma estrecha de un vaso *pilsner*, que facilita la formación de burbujas y espuma.

Con una capacidad de 475 ml, la *poor man's pint* (pinta del pobre) está muy lejos de ser una auténtica pinta. Sirve para cervezas fuertes y rubias, sobre todo en Estados Unidos.

Los británicos se toman sus pintas muy en serio: es ilegal servir una de menos de 600 ml. Su parte convexa mejora el agarre y permite que haya más espuma.

El generoso cuenco de la copa de vino atrapa el sabor a malta y mantiene la espuma.

La elegante forma aflautada estimula la carbonatación. Acompaña muy bien a las cervezas frutales y *lambic*.

sirva una pinta correctamente 134

Vierta despacio.

Levante el vaso mientras se llena.

beba de una bota 135

Cuando se forme una burbuja...

acabe con el hipo 474

...rote el vaso para evitar derrames.

estilo

136 conozca los diseños de las telas

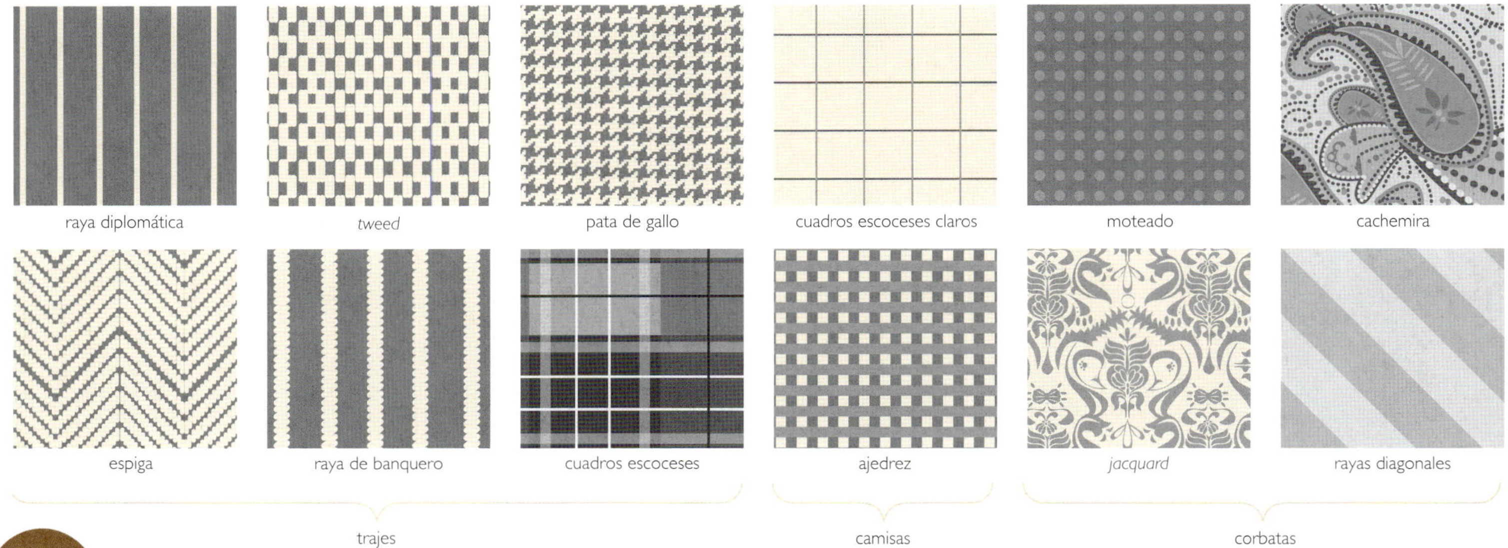

137 elija un traje para cada estación

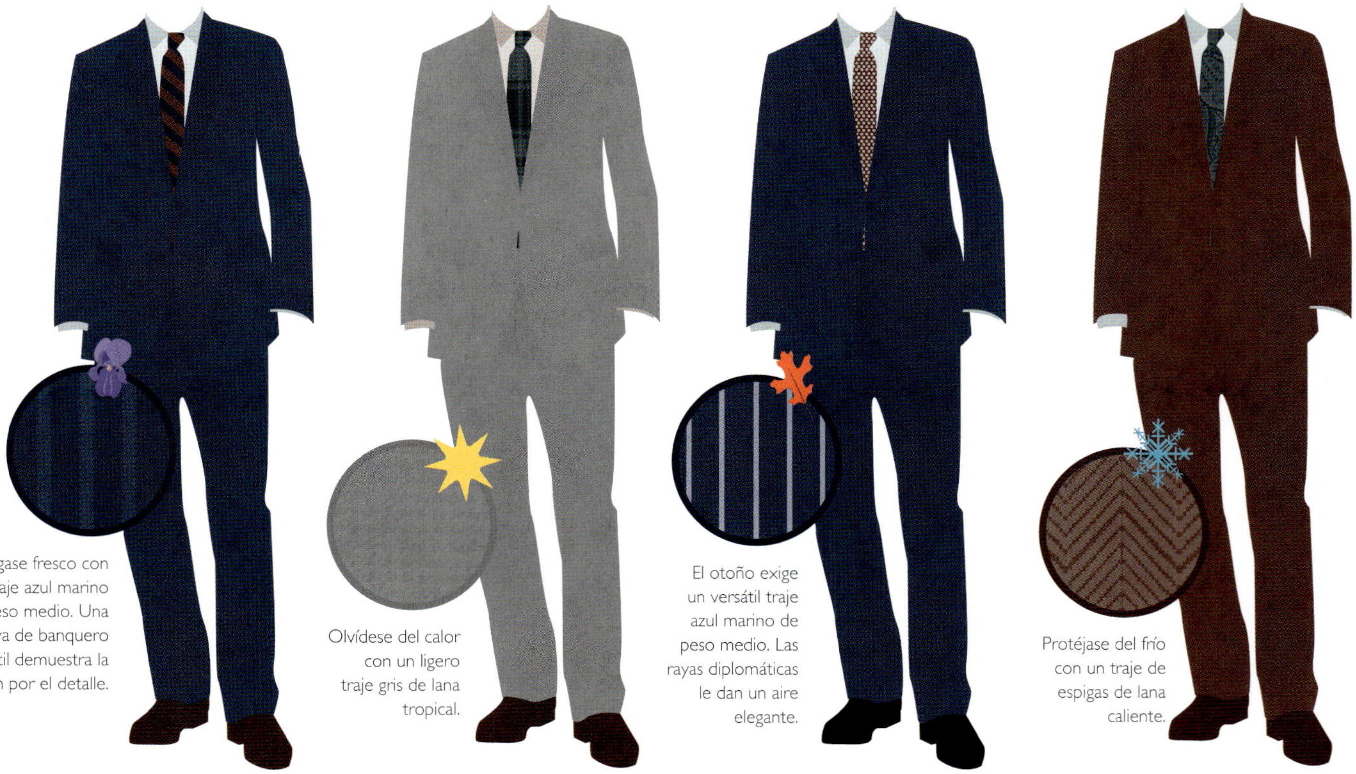

Manténgase fresco con un traje azul marino de peso medio. Una raya de banquero muy sutil demuestra la atención por el detalle.

Olvídese del calor con un ligero traje gris de lana tropical.

El otoño exige un versátil traje azul marino de peso medio. Las rayas diplomáticas le dan un aire elegante.

Protéjase del frío con un traje de espigas de lana caliente.

138 lleve un traje con pulcritud

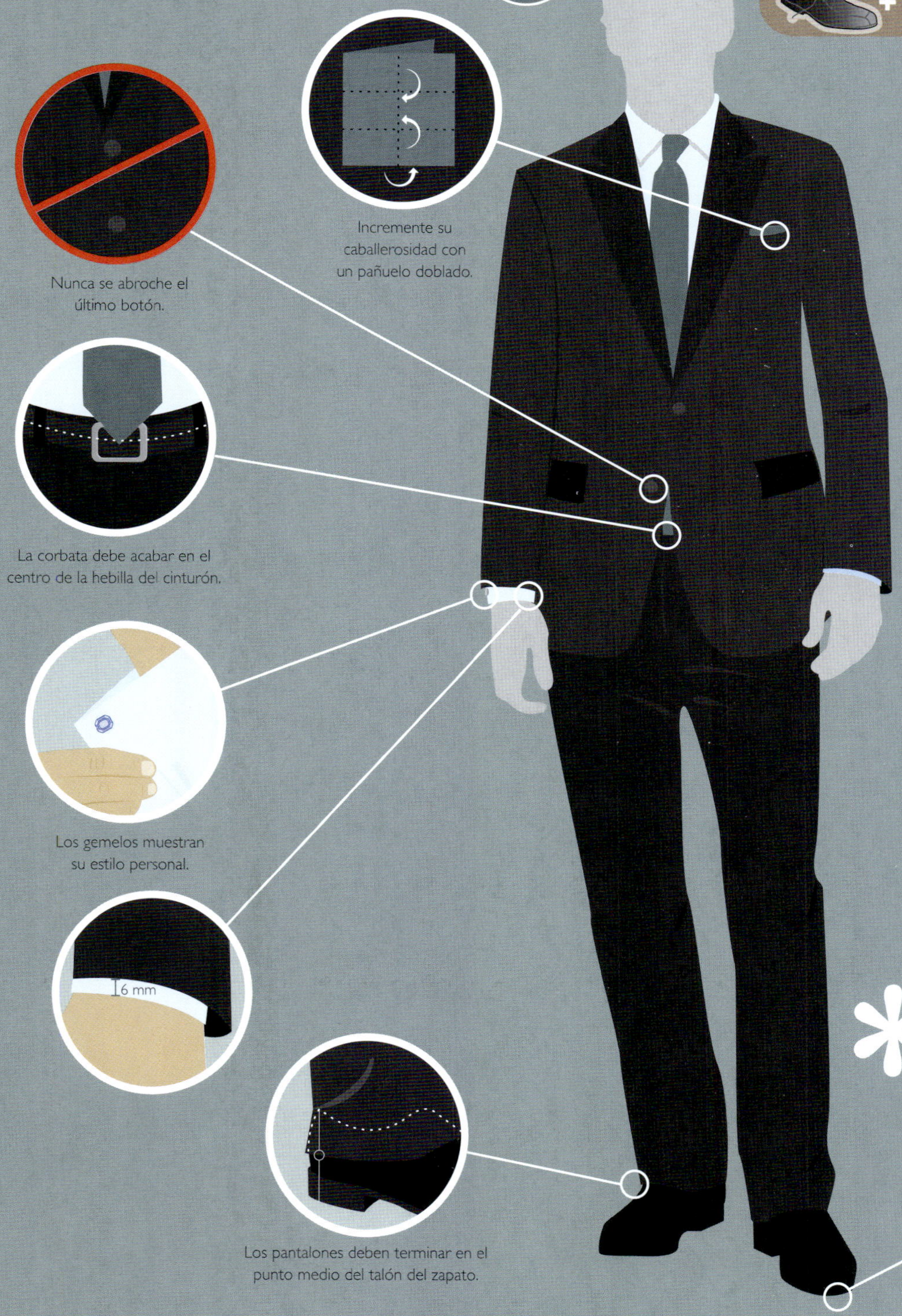

Nunca se abroche el último botón.

Incremente su caballerosidad con un pañuelo doblado.

La corbata debe acabar en el centro de la hebilla del cinturón.

Los gemelos muestran su estilo personal.

Los pantalones deben terminar en el punto medio del talón del zapato.

139 lustre los zapatos

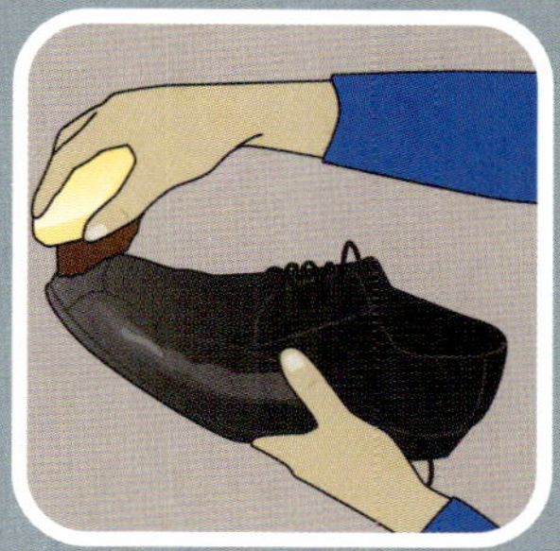

Limpie la suciedad con un cepillo.

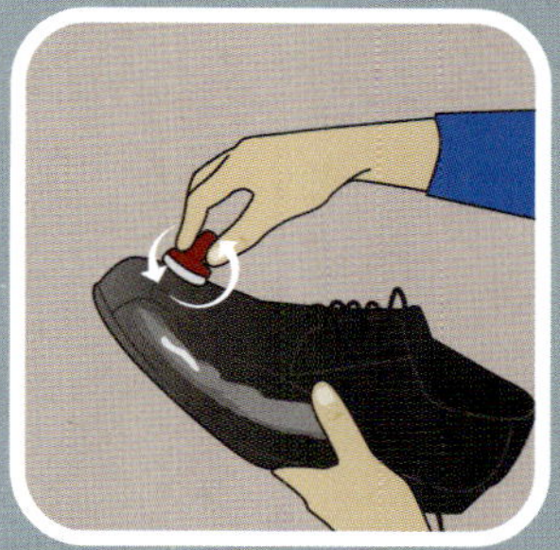

Aplique el betún. Deje secar.

Cepille de nuevo.

* ¿No tiene betún a mano? El interior de una piel de plátano también sirve.

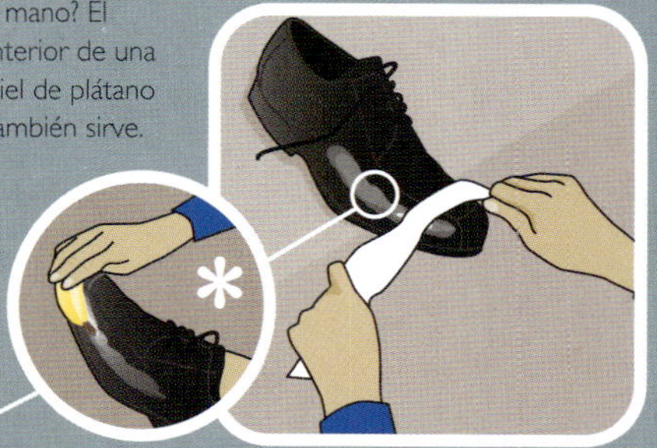

Déjelos relucientes.

140 conozca los bigotes y las barbas

¿Cuál le sentará bien? ¿El bigote en forma de herradura o el de fu manchú? Amplíe esa guía, recorte los diseños y pruébeselos para ver el tamaño.

141 aféitese bien la barba

Dúchese con agua caliente. Recorte la barba, si es necesario. Haga espuma con la crema. Extiéndala en círculos. Afeite en la dirección del vello.

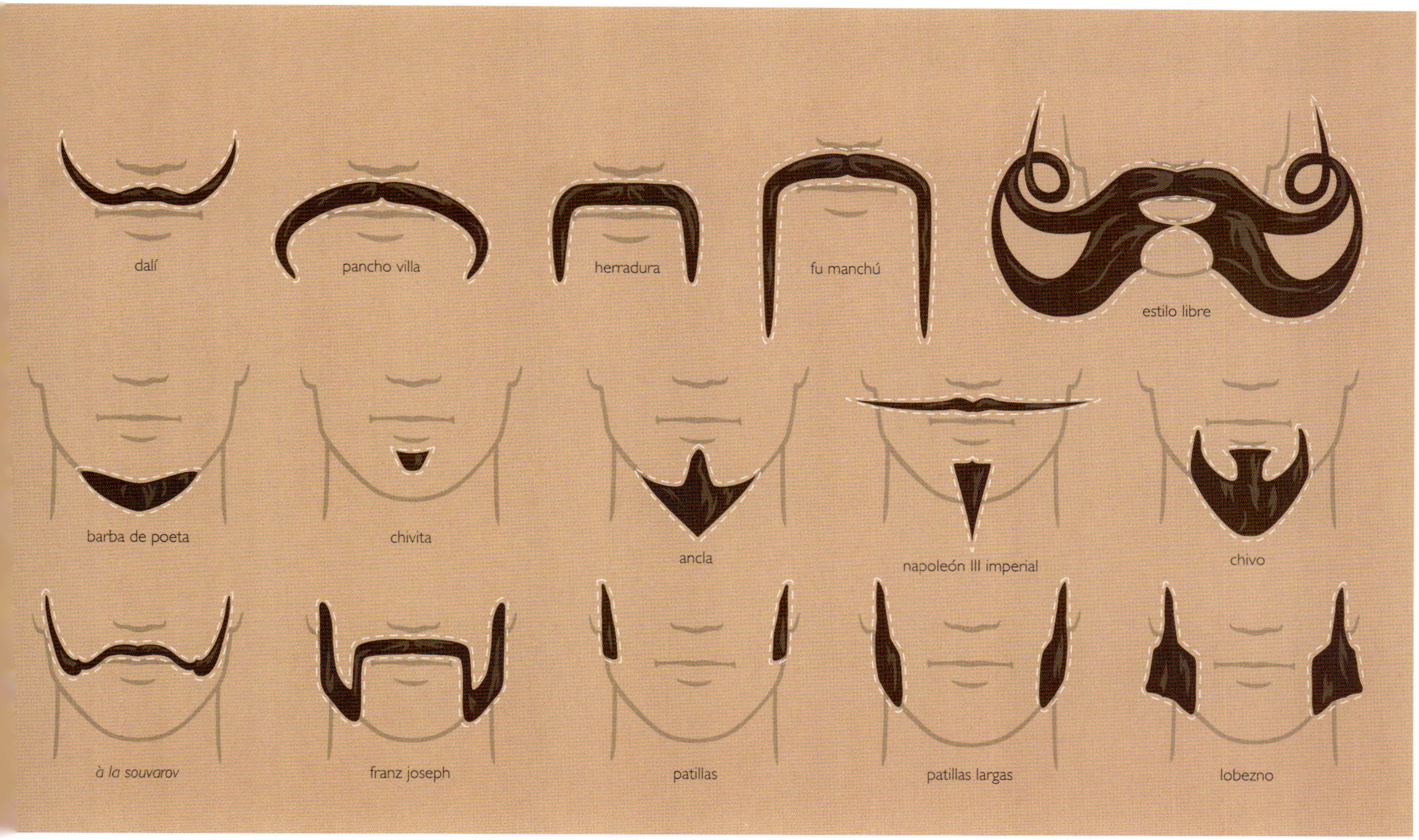
dalí
pancho villa
herradura
fu manchú
estilo libre
barba de poeta
chivita
ancla
napoleón III imperial
chivo
à la souvarov
franz joseph
patillas
patillas largas
lobezno

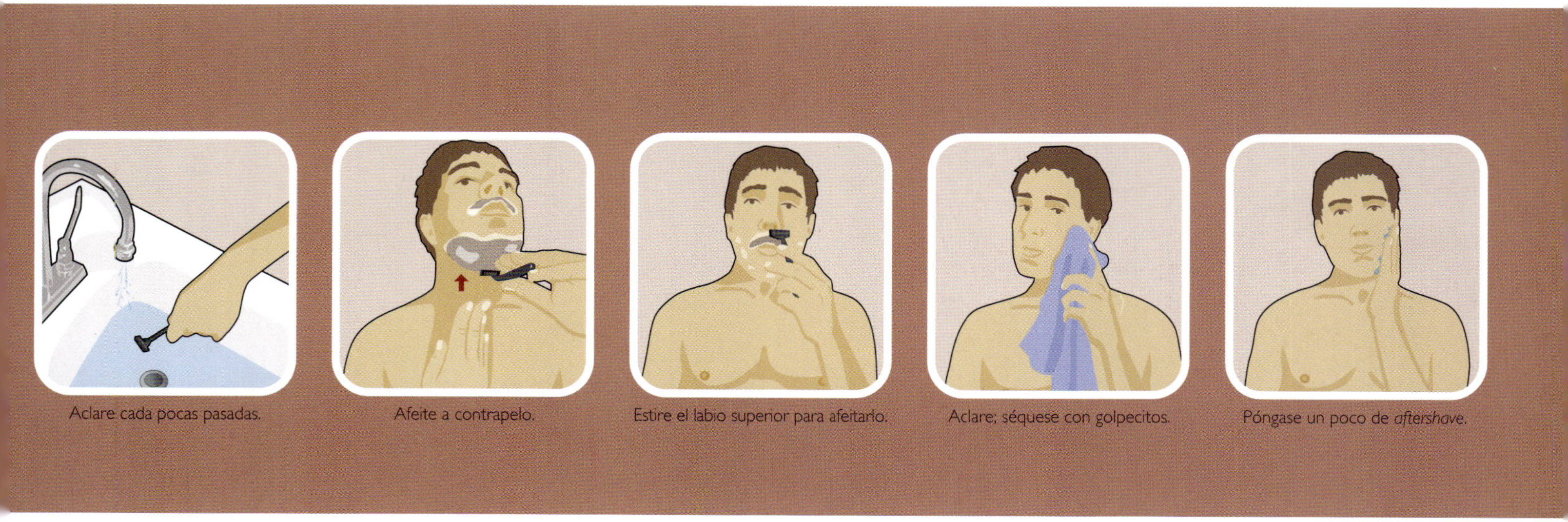
Aclare cada pocas pasadas.
Afeite a contrapelo.
Estire el labio superior para afeitarlo.
Aclare; séquese con golpecitos.
Póngase un poco de *aftershave*.

142 haga una trenza de raíz

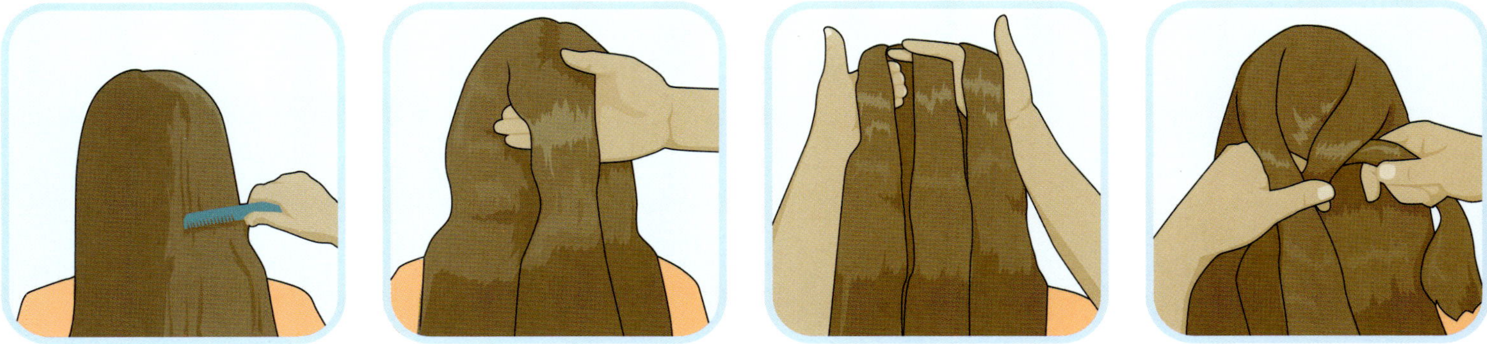

Tome tres secciones.

Empiece a trenzar.

100 trence un *brioche*

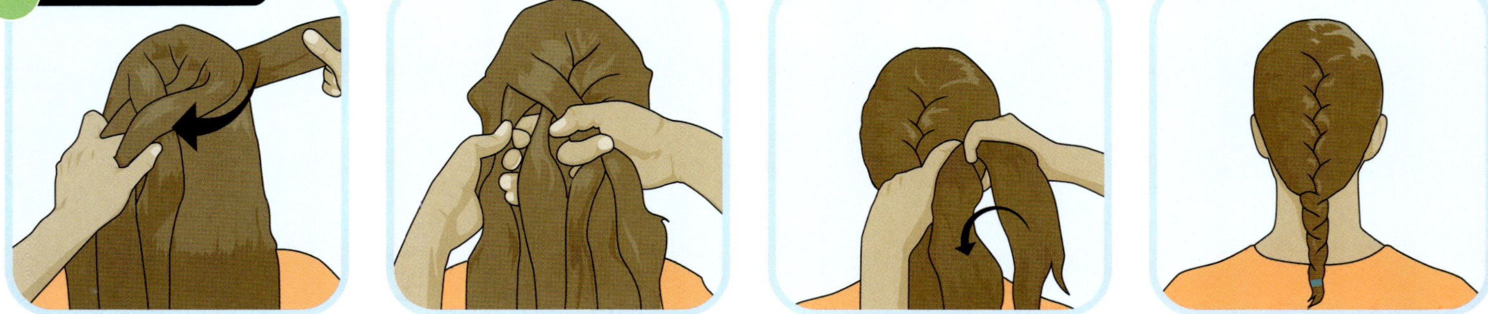

Vaya añadiendo pelo a cada sección.

Siga añadiendo pelo.

143 hágase un recogido sofisticado

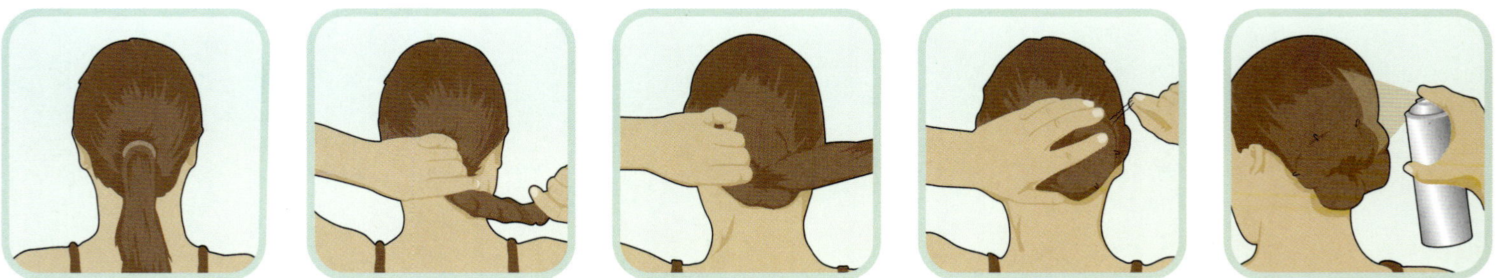

Comience con una coleta baja.

Enrolle la coleta en un círculo.

Meta el final de la coleta por el centro.

Sujétela con horquillas.

Ponga un poco de laca.

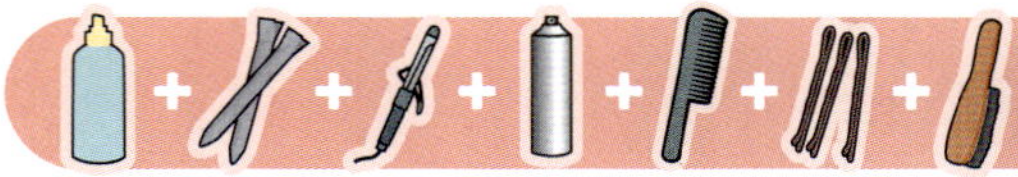

luzca un moño cardado 144

Separe el pelo en cuatro secciones.

Eche fijador.

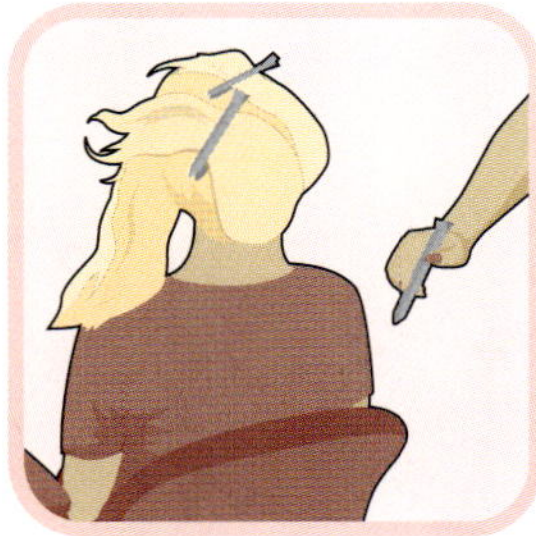

Sujete las secciones que no use.

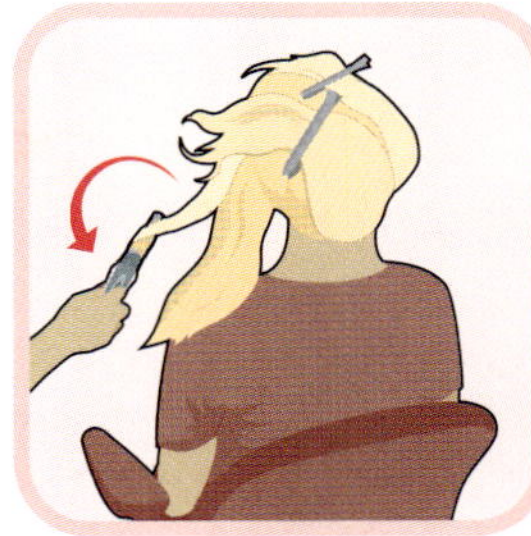

Rice cada sección.

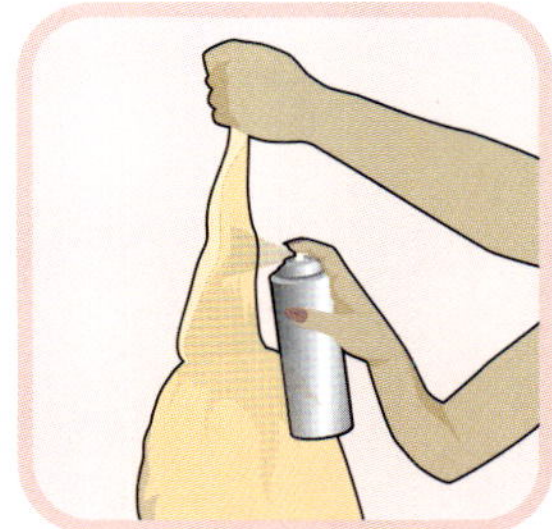

Eche mucha laca.

Carde de arriba abajo.

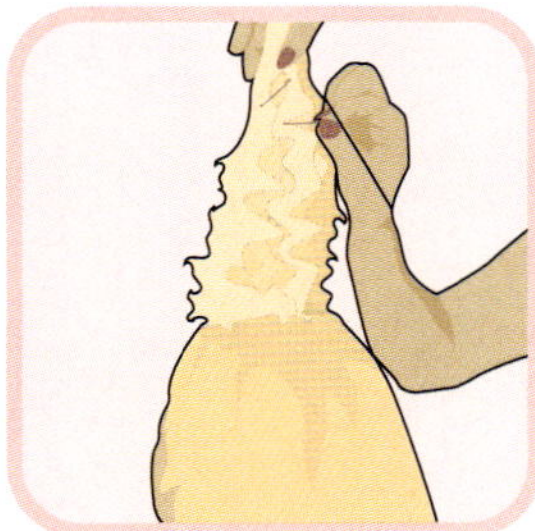

Ponga horquillas en cada sección.

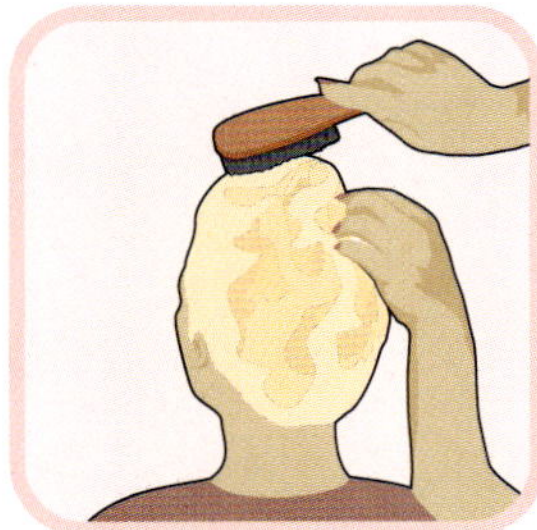

Alise con un cepillo plano.

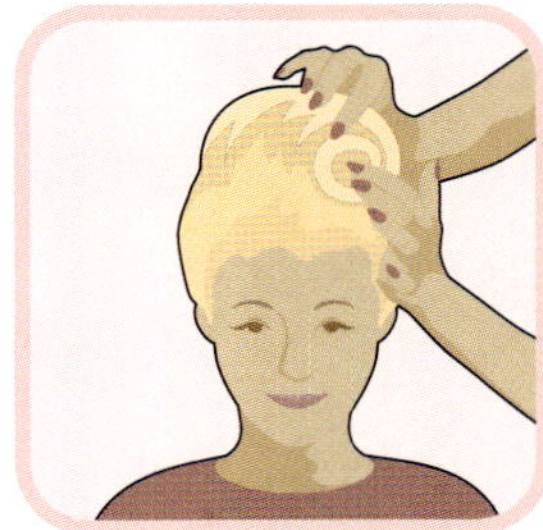

Haga un remolino delante.

Acabe con laca.

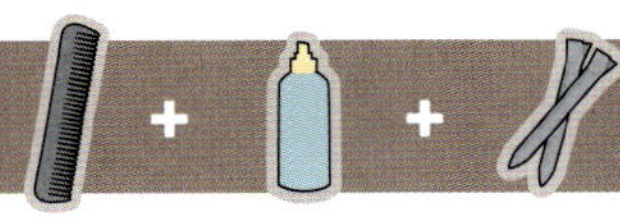

presuma de ondas fabulosas 145

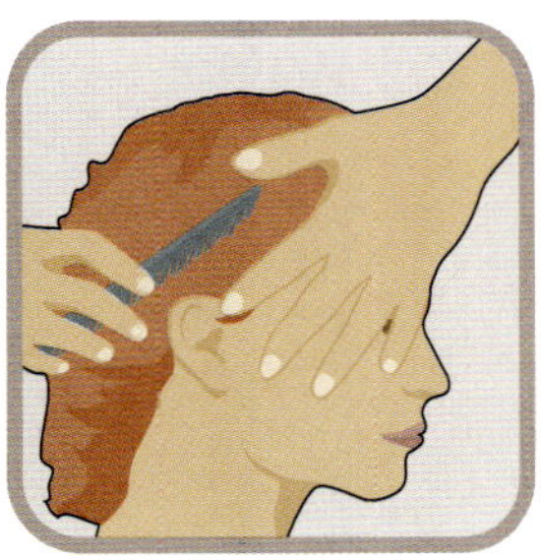

Ponga fijador sobre el pelo húmedo.

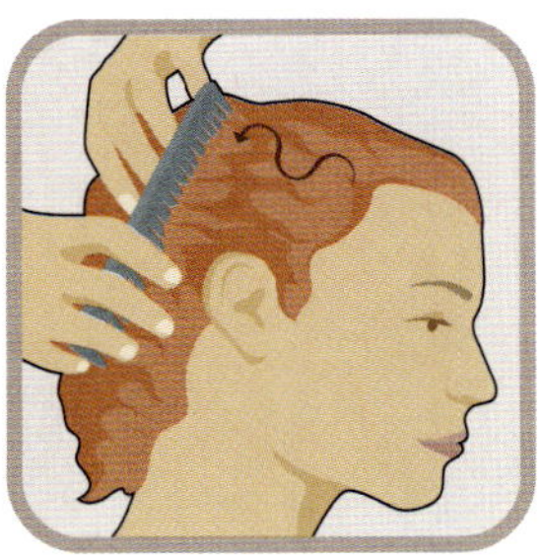

Muévalo para hacer ondas.

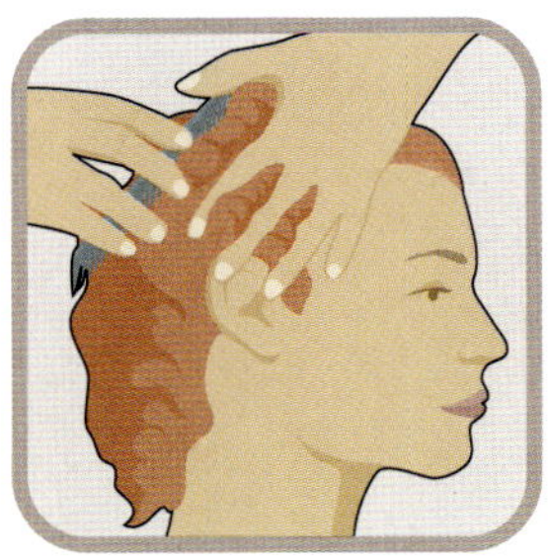

Para fijarlo, pellizque las ondas.

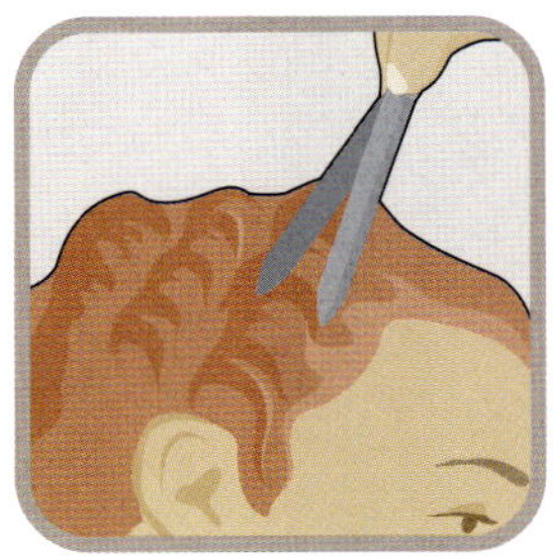

Vaya sujetándolas con pinzas.

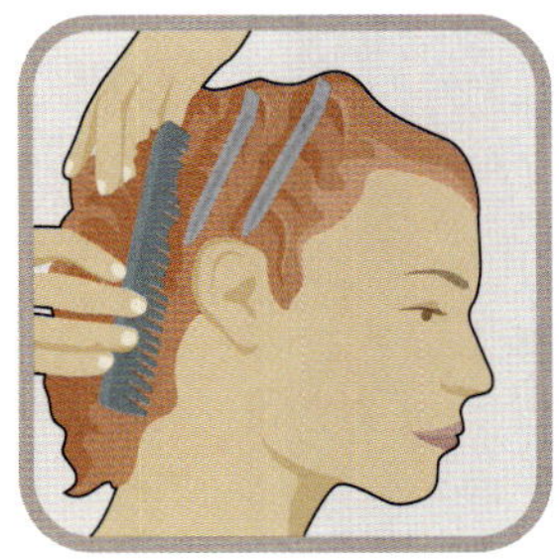

Continúe hasta acabar.

146 cree extensiones de pelo con hilo

Corte dos tiras.

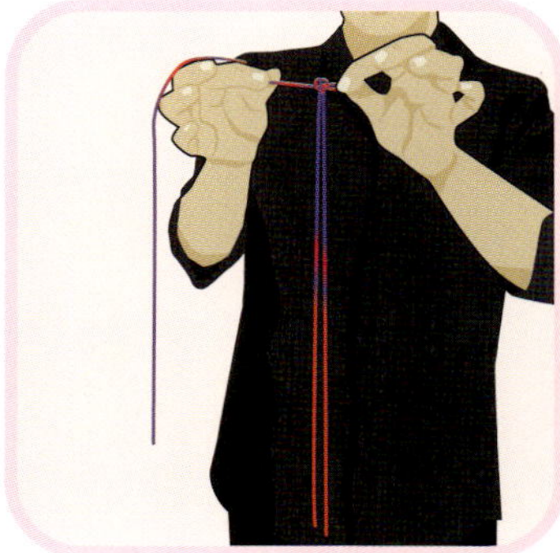

Ate el trozo corto en el centro.

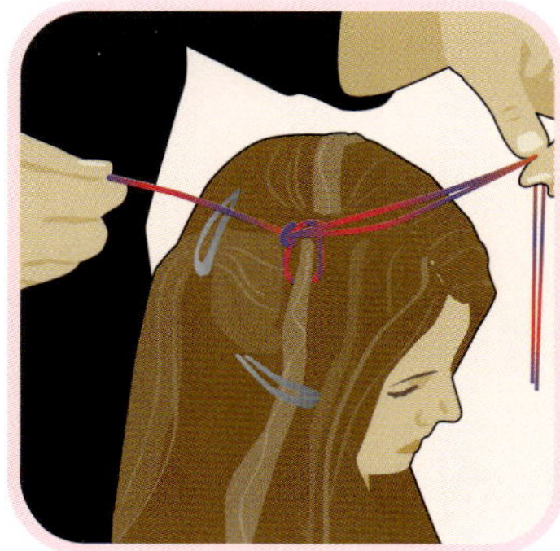

Ate el hilo largo a un mechón.

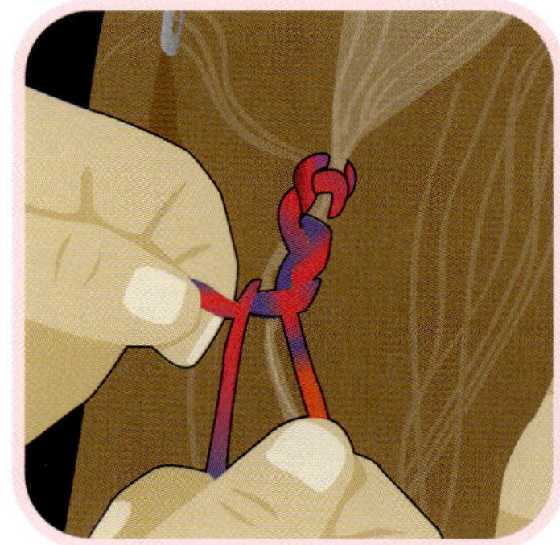

Alinee una tira con el pelo; trénzelo.

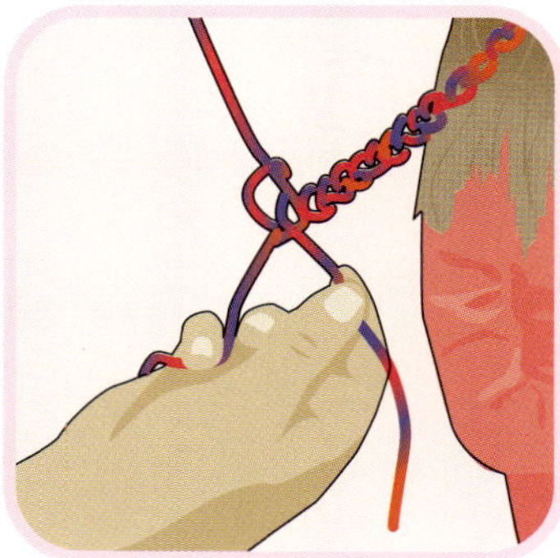

Anude el extremo.

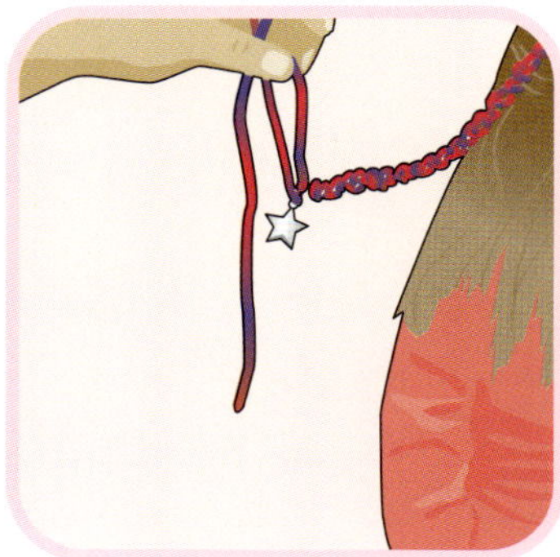

Si quiere, añada un dije.

147 consiga una cresta de indio

Rápese todo, salvo la parte superior.

Peine el pelo hacia atrás.

Póngase mucho pegamento.

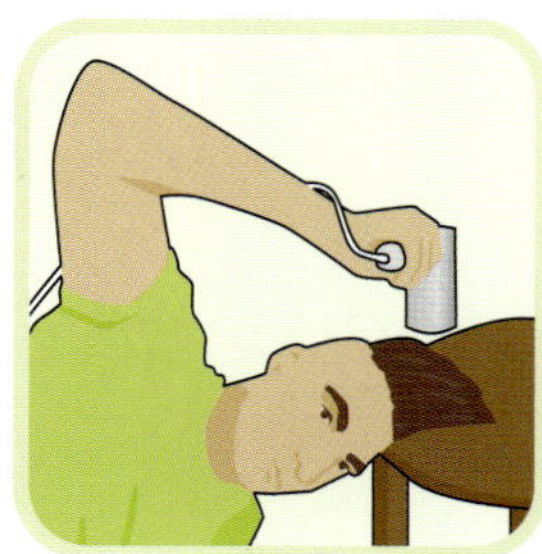

Séquelo contra una superficie.

Eche laca para que se fije.

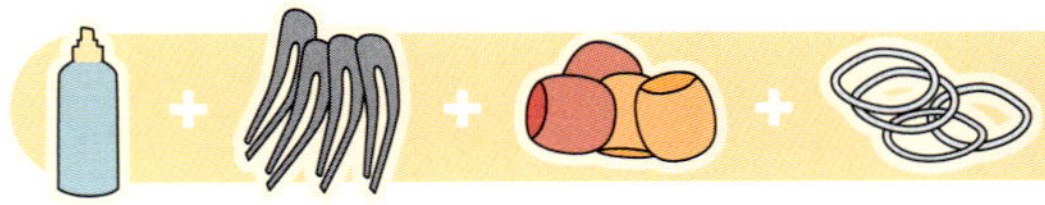

luzca trencitas 148

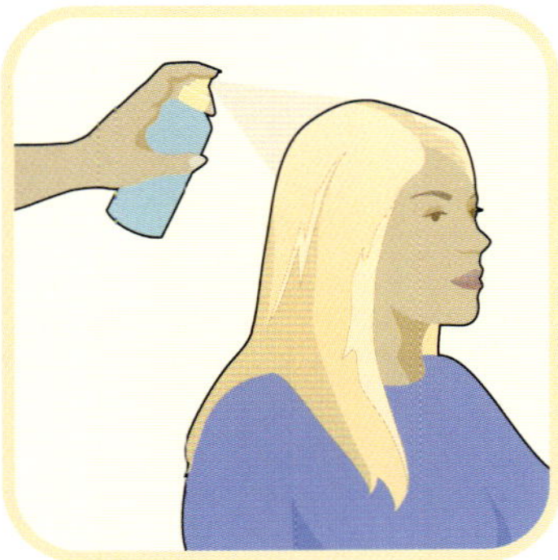

Aplique fijador.

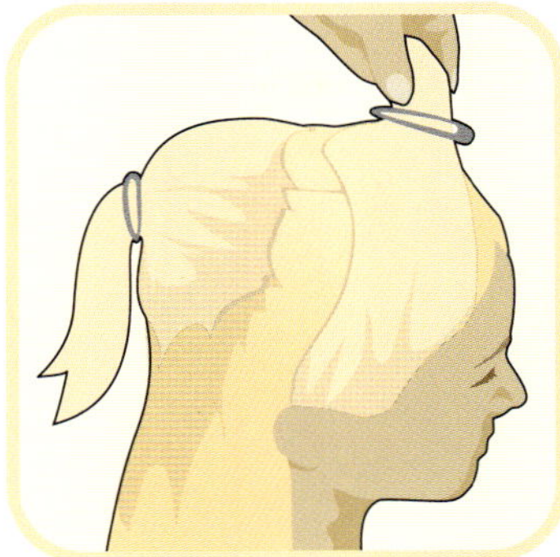

Prepare los surcos para las trenzas.

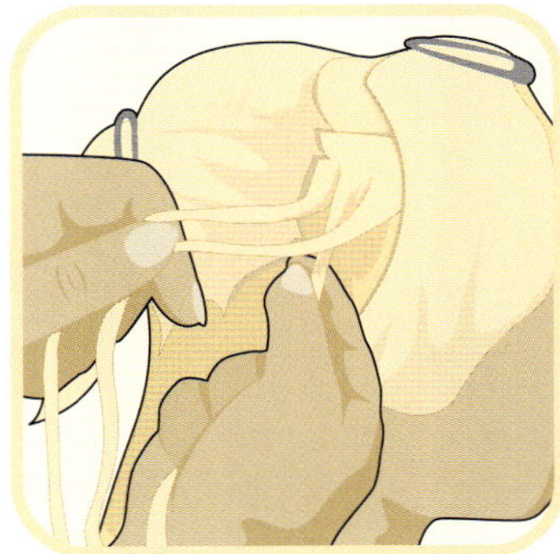

Empiece a trenzar cerca del cuero cabelludo.

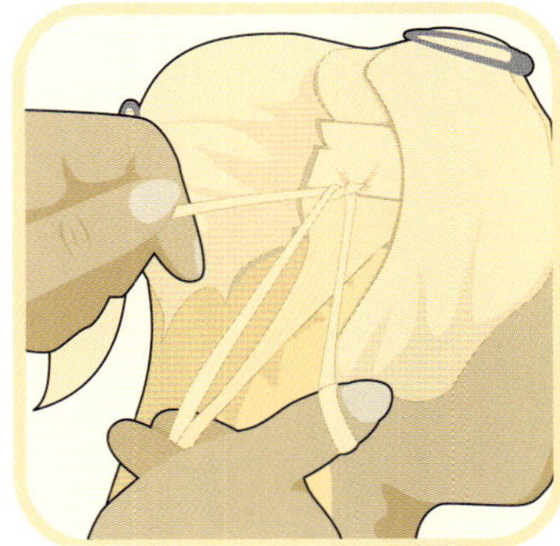

Añada pelo al mechón del medio.

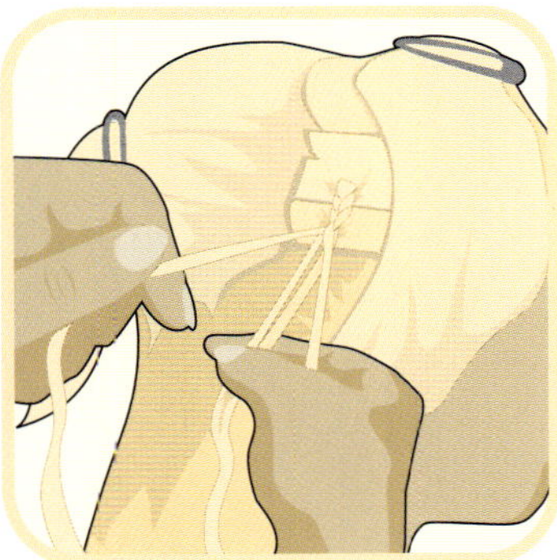

Continúe y vaya añadiendo pelo.

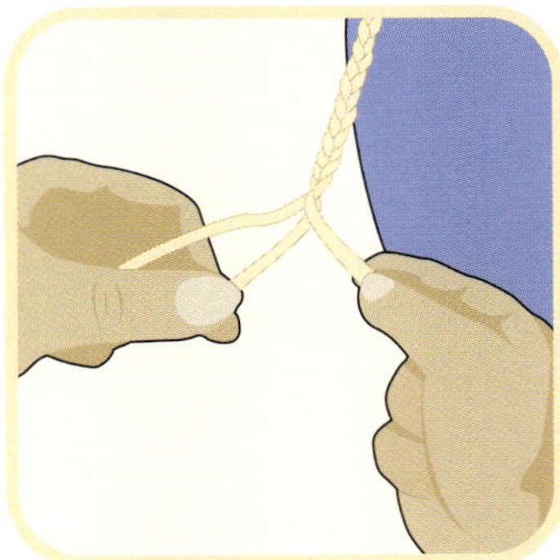

Si el pelo es largo, alargue la trenza.

cree cuentas de fimo 5

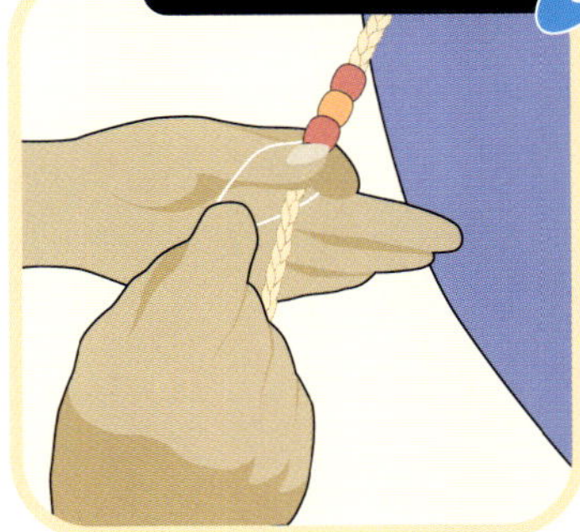

Acabe con cuentas y una goma transparente.

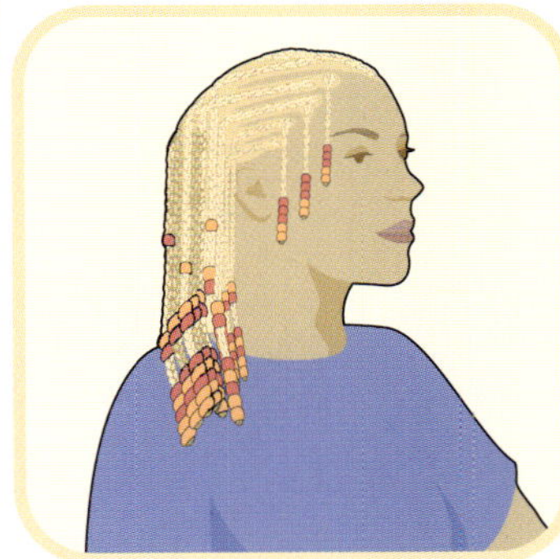

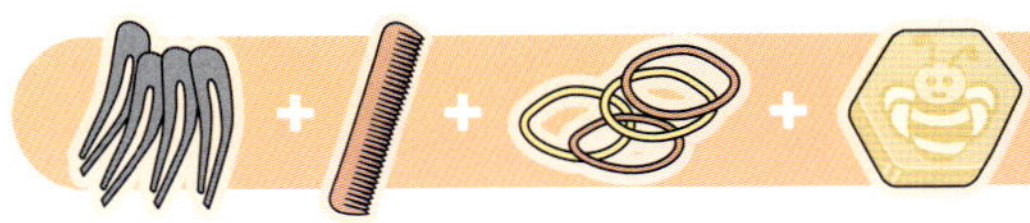

hágase rastas 149

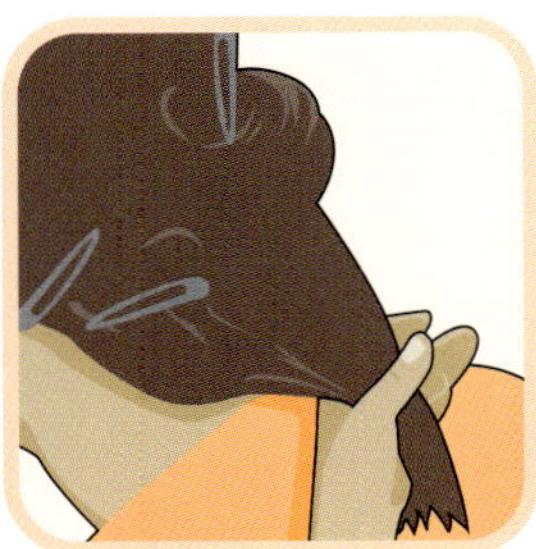

Divida el pelo en secciones.

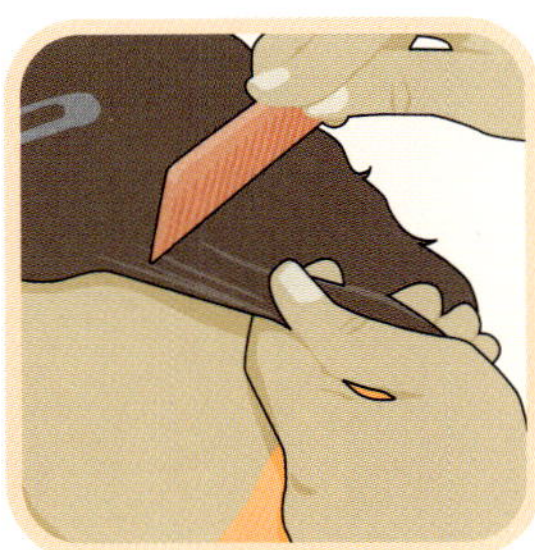

Peine una sección.

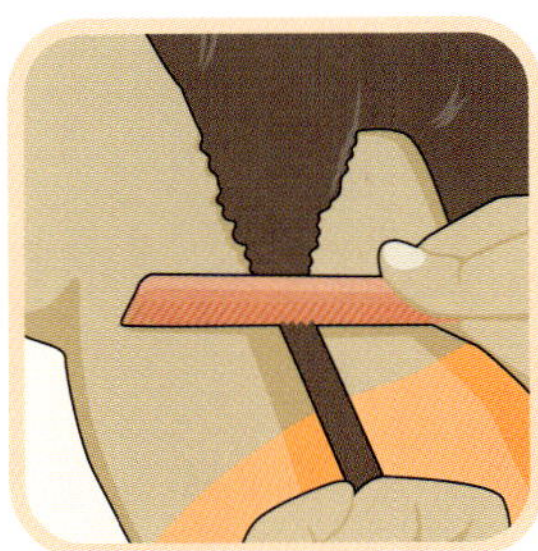

Peine cada sección hacia arriba.

Retuerza las secciones; sujete el final.

Cuídelo con cera de abejas.

150 transfórmese en un zombi

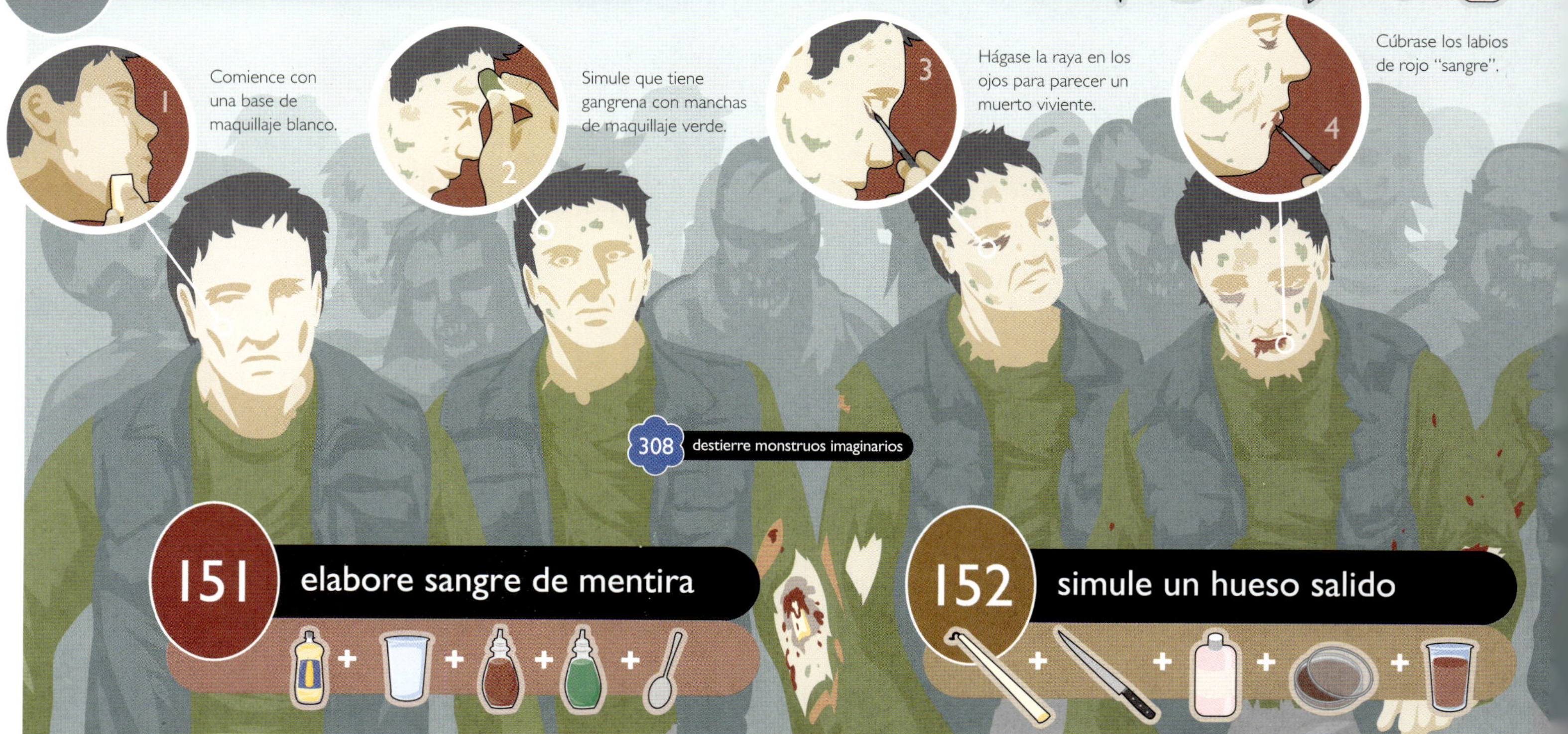

1. Comience con una base de maquillaje blanco.
2. Simule que tiene gangrena con manchas de maquillaje verde.
3. Hágase la raya en los ojos para parecer un muerto viviente.
4. Cúbrase los labios de rojo "sangre".

308 destierre monstruos imaginarios

151 elabore sangre de mentira

152 simule un hueso salido

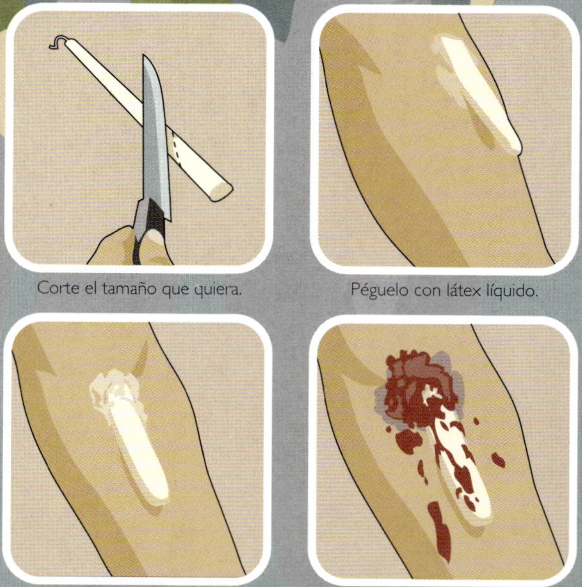

Corte el tamaño que quiera.

Péguelo con látex líquido.

Sujételo con más látex.

Añada sangre y heridas falsas.

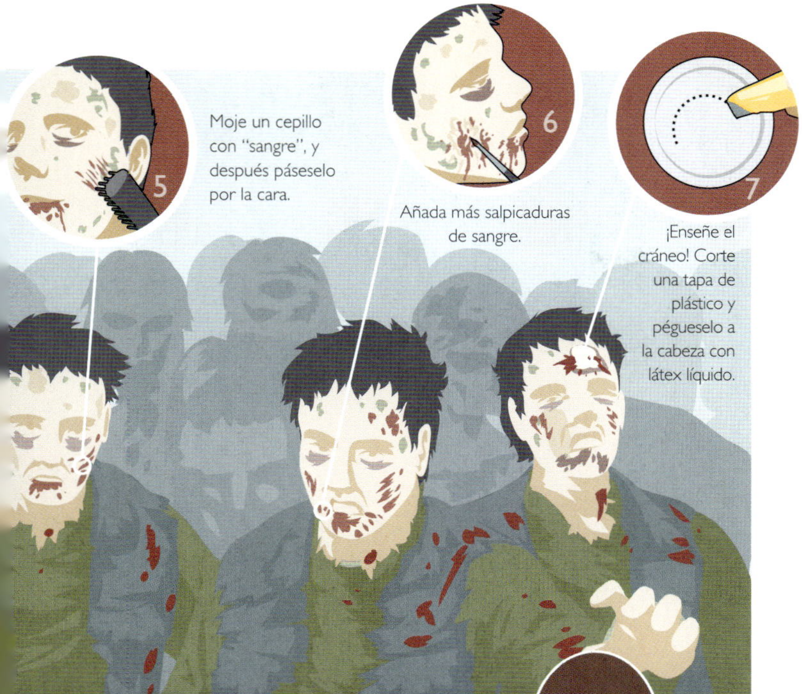

cree una herida sangrante 153

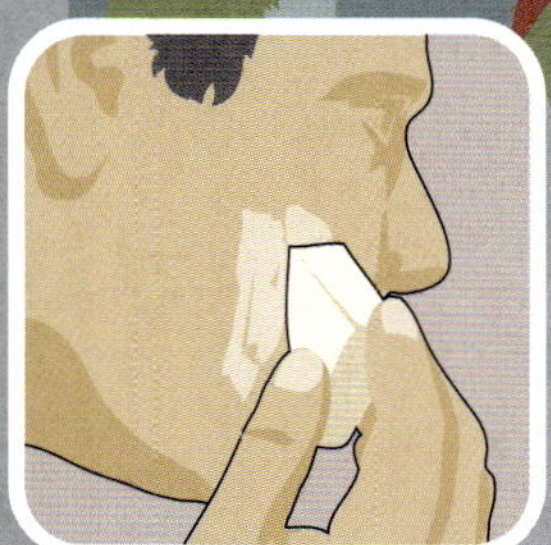

Póngase un parche de látex líquido.

Pegue papel higiénico encima.

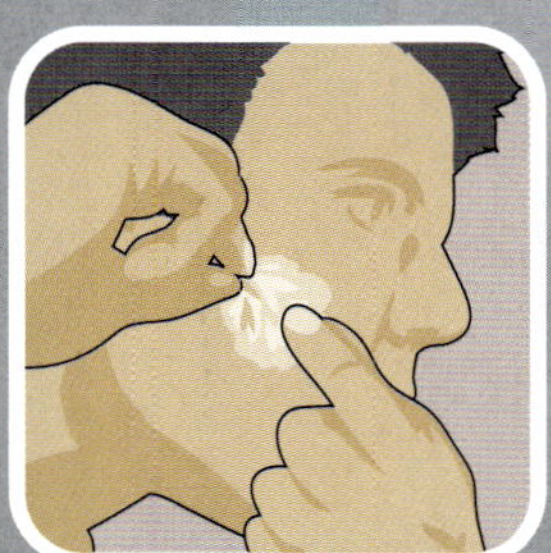

Deje secar; pinche unos agujeros.

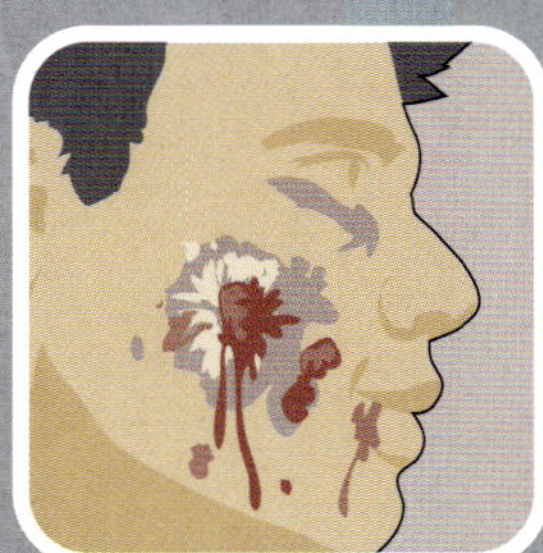

Añada sangre y heridas de mentira.

conviértase en un hada 154

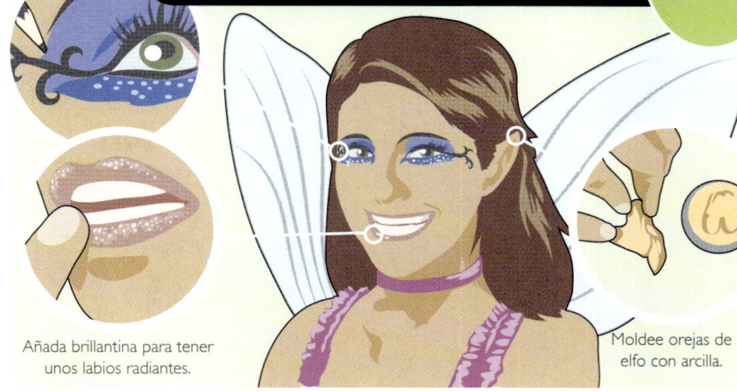

sea un extraterrestre 155

engañe a los radares 476

añádase décadas 156

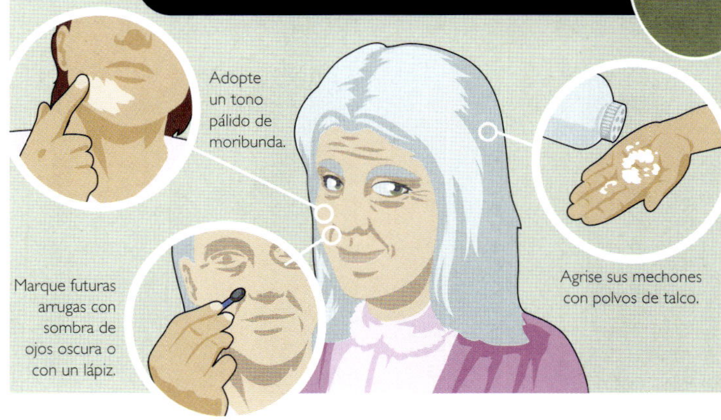

157 pase un hilo por sus cejas

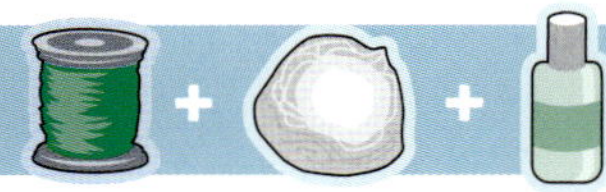

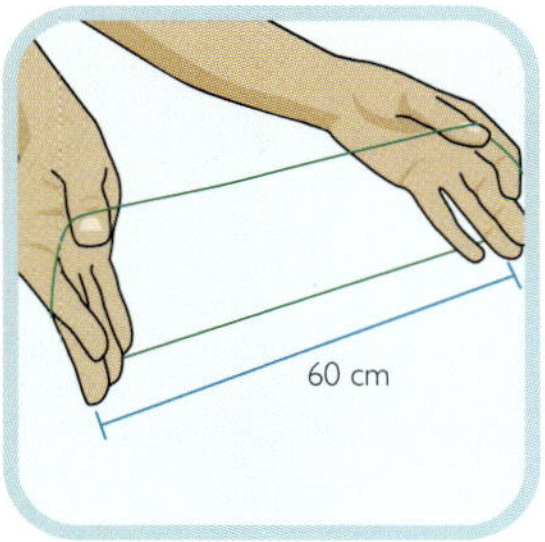

Estire el hilo.

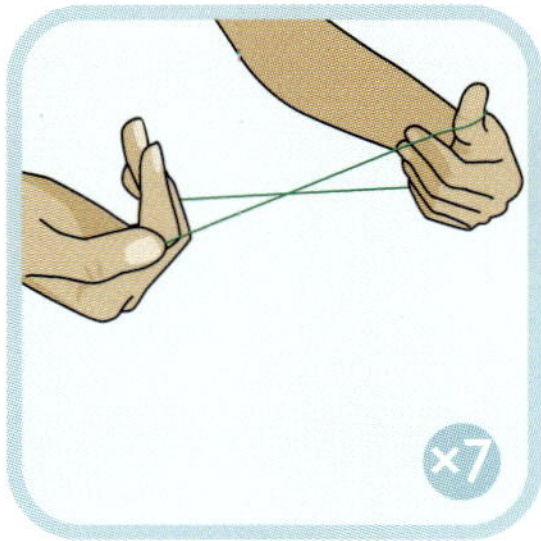

Gírelo.

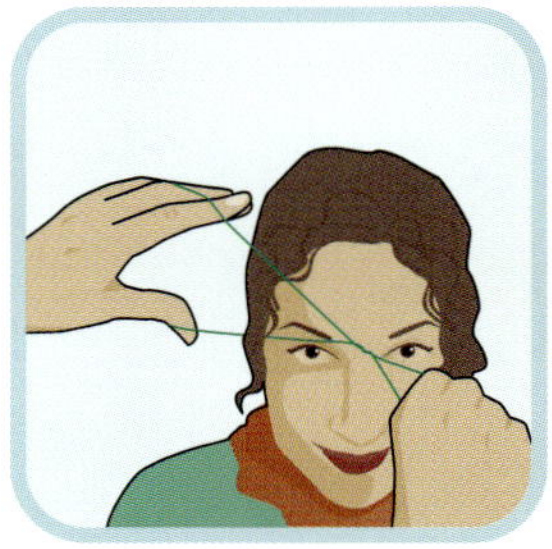
Colóquelo a la derecha del pelo.

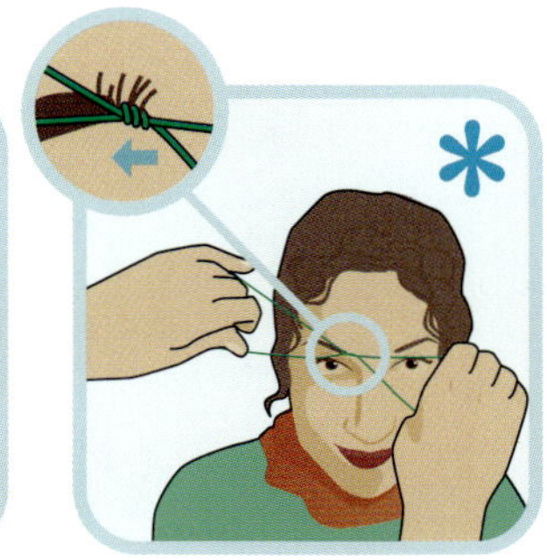
Ensanche uno de los lados.

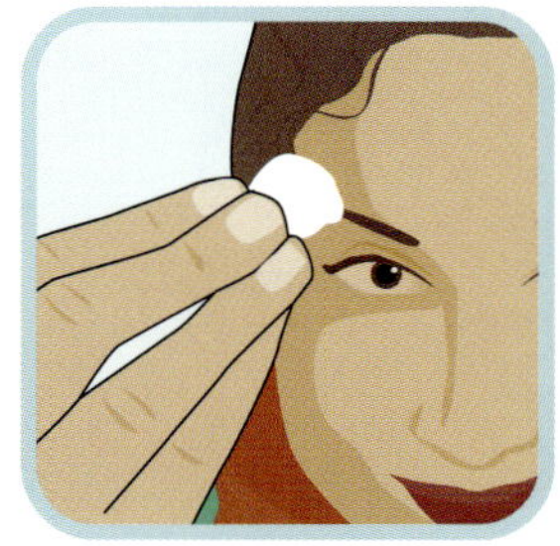
Límpielo con tónico.

¿Cómo funciona exactamente? Abra una mano y cierre la otra mientras mueve la cuerda a lo largo de la ceja, así atrapará los pelos sueltos y los quitará. Cuidado: ¡al principio puede pellizcar!

158 ponga y quite pestañas postizas

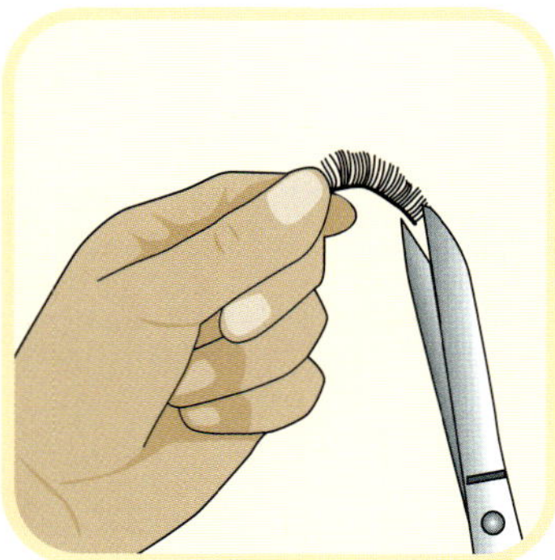
Recorte la pestaña hasta el tamaño de su ojo.

Aplique pegamento en la parte posterior.

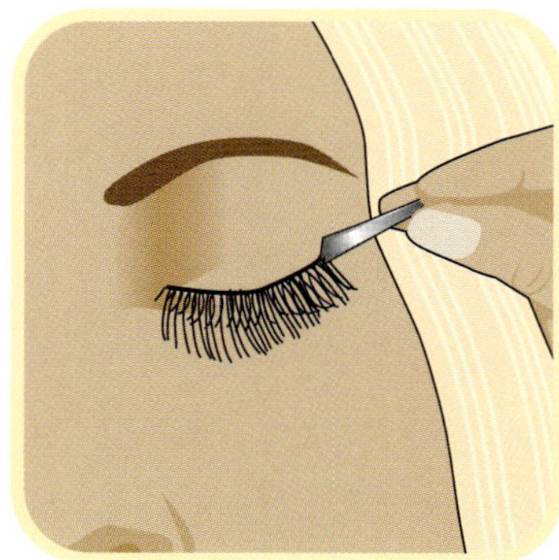
Colóquela en la línea de las pestañas.

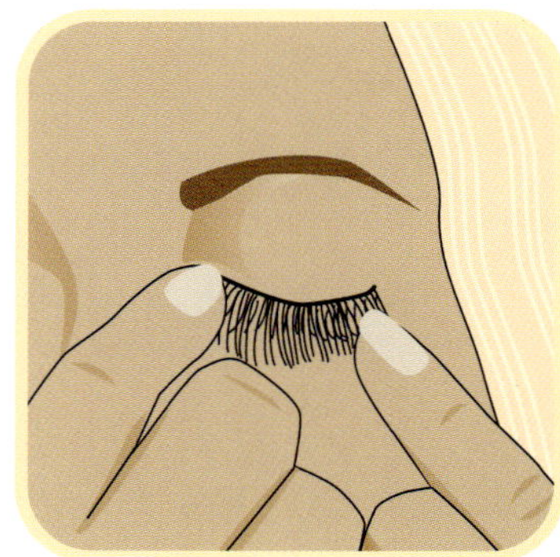
Sujétela mientras se seca.

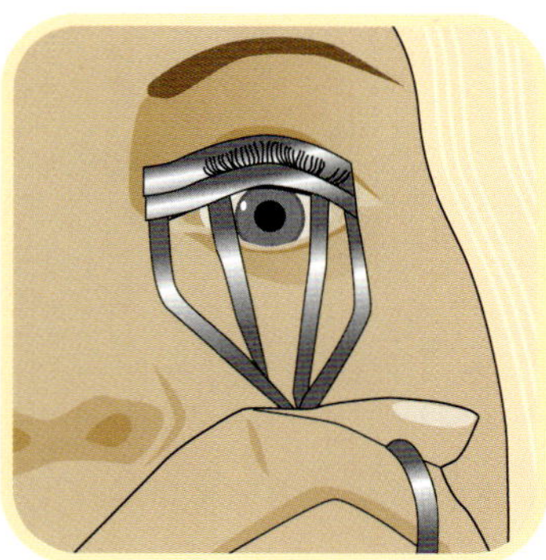
Rice las pestañas falsas y las verdaderas juntas.

Aplique el rímel.

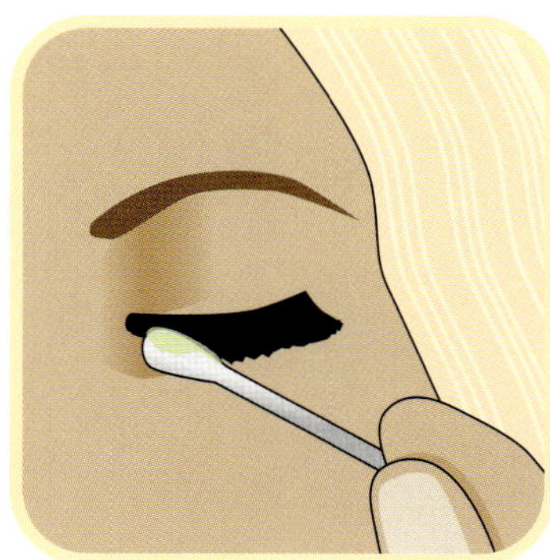
La vaselina elimina el pegamento.

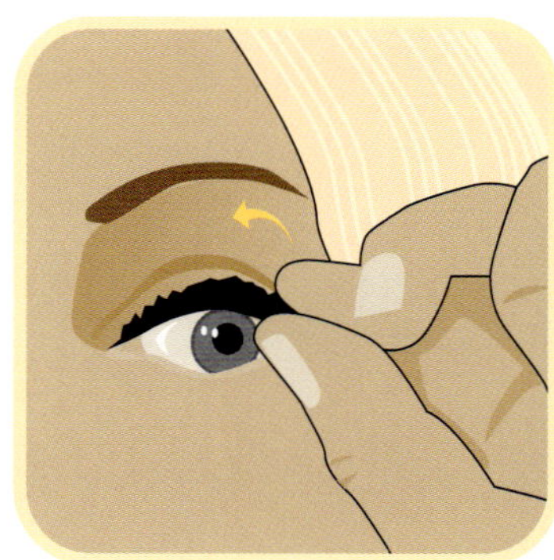
Para quitarlas, suéltelas con cuidado.

consiga unos ojos *sexys* 159

quítese una mota del ojo 335

Delinee las pestañas superiores. Aplique una sombra clara. Extienda la sombra media. Añada la sombra más oscura. Delinee las pestañas inferiores.

píntese los labios 160

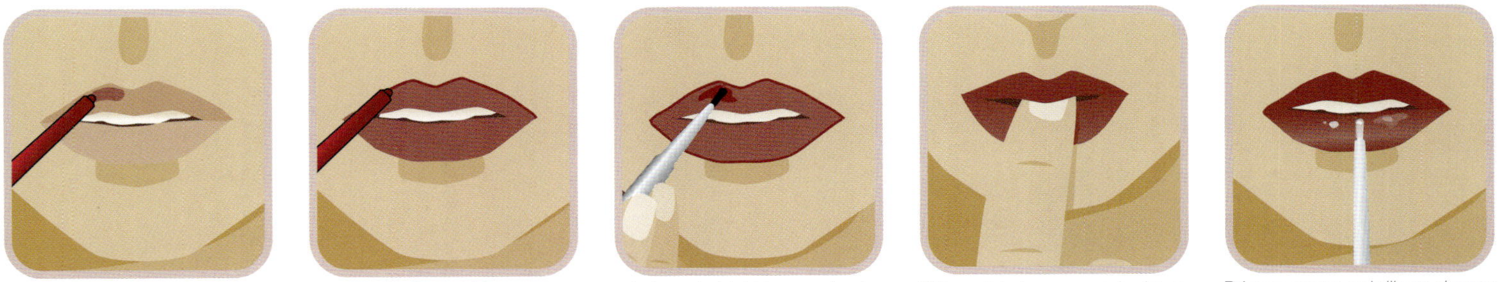

Aplique el perfilador de base. Perfile los labios. Aplique el pintalabios con pincel. Métase el dedo para secar la pintura. Dé unos toques de brillo en el centro.

aplíquese el colorete 161

Quite el exceso con unos toquecitos. Sonría; aplíquelo en las mejillas. Arrastre la brocha hacia las sienes. Espolvoree por la barbilla.

162 póngase un quimono

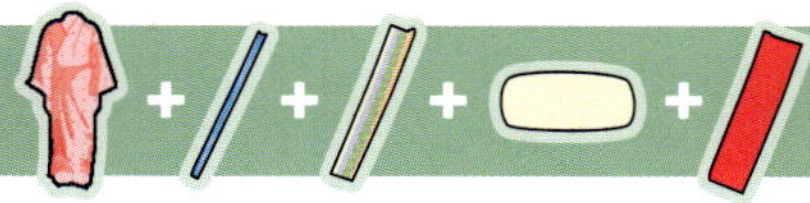

El lado izquierdo sobre el derecho.

Ate encima el *koshi himo*.

Ate encima el *datejime*.

Coloque el *obi makura*.

Envuelva el *obi*.

Ate los dos extremos.

Dóblelo a lo largo de la cintura.

Apriete en el centro.

Anúdelo junto con el resto.

Deslice el *obi* hacia detrás.

163 descifre los tipos de quimono

Este elegante quimono estampado, llamado *komon*, es algo informal y lo llevan tanto las mujeres casadas como las solteras.

Este quimono tan formal se llama *furisode* y lo llevan las mujeres solteras. Las alegres y vaporosas mangas tienen fama de atraer a los pretendientes.

El quimono *yukata* de algodón es la prenda veraniega informal preferida de los japoneses. Tampoco falta en los armarios de los aprendices de sumo.

En los actos formales (como las bodas) las mujeres casadas llevan el *kurotomesode*, un quimono negro que solo lleva estampados a partir de la cintura.

Cúbrase el pelo.

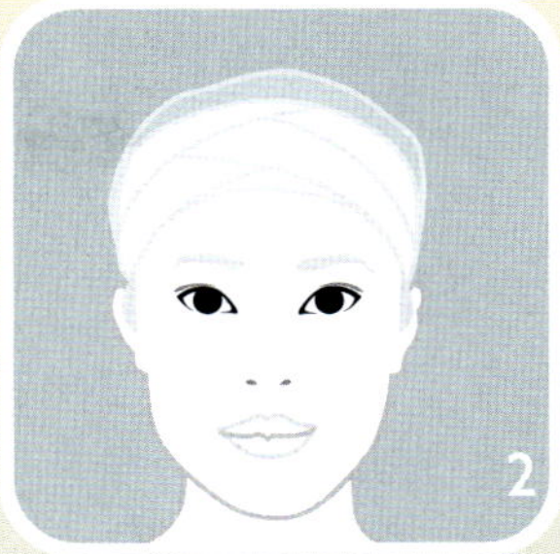

Aplique una base blanca.

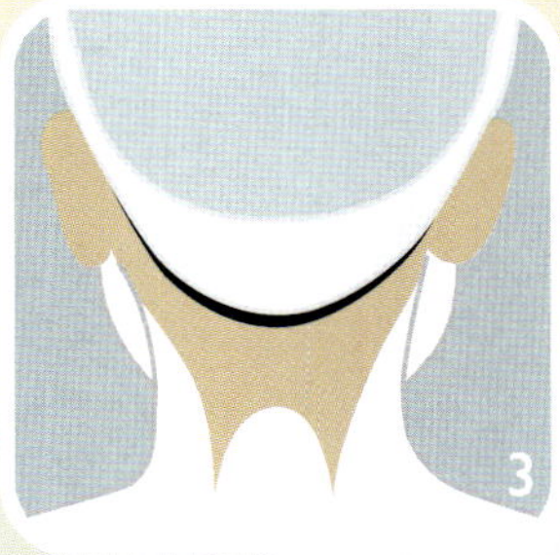

Dibuje una sugerente "W".

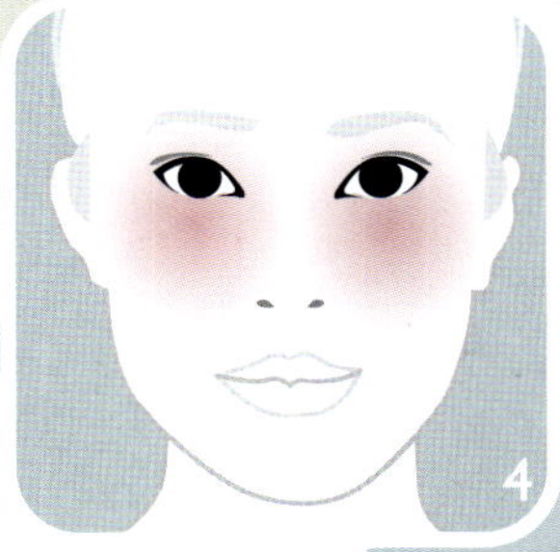

Aplique el colorete.

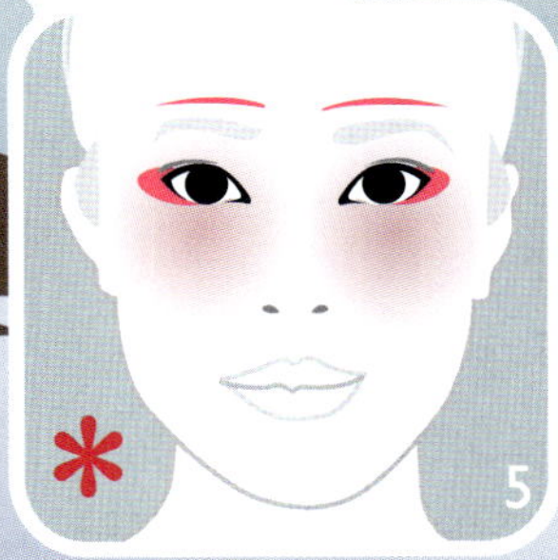

Bordee los ojos y las cejas en rojo.

Resáltelos con la raya de ojos negra.

Píntese los labios en forma de lazo.

Póngase la peluca y los adornos.

* La pintura facial roja la suelen llevar las *maikos*, o aprendices de *geishas*. Estas jóvenes, que por lo general tienen menos de 21 años, entrenan intensamente el *gei* (que incluye bailar, cantar y el arte de la conversación cortés) antes de poder amenizar los actos como *geishas* de verdad.

165 hágase una manicura perfecta

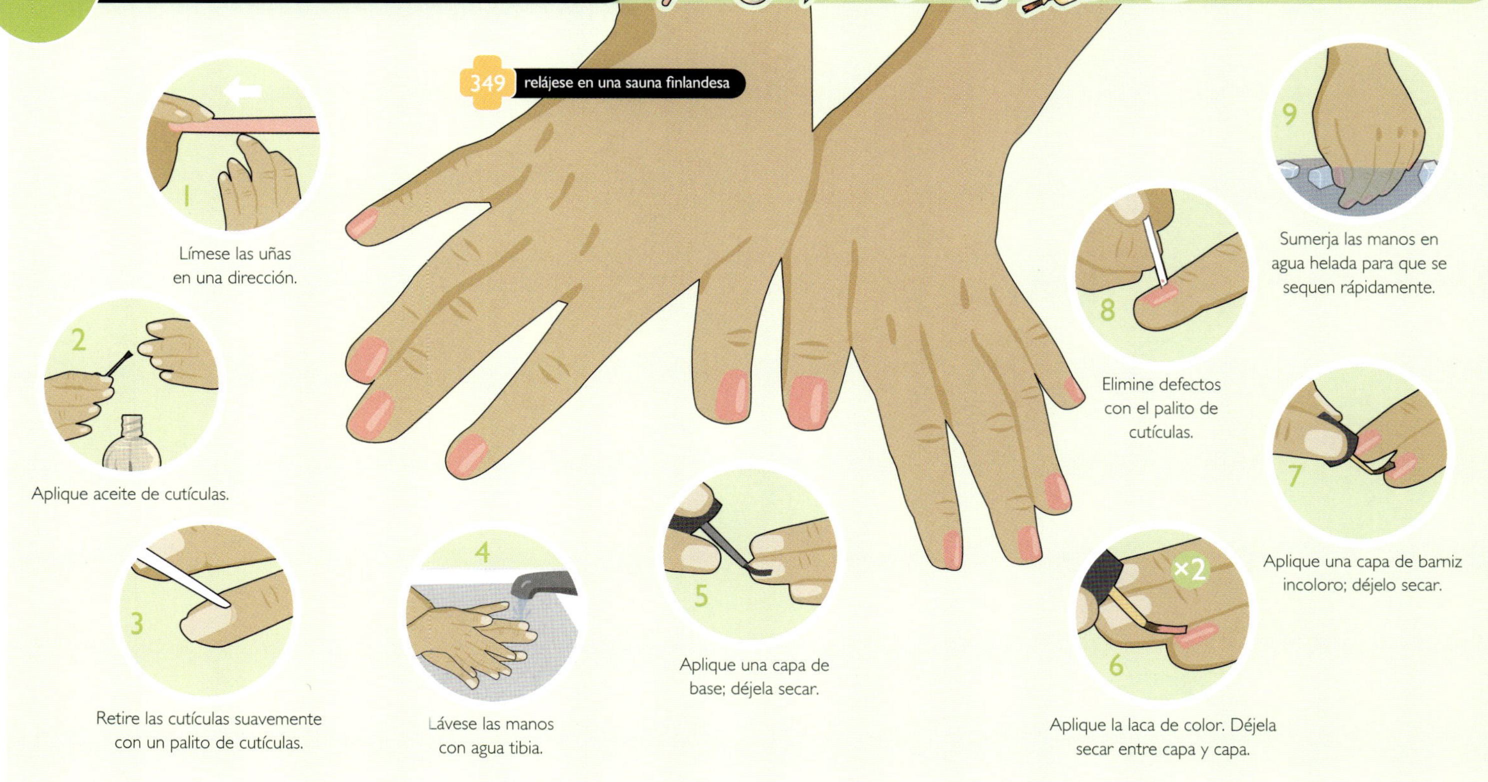

167 limpie su piel

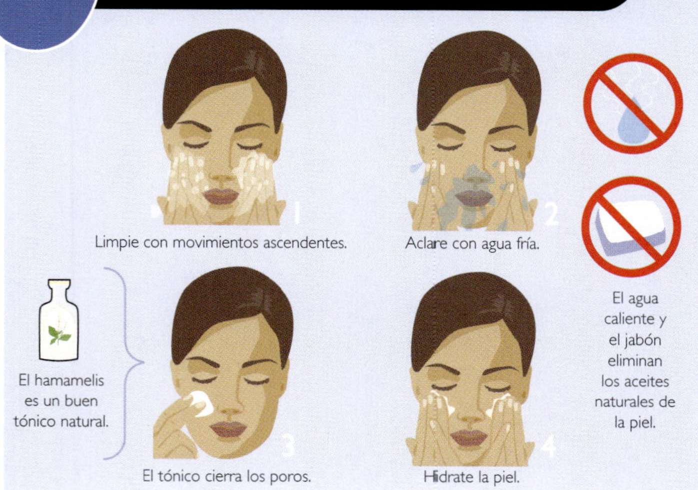

168 aplíquese una mascarilla casera

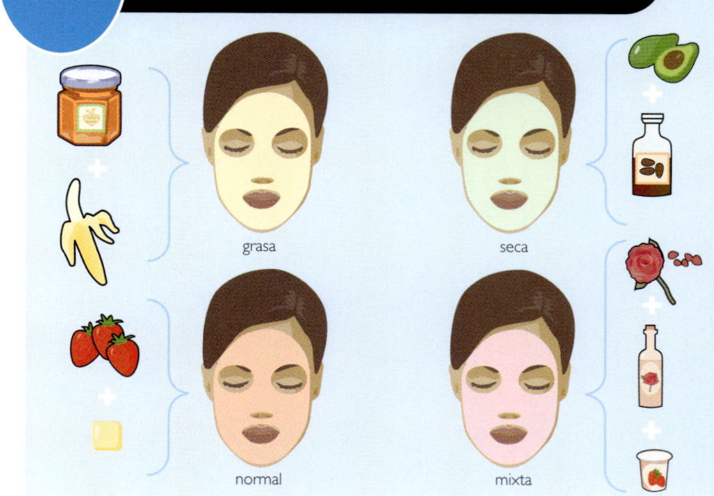

166 mime sus pies con una pedicura

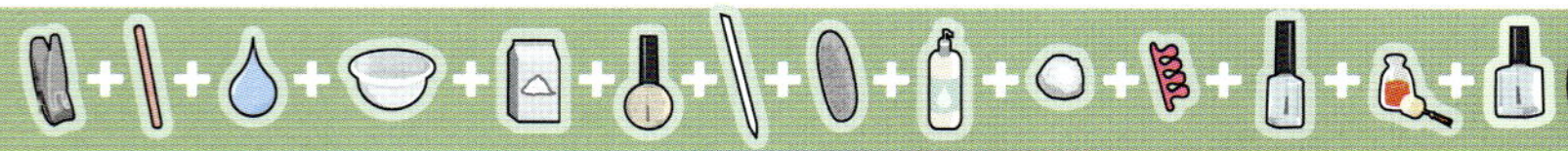

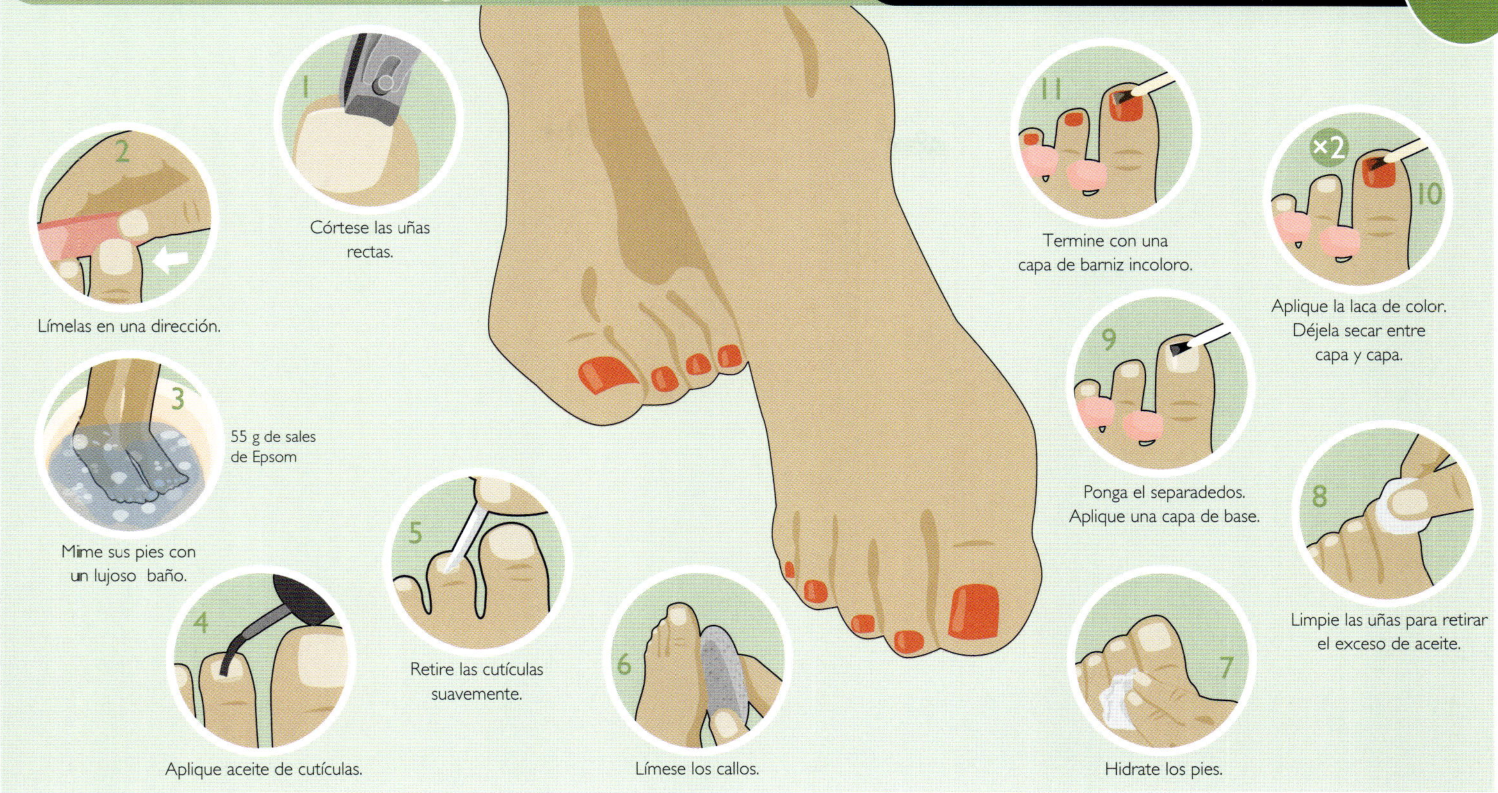

1. Córtese las uñas rectas.
2. Límelas en una dirección.
3. Mime sus pies con un lujoso baño. 55 g de sales de Epsom
4. Aplique aceite de cutículas.
5. Retire las cutículas suavemente.
6. Límese los callos.
7. Hidrate los pies.
8. Limpie las uñas para retirar el exceso de aceite.
9. Ponga el separadedos. Aplique una capa de base.
10. Aplique la laca de color. Déjela secar entre capa y capa. ×2
11. Termine con una capa de barniz incoloro.

169 exfóliese adecuadamente

La papaya es un asequible exfoliante casero.

1. Exfolie su piel con cuidado.
2. Masajee con movimientos circulares.

Evite la delicada zona del contorno de ojos.

3. Aclare con agua fría.
4. Alivie la piel con una crema hidratante.

170 luzca una piel joven y radiante

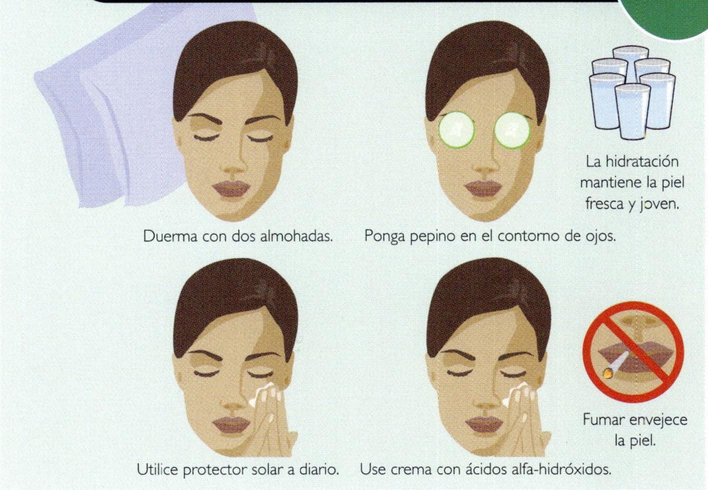

Duerma con dos almohadas.

Ponga pepino en el contorno de ojos.

La hidratación mantiene la piel fresca y joven.

Utilice protector solar a diario.

Use crema con ácidos alfa-hidróxidos.

Fumar envejece la piel.

media copa · sin tirantes · convertible · copa entera · *push-up*

171 elija una blusa

con cuello y recta · con cuello redondo · de marinero · con cuello *mao*

de corazón · de lágrima · drapeada · de cuello alto

atada al cuello · corte imperio · chaqueta · rebeca

172 escoja unos pantalones

bermudas · cortos de deporte · calzas · falda pantalón

pitillo · rectos · acampanado · campana

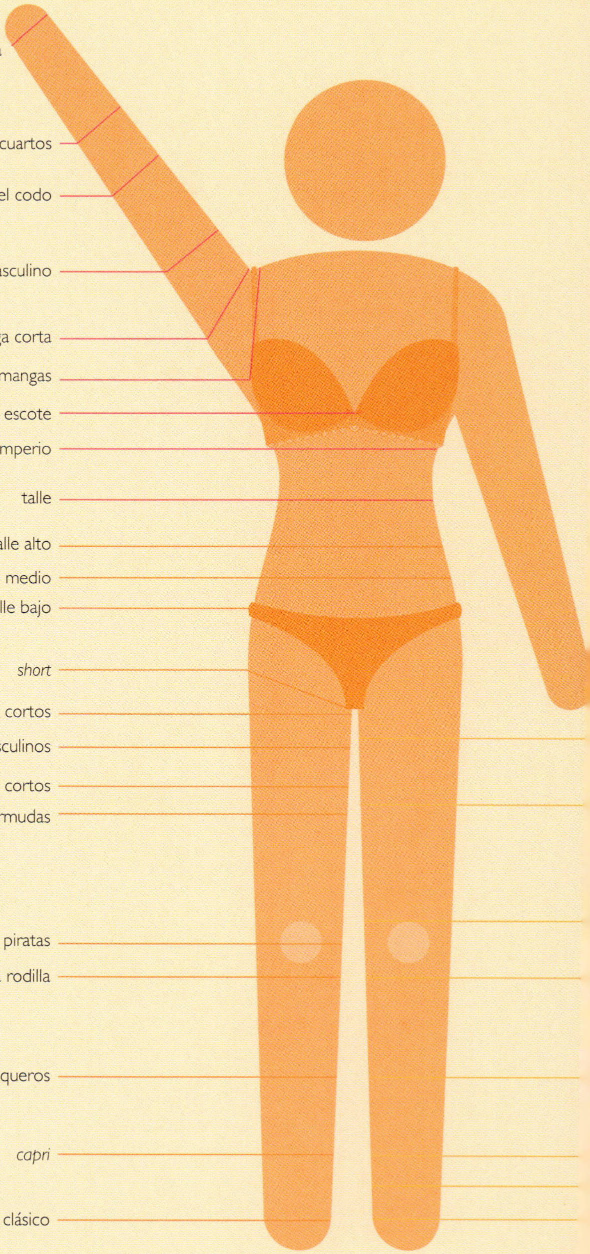

chullo · sombrero estilo años 20 · boina · pamela

sandalia · bailarina · zapato de cuña · zapato de salón

cintura alta

biquini

tanga

culote

conozca talles de faldas y vestidos 173

entallado y con vuelo

ceñido

de tirantes

estilo años 60

corte recto

corte princesa

corte sirena

corte imperio

micro

mini

lápiz

de tubo

debajo de la rocilla

larga

largo princesa

maxi

de colegiala

globo

con vuelo al final

sarong

recta

en picos

cola de pez

hippie

evite ser una hortera 174

Conjunte una camiseta *sexy* y sandalias con una falda larga.

¡No combine dos prendas vaqueras!

Vaya elegante con una camiseta de tirantes y pantalones anchos.

Remate una minifalda y unas botas altas con un jersey de punto.

No recargue unos pantalones anchos con una camisa cuadrada.

No parezca desaliñada con una falda larga y un jersey de cuello alto.

¡Combine vaqueros rectos con botas!

No se exceda combinando estampados.

No enseñe demasiada piel.

Acierte con unos vaqueros pitillo y un vaporoso top de corte imperio.

Compense una falda amplia con una chaqueta ajustada.

cartera

bolso de mano

bolso de diario

bolso cruzado

peep toe

botín

bota de agua

bota hasta la rodilla

175 asombre con su nudo

Doble la bufanda por la mitad.

395 haga nudos marineros básicos

Métala por el agujero.

176 ate una pajarita

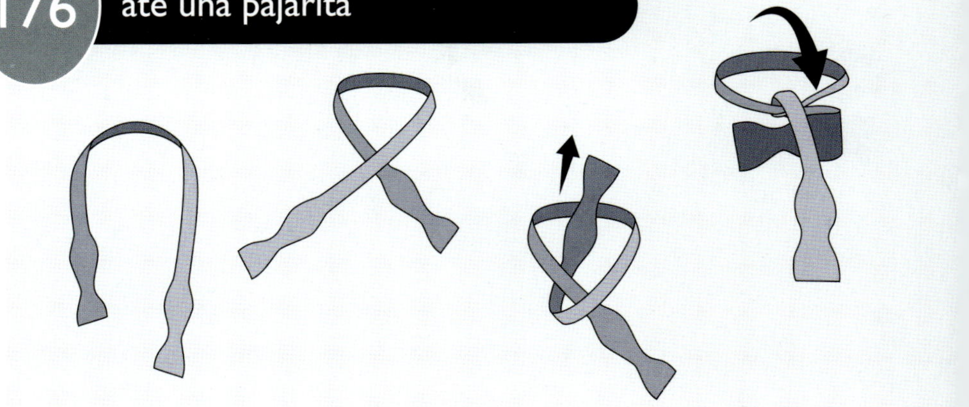

177 haga un nudo *windsor* tradicional

178 ate sus zapatos con estilo

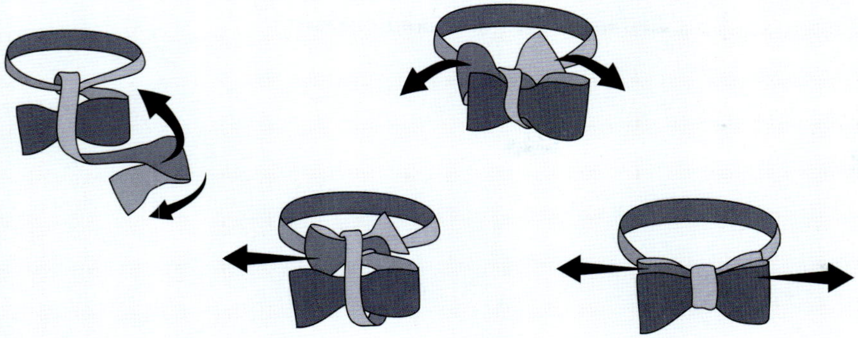

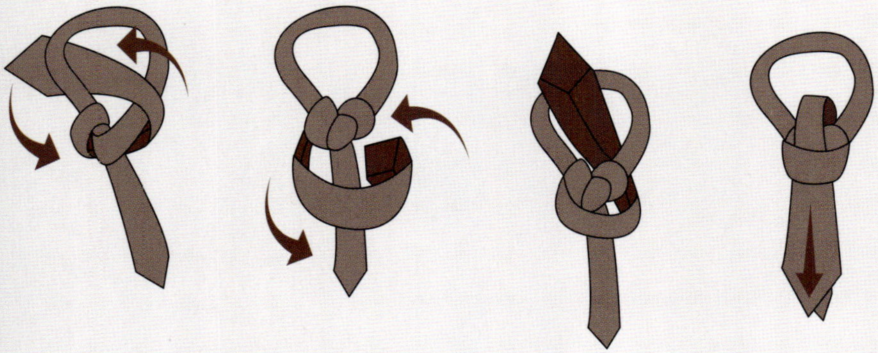

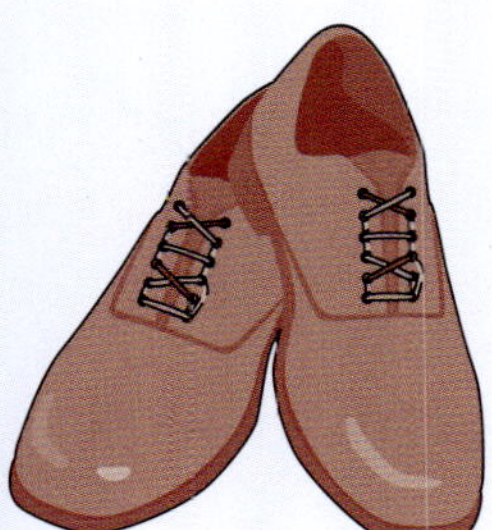

romano

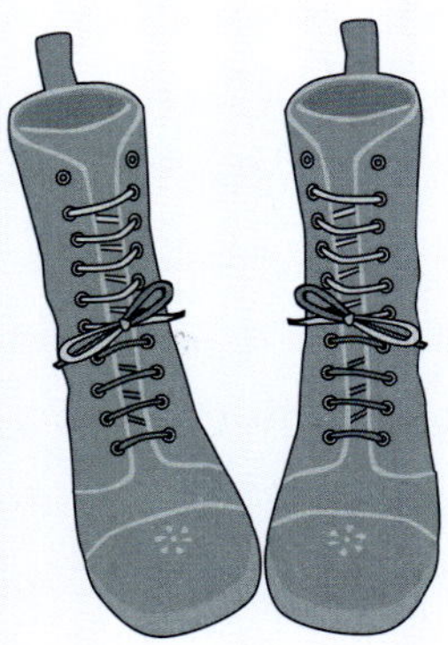

equitación

nudo escondido

póngase un pañuelo retro 179

Doble el pañuelo en un triángulo.

Envuélvase con él y átelo detrás.

180 repare los vaqueros rasgados

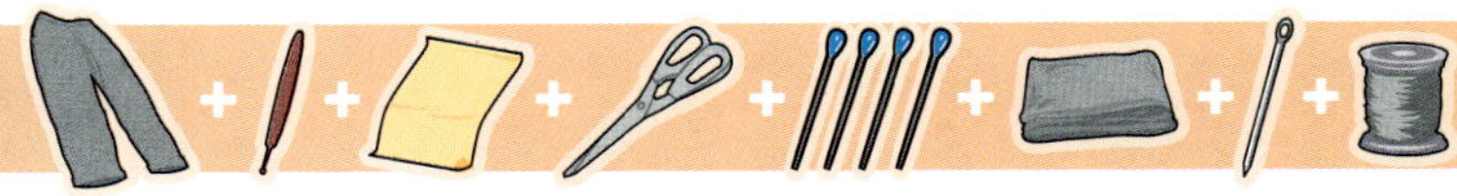

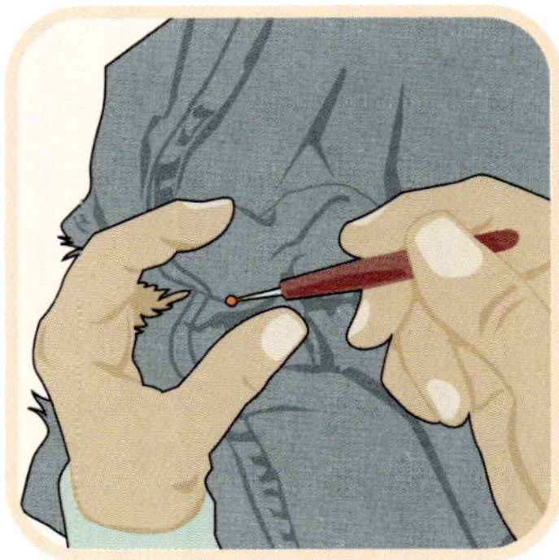

Descosa la zona con una aguja.

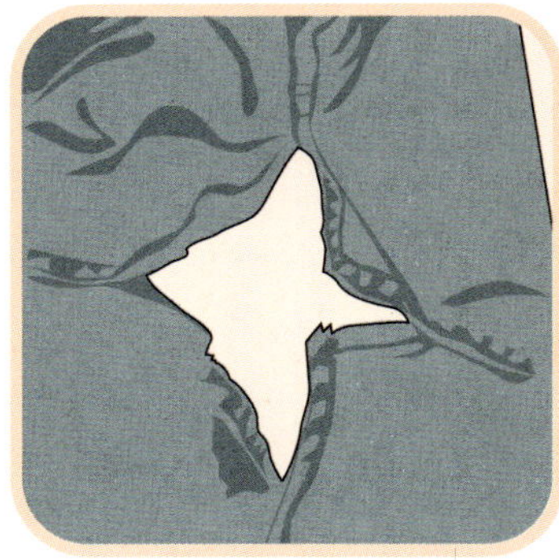

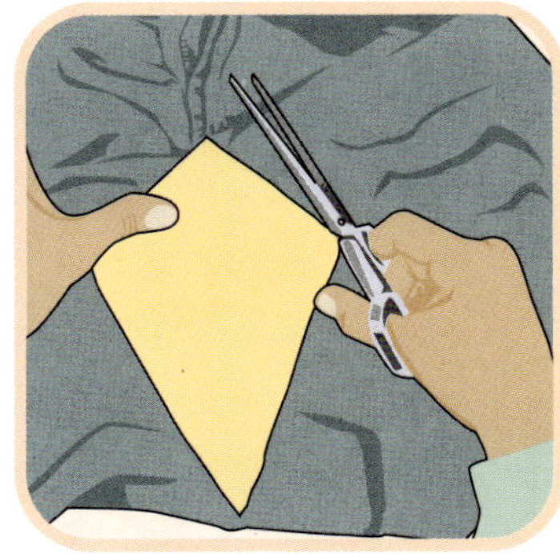

Recorte un patrón de papel.

Colóquelo sobre la tela elegida.

Córtela; doble los bordes.

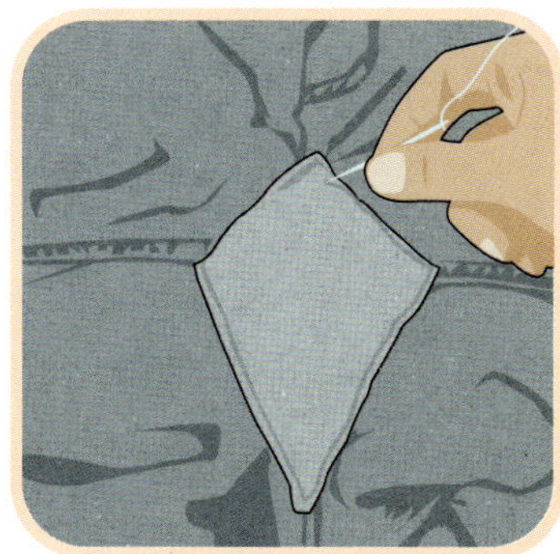

Cósala en el exterior de los vaqueros.

Lance una patada voladora sin piedad.

181 dobladille unos vaqueros

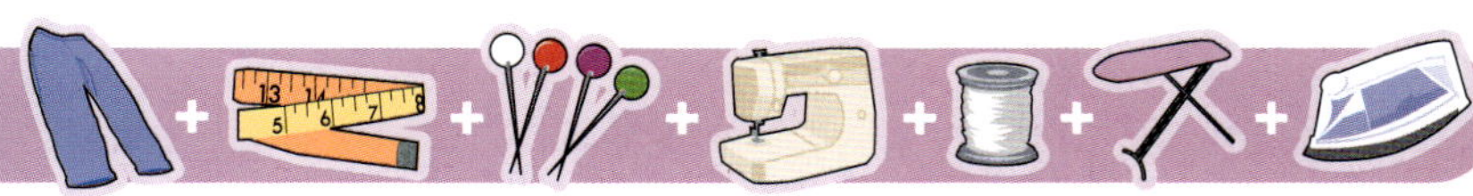

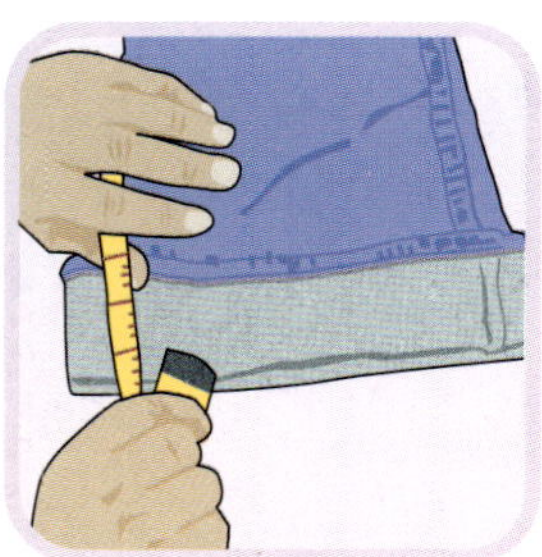

Calcule la altura del dobladillo.

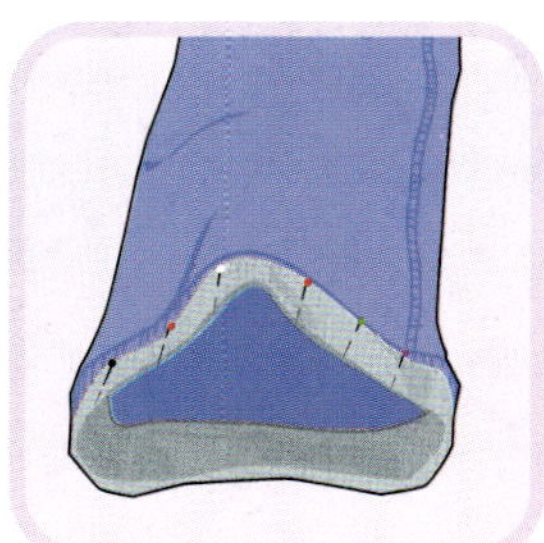

Esconda la mitad; ponga alfileres.

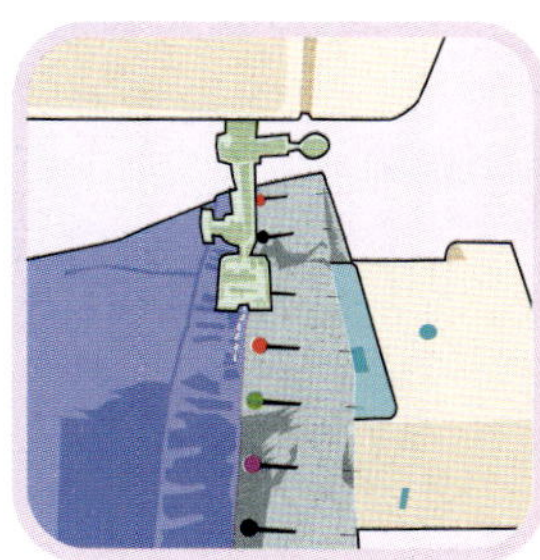

Cosa a lo largo del dobladillo original.

Dele la vuelta; plánchelo.

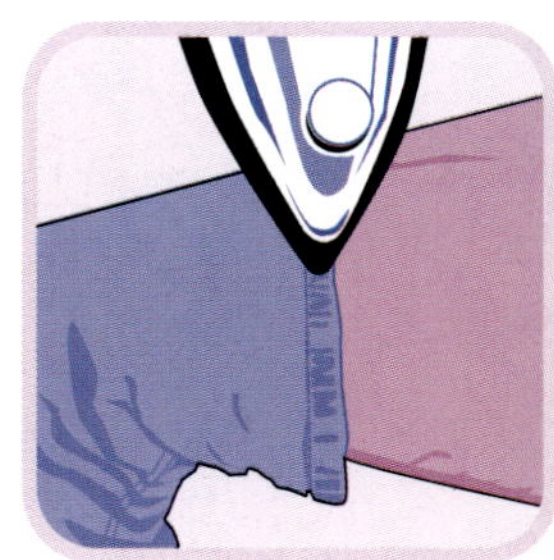

Planche del derecho con fuerza.

182 cosa un botón

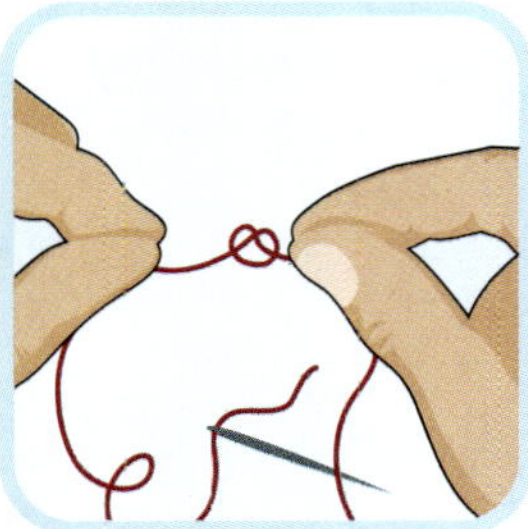

Enhebre la aguja; haga un nudo.

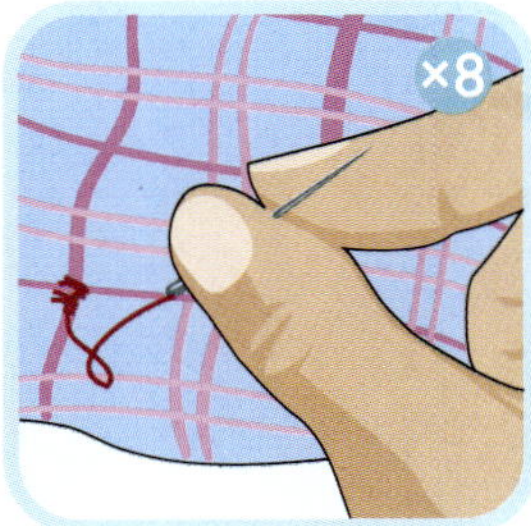

Fije la puntada.

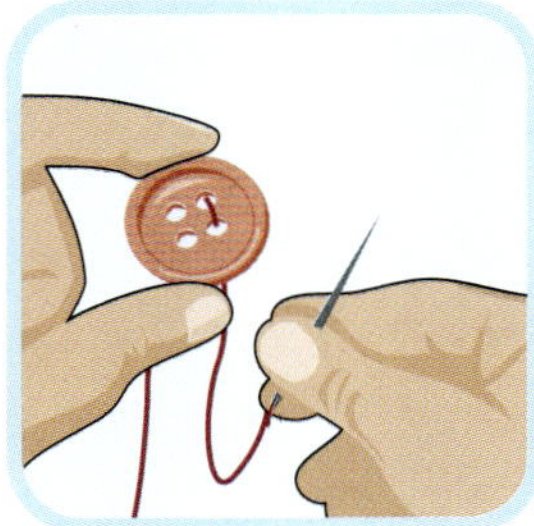

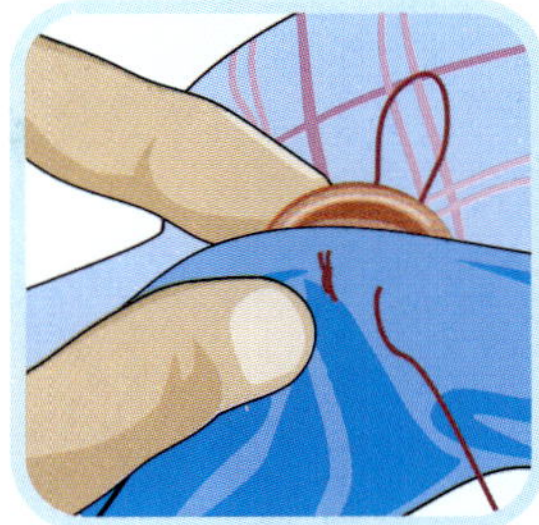

Sujete el botón.

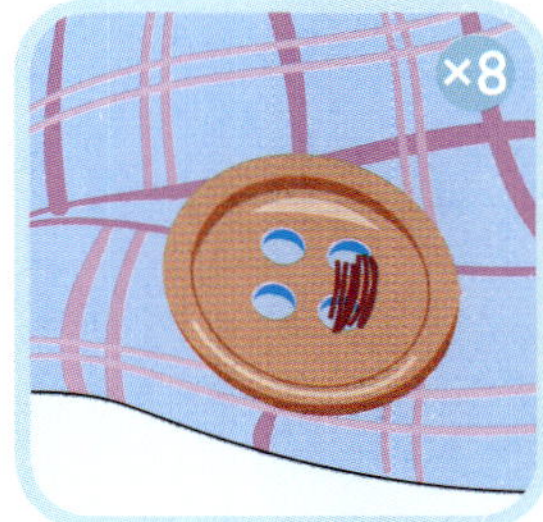

Cósalo, pero no demasiado fuerte.

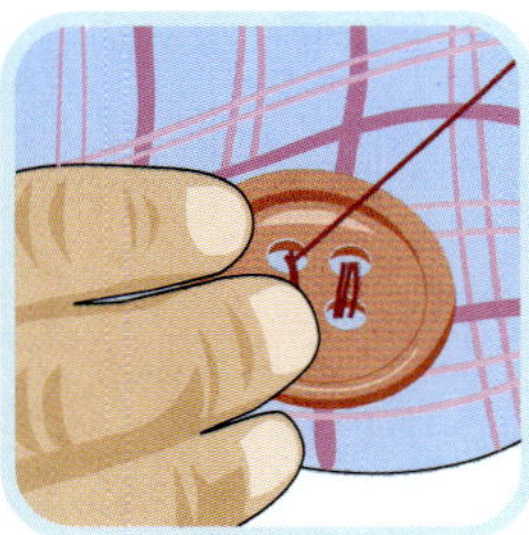

Haga lo mismo en los otros agujeros.

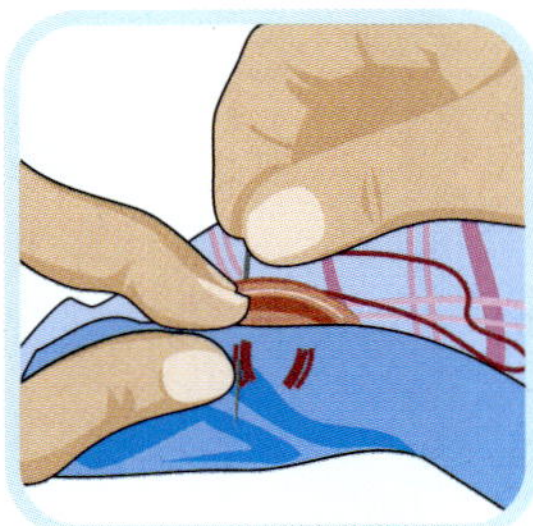

Meta la aguja.

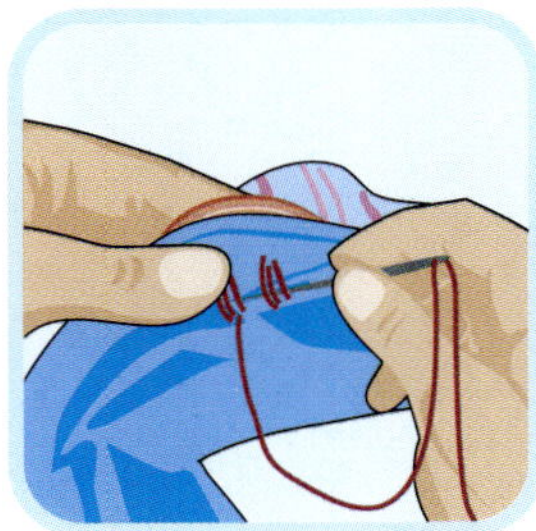

Crúcela por las puntadas.

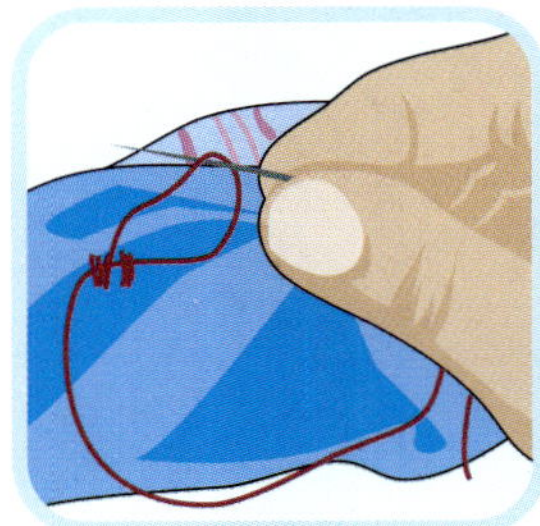

Haga un nudo pegado a la tela.

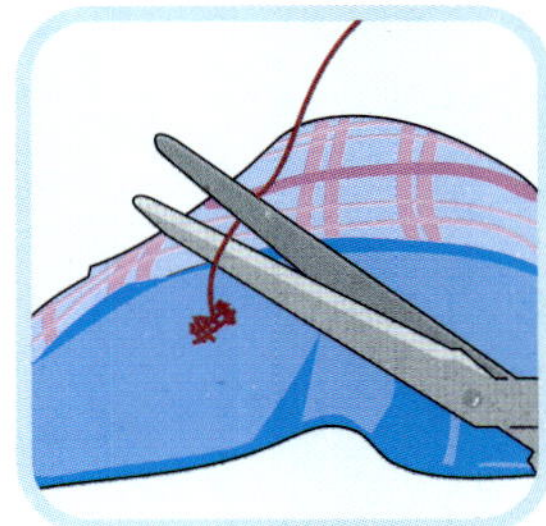

183 haga una falda vaquera sin coser

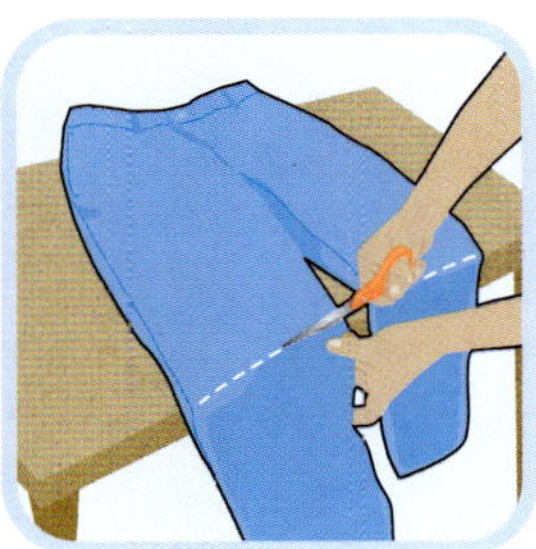

Corte las perneras.

Abra el tiro y las entrepiernas.

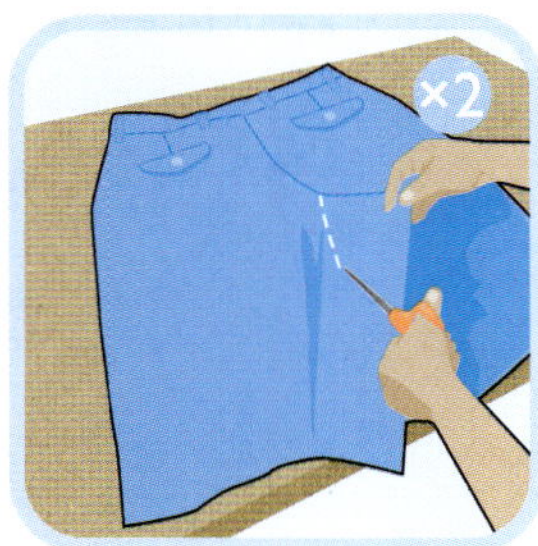

Recorte la tela sobrante de los lados.

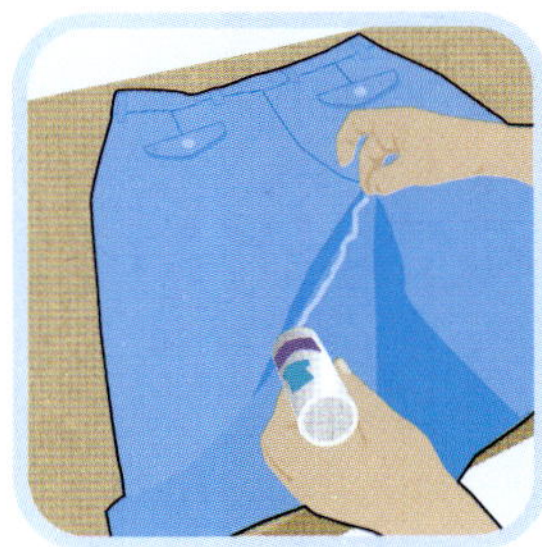

Pegue la parte trasera.

Pegue la parte delantera; déjela secar.

lavar a máquina, temperatura normal
lavar a máquina, agua fría
lavar a máquina, agua templada
lavar a máquina, agua caliente
no lavar con agua
lavar a mano

184 quite las manchas

354 entrénese para largas distancias

no planchar
planchar sin vapor
planchar, temperatura alta
planchar, temperatura media
planchar, temperatura baja
se puede planchar
secar a la sombra

sin centrifugar
en seco
usar lejía
sin cloro
lejía
sin calor
temperatura baja
temperatura media

secar tumbado
secar colgado
no secar
no usar secadora
secadora, programa antiarrugas
secadora, programa para prendas delicadas
secadora, temperatura alta

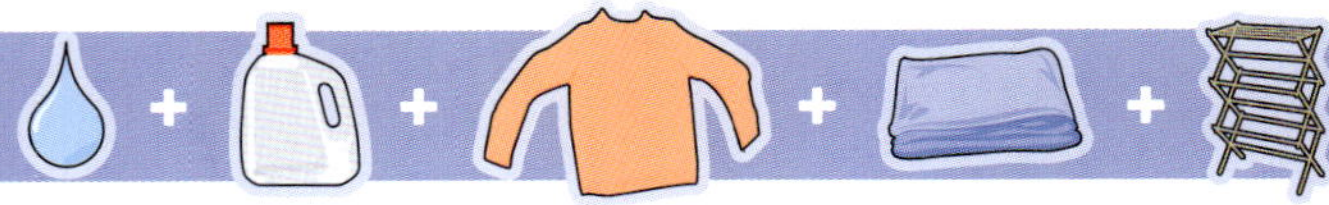

lave un jersey a mano 185

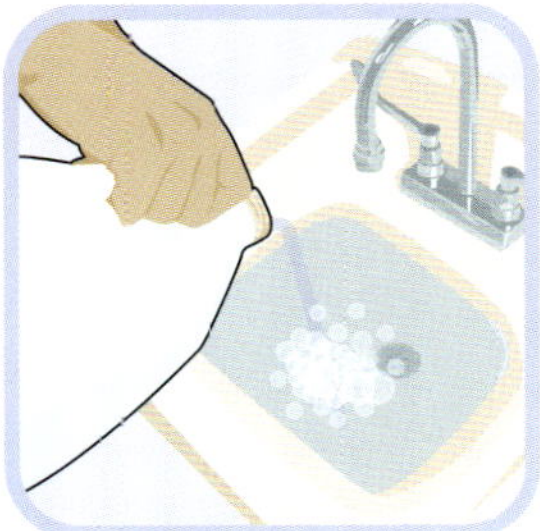

Añada detergente al agua.

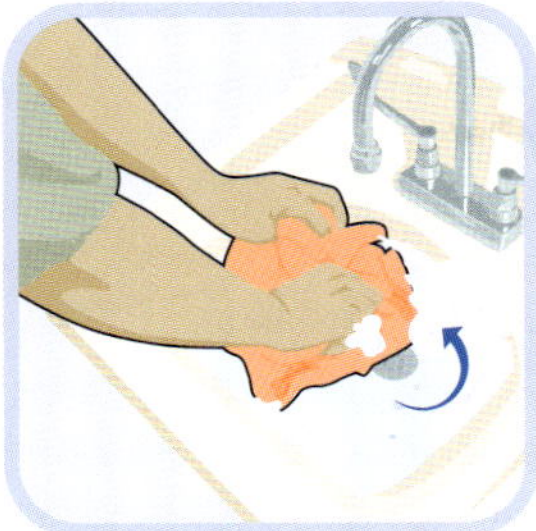

Enjabone el jersey.

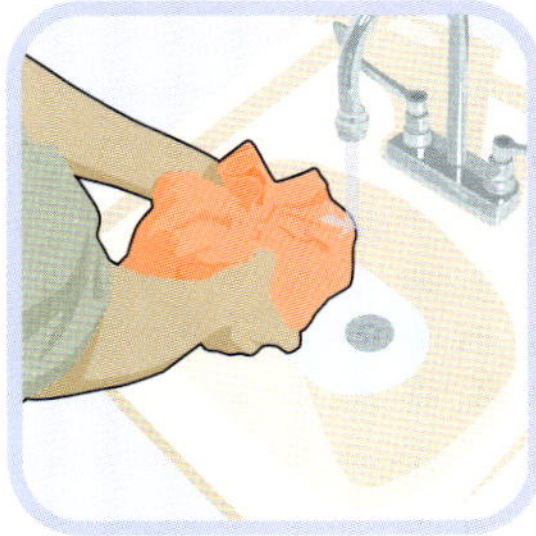

Aclárelo.

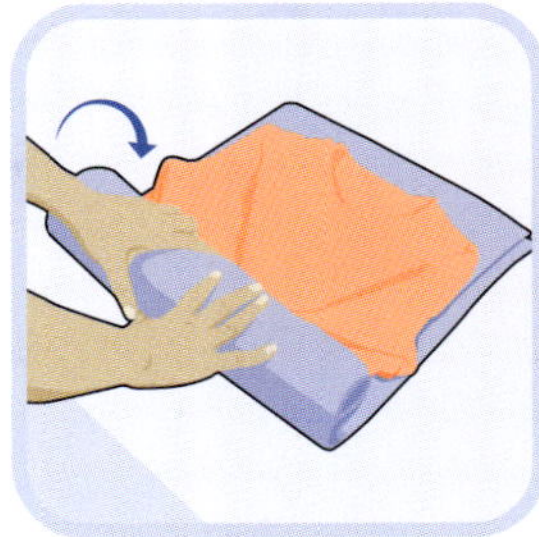

Enróllelo en una toalla; escúrralo.

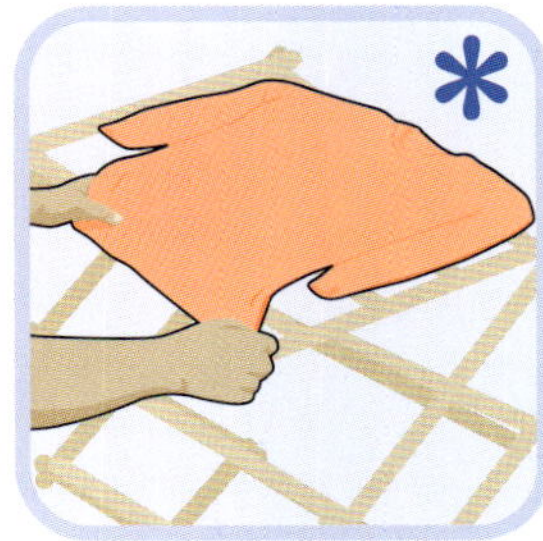

Séquelo tumbado.

Vaya, ¿ha encogido el jersey? Solo tiene que pincharlo sobre un tablero, estirándolo hasta que se seque y vuelva a su tamaño y forma original.

planche una camisa con botones 186

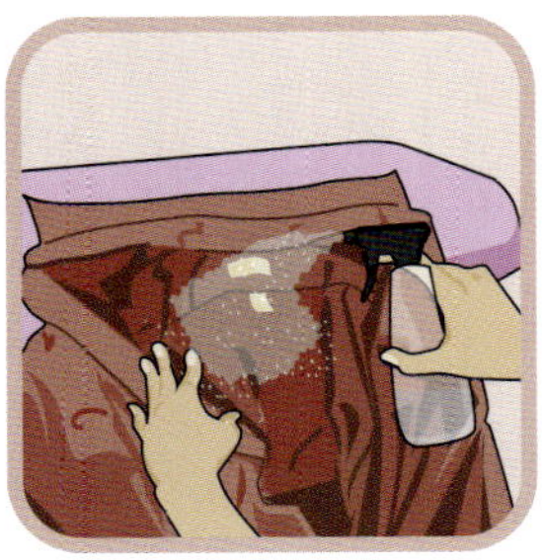

Humedézcala a medida que plancha.

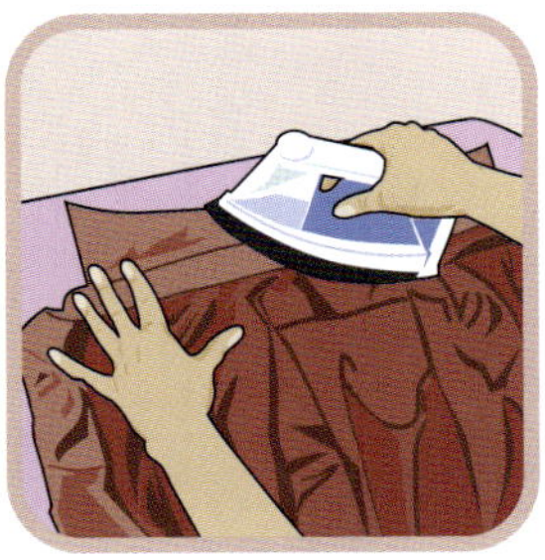

Planche el cuello por detrás.

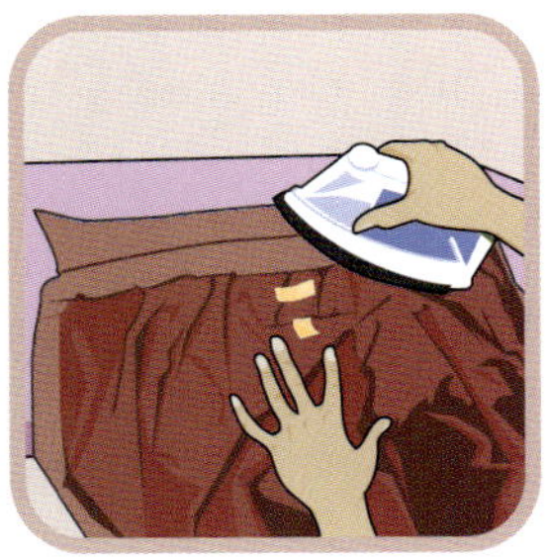

Planche el interior del cuello.

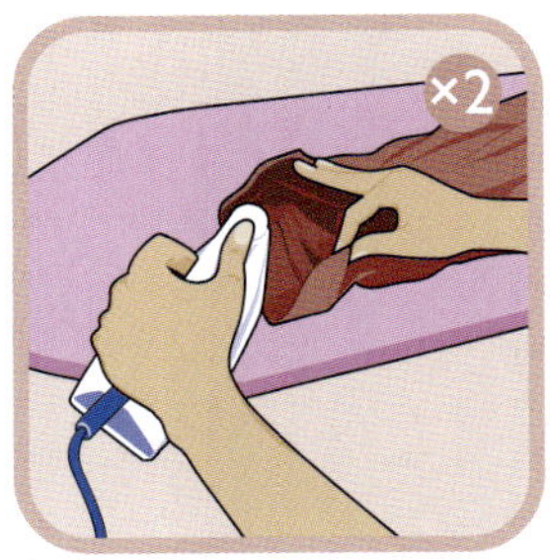

Abra los puños; planche por dentro.

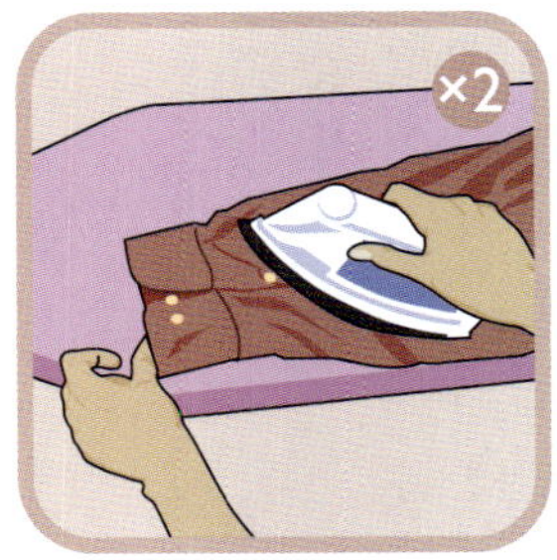

Planche las mangas y los puños.

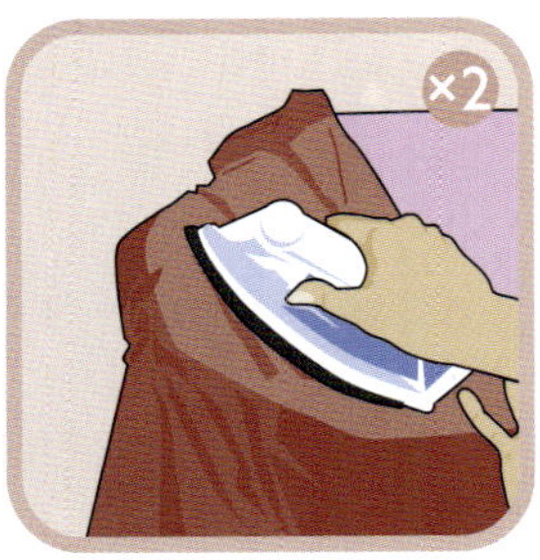

Planche las hombreras.

Planche una de las partes delanteras.

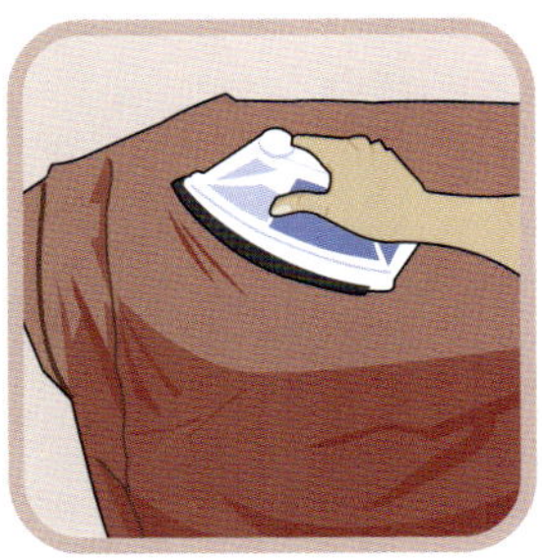

Ahora planche la zona de la espalda.

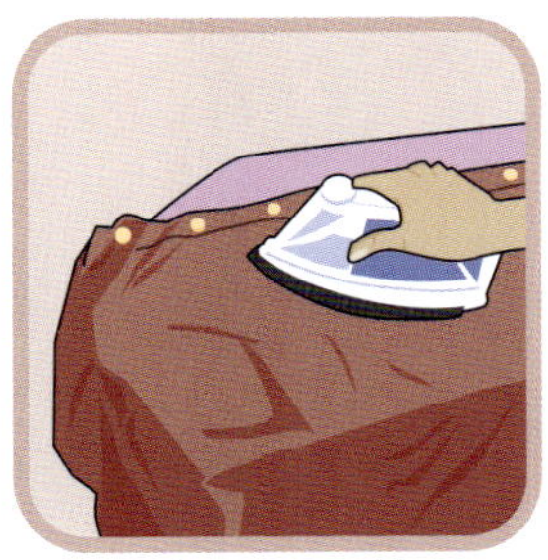

Planche la otra parte delantera.

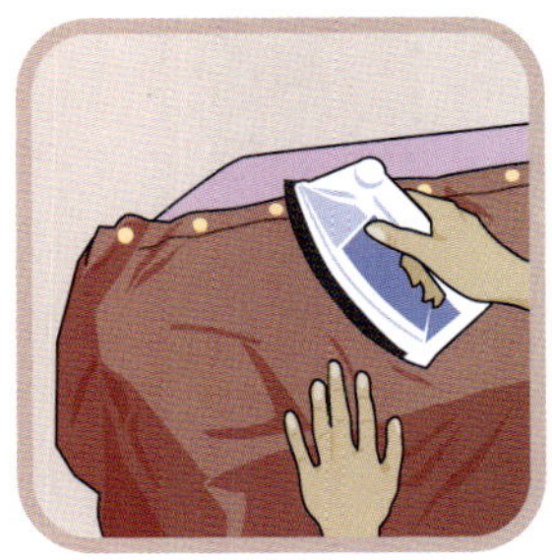

Planche entre los botones.

amor

187 lea su lenguaje corporal

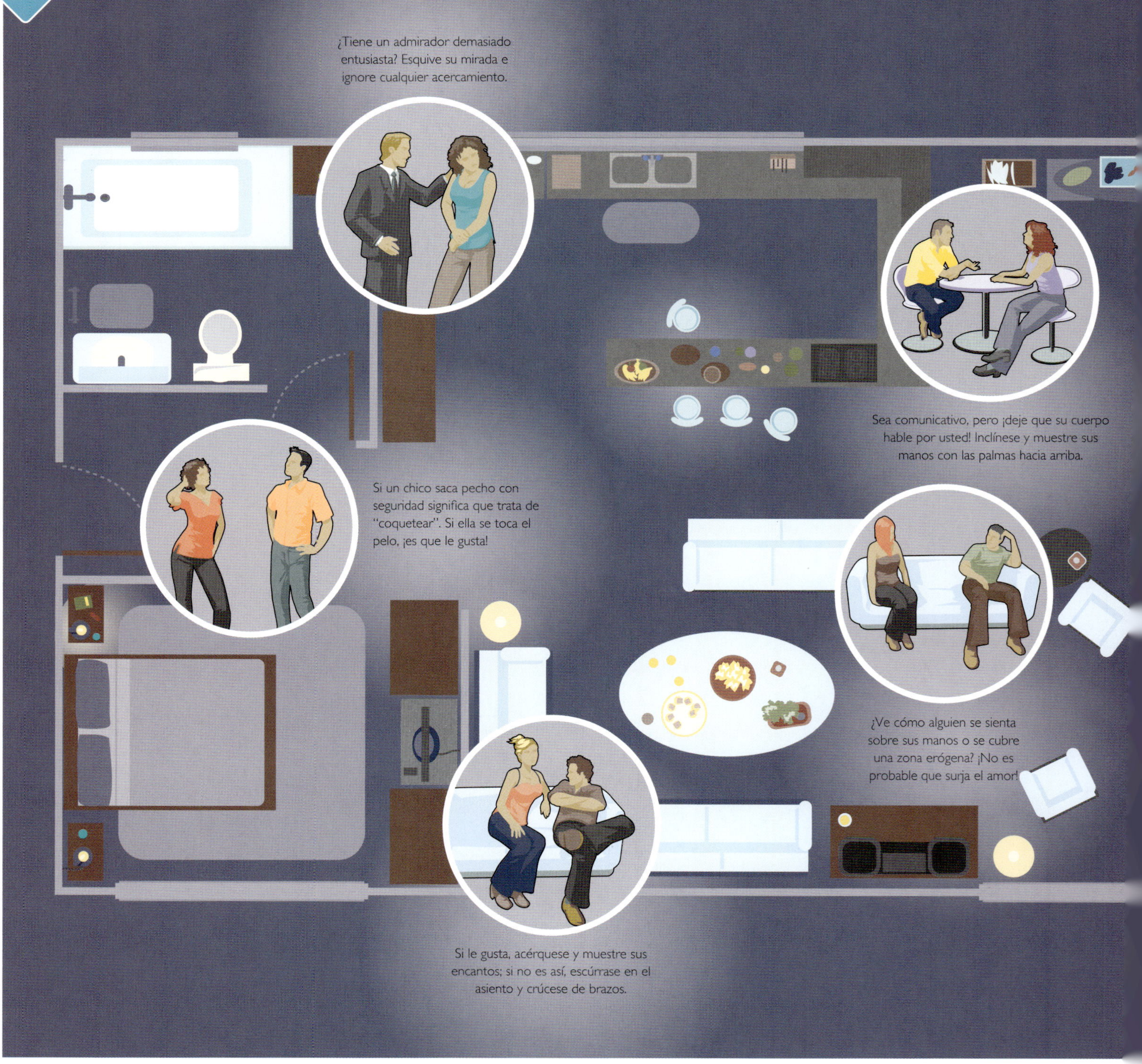

¿Tiene un admirador demasiado entusiasta? Esquive su mirada e ignore cualquier acercamiento.

Sea comunicativo, pero ¡deje que su cuerpo hable por usted! Inclínese y muestre sus manos con las palmas hacia arriba.

Si un chico saca pecho con seguridad significa que trata de "coquetear". Si ella se toca el pelo, ¡es que le gusta!

¿Ve cómo alguien se sienta sobre sus manos o se cubre una zona erógena? ¡No es probable que surja el amor!

Si le gusta, acérquese y muestre sus encantos; si no es así, escúrrase en el asiento y crúcese de brazos.

¿Cuáles son las señales inconscientes de que dos personas se gustan? Ella puede deslizar la mano hacia el pie de la copa de cóctel para llamar su atención y él puede colocarse la corbata para atraer su mirada hacia el territorio erótico.

prepare un martini clásico 120

La imitación es la mejor forma de halagar. Hágale saber que le gusta copiando sus gestos (¡o coqueteos!).

coquetee por la noche 188

horas : minutos	actividad
00:00	Haga una entrada estelar.
00:02	Salude al anfitrión.
00:05	Haga una visita a la barra.
00:06	Analice el panorama.
00:10	Localice a sus amigos.
00:30	Céntrese en una belleza.
00:31	Coquetee con esa desconocida.
00:45	Arrase en la pista de baile.
01:00	Tómese otra ronda.
01:40	Vaya a un lugar íntimo.
01:45	¡Intercambie los teléfonos!
04:00	Diviértase.

189 encuentre su pareja del zodiaco

Para descubrir su signo del horóscopo chino, busque el año de su nacimiento en el siguiente dibujo. Recuerde que el Año Nuevo chino tiene lugar a principios de febrero, así que si nació en enero o a principios de febrero, busque el año anterior.

Cada animal y año se asocian a uno de estos elementos de la naturaleza. Empareje los colores para encontrar los elementos de su animal y año de nacimiento y sepa lo que dicen sobre usted. Por ejemplo, el elemento natural de todos los monos es el metal, pero un mono fuego nacido en 2016 será más apasionado que uno tierra nacido en 1968.

tierra
generoso y cooperador; busca crecer y desarrollarse

fuego
animado e inquieto; le encanta reír

madera
disciplinado y tenaz; se siente obligado a servir

metal
obstinado y reservado; necesita su propio espacio

agua
callado y creativo; confía en su intuición

191 salga de un coche en minifalda

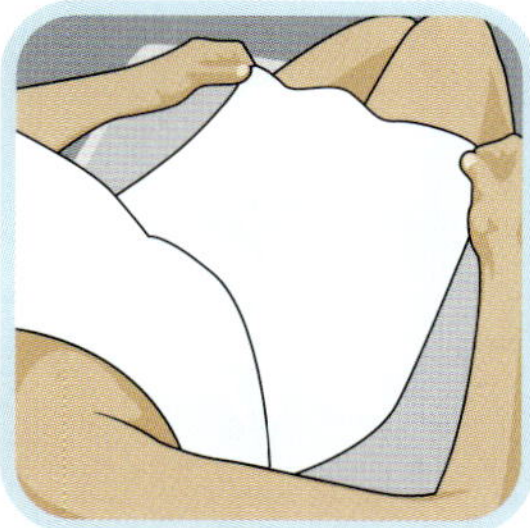

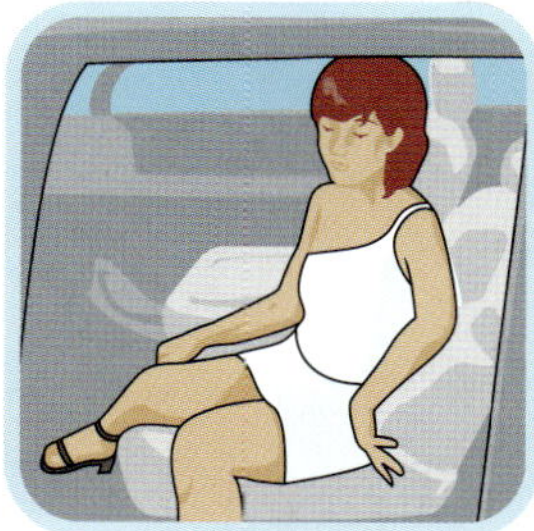

Gírese; ponga un pie en el suelo.

Baje el segundo pie.

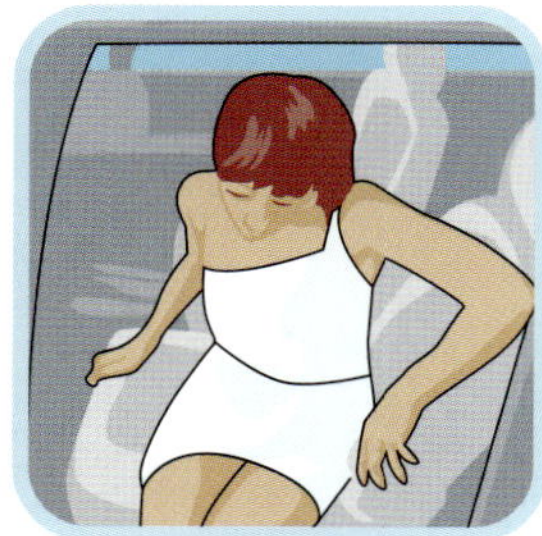

Apóyese y póngase de pie.

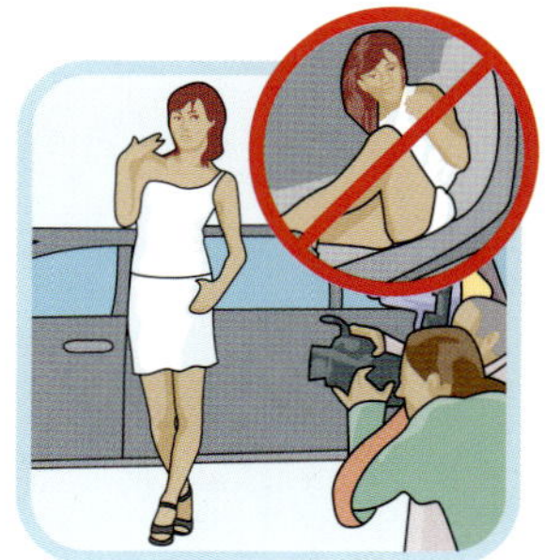

192 rodee con el brazo a su pareja

Espere a que esté cómoda.

Empiece con el clásico bostezo.

Estírese subiendo el brazo.

193 ate un tallo de cereza con la boca

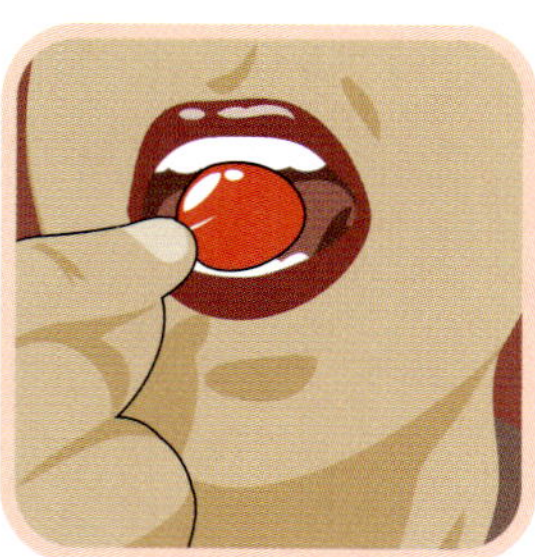

Muerda un lado; dóblelo.

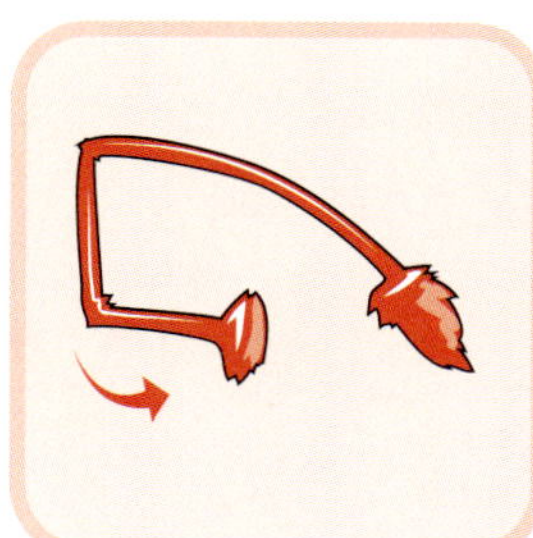

Muerda un lado en ángulo.

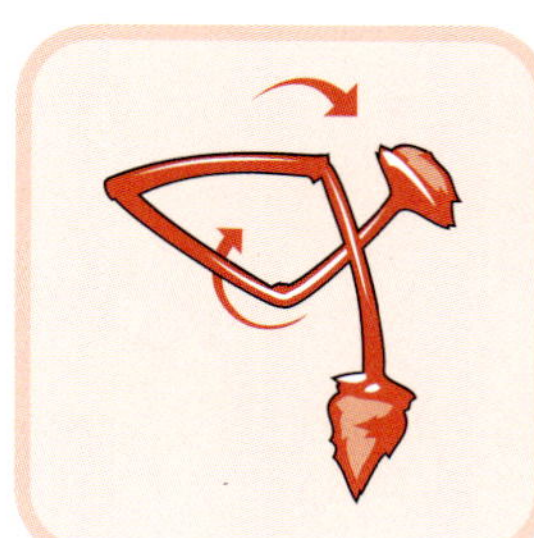

Muerda el otro; haga un nudo.

haga piececitos 194

Valore el interés.

Acérquese.

Roce los tobillos.

Descálcese.

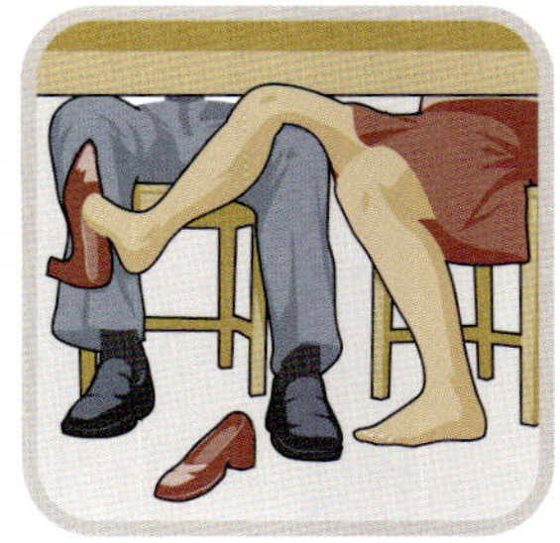
Entrecruce las piernas.

haga un masaje en los pies 195

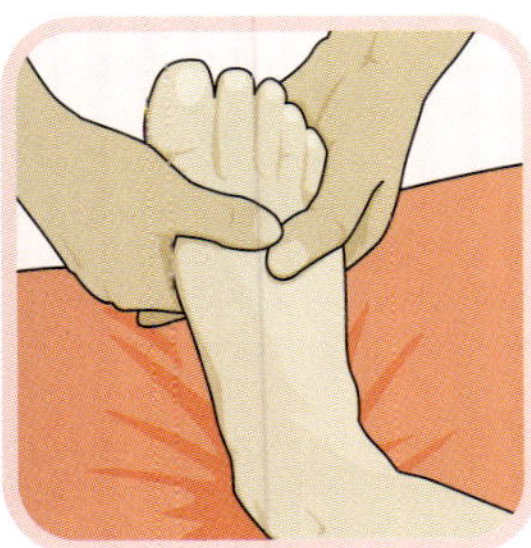
Acaricie el empeine.

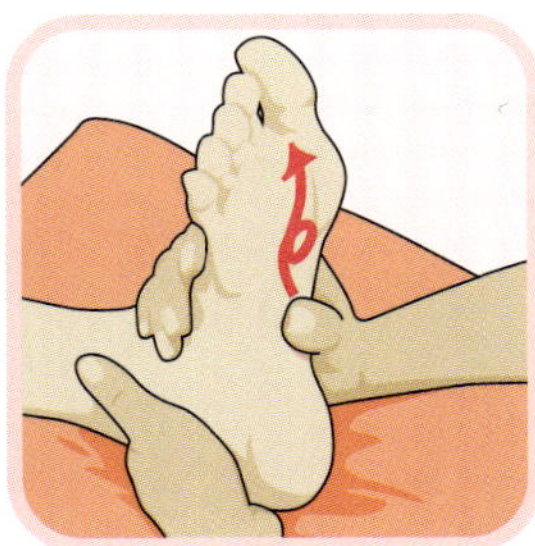
Presione haciendo círculos.

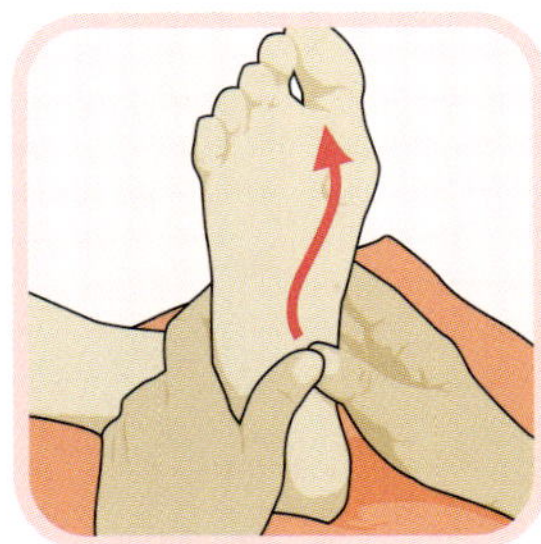
Suba despacio por el centro.

Masajee y mueva los dedos.

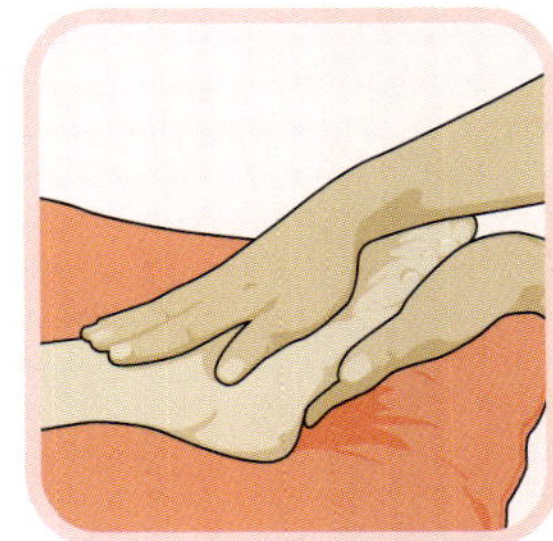
Termine con una caricia.

acabe con el dolor de brazo 196

haga una cama perfecta 233

Rodee con los brazos a su amada.

Póngala bocabajo con cuidado.

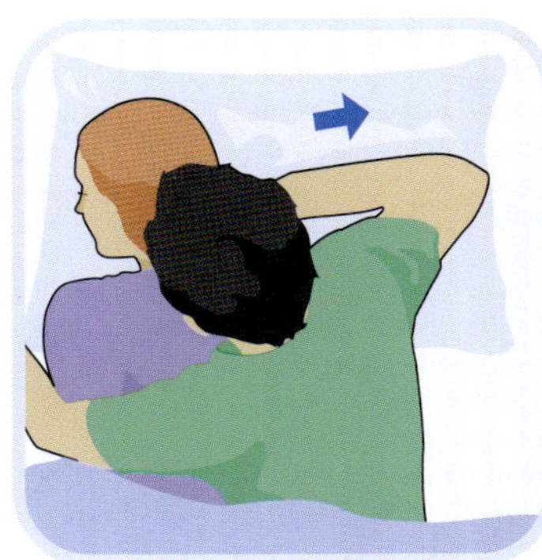
Saque el brazo que está debajo.

Ponga el brazo por encima de ella.

197 baile el vals toda la noche

198 baile un *swing* con su pareja

baile un sensual tango 199

sorprenda bailando salsa 200

- :] bromeando
- %*} achispado
- </3 corazón roto
- =O alucinado
- >:E amenazante
- :-r fumando
- :3 juguetón
- 8-} tonto
- :-D muy sonriente
- :') reír y llorar
- :-x sin comentarios
- !-(ojo morado
- >:-O gritando
- :9 relamer labios
- `:-) arquear la ceja
- <3 corazón
- XD reír mucho
- <:O) de fiesta
- :'-(derramar lágrimas
- 0:-) inocente
- >:-(enfadado
- :-** beso de vuelta
- :-& cohibido
- =X labios sellados
- :P sacar la lengua
- >:] sonrisa malvada
- : - [serio
- :-O sorprendido
- =| escéptico
- :-* beso
- (:-{) bigote sexy
- (:-D cotilleando
- B-) orgulloso
- :-/ molesto
- 8-| pardillo
- ~ :-(echando humo
- ;;) parpadeos rápidos
- }:-] sonrisa diabólica
- >O ¡ay!
- :-) contento
- :-S frustrado
- :-| indiferente
- >;-(‘ echando pestes
- ;) guiñar el ojo
- :-K vampiro
- =L babeando
- =) contento
- =(triste
- |-O bostezando
- (:-& enfadado
- :-*) ruborizado
- &:-8-o-< chica con curvas
- :) contento
- :(triste
- S-) ojos en blanco
- :-@ chillando
- :-" silbando
- @}-,-'-,-- rosa

contento · triste · otro · enfadado · ligando

(>")>	bailando
<^O^>	riendo a carcajadas
(^.^)/	saludando con la mano
*^O^*	nervioso
\,,/(^_^)\,,/	sexo, drogas y *rock and roll*
d^_^b	escuchando música
\(^o^)/	muy nervioso
b(~_^)d	aprobación
(/.\)	avergonzado
(-_-)	disgustado
(-_\\\)	emo
;_;	llorando
(@_@)	aturdido
(~.~)	adormilado
)-0_0-(	asombrado
(o_O)	confundido
(>_<)	frustrado
(u_u)	gruñón
(=_=)	molesto
(9ò_ó)=@	dar un puñetazo
o	embobado
-^o^-	ruborizado
(0_<)	guiñar el ojo
_	ojos hechos chiribitas
(>^_^)> <(^_^<)	abrazo
(,,,)=^_^=(,,,)	ronroneando
(o)_(o)	loco

203 ate un corsé *sexy*

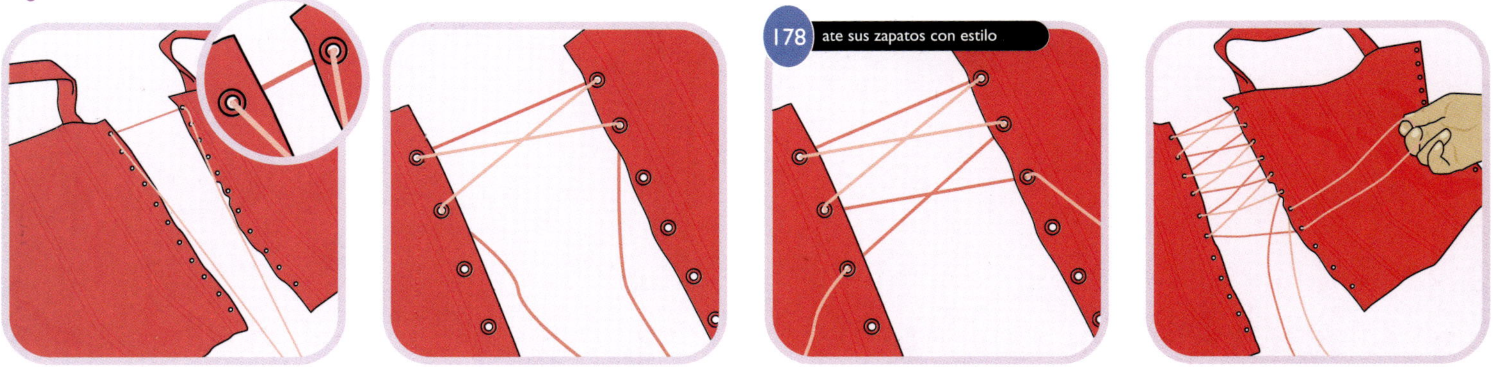

178 ate sus zapatos con estilo

Pase el cordón por los primeros ojales. | Crúcelo por encima de los ojales. | Crúcelo por debajo de los ojales. | Pare en el medio y haga una lazada.

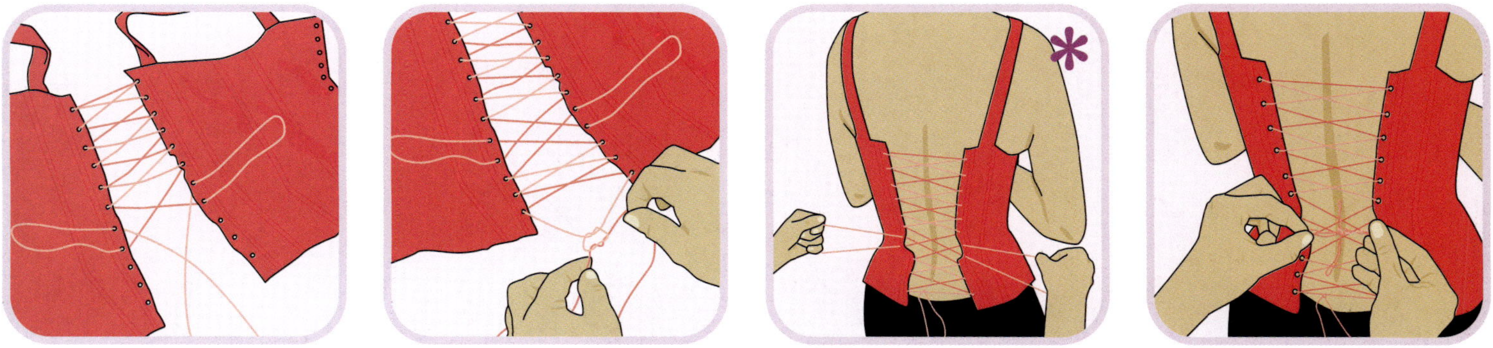

Póngaselo; cíñalo tirando de la lazada.

* Puede que tenga la tentación de apretar mucho el corsé para estar más *sexy*, pero es mejor empezar con moderación hasta que se acostumbre a estar apretada y no le haga daño. Pruebe a llevarlo media hora apretándolo un poco más cada día.

204 ponga unas esposas de cuerda

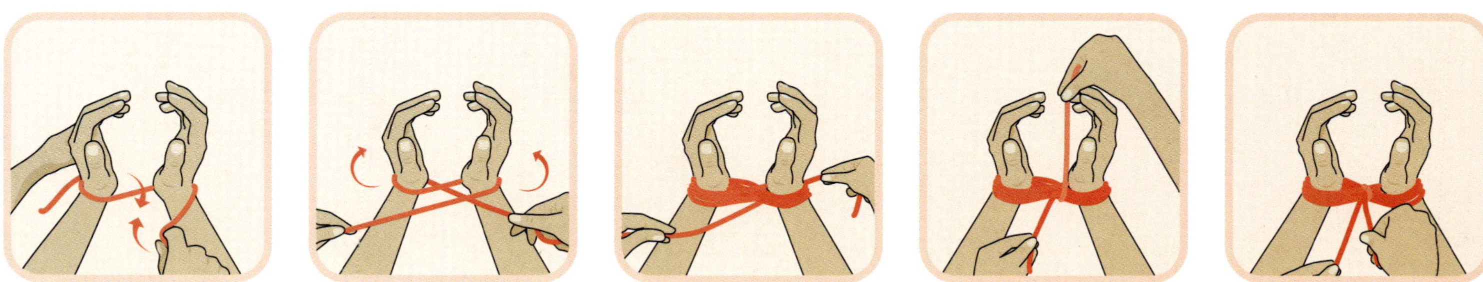

Haga la forma de un ocho. | Repítalo. | Repítalo de nuevo. | Enrolle los extremos. | Átelos en el centro.

dé un primer beso memorable 205

Humedezca sus labios para que sean tentadores.

El aliento tiene que ser fresco.

Colóquese el pelo rebelde.

Busque sus ojos y acérquese.

Incline la cabeza y cierre los ojos.

Deje que sus labios se encuentren.

Deje que sus manos actúen.

Explore nuevos territorios.

conecte con su pareja con yoga 206

Abrácelo.

207 lea la línea del amor

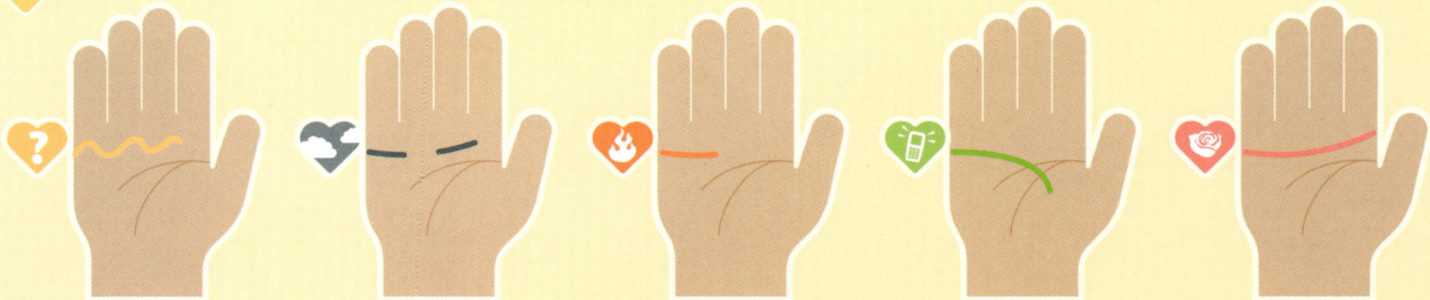

ondulada = evasivo

partida = pasado gris

corta = ardiente

inclinada = necesitado

larga = romántico

208 lea la línea de la cabeza

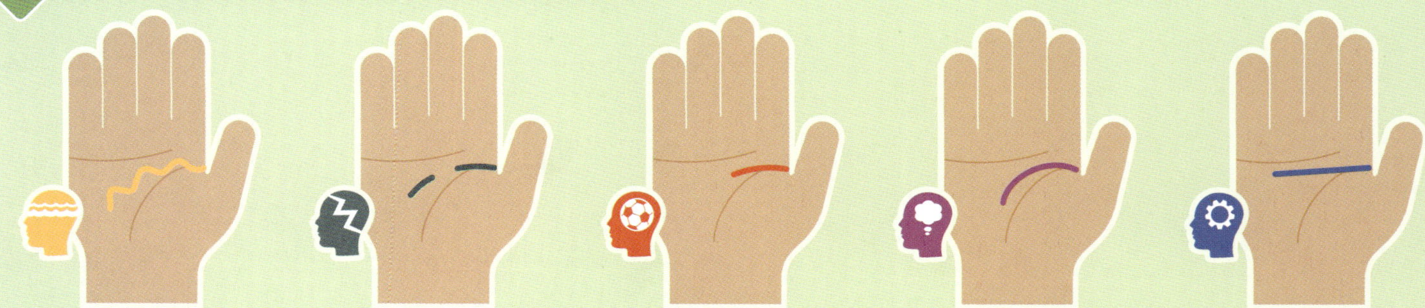

ondulada = superficial

partida = tendencias psicóticas

corta = atlético

curvada = soñador

recta = práctico

209 lea la línea de la vida

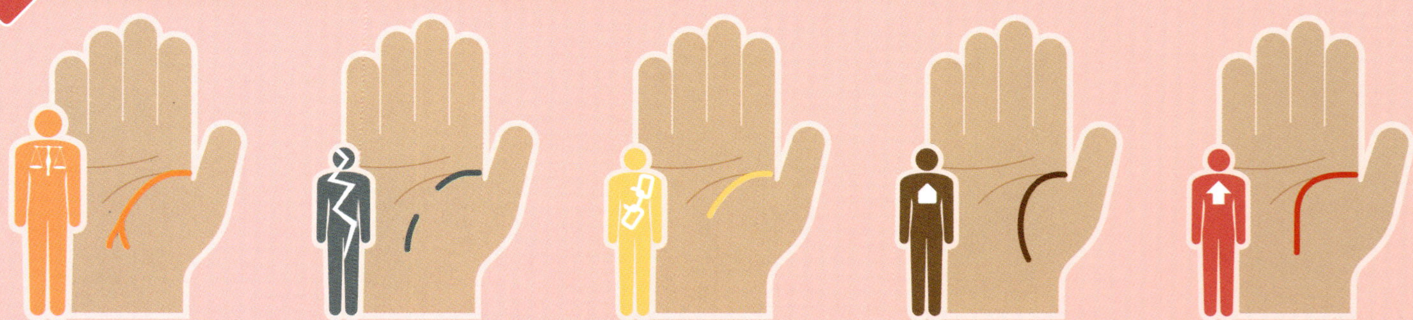

bifurcada = equilibrado

partida = atormentado

corta = débil

curvada = hogareño

centrada = ambicioso

210 elija la forma de una joya

211 póngase *henna* matrimonial

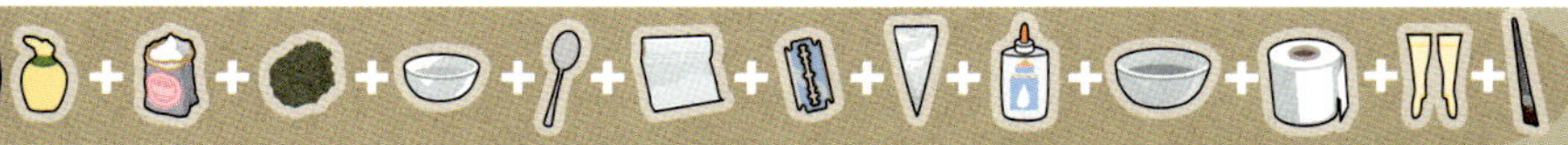

Mezcle limón, azúcar y *henna*.

Cúbrala hasta que esté marrón.

Póngala en una manga pastelera.

212 haga un diseño con *henna*

Muchos diseños son solo decorativos.

Este diseño, la marca del escorpión, simboliza las penas y alegrías del amor.

El juego se representa por cuadrículas. Promete momentos alegres.

La lluvia se representa con un zigzag. Indica felicidad y abundancia.

Las ondas simbolizan los poderes vigorizantes y purificadores del agua.

Los brotes surgen después de la sequía y traen nueva vida y vigor.

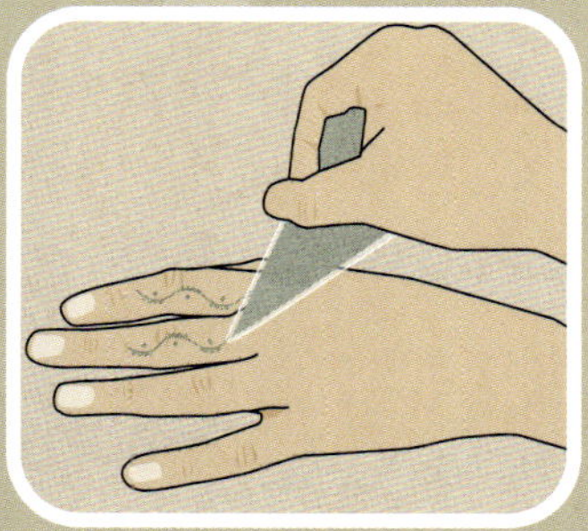

Fije la *henna* con pegamento y agua.

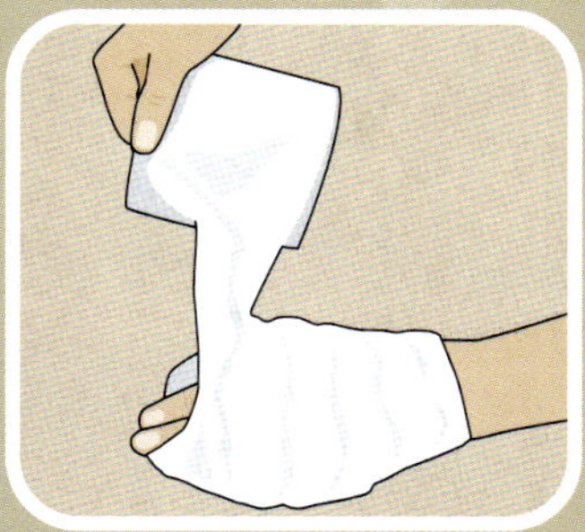

Envuelva la mano con papel...

...y después con plástico.

Cubra la mano con un calcetín.

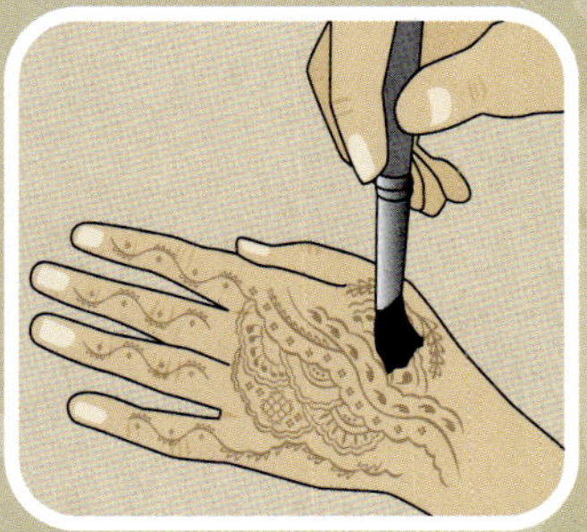

Quite todo; sacuda la *henna* con un pincel.

conozca los símbolos de *henna* 213

La flor de loto simboliza la sabiduría. Si está cerrada, significa que el alma todavía no ha despertado.

Las flores son símbolos de fertilidad.

El pavo simboliza el amor.

Muchos símbolos son solo hermosos adornos.

214 prepare un elegante ramo

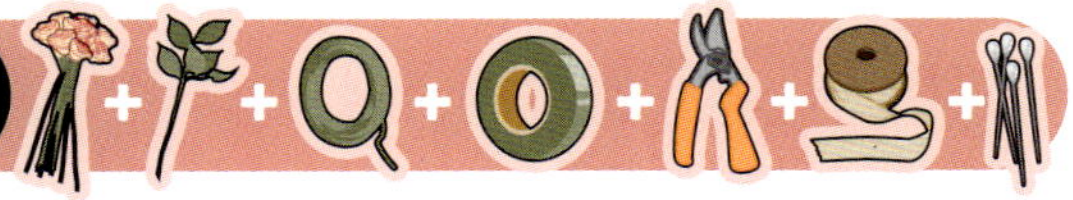

Quite las hojas y espinas.

Añada hojas verdes.

Átelo con alambre floral.

Envuélvalo con cinta adhesiva floral.

Corte los tallos.

Adórnelo con cinta de raso.

Sujételo con alfileres.

215 prepare una flor para el chaqué

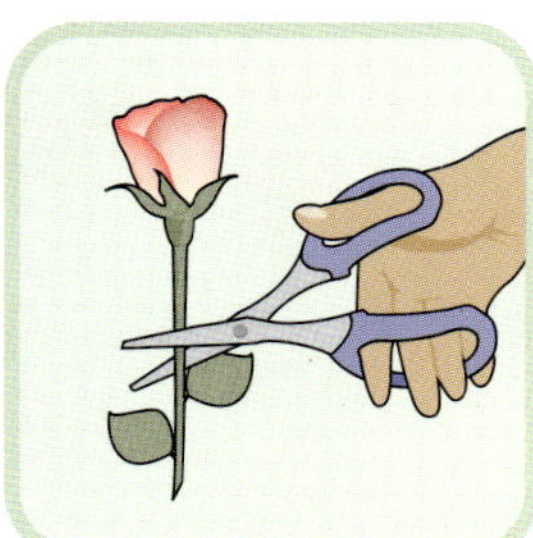

Corte el tallo.

Introduzca alambre floral.

Añada hojas verdes; únalo.

Rodéelo con cinta.

Póngalo en la solapa con un alfiler.

improvise un anillo de papel 216

Corte un trozo de papel con unas tijeras.

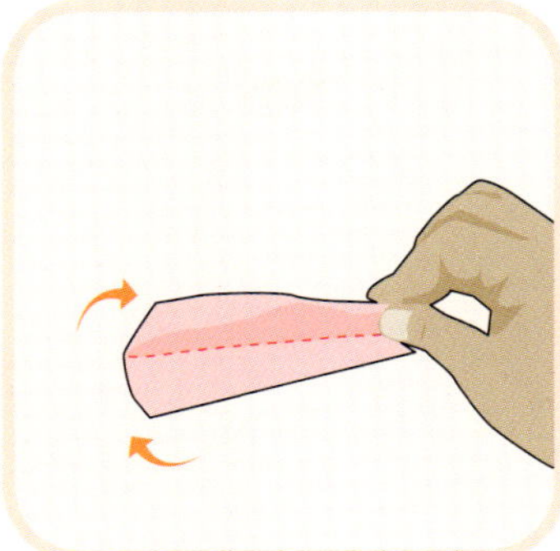
Dóblelo por la mitad a lo largo.

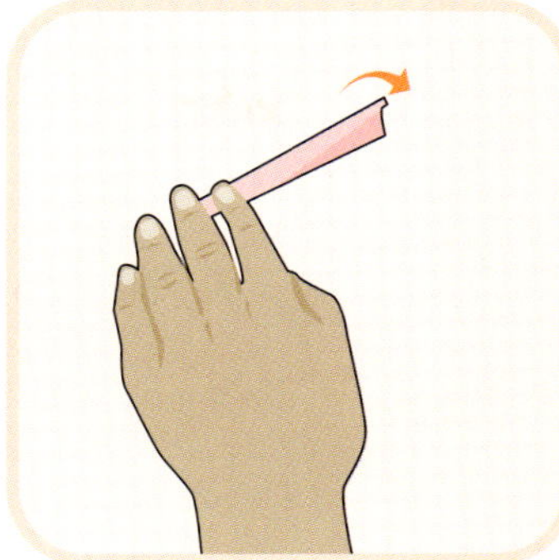
Vuelva a doblarlo por la mitad.

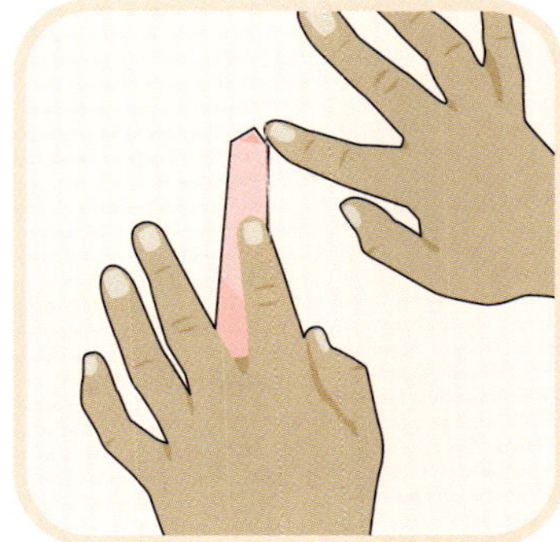
Doble el extremo en punta.

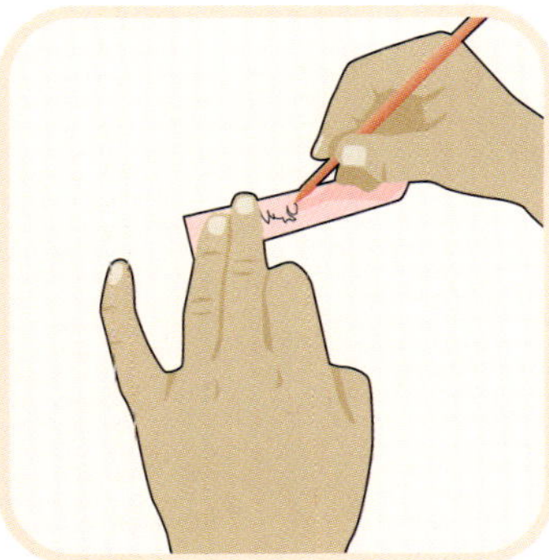
Escriba una dedicatoria o disculpa.

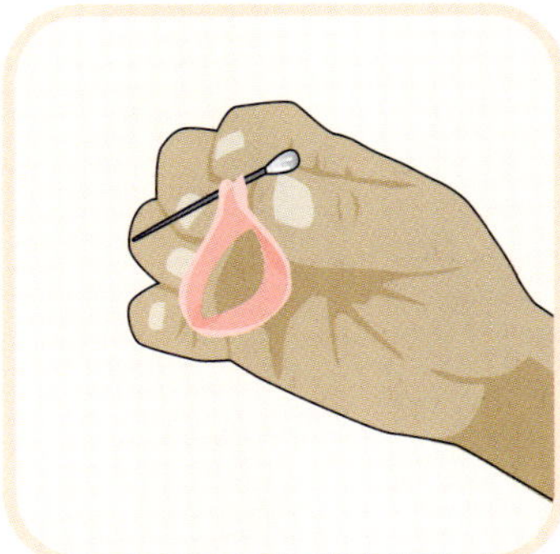
Sujételo con un alfiler para flores.

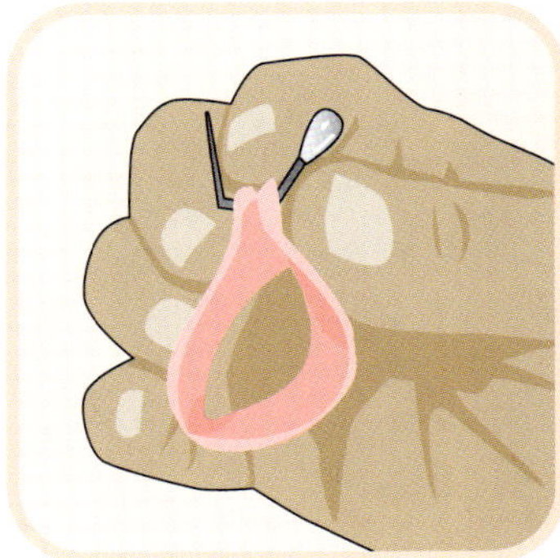
Doble el alfiler por la mitad.

hágase un recogido sofisticado 143

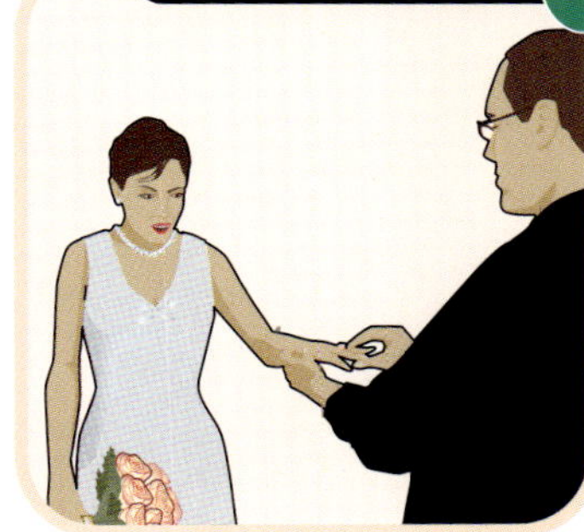

atienda a un invitado ebrio 217

Alguien debe cuidar a los ebrios.

Ayúdele a sentarse.

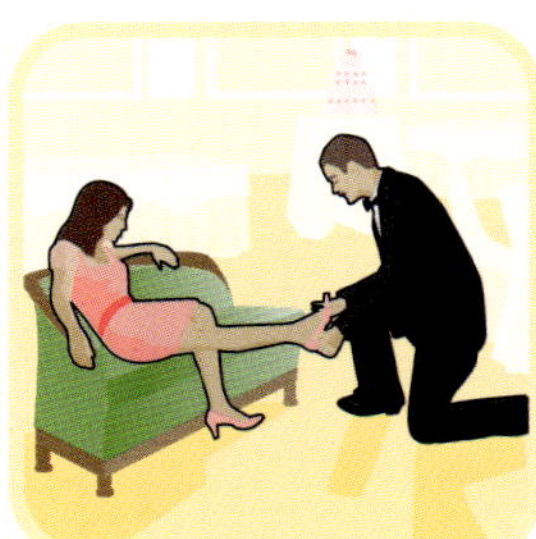
Quite los zapatos peligrosos.

Traiga agua.

¡Quítele las llaves del coche!

218 prepare un hogar romántico

239 instale un regulador de luz

¿Tiene algún fetiche? Prepare su guarida.
disfrute con un ritual de pipa 381
¡No toque ese ratón! Evite cualquier distracción relacionada con el trabajo.
Prepare el ambiente con velas y esparza pétalos de rosa.
En el amor vale cualquier superficie, así que retire cualquier objeto peligroso.
¡Limpiar es de aburridos! Los platos pueden esperar.
¡Demuestre sus dotes de trovador! Ofrezca una serenata superromántica con un laúd.
Llene el frigorífico de deliciosos afrodisíacos.

hogar

219 conozca la teoría del color

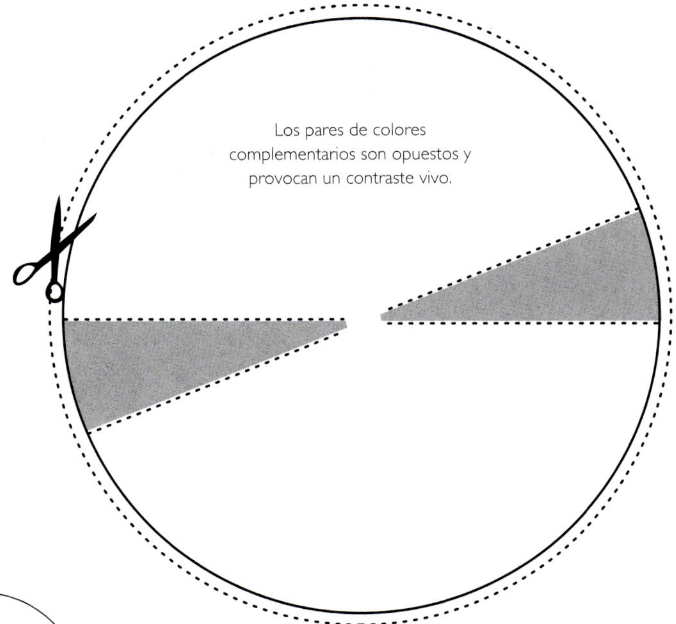

Todos conocemos la rueda de color: su selección de tonalidades y sombras nos ofrece posibilidades ilimitadas. Utilice estos ejemplos de combinaciones de colores para aprovechar el poder creativo de la rueda y escoger las paletas perfectas para su casa tanto si quiere alegrar un espacio con colores vivos como crear un santuario tranquilo y monocromo. Copie esta página, recorte los ejemplos y vacíe las zonas sombreadas. Después, póngalos sobre la rueda de color y hágala girar para ver qué combinaciones obtiene.

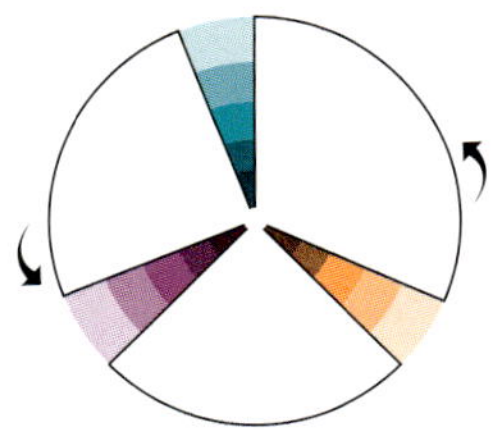

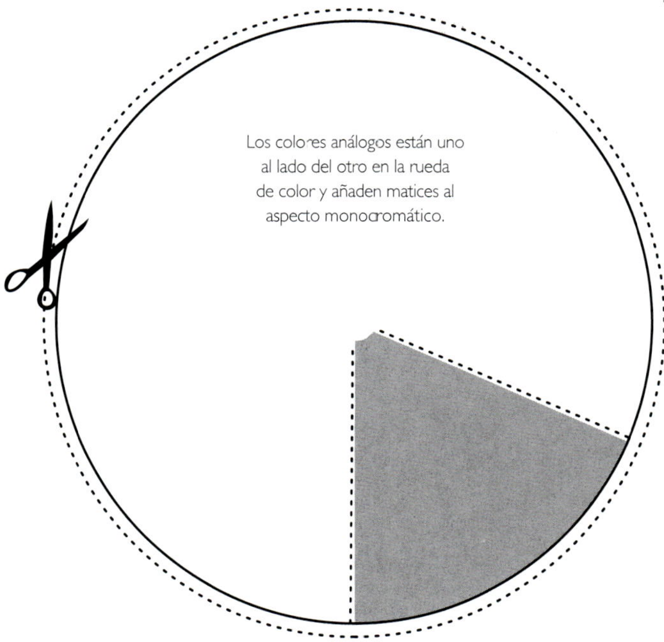

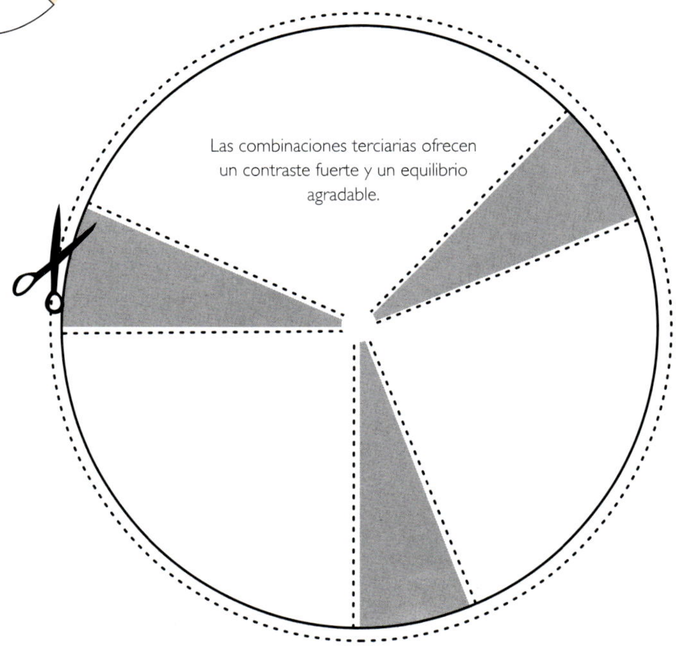

¡cópieme!

Dé a su habitación un toque asiático con una paleta de colores claros y alegres como el rojo y el naranja.

Transpórtese a las llamativas calles de Marruecos con paredes de color arena y algún toque que recuerde al de las piedras preciosas.

Resguárdese en los colores del bosque, como el verde del musgo o el marrón suave de una cierva.

Evoque la alegría de la Costa Azul con amplios espacios amarillos que imitan la prístina arena de la playa.

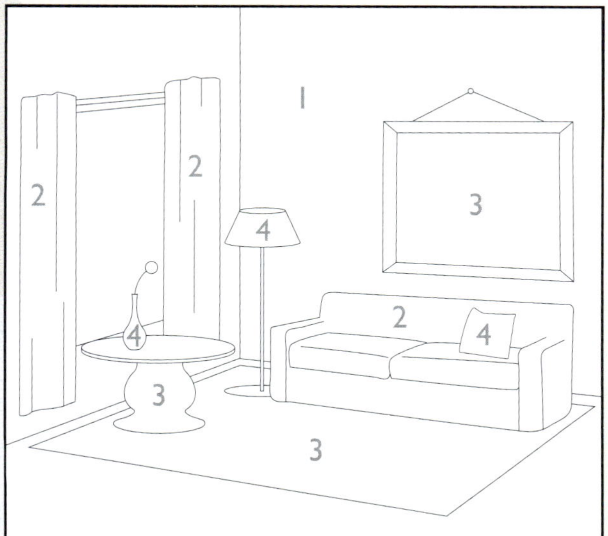

Una las zonas numeradas con las combinaciones de colores para explorar las paletas.

Capture la sofisticación y esencia de la ciudad con las tonalidades del gris y añada unos cuantos colores atrevidos.

El verdor de la selva virgen la convierte en un refugio tranquilo. Los destellos insinúan la presencia de especies exóticas, como las orquídeas fucsias.

Reproduzca un jardín inglés capturando su esencia a lavanda con una gran variedad de tonos liliáceos.

Tahití se expresa mejor con tonos suaves de azul. Reclínese en un sofá beis para relajarse y sentirse en las playas de Tahití.

221 empapele a la perfección

Desconecte la electricidad.

Dibuje una línea que vaya del suelo al techo.

Moje el papel con agua.

Alinee el papel con la línea.

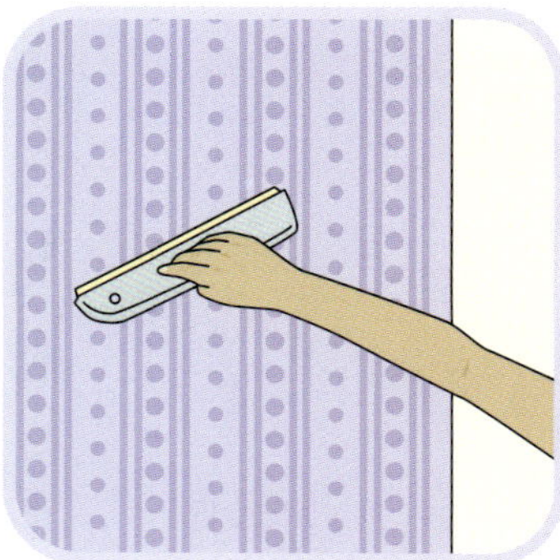

Péguelo y elimine las burbujas o arrugas.

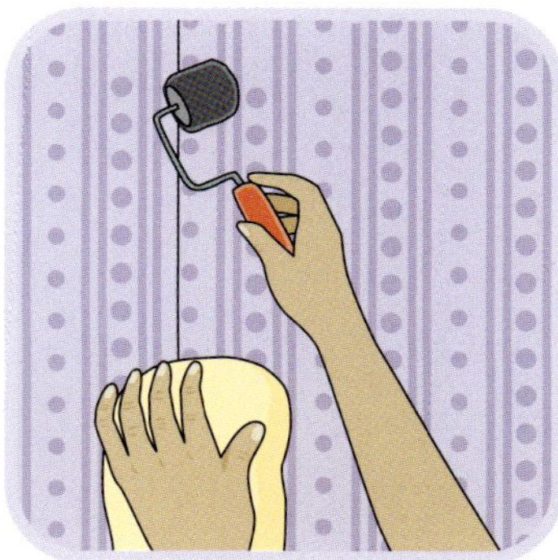

Añada otro trozo de papel; alíselo y séquelo.

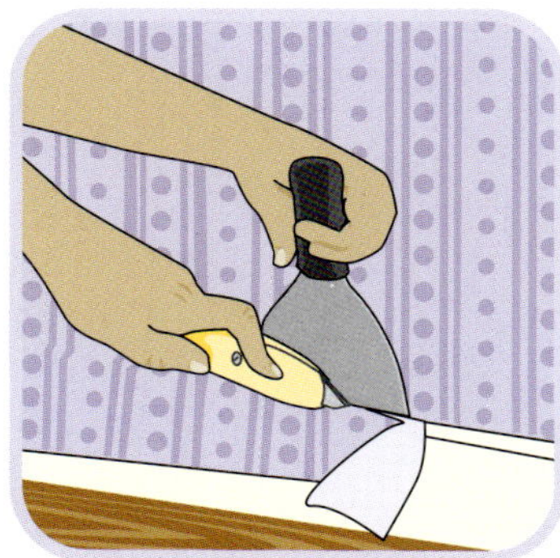

Corte el papel sobrante del techo y del zócalo.

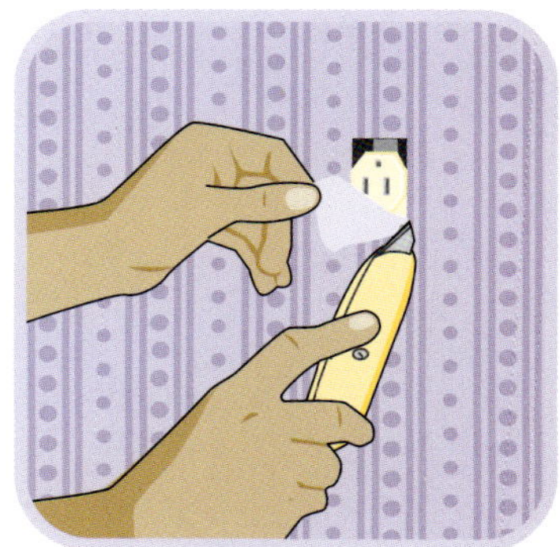

Corte el papel donde haya enchufes.

222 retire el papel de pared viejo

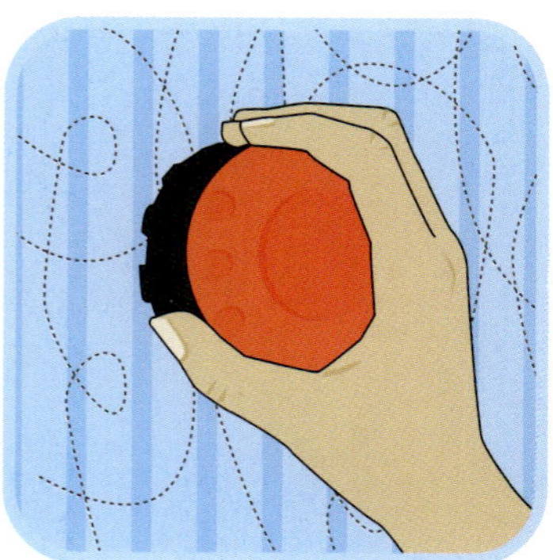

Rasque el papel.

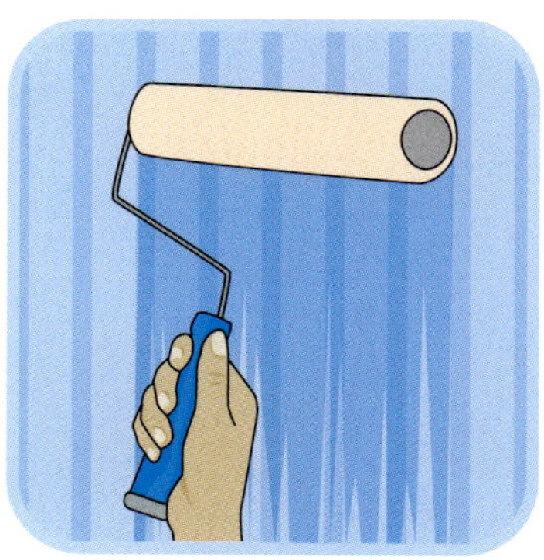

Humedézcalo con agua.

Mantégalo húmedo. Raspe trozos pequeños.

223 quite los desconchones

Raspe los bordes de la pintura.

Lije la zona.

Límpielo; déjelo secar.

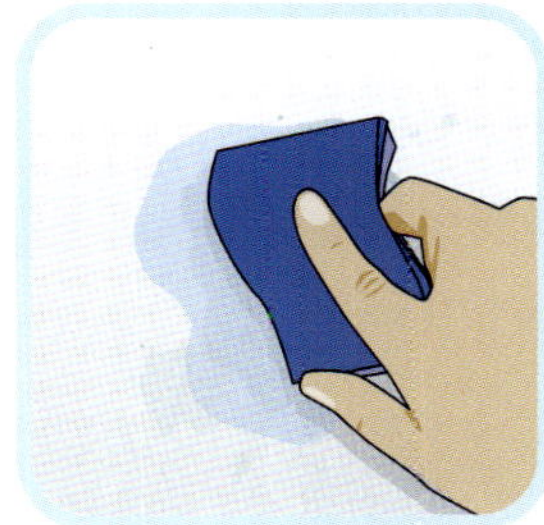

Aclárelo con agua. Pinte de nuevo.

224 arregle un zócalo roto

Ponga una tachuela en el agujero.

Aplique un poco de agua y cúbralo.

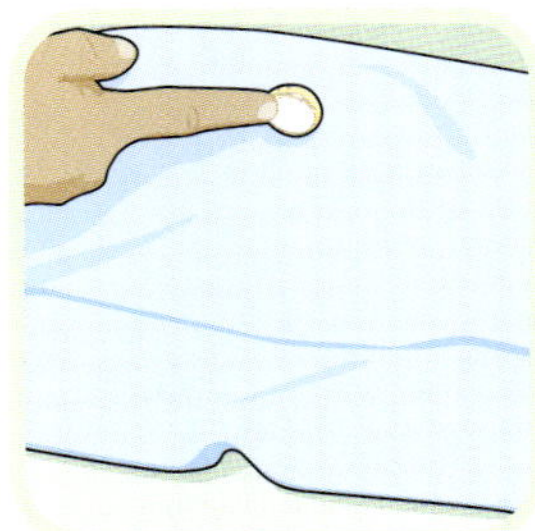

Apriete con un tapón de botella.

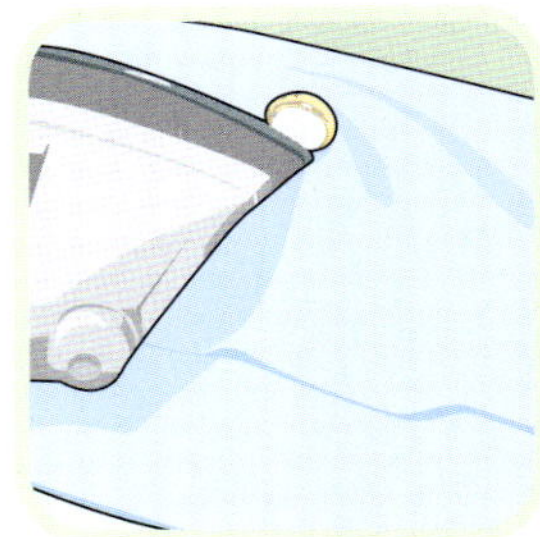

Plánchelo para expandir la madera.

Si desea, puede pintarlo de nuevo.

225 arregle un tablero de yeso

Lije los bordes ásperos.

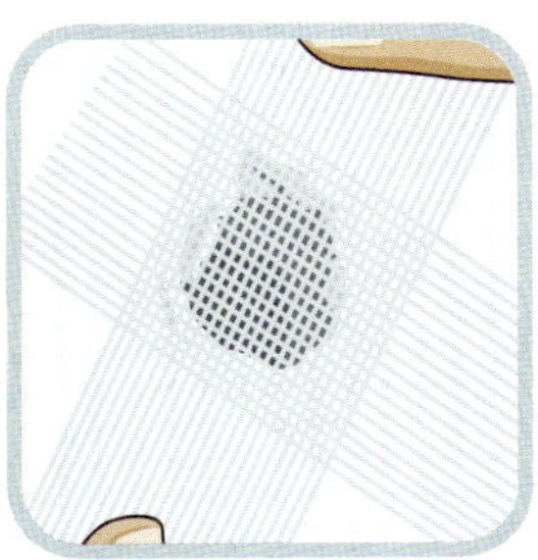

Ponga cinta adhesiva sobre el mismo.

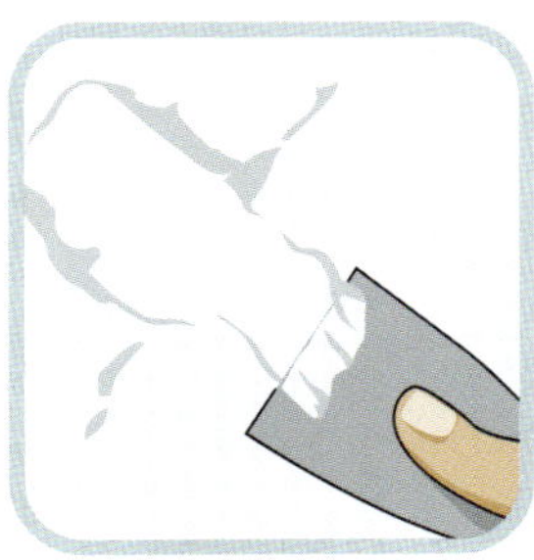

Aplique masilla; alísela.

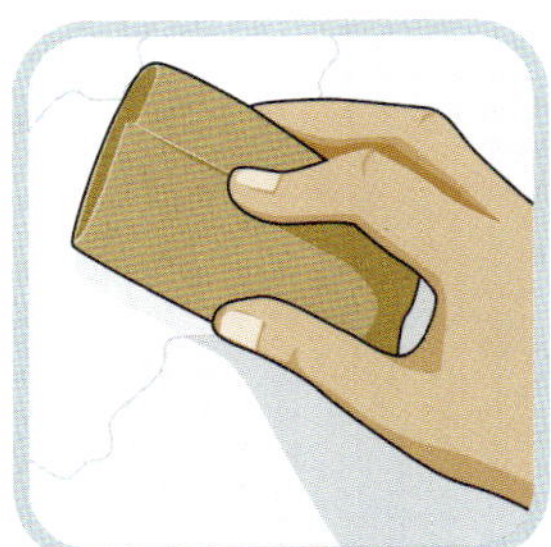

Déjelo secar; después líjelo.

Pásele una esponja húmeda.

226 prepare y pinte una habitación

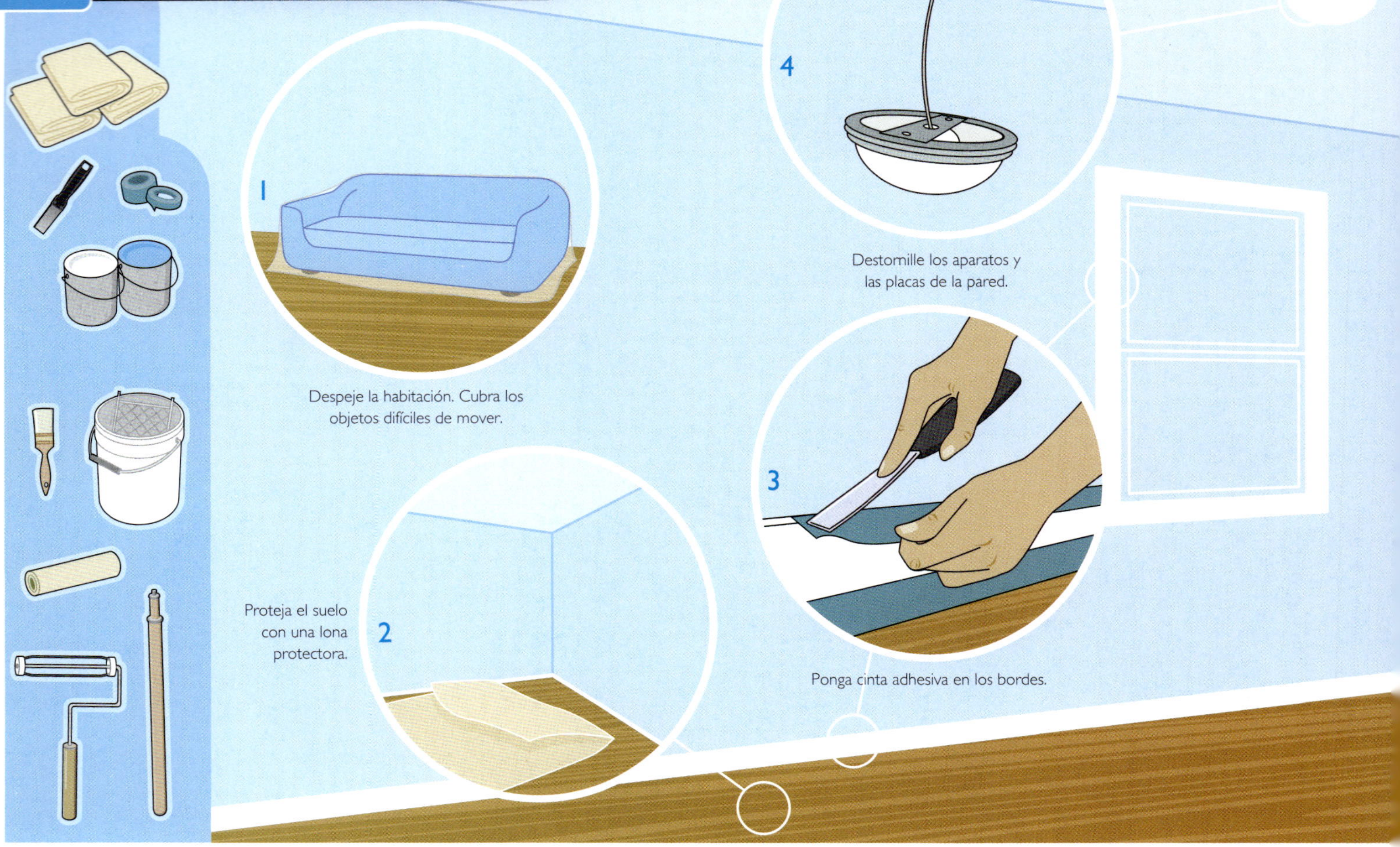

227 pinte rayas decorativas

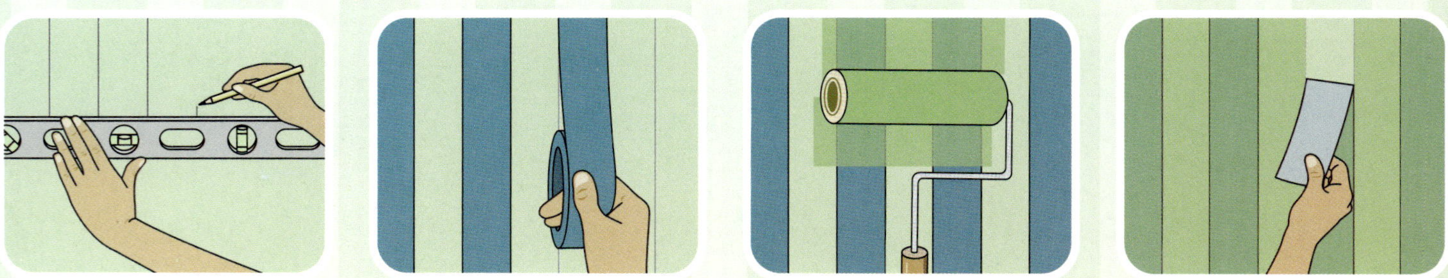

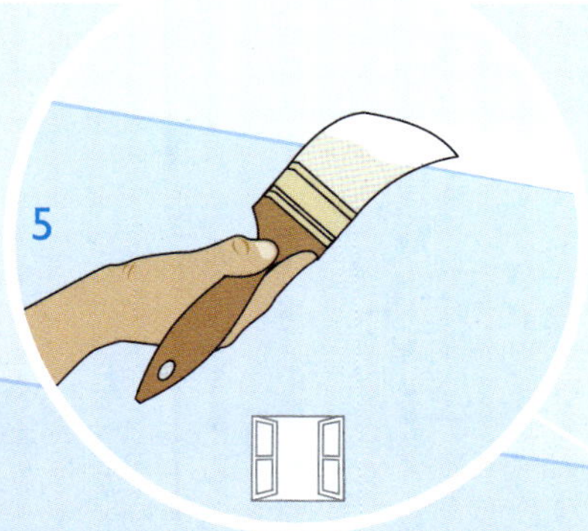

Empiece por el techo. Utilice una brocha para los lugares donde no llegue el rodillo, como las esquinas.

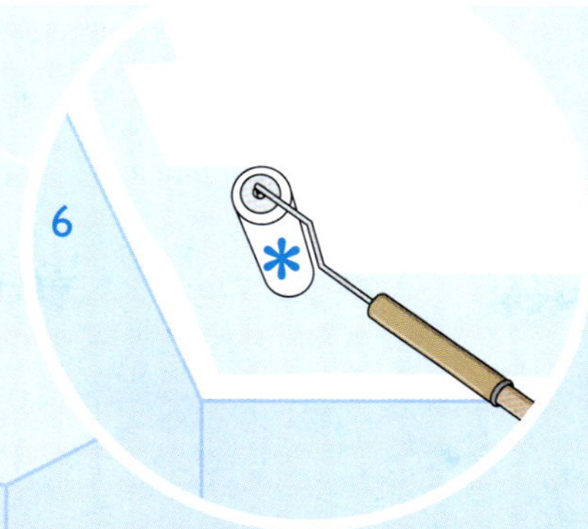

Enganche el alargador al rodillo y pinte el resto del techo.

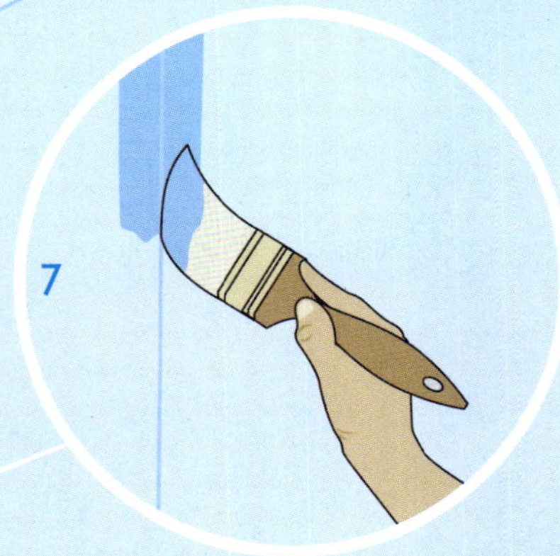

Cuando el techo esté seco pinte las paredes. Utilice una brocha para los lugares de difícil acceso.

¿Necesita más pintura? Sumerja el rodillo en la pintura y escúrralo en la bandeja.

La forma de "W" distribuye la pintura de forma regular, creando así una superficie uniforme.

pinte con esponja 228

Mezcle el esmalte y la pintura.

Escurra la brocha para que no gotee.

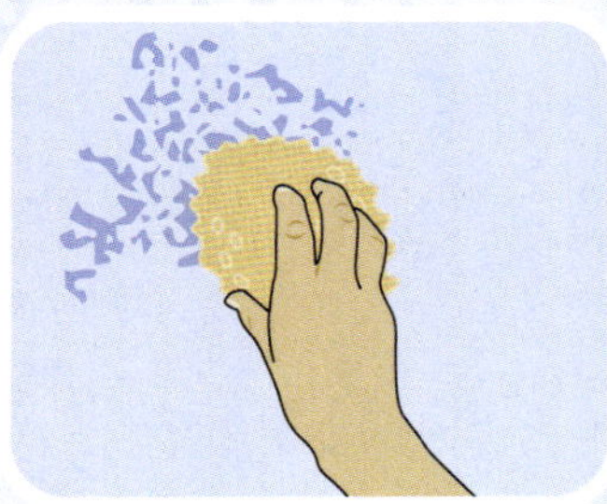

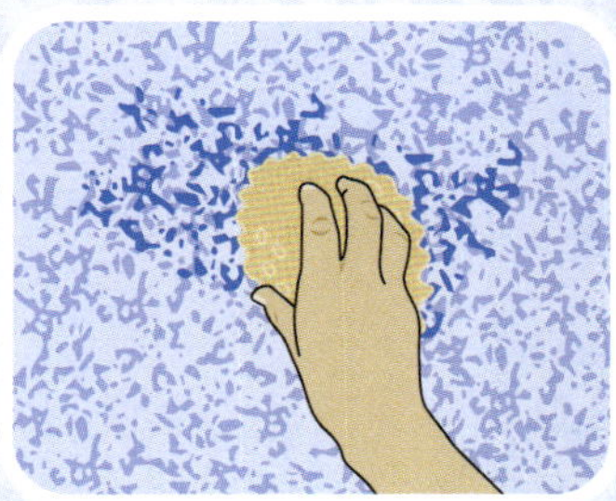

Superponga colores para lograr más texturas.

229 ensamble madera

469 construya una sierra musical

Marque la tabla de caja.

Corte los bordes.

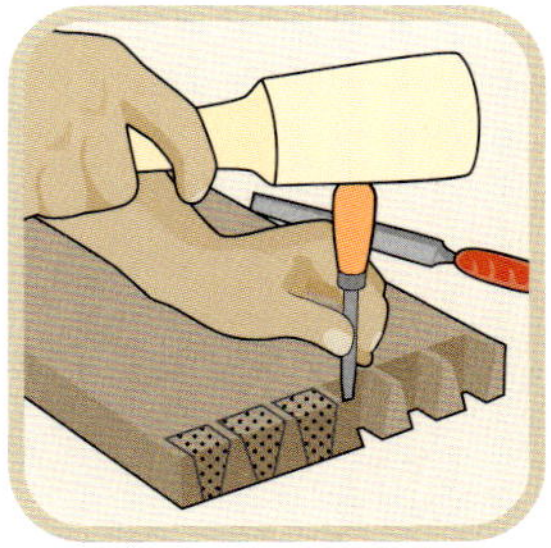

Elimine lo que sobre; límelo.

Páselo a la tabla de las espigas.

Corte la tabla de espiga; únalas.

* Ponga una rueda reguladora en su tabla de mortajas y marque una línea con la profundidad de las espigas y de la caja. En maderas blandas, marque las espigas y cajas con una inclinación de 1:6; en las duras use 1:8.

230 cuelgue una estantería

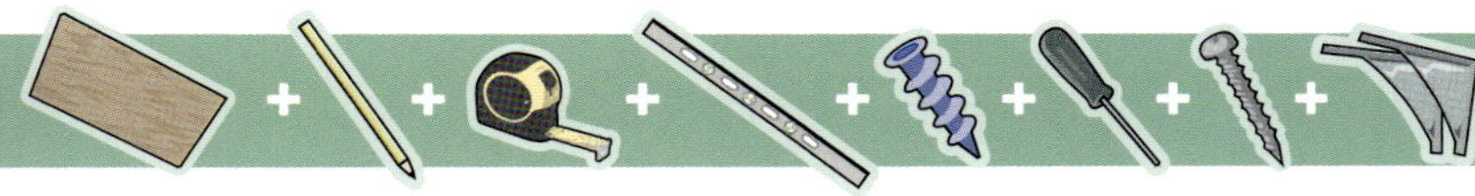

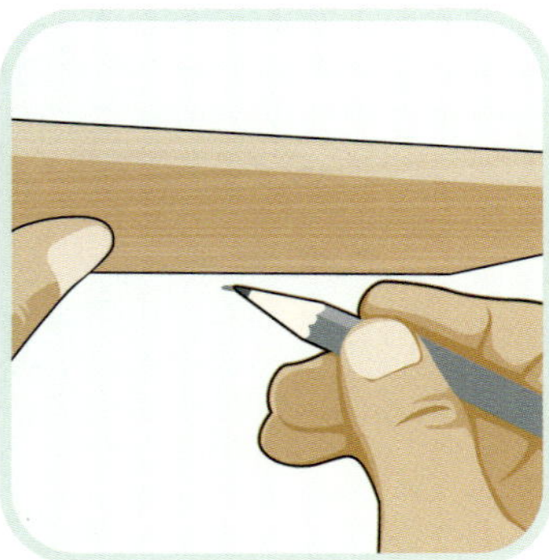

Marque la altura donde pondrá la estantería.

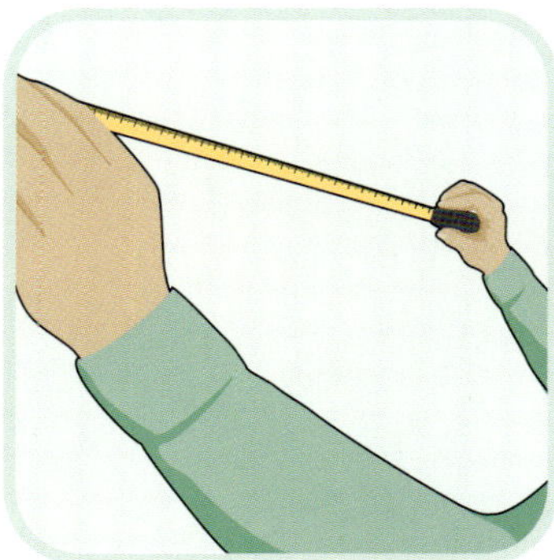

Mida la longitud de la estantería.

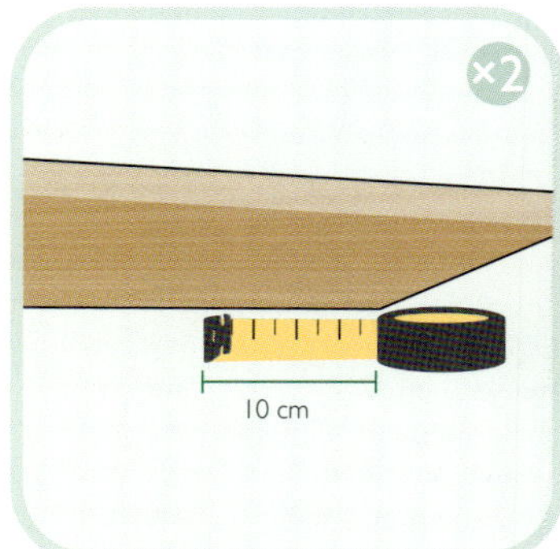

Mida el lugar donde irán los soportes.

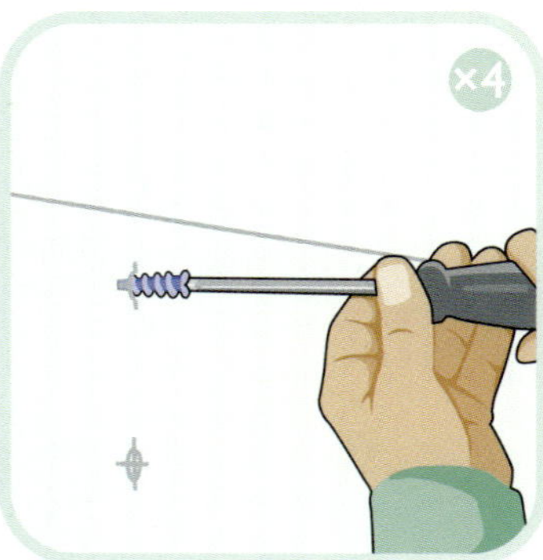

Atornille los tacos si no hay pernos.

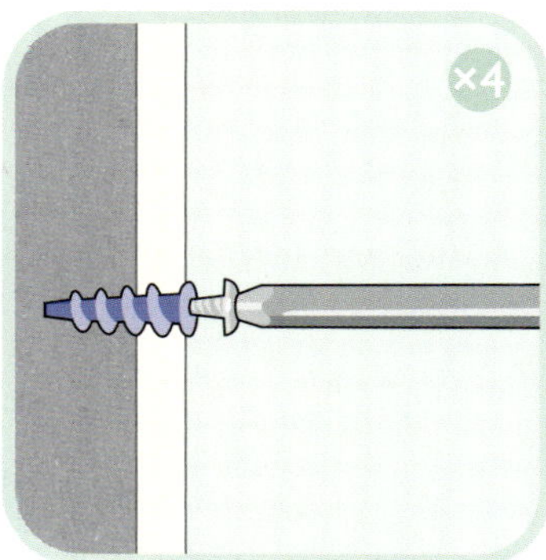

Ponga los tornillos en los tacos.

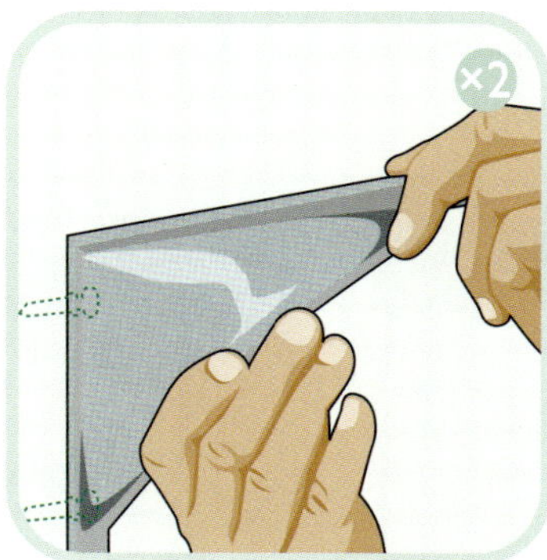

Fije los soportes en los tornillos.

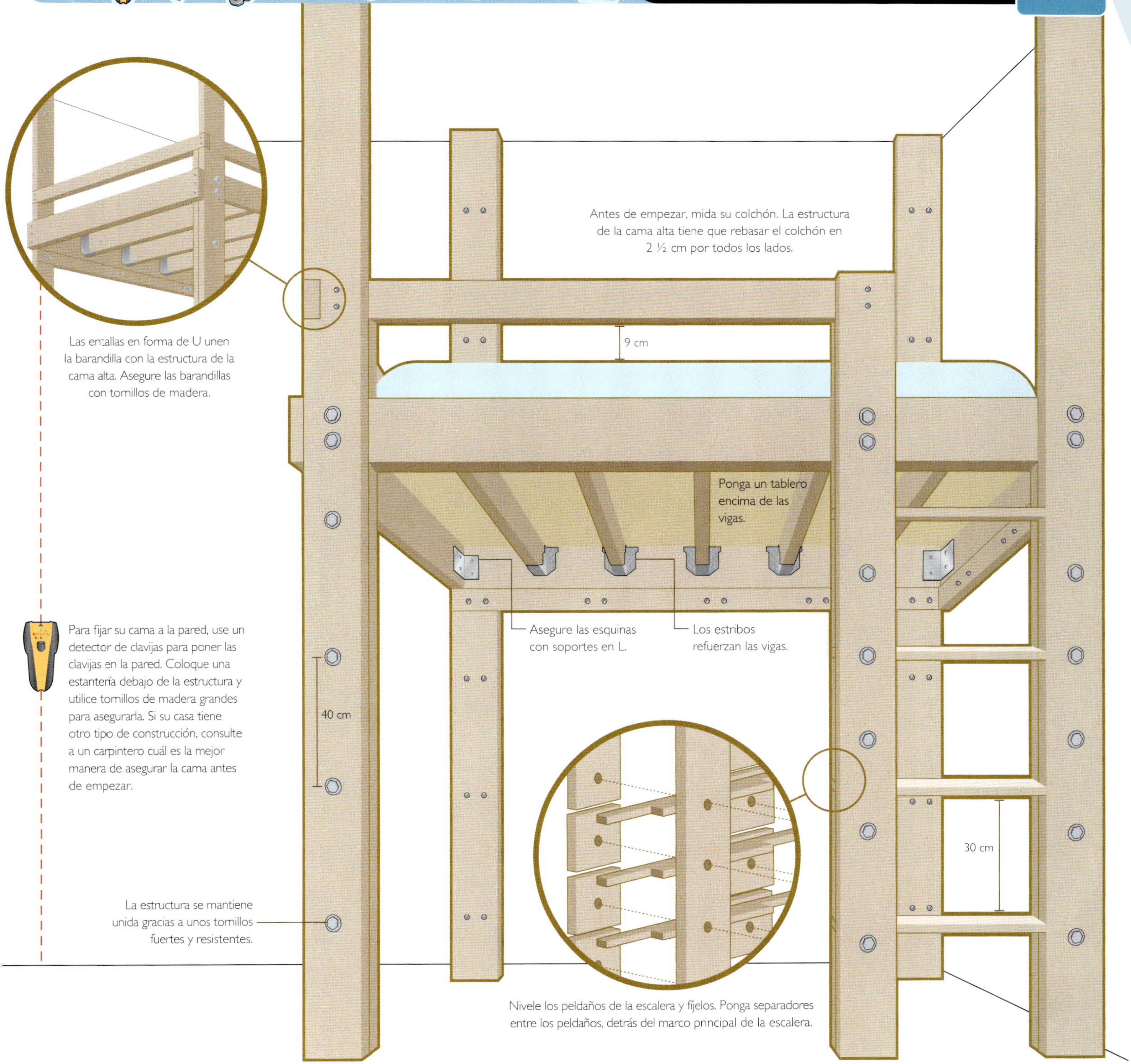

Antes de empezar, mida su colchón. La estructura de la cama alta tiene que rebasar el colchón en 2 ½ cm por todos los lados.

Las entallas en forma de U unen la barandilla con la estructura de la cama alta. Asegure las barandillas con tornillos de madera.

Ponga un tablero encima de las vigas.

Asegure las esquinas con soportes en L.

Los estribos refuerzan las vigas.

Para fijar su cama a la pared, use un detector de clavijas para poner las clavijas en la pared. Coloque una estantería debajo de la estructura y utilice tornillos de madera grandes para asegurarla. Si su casa tiene otro tipo de construcción, consulte a un carpintero cuál es la mejor manera de asegurar la cama antes de empezar.

La estructura se mantiene unida gracias a unos tornillos fuertes y resistentes.

Nivele los peldaños de la escalera y fíjelos. Ponga separadores entre los peldaños, detrás del marco principal de la escalera.

232 haga una cabecera forrada

Corte un tablero que encaje.

Pegue espuma en la parte delantera.

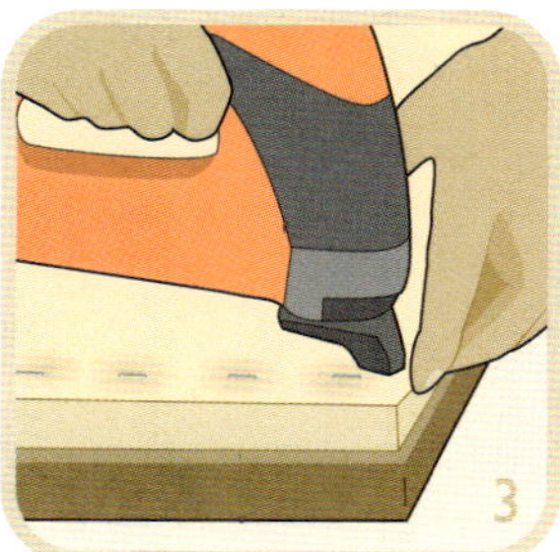

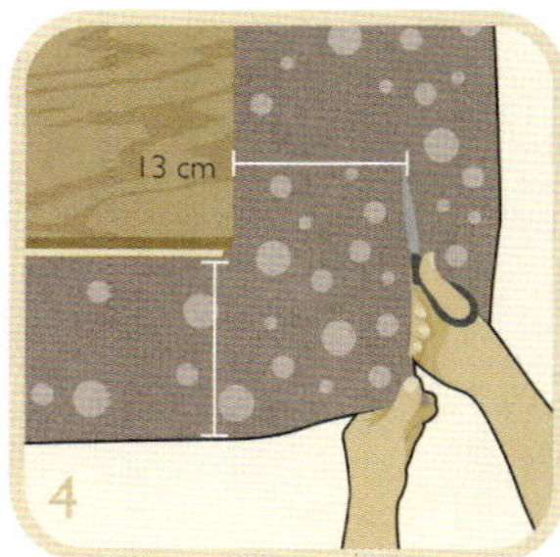

Grápelo en el centro.

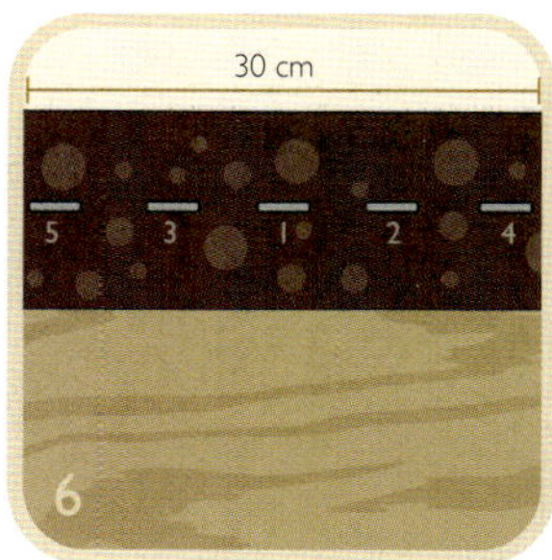

Grape a izquierda y a derecha.

Repítalo en la parte de abajo.

233 haga una cama perfecta

Meta las puntas de las fundas de las almohadas debajo para que tengan un aspecto más bonito.

Doble la parte superior de la sábana debajo de la manta.

Elimine las arrugas con una rápida pasada de plancha.

234 doble perfectamente las sábanas

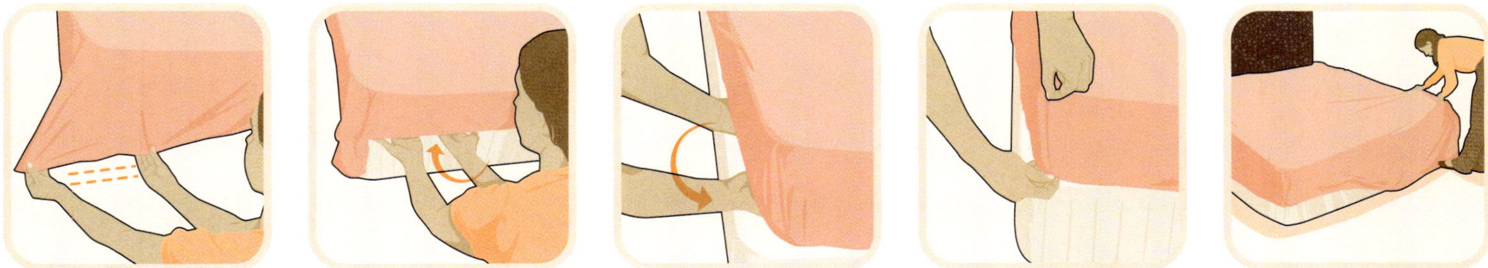

Tense la sábana de arriba. Elimine las arrugas. Haga lo mismo en el otro lado.

235 doble una sábana bajera

Inserte una esquina dentro de la otra. Alise las esquinas.

Dóblelo a lo largo en tres trozos. Dóblelo por la mitad de forma transversal.

236 construya una pecera

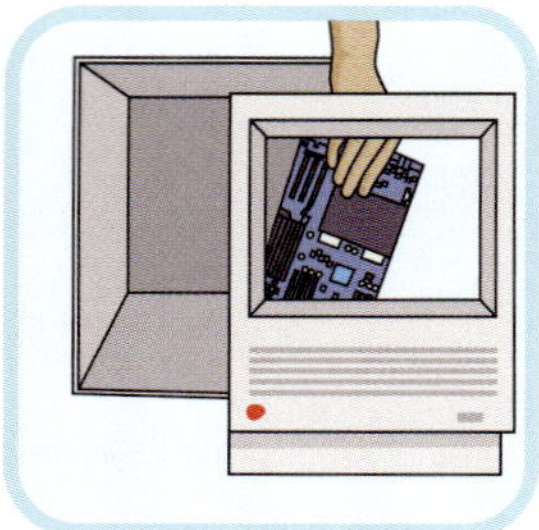

Retire todo el metal.

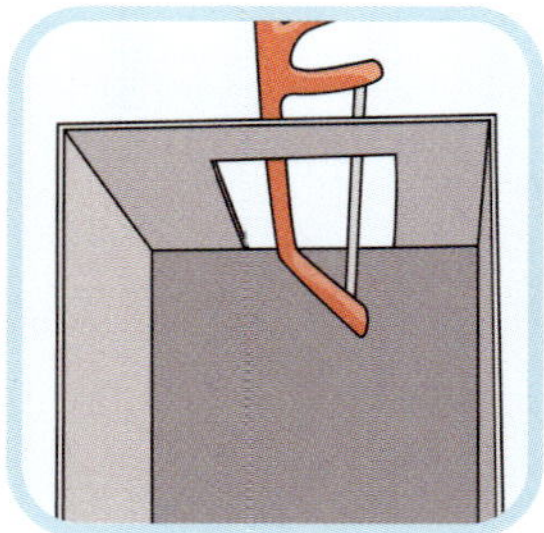

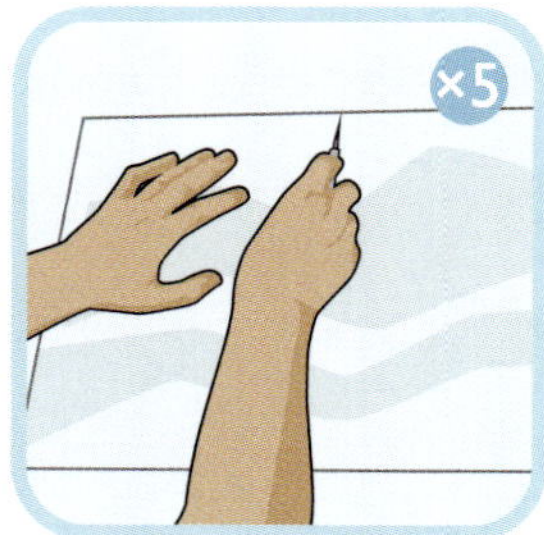

Corte cinco láminas de plástico acrílico.

Péguelas.

Pruébela; selle cualquier agujero.

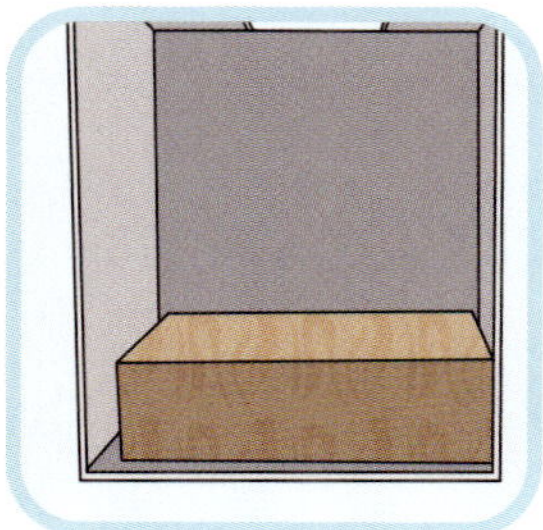

Inserte una plataforma.

Añada agua y climatización.

286 construya un estanque de kois

Póngala dentro del armazón.

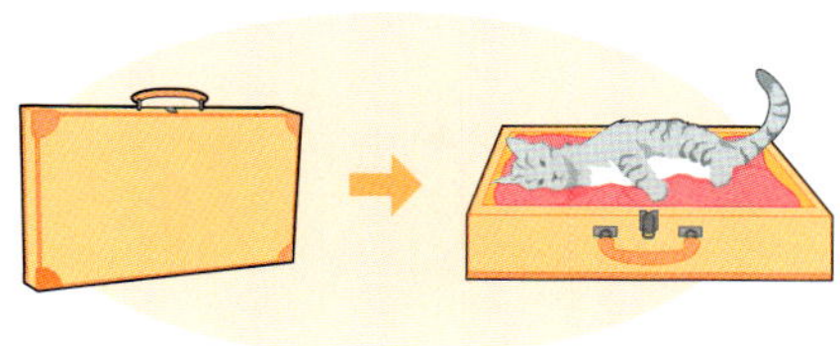

237 cree una silla con cámaras de aire

494 vaya en monociclo

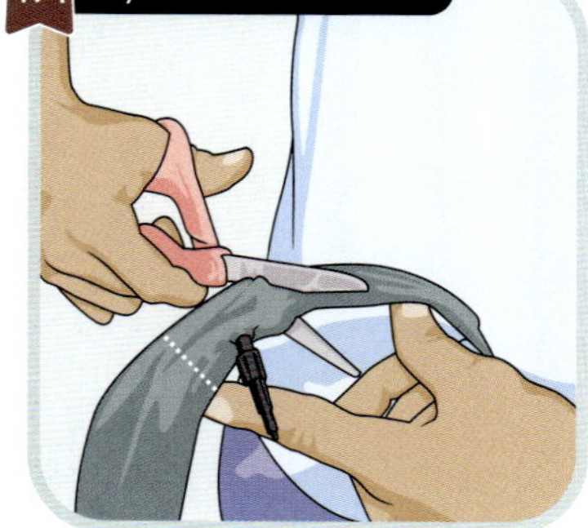

Corte las válvulas de los tubos.

Ténselos alrededor del marco y haga un nudo.

cree una alfombra de plástico

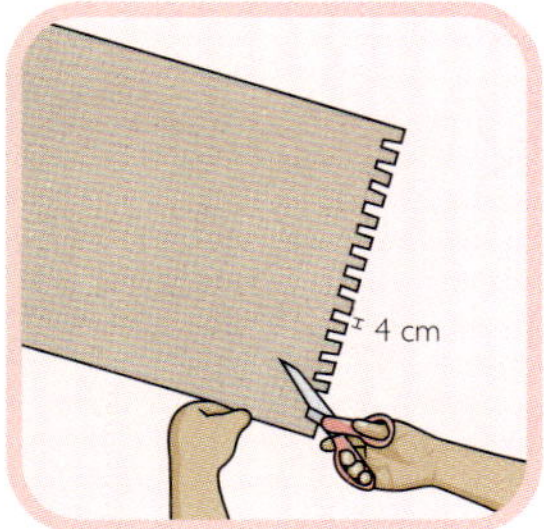

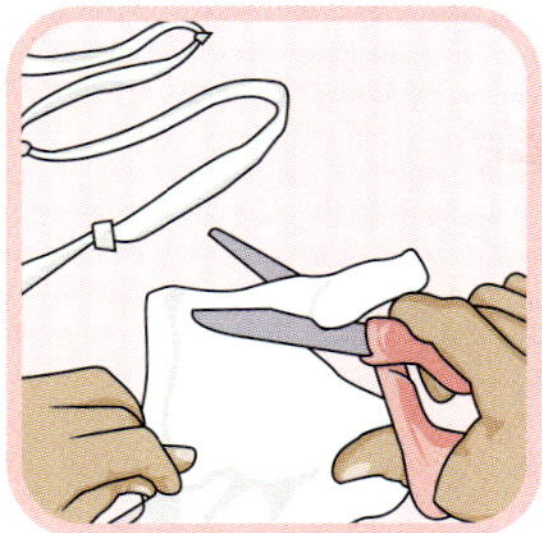

Corte bolsas de basura; átelas en tiras.

Enróllelas alrededor del telar.

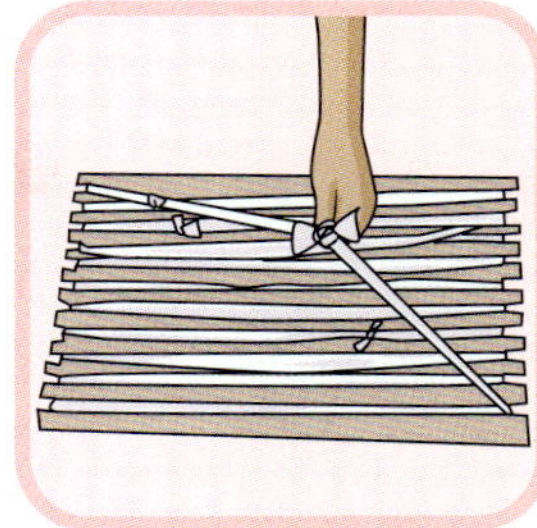

Átelo detrás.

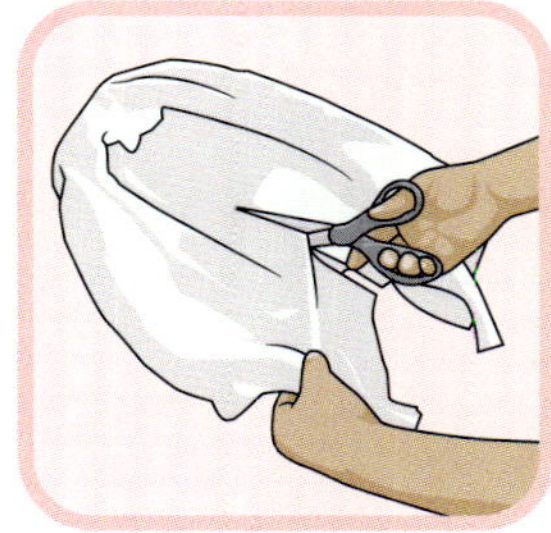

Corte entre las asas.

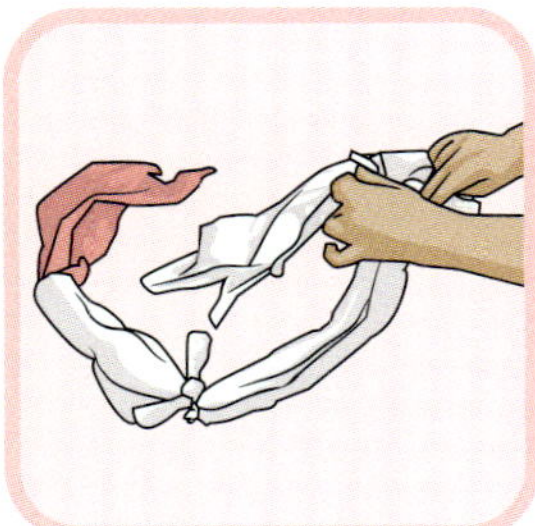

Ate las asas de la bolsa.

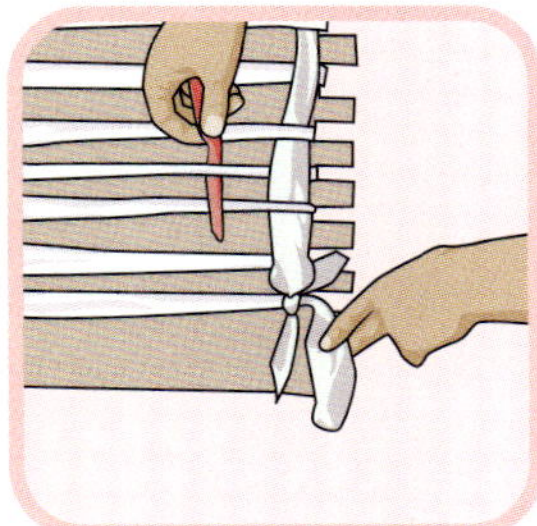

Átelas delante; entrelácelas.

Átelas.

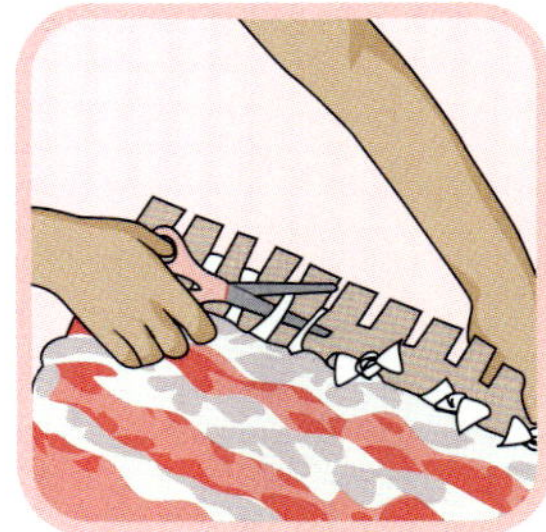

Córtelas de dos en dos; anúdelas.

Recorte el flequillo; sacúdala.

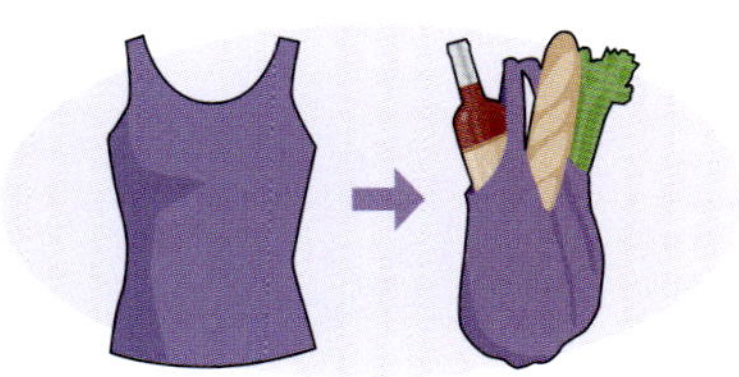

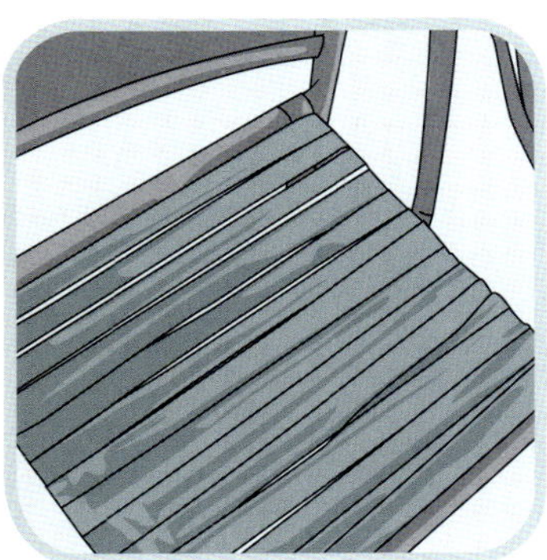

Continúe hasta que esté todo cubierto.

Entreteja en sentido contrario.

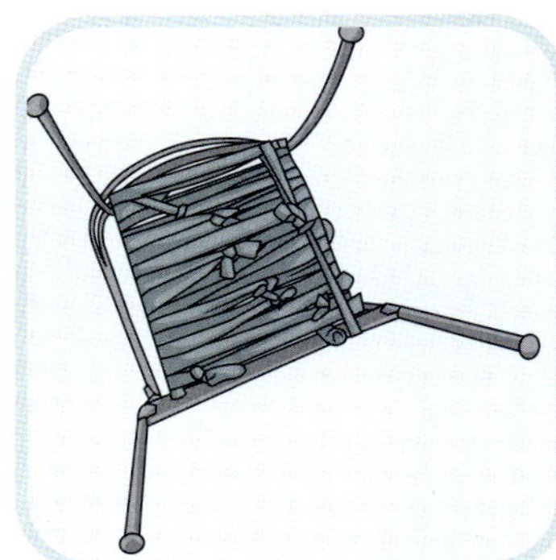

Átelas debajo de la silla.

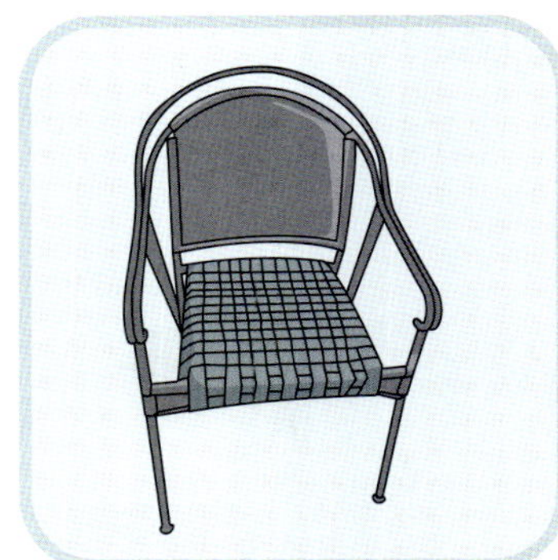

239 instale un interruptor

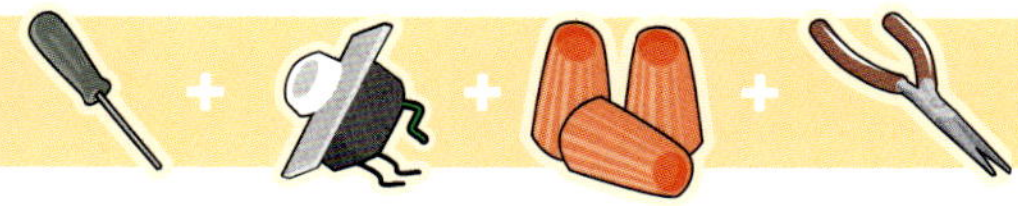

Desconecte la electricidad.

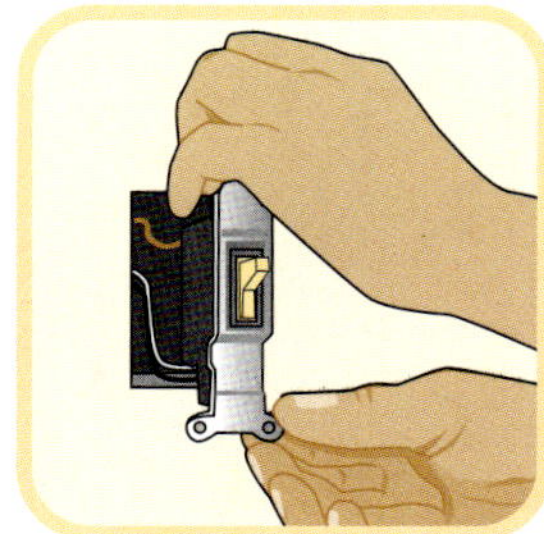

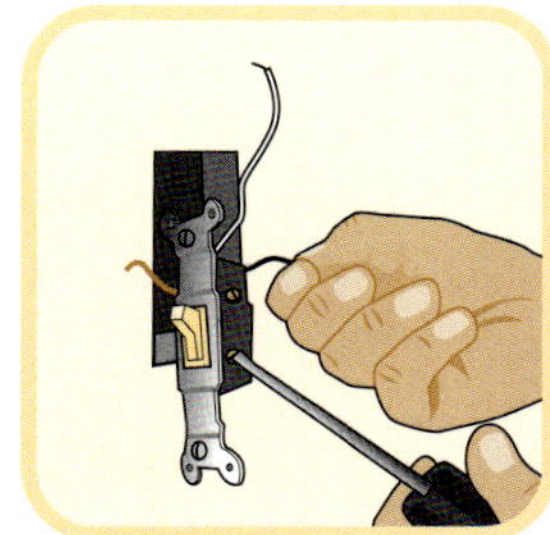

Desconecte los tres cables.

Alinee los cables.

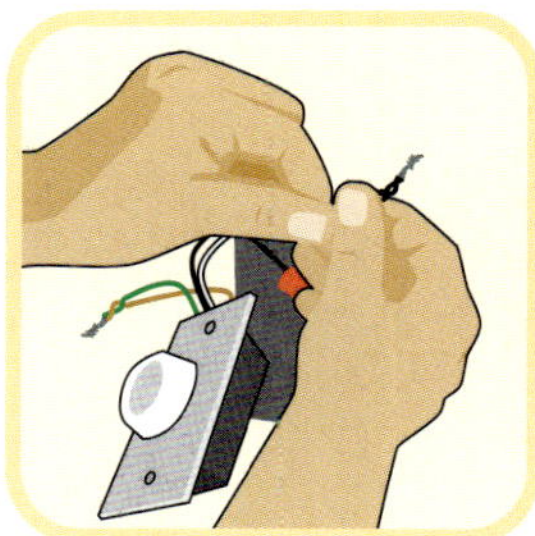

Trence los tres cables juntos.

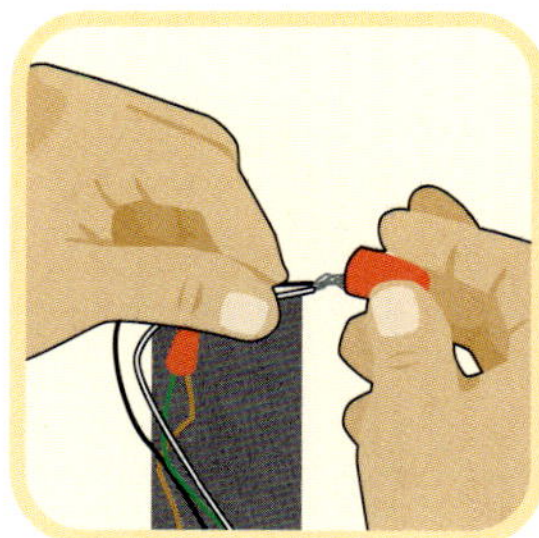

Conéctelos.

Póngalos doblados en la caja.

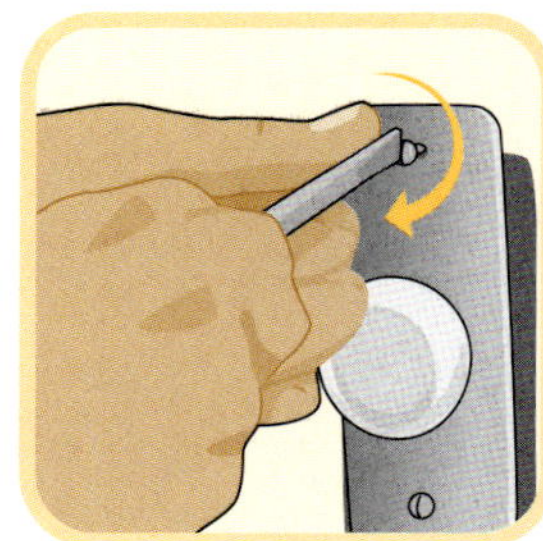

Coloque el interruptor y la placa.

¡Cuántos cables! No sufra. Solo tiene que conectar los cables de carga, de fase y el hilo de corriente de la caja de la pared a los cables adecuados en el interruptor de cambio de luces. En este caso, el cable de carga es negro, el de fase es blanco y el hilo de corriente es verde y cobrizo. Si no tiene estos colores, antes de seguir, consulte a un profesional o use un comprobador de tensión para saber cuál es cada cable.

Puede comprar un adaptador *wi-fi* y un cable USB en cualquier tienda de informática. Si se va a la montaña, pero no puede vivir sin Internet, ¡vaya a comprarlo! Puede tardar un poco en conseguir una buena señal.

240 mejore su *wi-fi* con un colador

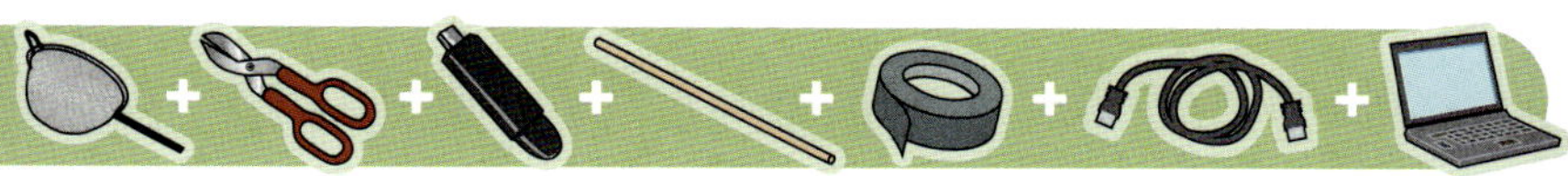

Haga un agujero en el colador.

Ponga el adaptador en el agujero.

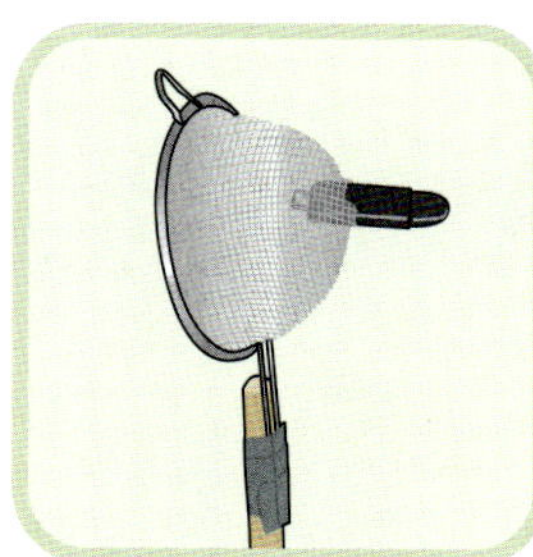

Únalo a una vara de madera.

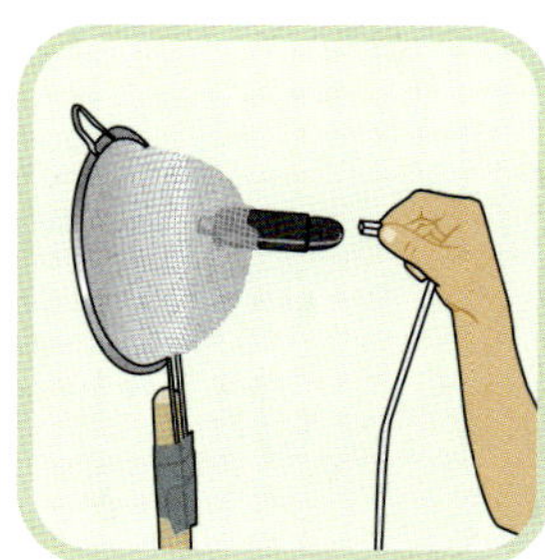

Conéctelo al cable USB.

Busque la mejor señal.

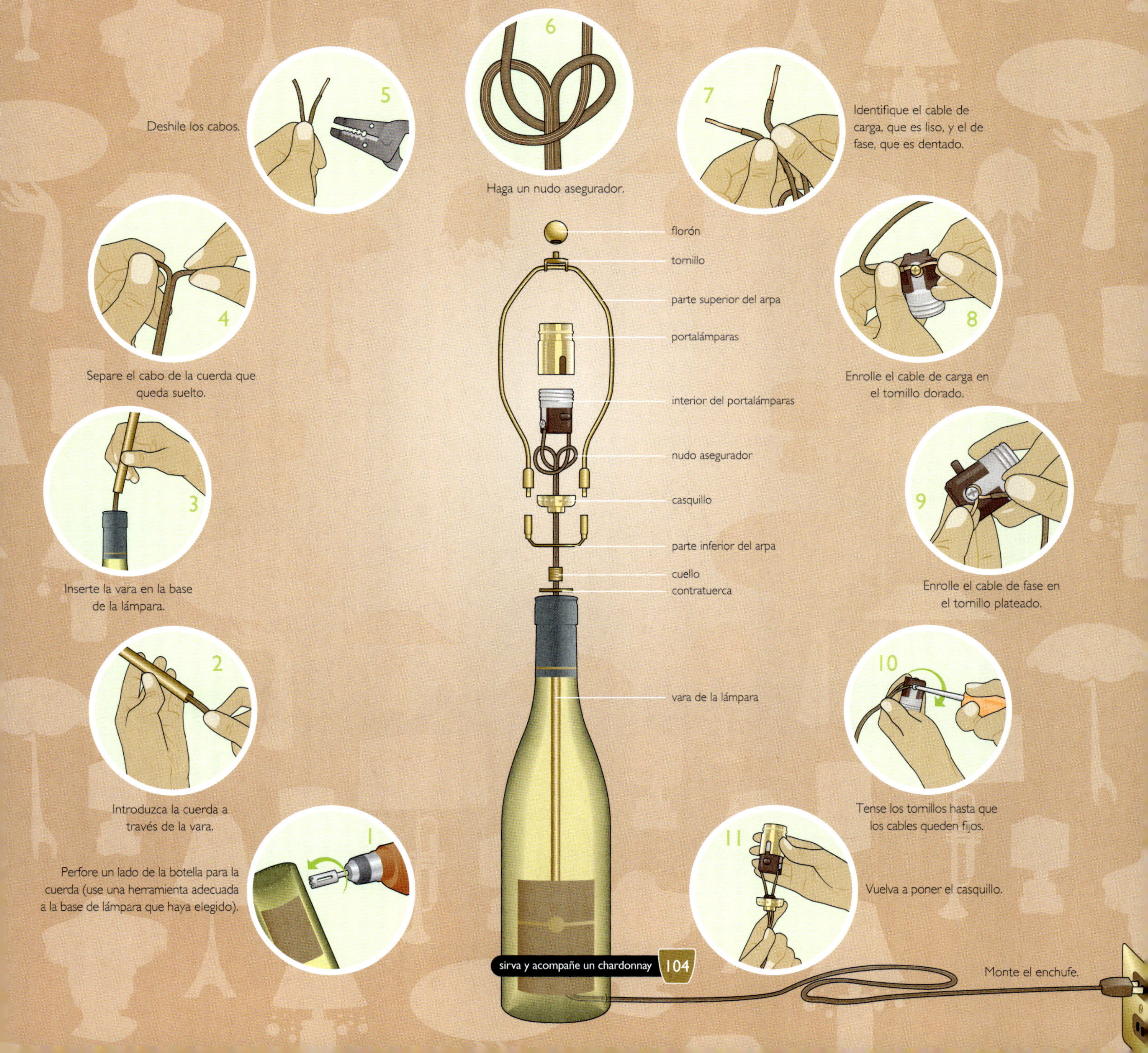

sirva y acompañe un chardonnay 104

242 desatasque el wc

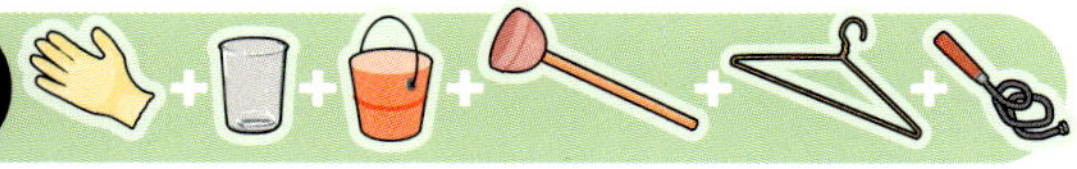

Saque casi todo el agua.

Desatasque el wc.

Deforme un alambre y muévalo por el atasco.

Saque el alambre e inserte un cable guía flexible.

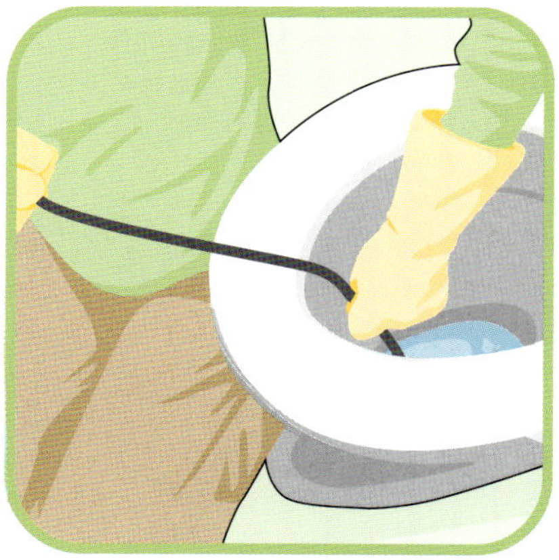

Gírelo; tire de él para soltar el atasco.

Tire de la cadena cuando el agua empiece a irse.

243 recupere objetos del desagüe

Cierre el grifo.

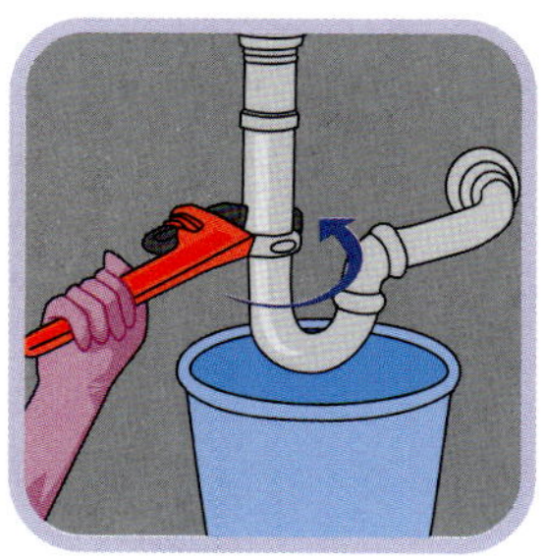

Afloje las tuercas del sifón.

Saque el sifón y busque.

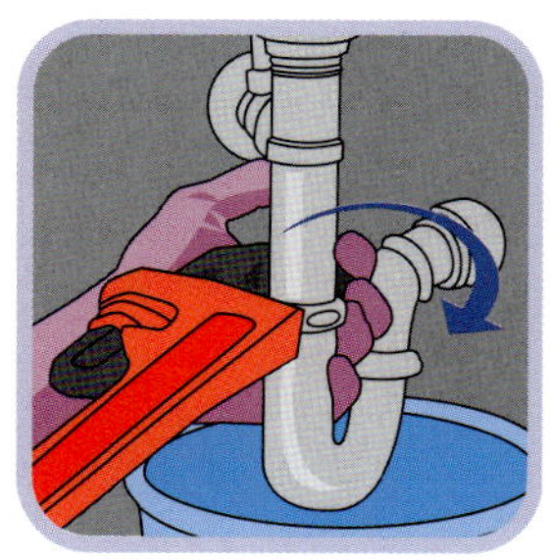

Coloque otra vez el sifón.

repare un cabezal de ducha 244

Cubra la llave inglesa con cinta aislante.

Afloje el cabezal de la ducha.

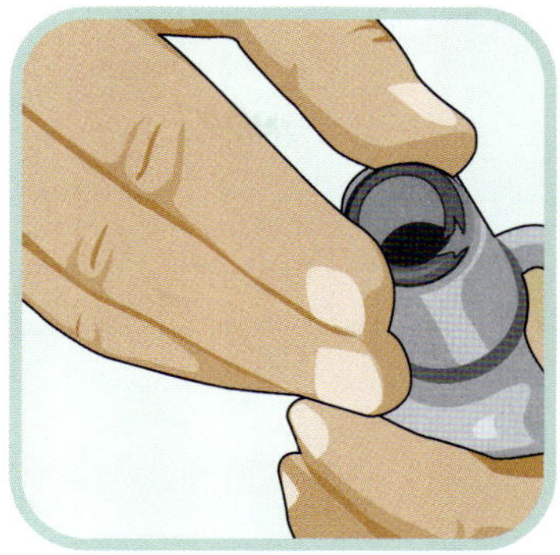

Saque la junta tórica si está dañada.

Métalo en vinagre blanco para eliminar atascos.

Tápelo con la cinta aislante.

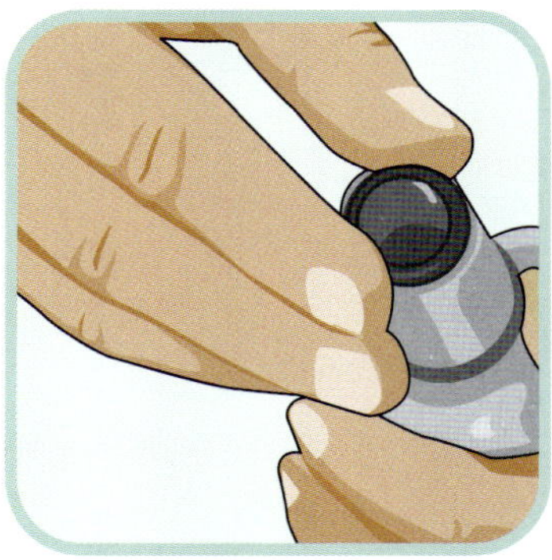

Ponga una junta tórica nueva.

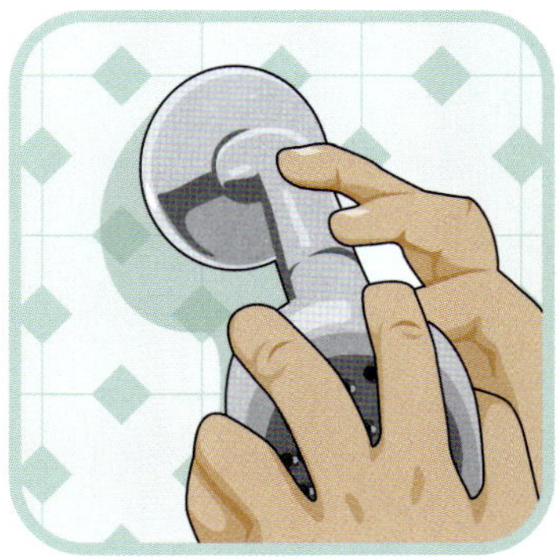

Coloque de nuevo el cabezal de la ducha.

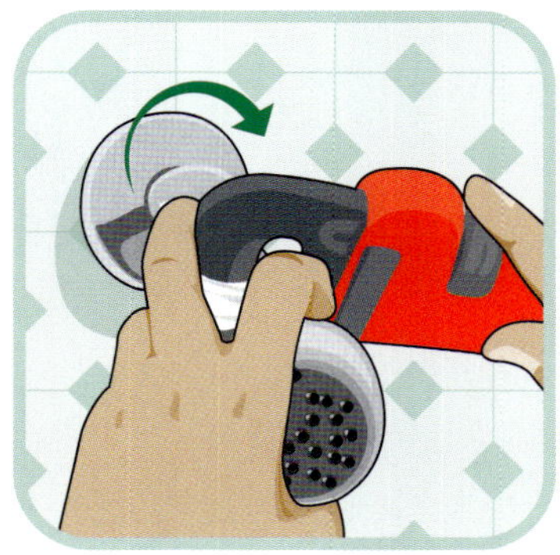

Apriételo con cuidado.

arregle la cisterna de su wc 245

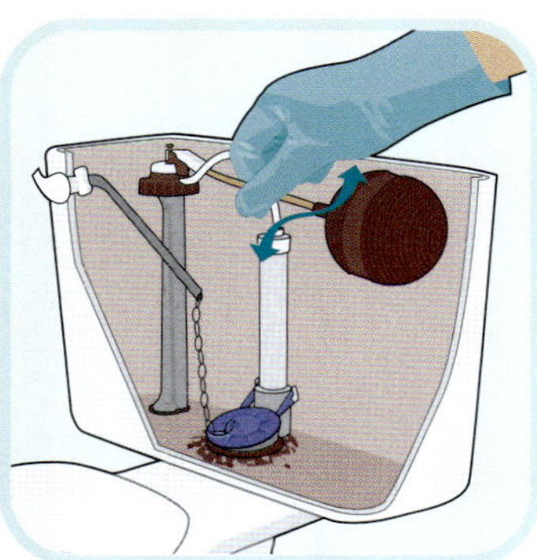

Separe el brazo de los laterales.

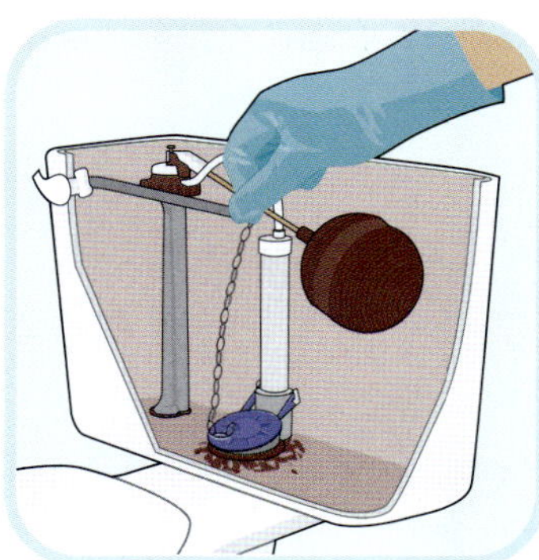

Ajústelo hasta que la bola esté en su sitio.

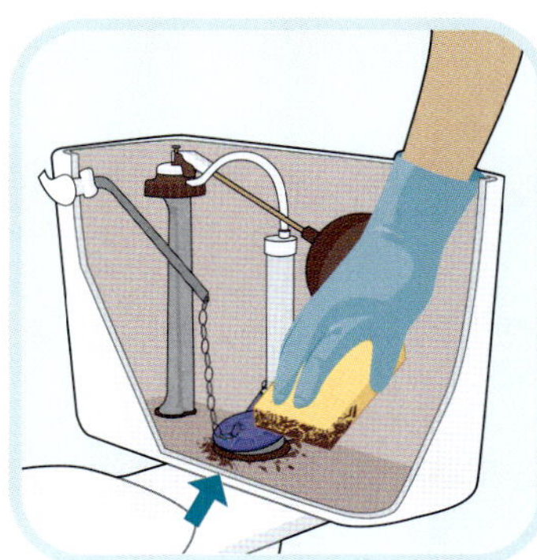

Limpie el asiento de la válvula del agua.

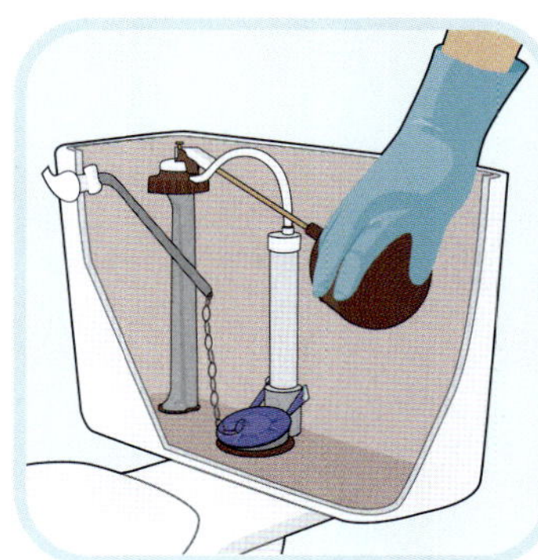

Compruebe que la bola no está dañada.

246 ordene todos los días

247 limpie cada semana

276 atraiga a bichos inofensivos

248 haga tareas estacionales

bicarbonato de sosa
acero inoxidable
olores
manchas de aceite de motor
manchas de tinta
atascos
en el lavabo
manchas en el wc
manchas de café
vinagre blanco
aceite de oliva
acero
inoxidable
madera
manchas de alquitrán
tabla para cortar
las manzanas cuando
se vuelven marrones
utensilios de cocina de cobre
limón
manchas de té
ropa amarillenta

250 organice su casa con *feng shui*

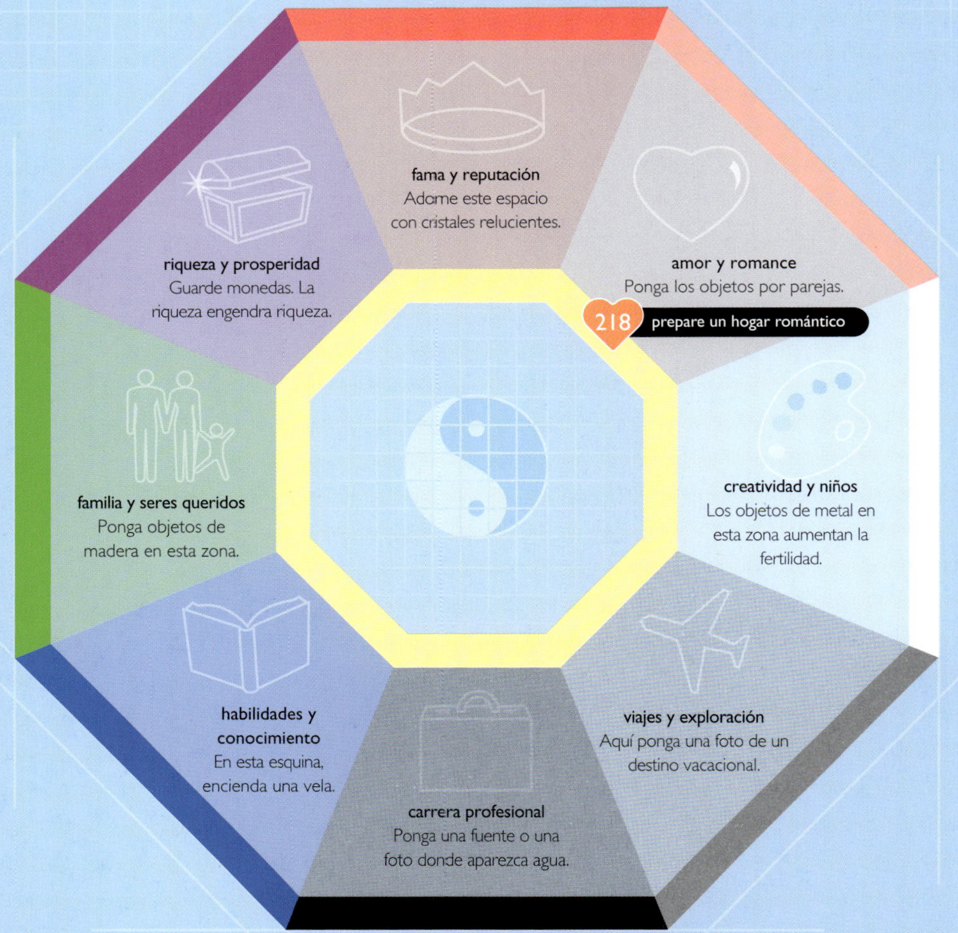

Alinee el pie de este diagrama (llamado Ba-Gua) con la fachada de su casa e imagínelo superpuesto por todo el espacio. Coloque sus pertenencias de forma que le traigan buena suerte en los temas que más le importen.

la buena suerte

¿Su casa está mal organizada? Añada cosas limpias, fluidas, naturales y vivas para crear un hogar más acogedor.

Los espejos reflejan la luz y la energía de una sala a otra.

Abra las cortinas durante el día para llenar la casa de luz y energía positiva. Ciérrelas por la noche para conservar esta energía.

la mala suerte

Para que la energía positiva siga fluyendo libremente, saque las cosas muertas, rotas, sucias, anormales o que eliminen las fuerzas buenas.

Las camas metálicas trasmiten electricidad, lo que puede interferir con el *qi* positivo.

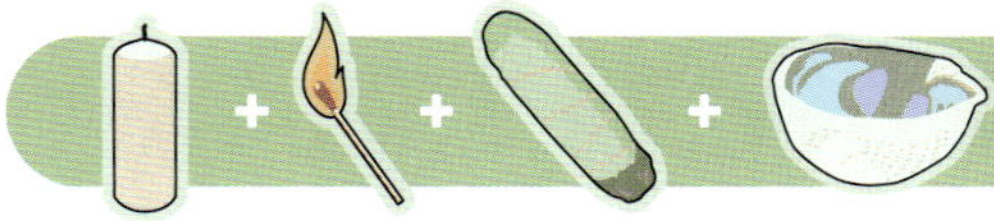

purifique su casa 251

Abra la puerta para dejar ir a los espíritus.

Encienda el palo de salvia purificador.

Póngalo en una concha de oreja marina.

Paséelo por la casa mientras piensa en cosas buenas.

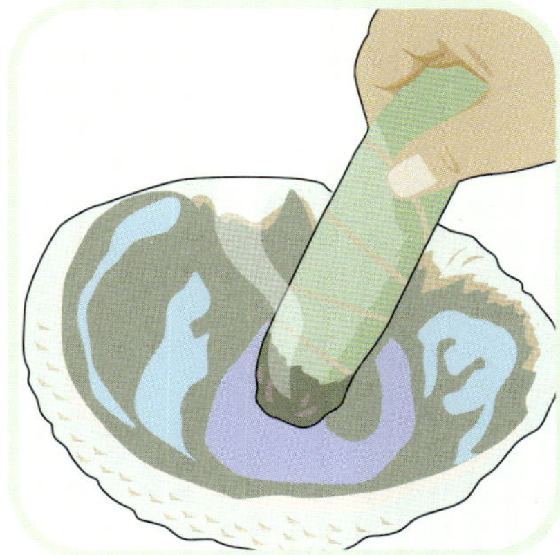

Cháfelo para apagarlo.

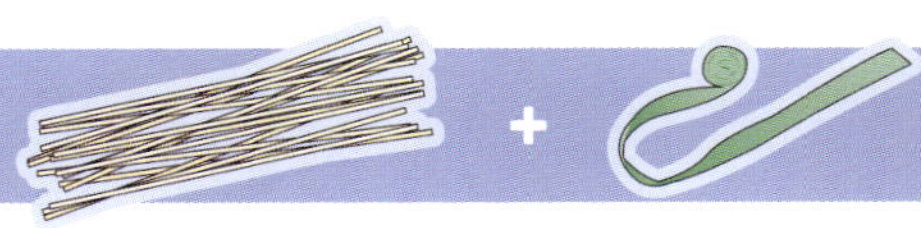

protéjase con la cruz de brígida 252

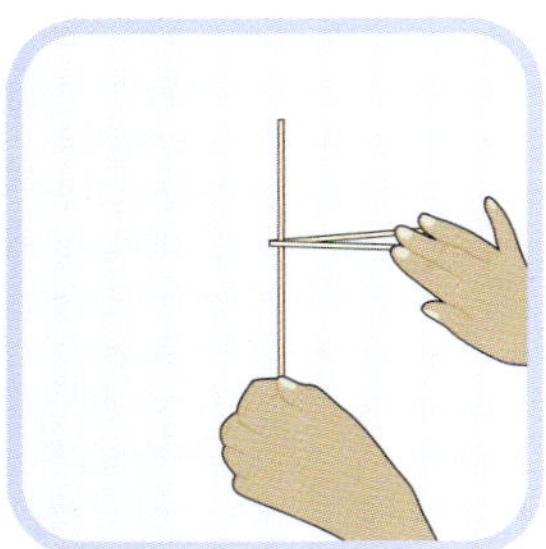

Doble una paja encima de otra.

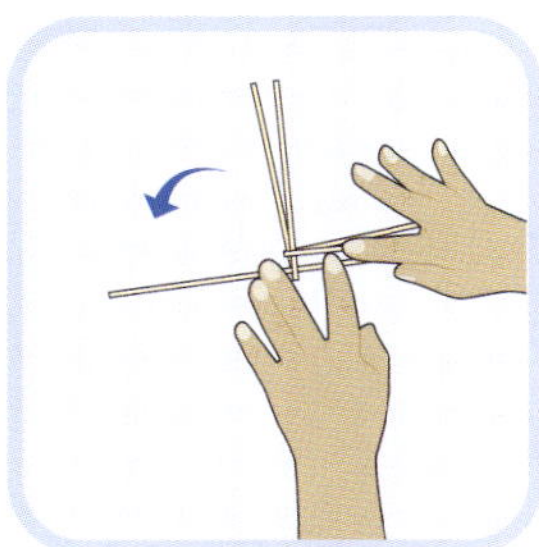

Rótela; doble otra paja.

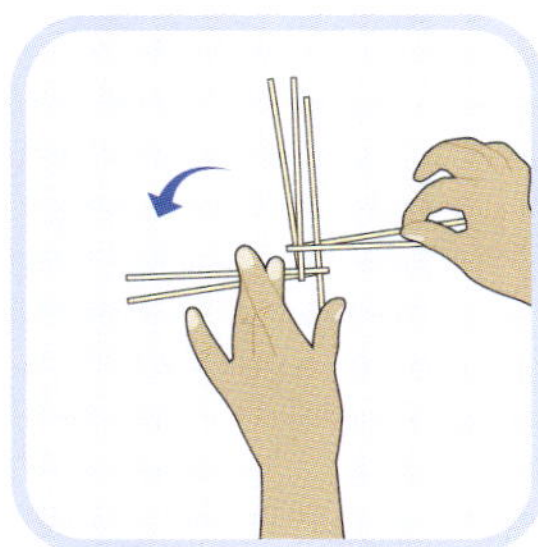

Repítalo.

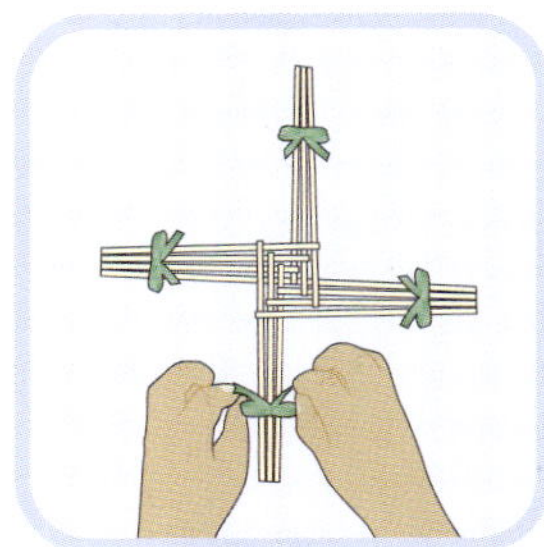

Cuando haya acabado, átelas.

Cuélguela encima de la puerta.

253 aprenda lo básico sobre cortinas

¿Tiene una ventana descubierta que le está pidiendo a gritos un adorno? Aprenda a colgar cortinas y a acicalarlas con detalles bien elegidos, como terminales o ribetes.

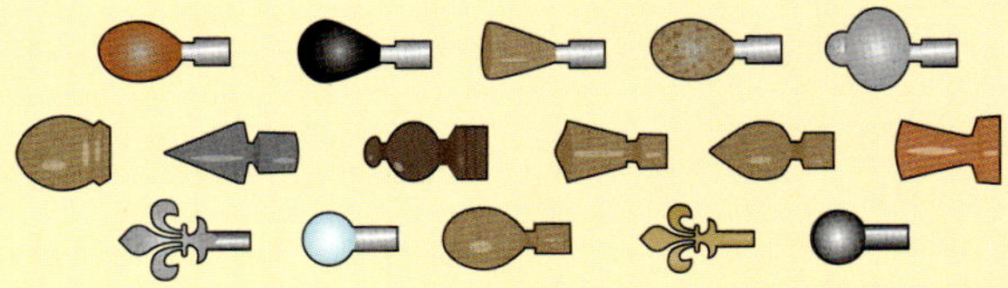

Remate las barras de sus cortinas con una bonita terminal.

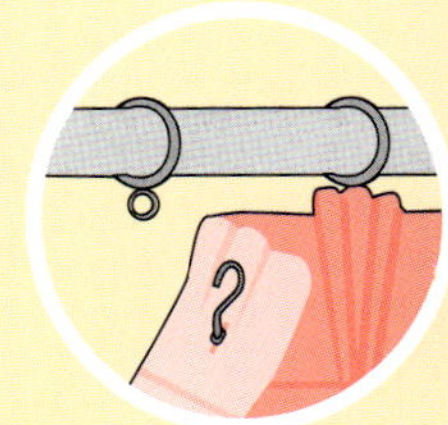

Asegúrelo con los ganchos.

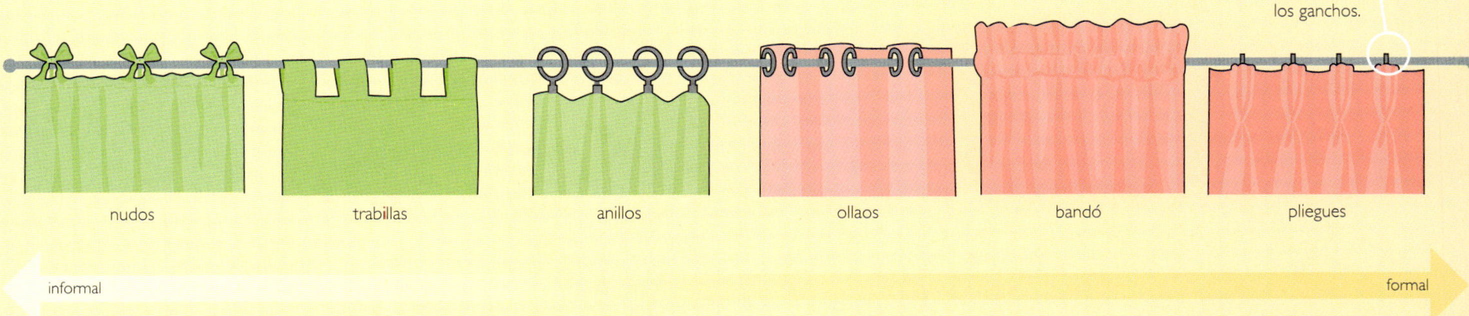

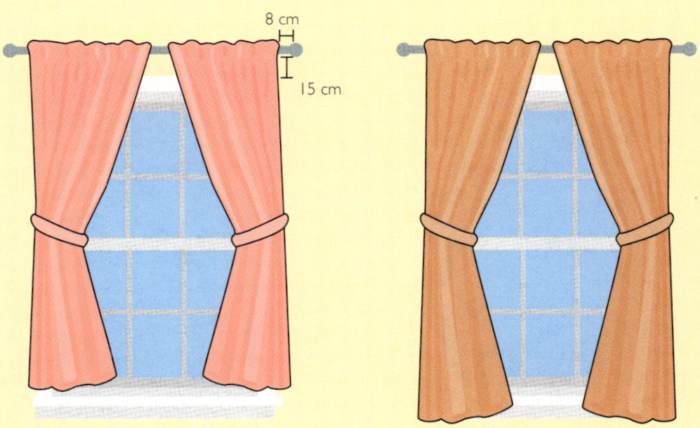

Alinee la parte inferior de las cortinas informales con el alféizar o el revestimiento.

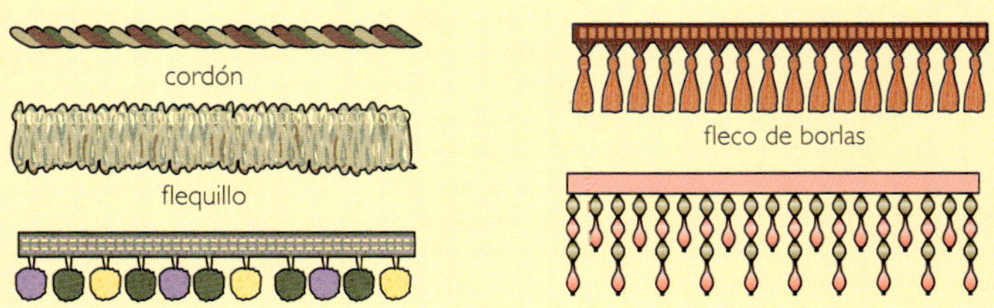

Engalane sus cortinas con pasamanería personalizada, por ejemplo, borlas y cuentas. Solo tiene que coserlos a lo largo del ribete inferior.

Para evitar que la pelusa se acumule en el dobladillo, no deje que este toque el suelo.

Si quiere darle un toque teatral, deje caer la tela hasta el suelo con elegancia.

Ahora que ya conoce los aspectos básicos, pruebe con otros tipos de cortina clásicos. ¿Qué le parecen unas cortinas tipo café para la cocina o un juego de cortinas largas en el comedor?

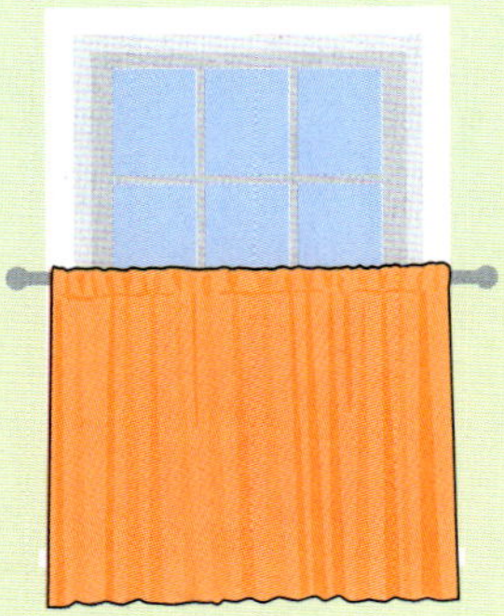
café

con lazos

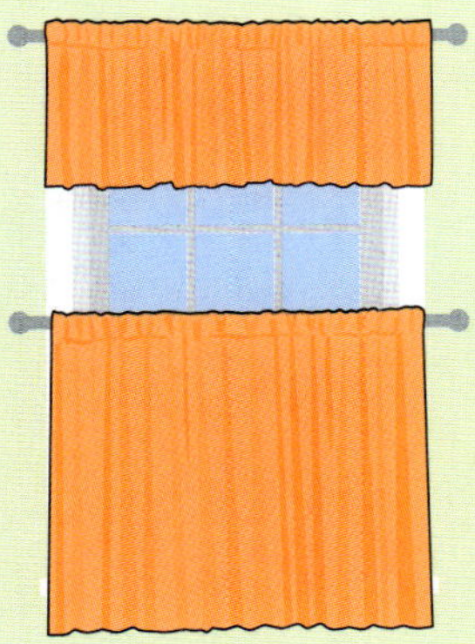
panel

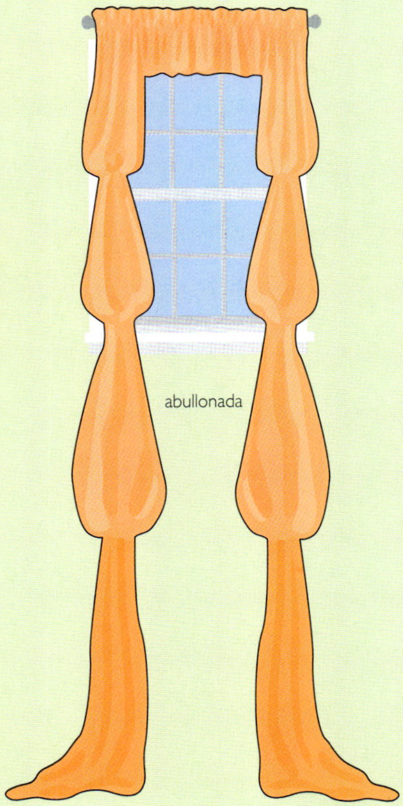
abullonada

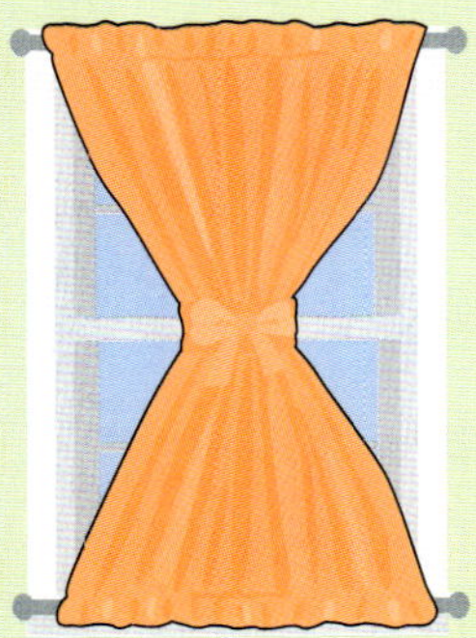
visillo

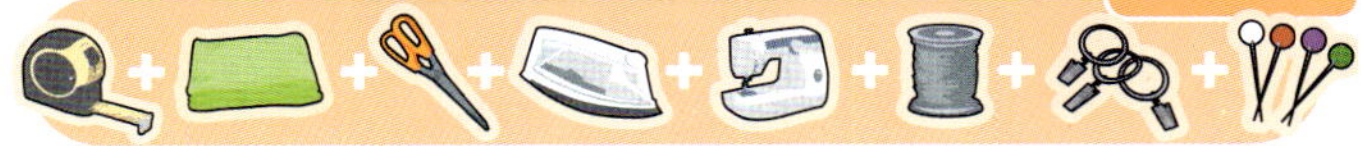

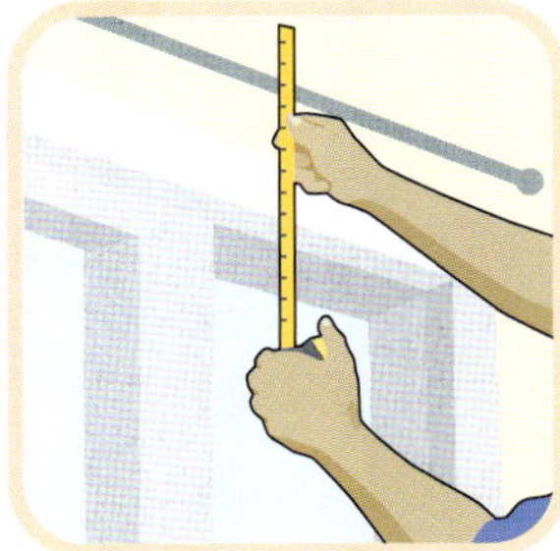
Tome las medidas; doble el ancho.

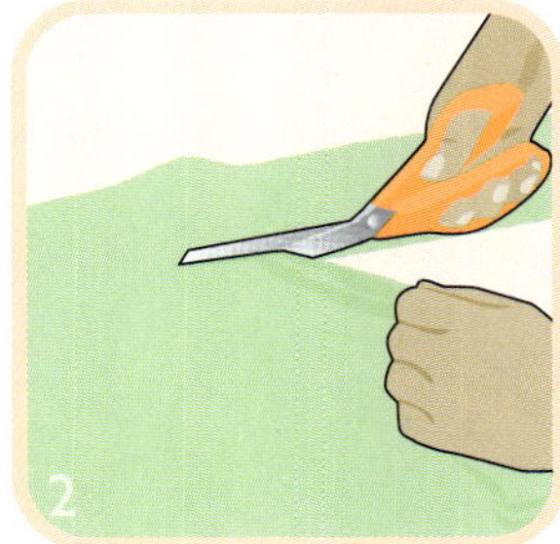

Recorte la tela.

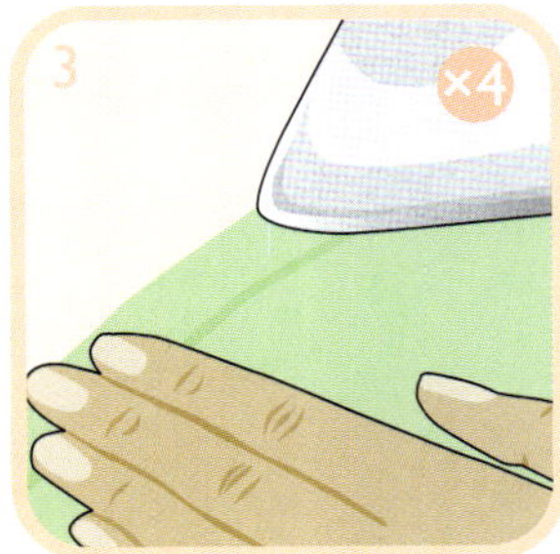

Doble un borde limpio; plánchelo.

Doble el ribete; plánchelo.

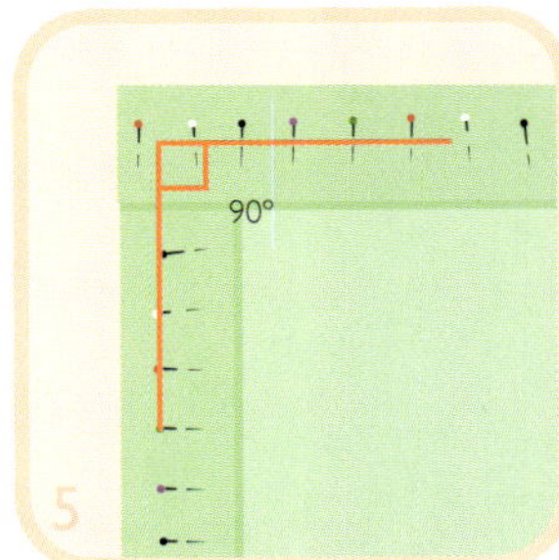

Las esquinas tienen que encajar.

Cosa a lo largo de los bordes.

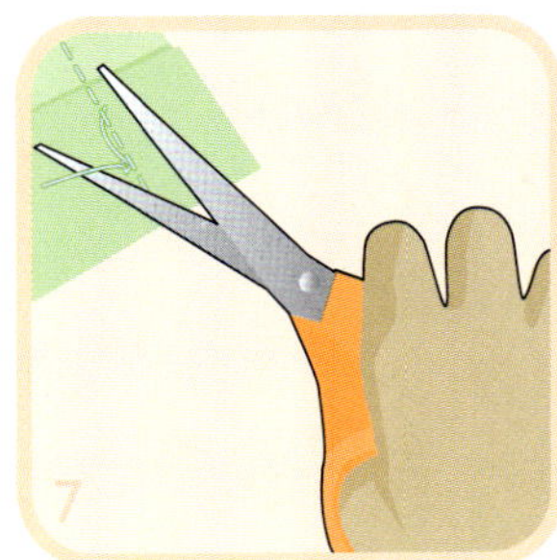

Ate el hilo detrás. Córtelo.

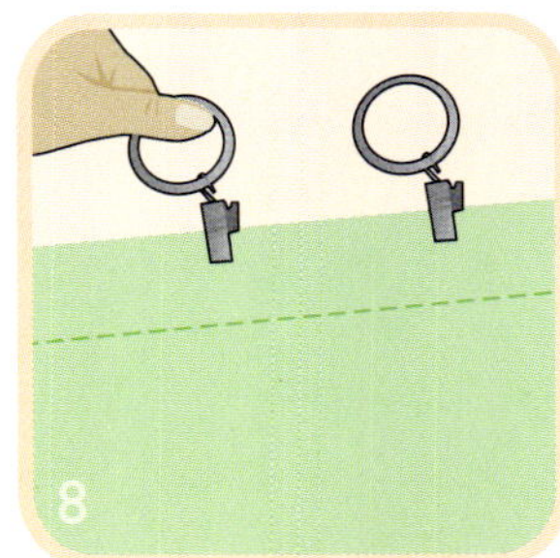

Coloque las anillas y cuélguela.

256 fabrique ladrillos de adobe

Mezcle tierra y agua; agítelo.

Déjelo reposar; compruebe el resultado.

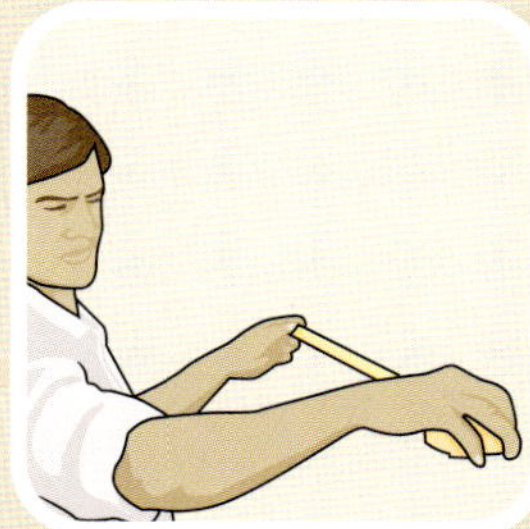

Calcule el tamaño de la pared.

Prepare el lugar de trabajo.

Añada arena y barro a la tierra.

Píselo hasta que esté mezclado.

Ponga el barro en un molde.

Ponga los ladrillos horizontalmente.

Póngalos de pie.

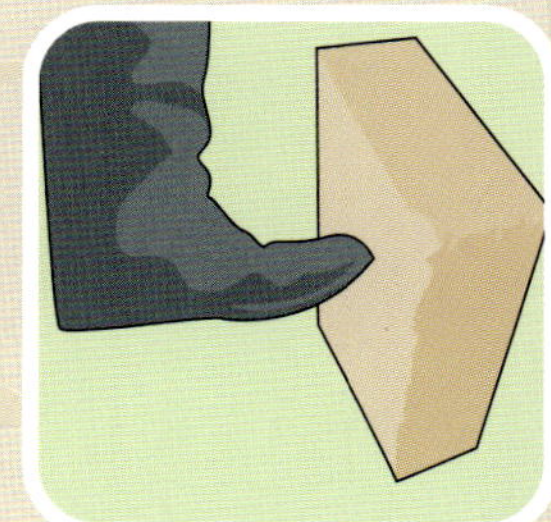

Compruebe la solidez del ladrillo.

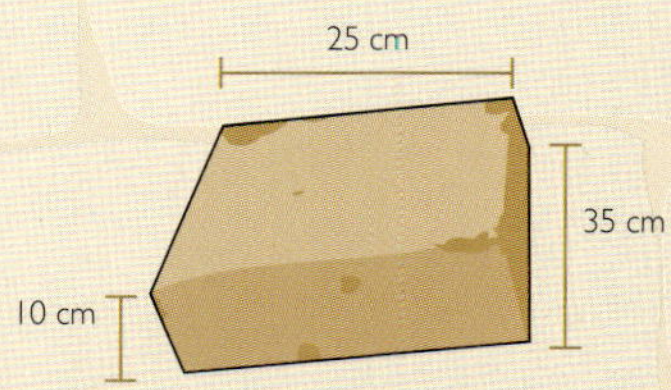

ladrillo de adobe tradicional

* Antes de empezar a remover su mezcla de adobe, pruebe una muestra de tierra para ver qué ingredientes importantes le faltan. El adobe ideal suele contener un 70% de arena y un 30 % de barro. Añada agua y unos puñados de paja para que la mezcla sea densa, pero maleable. Después, póngalo con una pala en un marco de madera parecido a una escalera. Puede construir este marco para hacer ladrillos de cualquier tamaño, pero se aconseja utilizar el tamaño tradicional.

257 construya una pared de adobe

Prepare unos cimientos sólidos.

Haga un mortero de barro y paja.

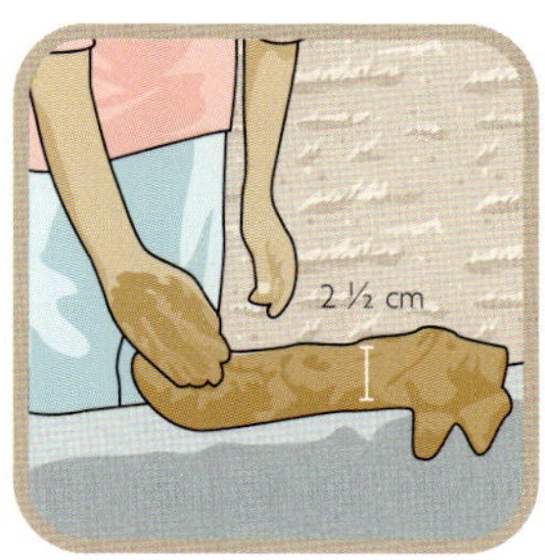

Expanda el mortero.

Ponga los ladrillos en el mortero.

Encale.

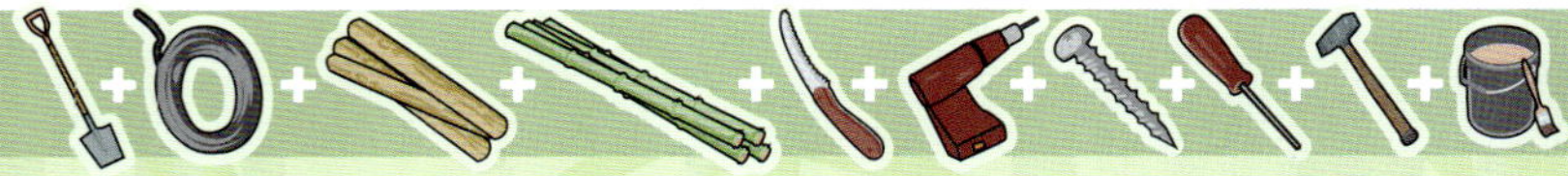

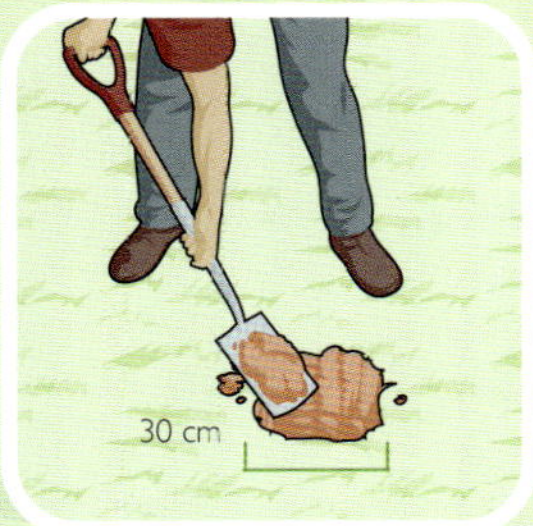

Cave agujeros para los postes.

Coloque los postes y nivélelos.

Rellene los agujeros y apisónelos.

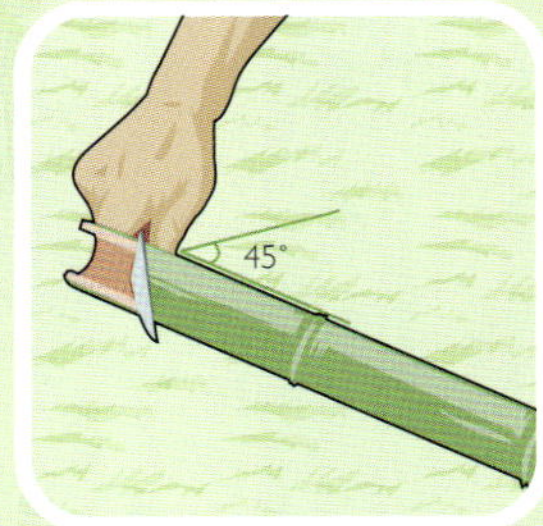

Corte los travesaños.

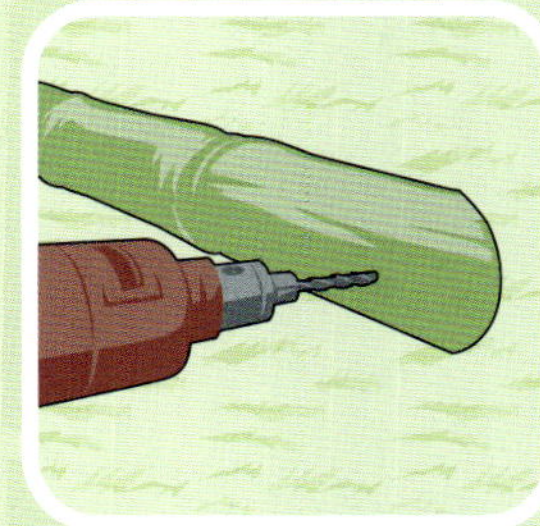

Agujeree los barrotes.

Atornílelos a los postes.

Corte y coloque los barrotes.

Clávelos en el suelo.

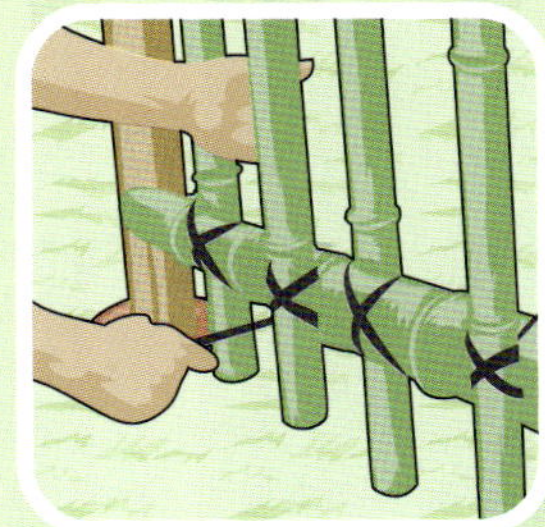

Ate las uniones.

Para acabar, use un protector.

Para crear un sello natural (y hacer que su verja dure más tiempo), corte los barrotes de bambú por encima del diafragma.

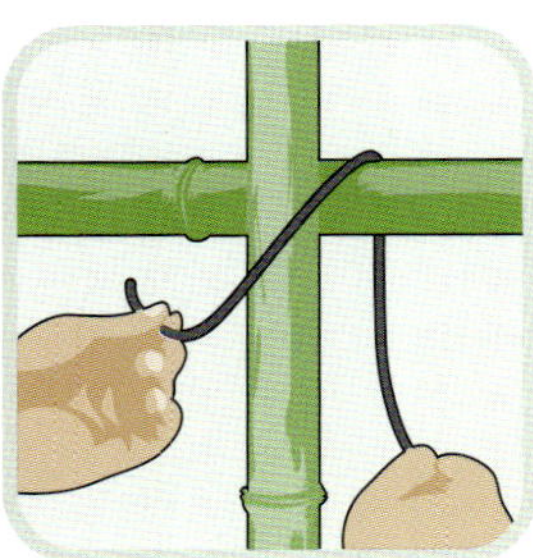

Entrelace un cordón en las uniones.

Crúcelo detrás de la unión.

Vuelva a llevarlo al frente.

Páselo por encima del otro cabo.

Átelo detrás de la unión y córtelo.

construya una casa de árbol

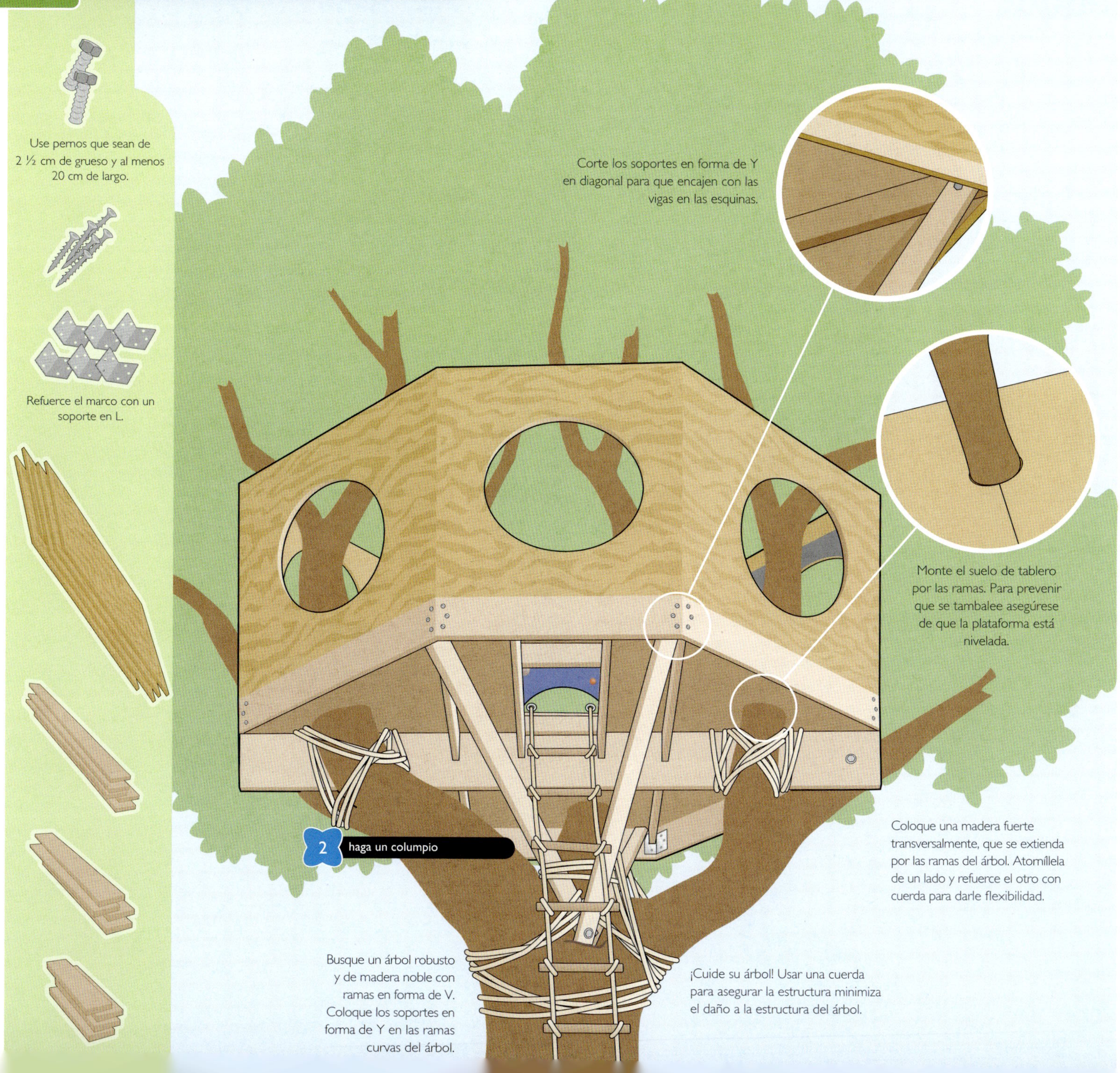

261 decore una casa de árbol

459 lance una bola de papel

vida

262 cultive un aguacate

65 prepare guacamole

trasplante una planta de interior 263

Saque la planta de la maceta.

Coloque un filtro de rejilla en el orificio.

Presione la tierra.

El agua asienta las raíces.

trasplante una planta a otro tiesto 264

Desenrede las raíces de los lados.

Desenrede las raíces de abajo.

Ya puede trasplantar la planta.

265 plante un árbol con la raíz desnuda

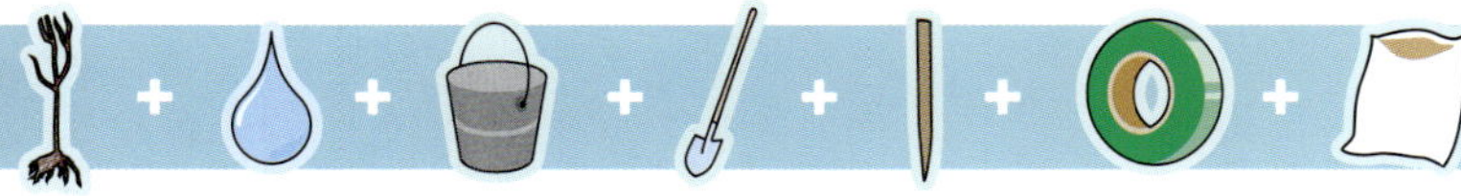

Estire las raíces.

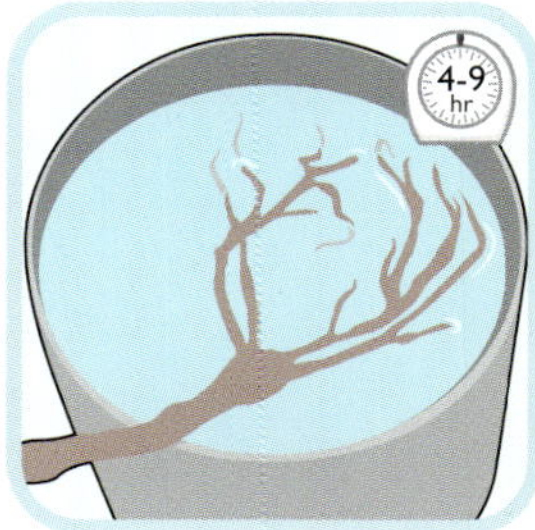

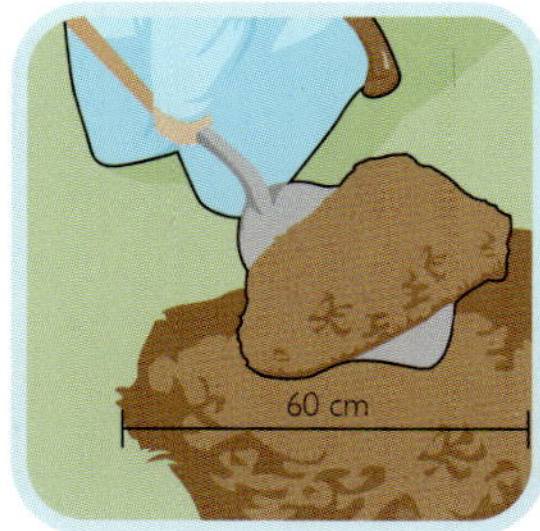

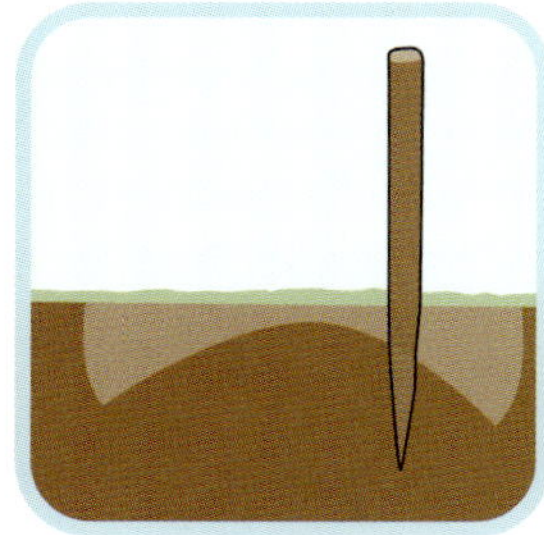

Clave el palo en el montículo.

La parte alta debe estar nivelada.

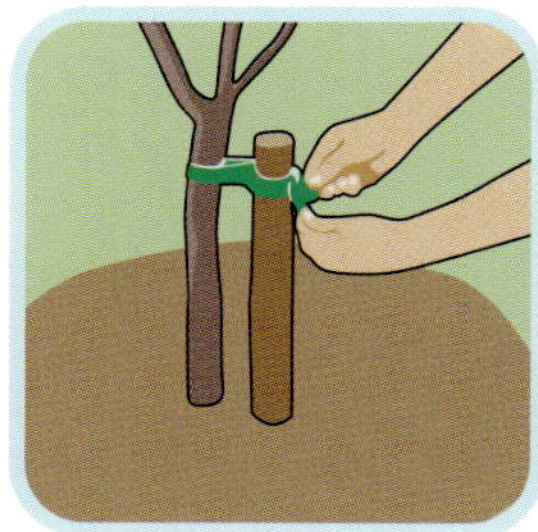

Haga una barrera de mantillo.

266 injerte un árbol cítrico

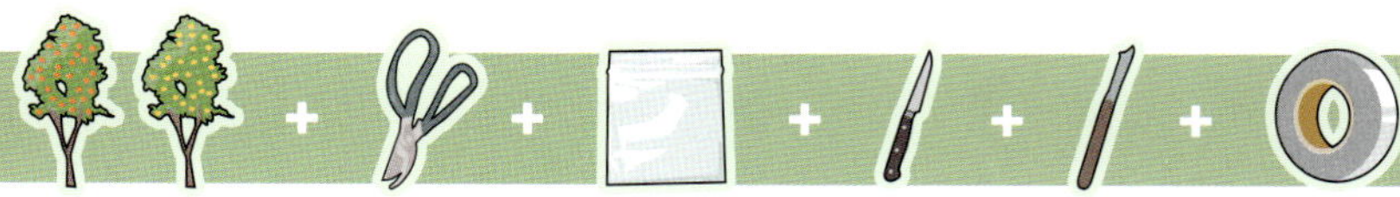

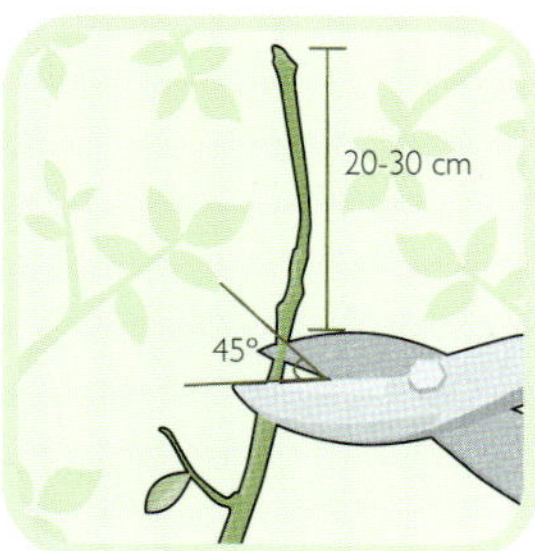

Seleccione y corte un brote.

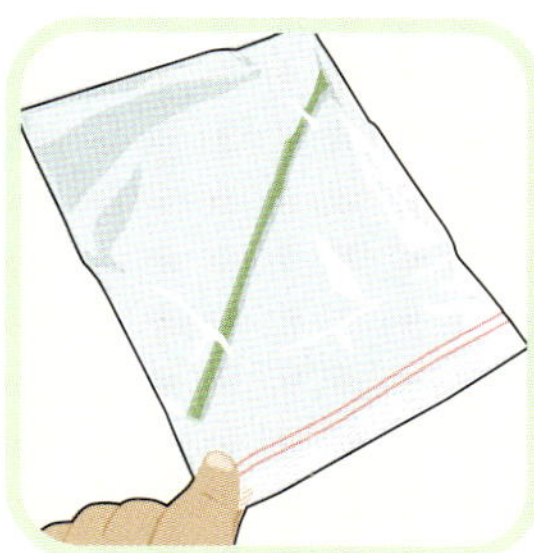

Métalo en una bolsa.

Guárdelo en la nevera.

Recorte el brote.

Realice una incisión.

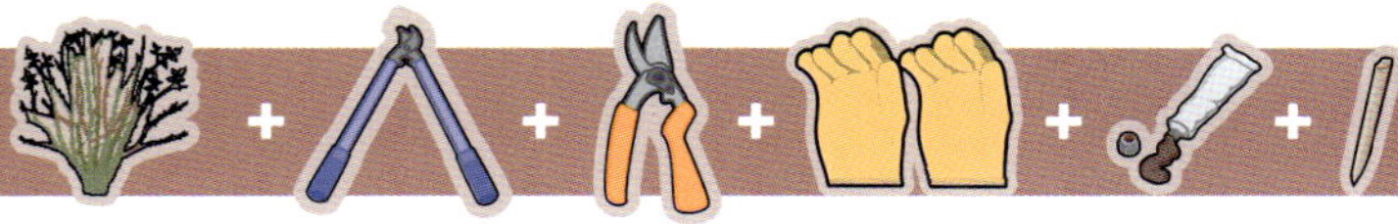

pode un rosal

Corte las ramas secas.

Quite las ramas horizontales.

Quite las ramas demasiado finas.

Corte las ramas interiores.

Retire las ramas entrecruzadas.

Saque los chupones.

Corte por encima de los brotes.

Pode hasta el tejido sano.

Aplique pegamento o sellador.

Cree la forma de un florero.

rosa centifolia

rosa damascena

rosa alba

rosa gallica

rosa sempervirens

rosa borbónica

rosa de té

prepare una flor para el chaqué 215

rosa china

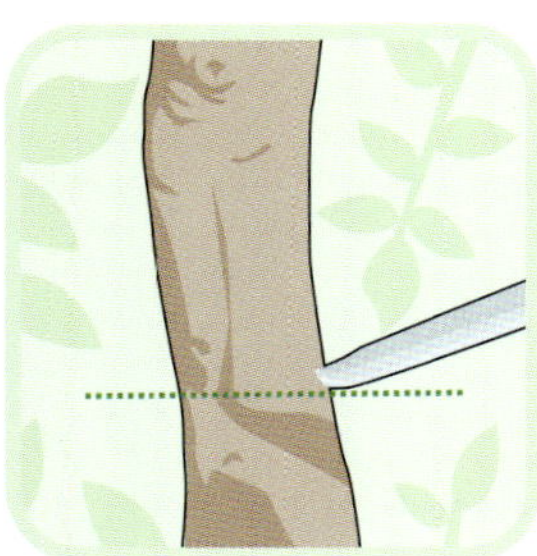
Haga un corte en forma de T.

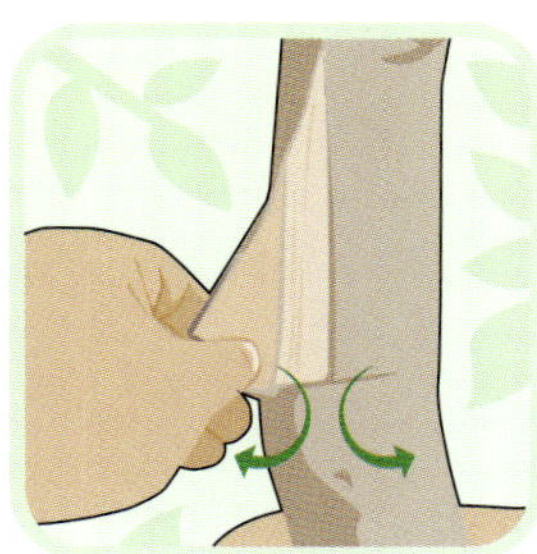
Abra la corteza a los lados.

Coloque el brote en la corteza.

Quite la cinta adhesiva.

268 plante bulbos correctamente

trasplante plantas de semillero 269

Busque cepellones.

Póngalos bajo una luz difusa.

Póngalos bajo una luz directa.

Plántelos un día nublado.

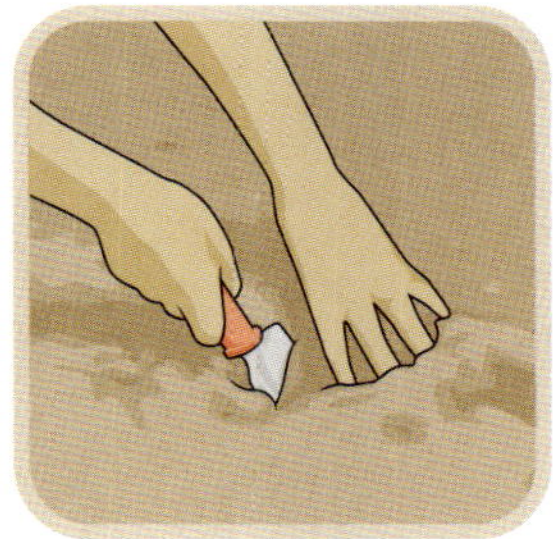

Remueva la tierra.

Deje el espacio adecuado.

Cúbralo con tierra.

Al principio, riegue cada día.

* Las semillas estarán listas para plantarse en tierra cuando el cepellón (mata de raíces y tierra) haya tomado cuerpo y las hojas formen una estrella (llamadas hojas verdaderas). Para que sean resistentes en el exterior, hay que ir exponiéndolas a la luz solar directa poco a poco, y después plantarlas en un agujero que doble el tamaño del cepellón. Hay que asegurarse de que no va a helar más.

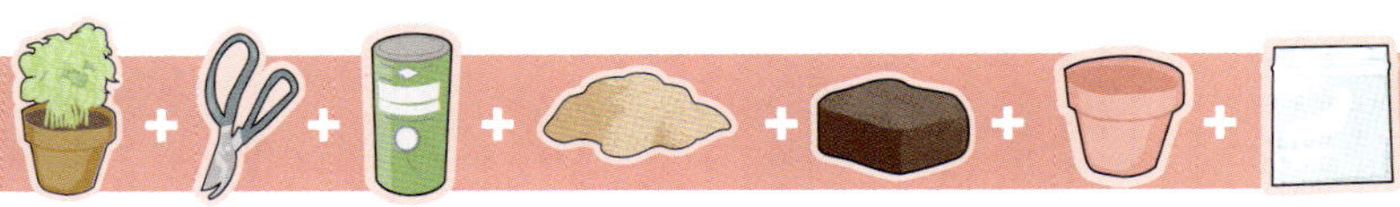

cultive con esquejes de plantas 270

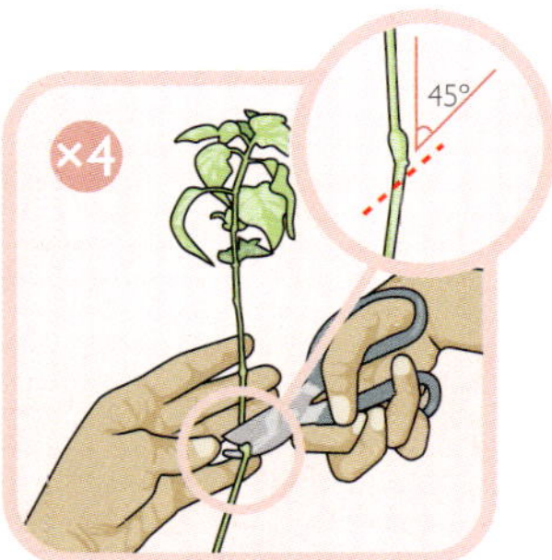

Corte por debajo del brote.

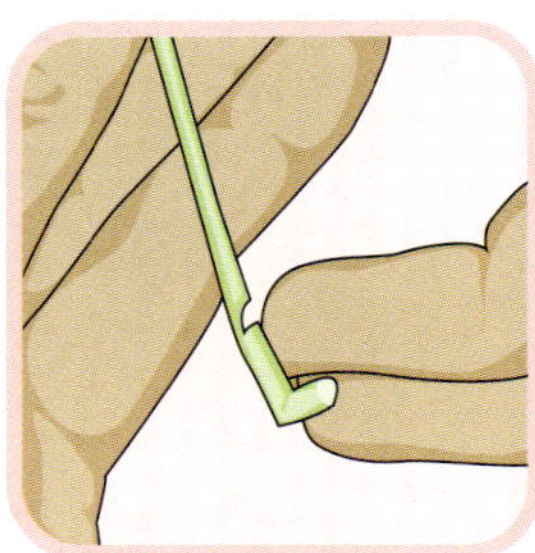

Haga una muesca, dóblelo.

Aplique hormonas de enraizamiento.

Plántelo en arena y turba.

Preserve la humedad.

271 cree un jardín zen japonés

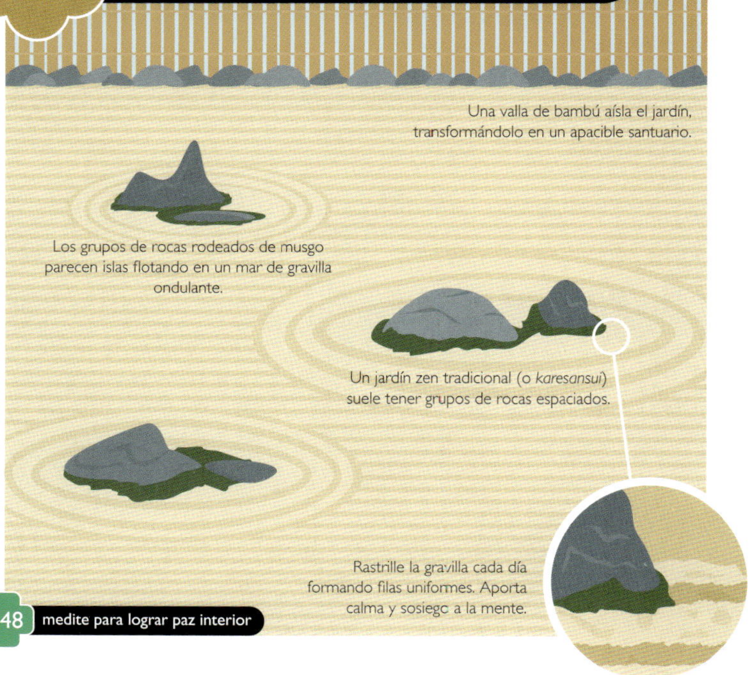

348 medite para lograr paz interior

272 diseñe un jardín de parterres

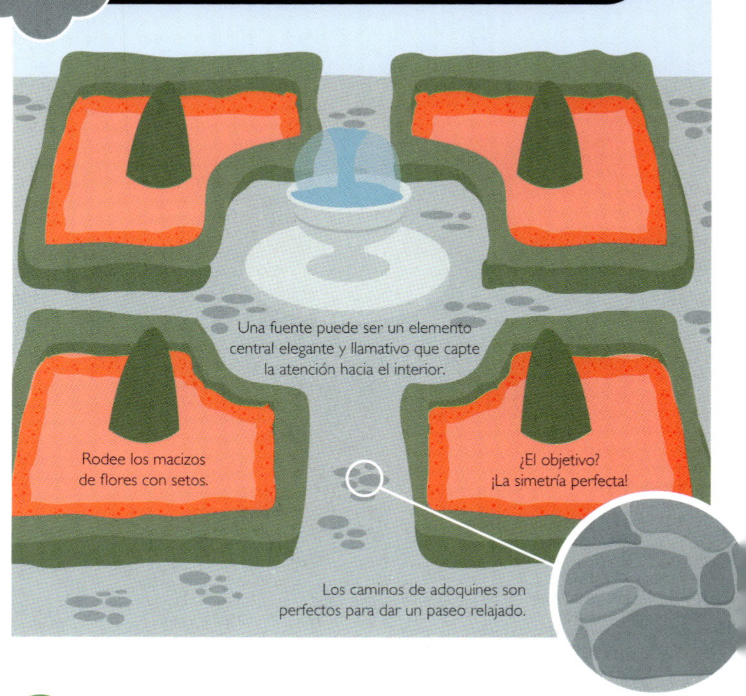

273 siembre un huerto

274 cultive plantas suculentas

acabe con las plagas del patio 275

corte un chile 66

sirva una pinta correctamente 134

Asuste a los conejos y a las ardillas con feroces chiles.

Para que los bichos salgan zumbando, plante hierbas como albahaca o romero.

Vuelva locas las neuronas olfativas de las plagas con jabón, romero u otros aromas.

A los caracoles les encanta la cerveza. Les gusta tanto que suelen ahogarse en su sabor.

¿Problemas con los hormigueros? Introduzca las hormigas de un hormiguero en otro para que echen a las de este último.

atraiga a bichos inofensivos 276

prepare sebo para las aves 277

Haga bolas y deje que se enfríen.

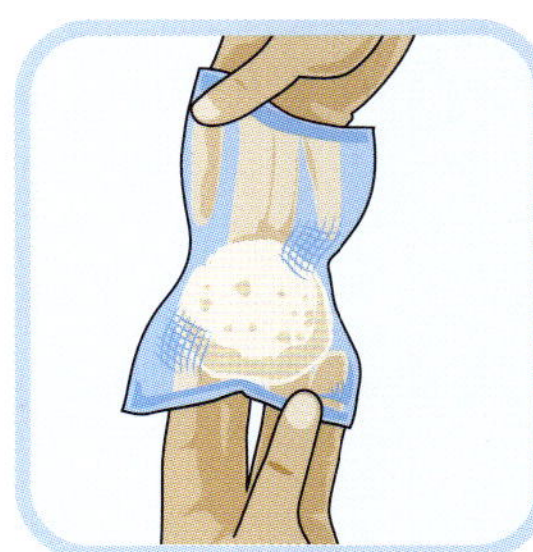

Póngalas en una bolsa de malla.

Cuélguela y contemple a los visitantes.

278 monte una colmena

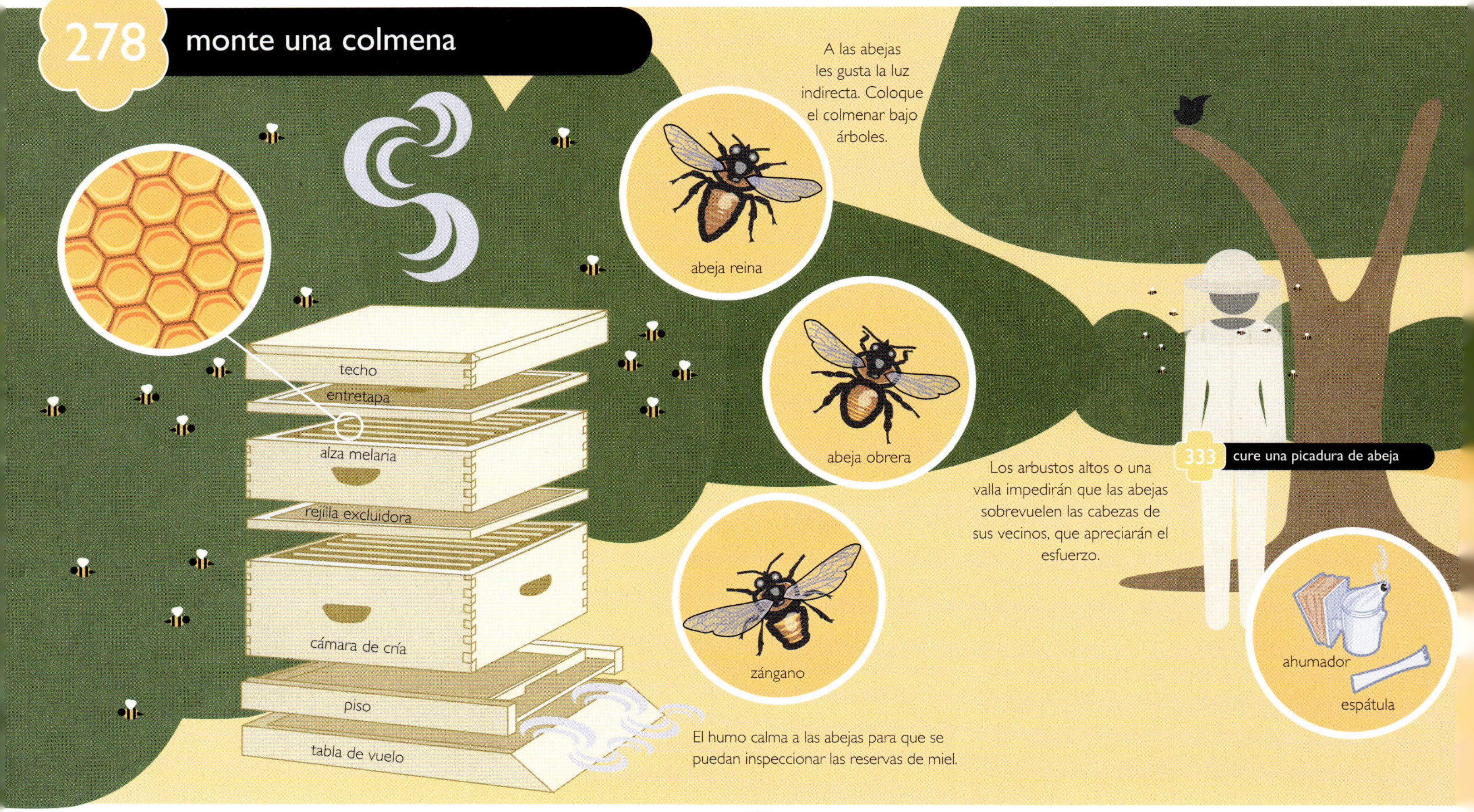

A las abejas les gusta la luz indirecta. Coloque el colmenar bajo árboles.

Los arbustos altos o una valla impedirán que las abejas sobrevuelen las cabezas de sus vecinos, que apreciarán el esfuerzo.

333 cure una picadura de abeja

El humo calma a las abejas para que se puedan inspeccionar las reservas de miel.

279 construya una granja de hormigas

Inserte un tarro dentro de otro más grande de la misma altura. Agujeree la tapa del más ancho.

Busque un hormiguero y tome algunas hormigas obreras, a la reina y algunos huevos. Evite las hormigas de fuego.

Con un embudo, meta la tierra y las hormigas obreras en el tarro interior.

Por último, añada la reina y sus huevos.

¡A quien madruga, Dios le ayuda! Las abejas comienzan a recolectar el néctar al amanecer, así que hay que aproximarse al colmenar por el este.

Las abejas también tienen sed. Si no hay ningún sitio con agua cerca, coloque un plato o un cubo.

Empape una bolita de algodón en agua y moje migas de pan en miel.

Colóquelo todo dentro del tarro.

Para que hagan túneles, cubra el tarro. Así las hormigas pensarán que están bajo tierra.

Retire el papel cada cierto tiempo para ver su progreso.

280 ordeñe una cabra

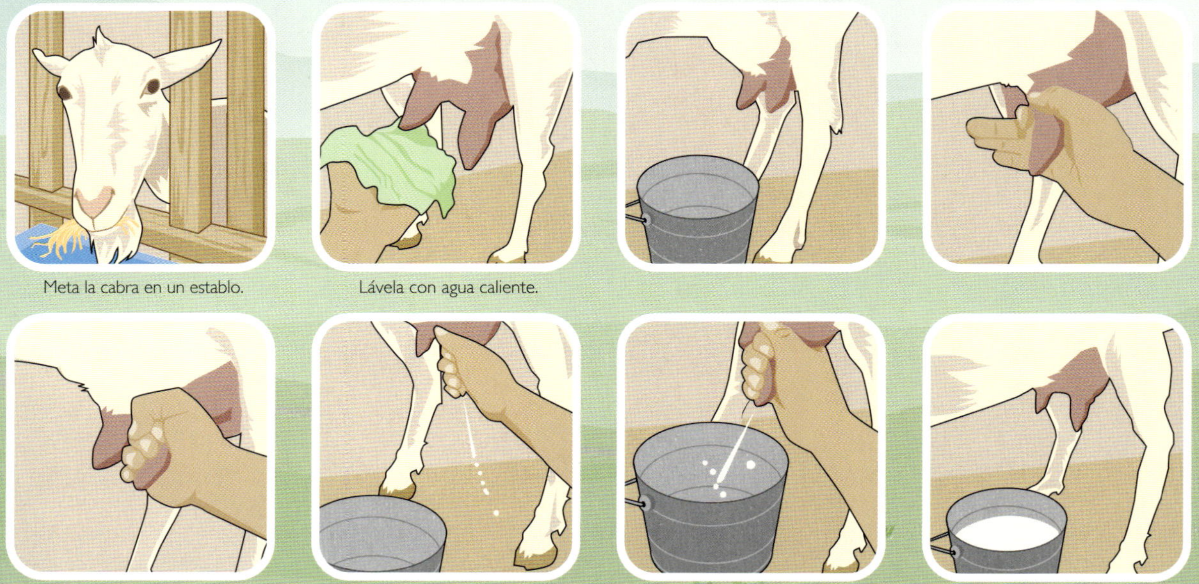

Meta la cabra en un establo.

Lávela con agua caliente.

Apriete en un solo movimiento.

Dirija el primer chorro fuera.

Pare cuando las ubres encojan.

281 dé el biberón a un cordero

Acomode al cordero.

Acaríciele la garganta.

Pare antes de que se llene.

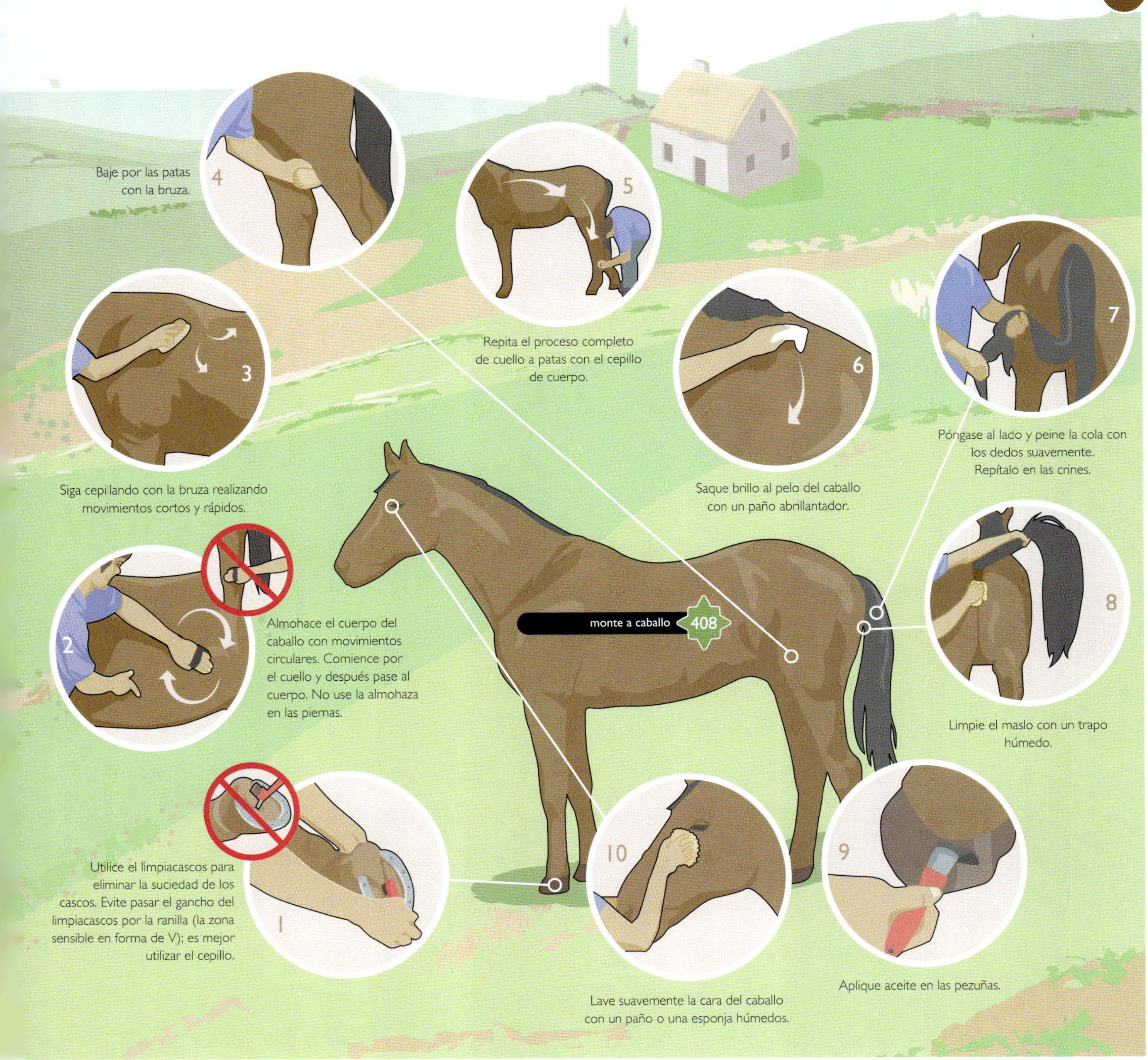
1
Utilice el limpiacascos para eliminar la suciedad de los cascos. Evite pasar el gancho del limpiacascos por la ranilla (la zona sensible en forma de V); es mejor utilizar el cepillo.
2
Almohace el cuerpo del caballo con movimientos circulares. Comience por el cuello y después pase al cuerpo. No use la almohaza en las piernas.
3
Siga cepillando con la bruza realizando movimientos cortos y rápidos.
4
Baje por las patas con la bruza.
5
Repita el proceso completo de cuello a patas con el cepillo de cuerpo.
6
Saque brillo al pelo del caballo con un paño abrillantador.
7
Póngase al lado y peine la cola con los dedos suavemente. Repítalo en las crines.
8
Limpie el maslo con un trapo húmedo.
9
Aplique aceite en las pezuñas.
10
Lave suavemente la cara del caballo con un paño o una esponja húmedos.
monte a caballo 408

283 alimente una *grammostola rosea*

Alimente a los grillos con larvas.

Compruebe dónde está la tarántula.

427 ase una tarántula

Ofrezca los grillos de uno en uno.

Retire los grillos que no se ha comido.

¿Su tarántula se ha puesto boca arriba y ha tejido una telaraña? Si lo ha hecho, está mudando y no se la debería tocar ni alimentar hasta que haya acabado. Si lo hace, su esqueleto podría dañarse. Puede parecer feroz, pero es muy sensible.

284 determine el sexo de una tortuga

285 bañe a un loro

Elija un momento en que haya luz y haga calor.

Pulverice agua sobre el loro.

Si agita las alas significa que le gusta.

Deje que se seque al aire y se acicale.

286 construya un estanque de *kois*

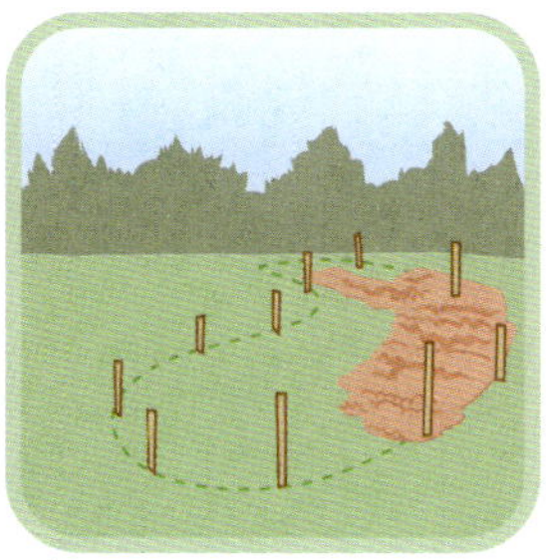

Marque el contorno con palos.

Cave un agujero con bancales.

Fórrelo con arena y papel.

Añada una lona y llénelo de agua.

Ponga rocas y meta los peces.

287 abrace a un puercoespín

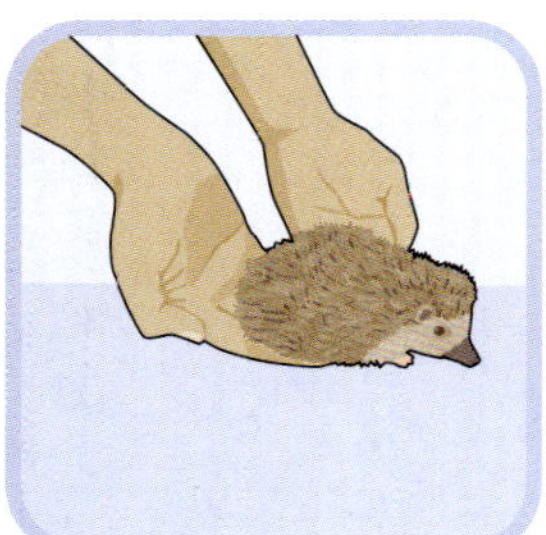

Tómelo con las manos por detrás.

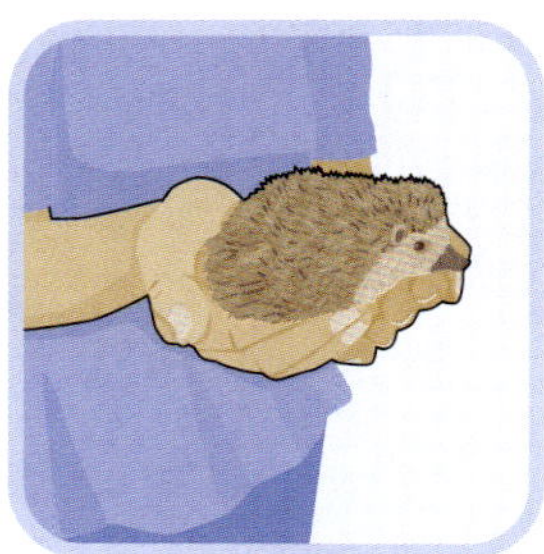

Ahueque las manos.

288 levante un conejo

atrape una liebre 429

Levántelo por detrás.

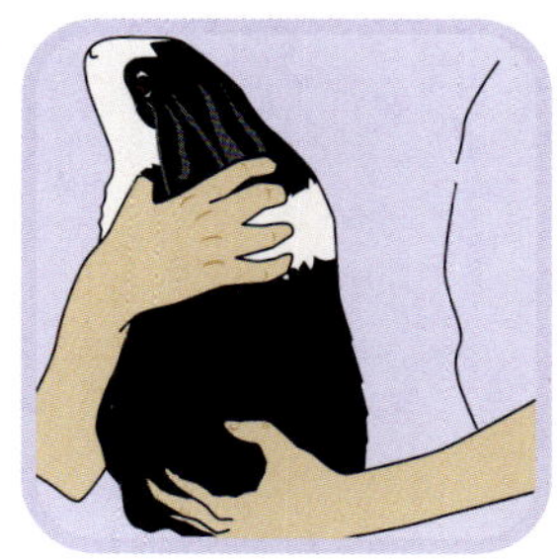

Acérqueselo al pecho.

289 cepille los dientes a un cachorro

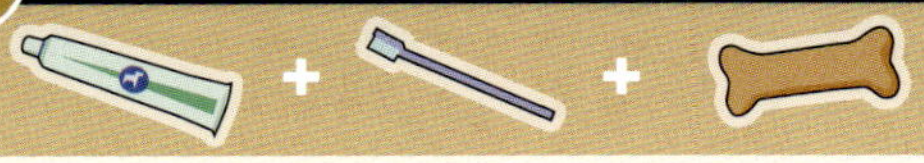

Aproxímese cuando esté relajado.

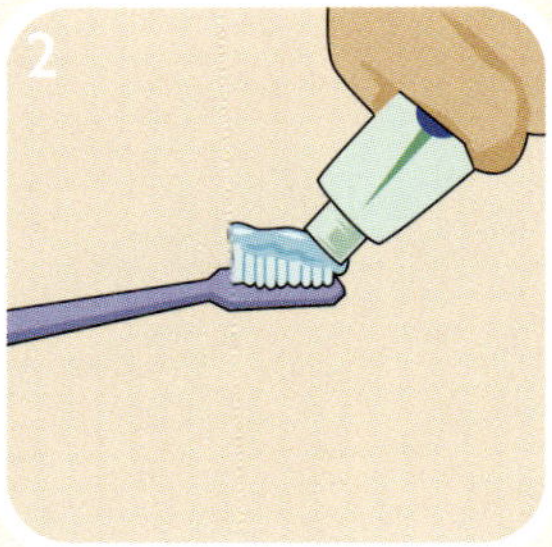

Use pasta de dientes especial.

Deje que la pruebe.

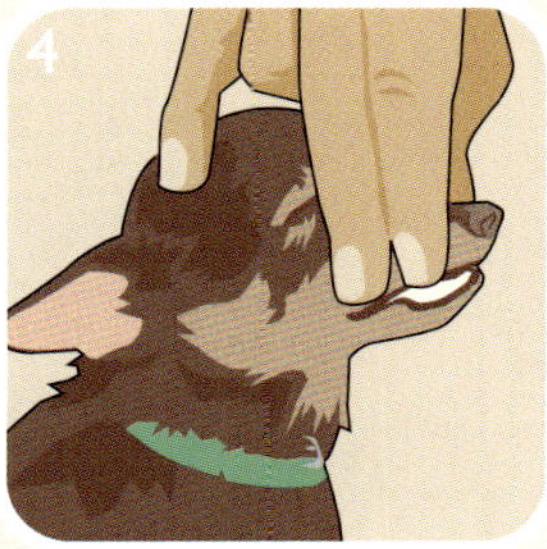

Ábrale a boca.

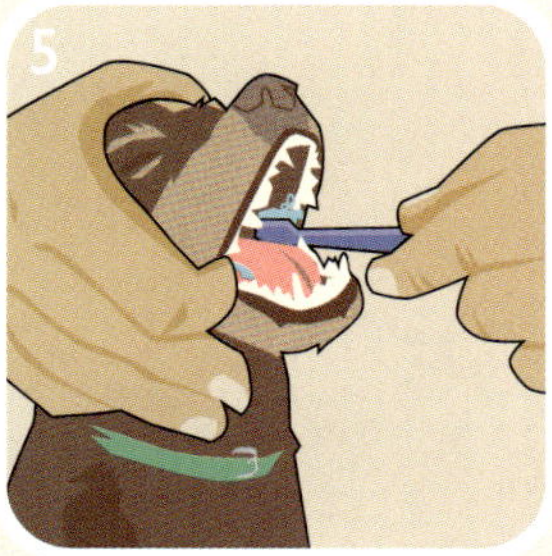

Cepille los superiores traseros.

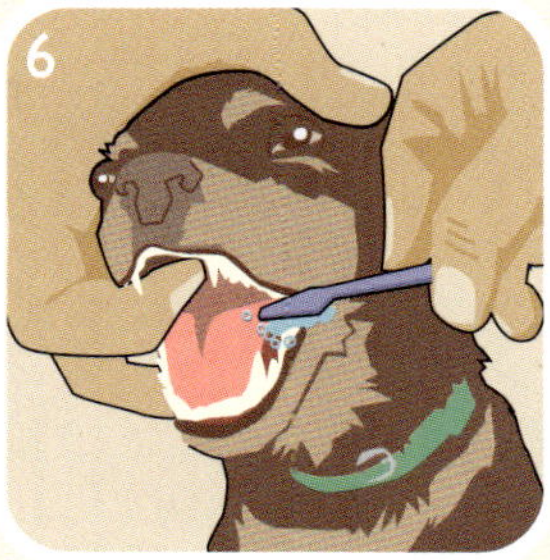

Cepille los inferiores traseros.

Busque signos de enfermedad.

Recompénsele con galletas y mimos.

290 lea su lenguaje corporal

462 pasee al perro

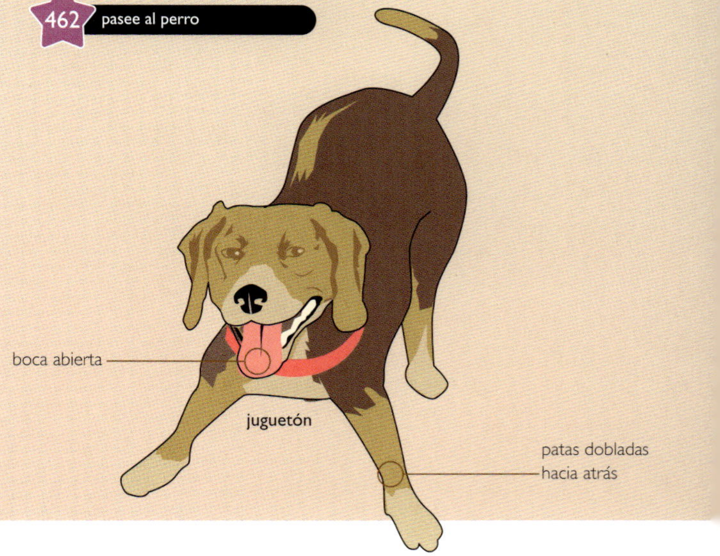

salude a un perro desconocido 291

Aproxímese de frente lentamente.

Deje que el perro huela su muñeca.

Acaricie primero bajo la barbilla.

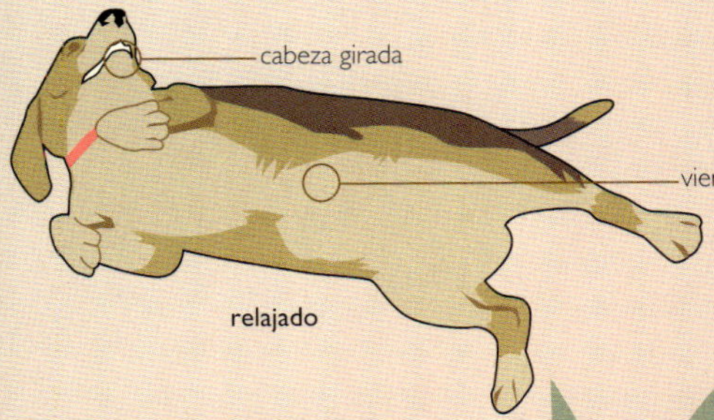

dé una pastilla al perro 292

Hágalo cuando el perro esté feliz.

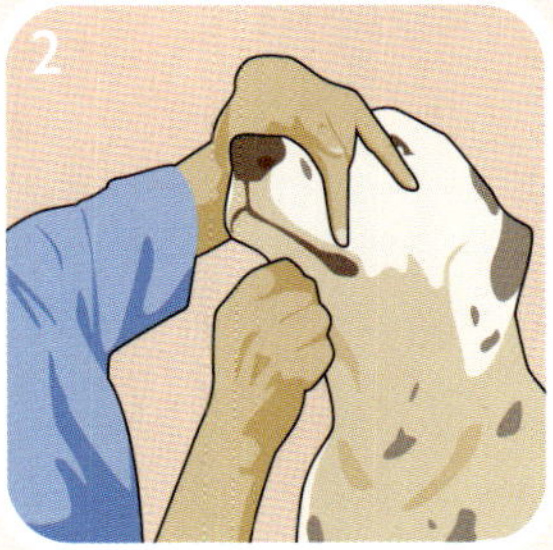

Sujete el hocico.

Ábrale la boca.

Ciérrele la boca; masajéele la garganta.

¡No olvide la recompensa!

elija un collar de perro adecuado 293

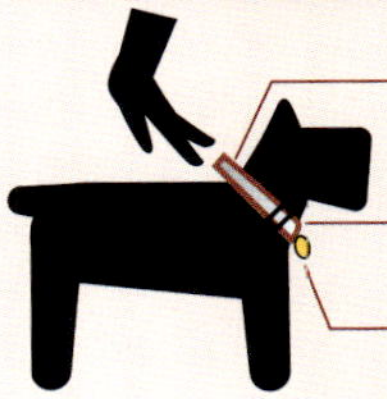

294 descifre su lenguaje corporal

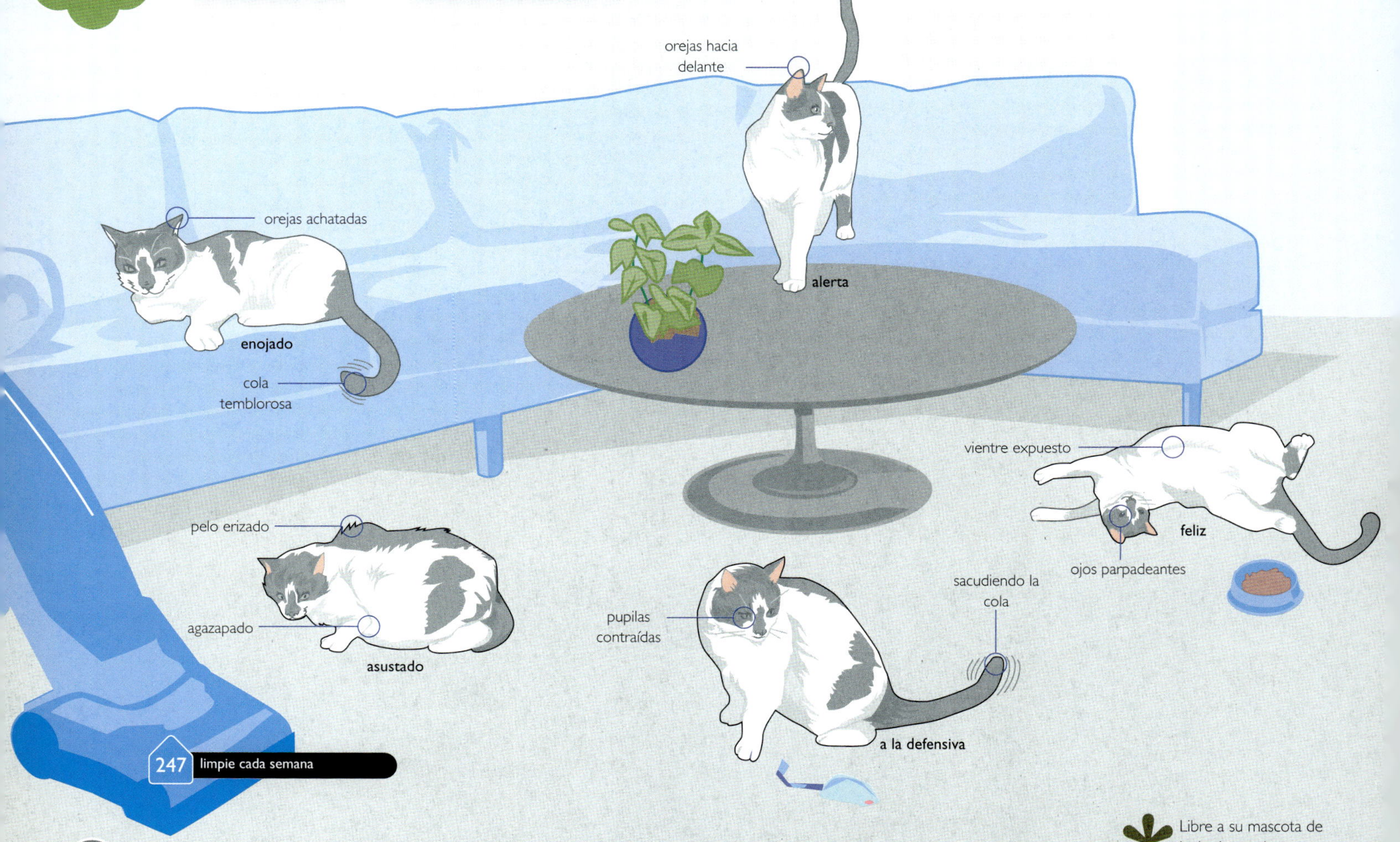

247 limpie cada semana

295 quite las pulgas con hierbas

Libre a su mascota de invitados molestos con este remedio herbal. Mezcle a partes iguales cualquier combinación de eucalipto, romero, hinojo, ruda, lavanda o ajenjo.

Seque las hierbas.

Muélalas en trocitos finos.

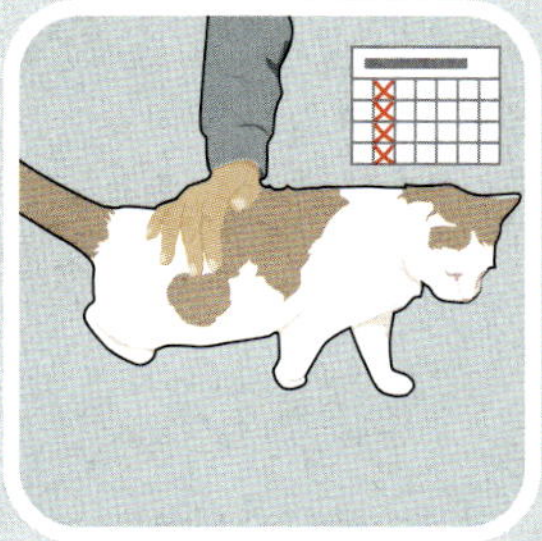
Extiéndalas por la piel.

hágase amigo de un gato asustado 296

Póngase comida de bebé en el dedo. Deje que pruebe un poco. Cuando se lo haya ganado, acarícielo.

dé una pastilla a un gato 297

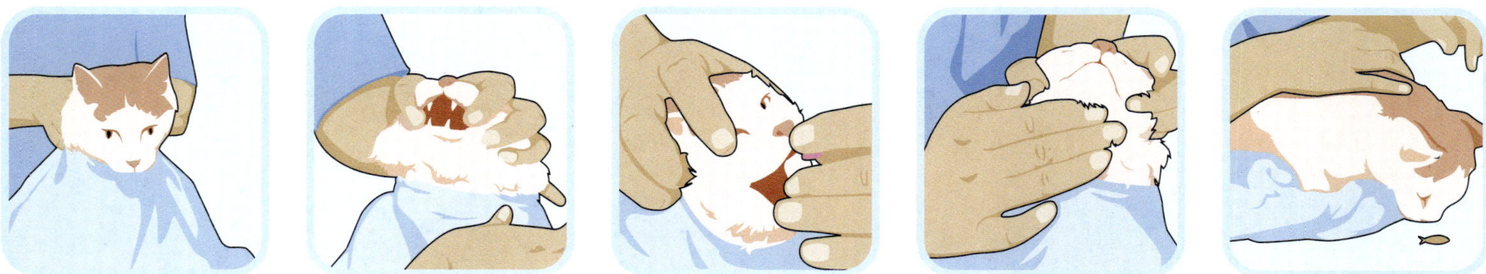

Una toalla evita los arañazos. Meta la pastilla. Masajee hasta que se la trague. No se olvide de recompensarle.

corte las uñas a su gato 298

vende un corte profundo 338

El gato tiene que estar relajado. Presione para extender las uñas. Mantenga el cortauñas en vertical. Corte desde la carne. Recompense al paciente gatito.

299 bañe a un bebé

Sujete su cabeza con firmeza.

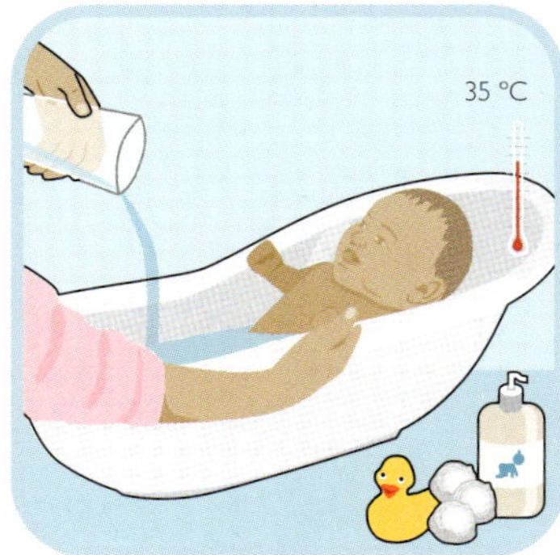

Evite los escalofríos con agua caliente.

Lávele la cara con una bolita de algodón.

Lave al bebé por delante, de arriba abajo.

Lávelo por detrás, de arriba abajo.

Enjabone el cuero cabelludo con cuidado.

Séquelo y envuélvalo en una toalla.

Asegúrese de sujetar al bebé en todo momento mientras chapotea en la bañera para evitar que se resbale y quede bajo el agua, y además, le hace sentirse seguro. Nunca le deje solo en la bañera y tenga todos los accesorios que necesita a mano.

300 prepare una deliciosa papilla

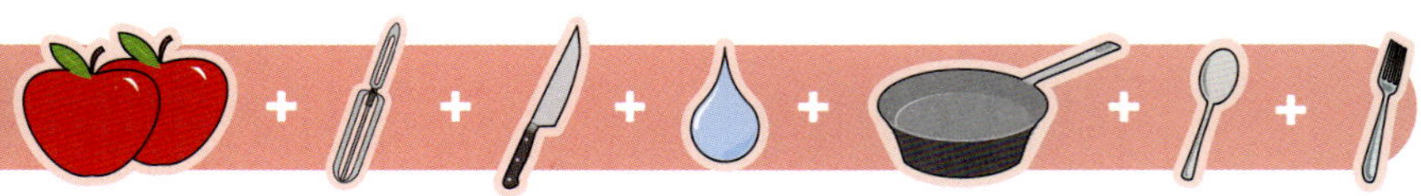

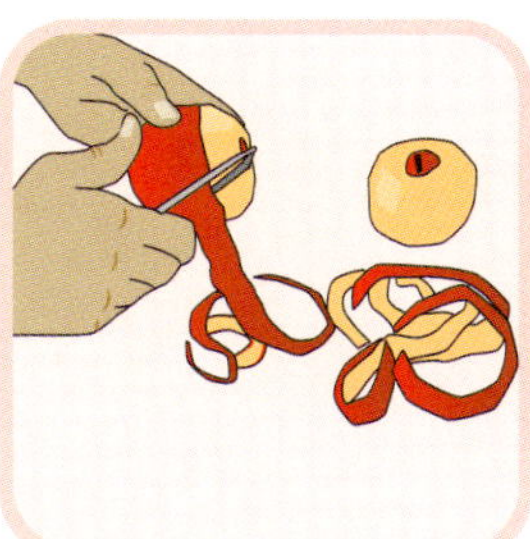

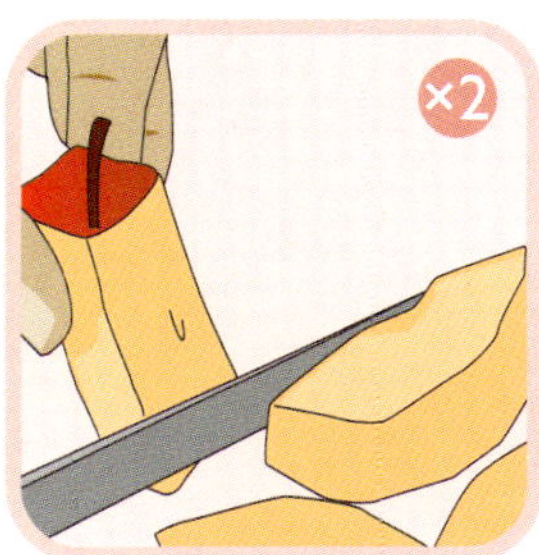

Hierva con agua a fuego lento.

Elimine los grumos, déjelo enfriar.

cuelgue un móvil llamativo 301

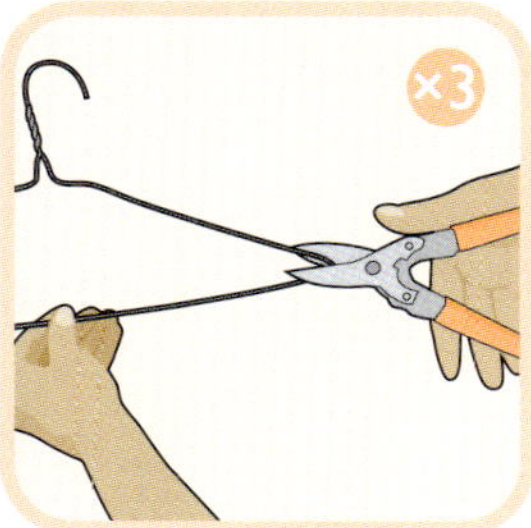

Quite la varilla horizontal.

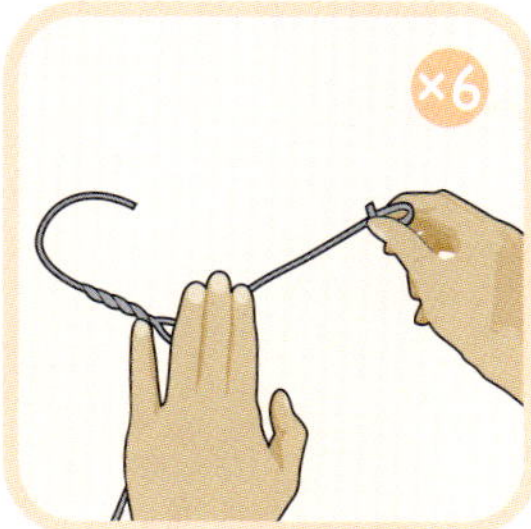

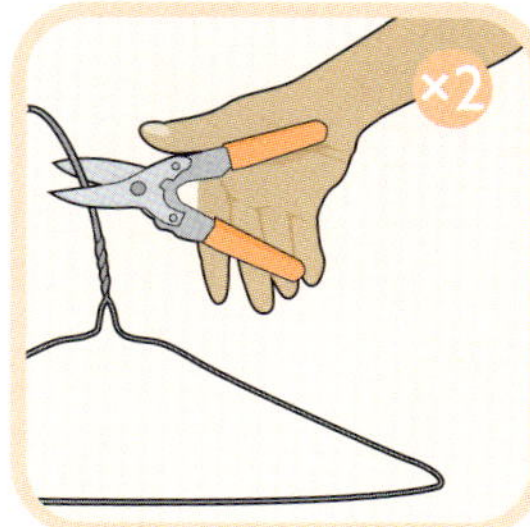

Recorte lo que sobre.

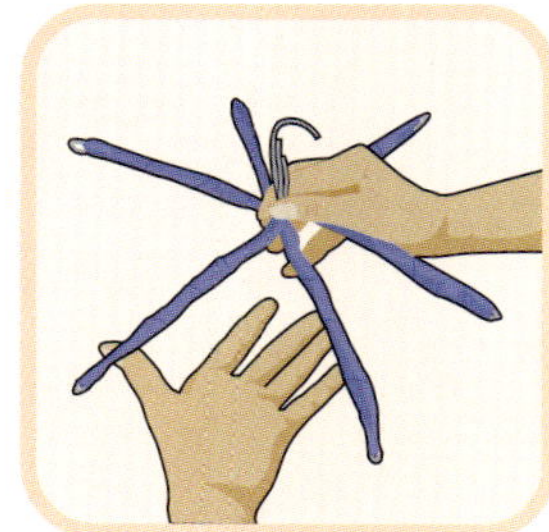
Junte las tres perchas.

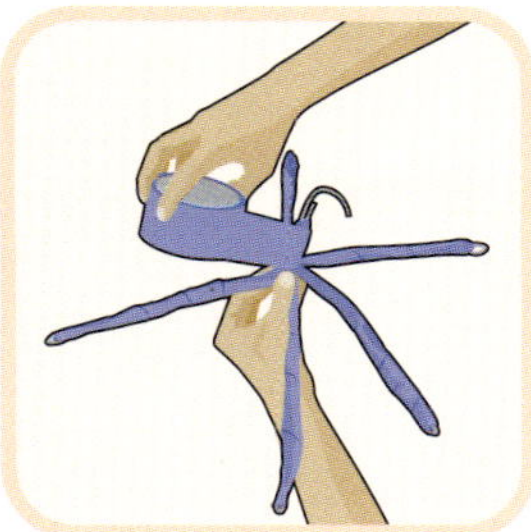
Únalas con cinta adhesiva.

Péguelo en cartulina; átelo a los cables.

Cuélguelo fuera de su alcance.

Cámbielo y ponga figuras brillantes.

Los móviles son tan fascinantes que los bebés no pueden evitar tratar de tocarlos. Para que los motivos decorativos no se conviertan en peligrosos elementos asfixiantes, hay que utilizar zunchos de cableado u otros cierres sólidos de menos de 45 cm de largo para fijar los objetos colgantes fuera del alcance del bebé. A medida que el bebé crezca y empiece a apreciar las diferencias de los colores, cambie los objetos en blanco y negro por otros de colores vivos y formas caprichosas. Retírelo en cuanto el bebé sepa gatear o ponerse de rodillas.

prepare una bolsa de recambio 302

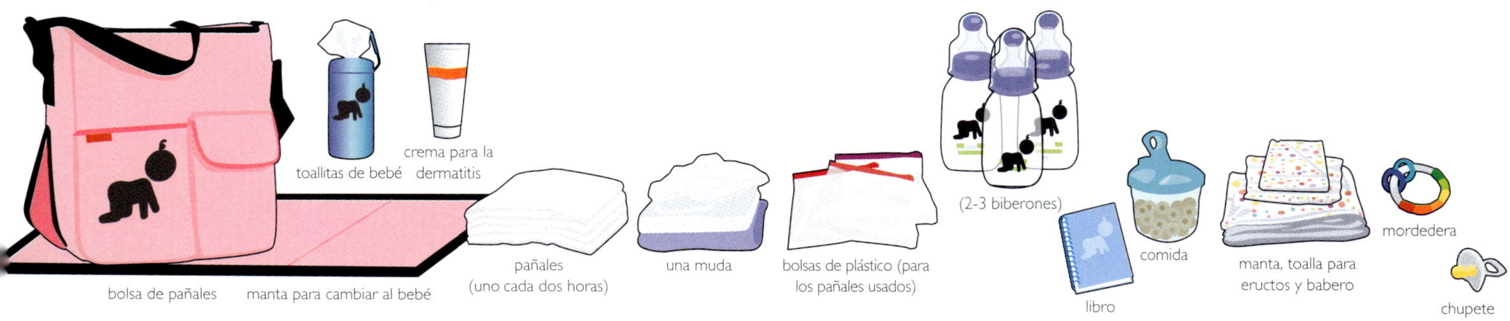

303 envuelva a una criaturita

haga eructar a un bebé 304

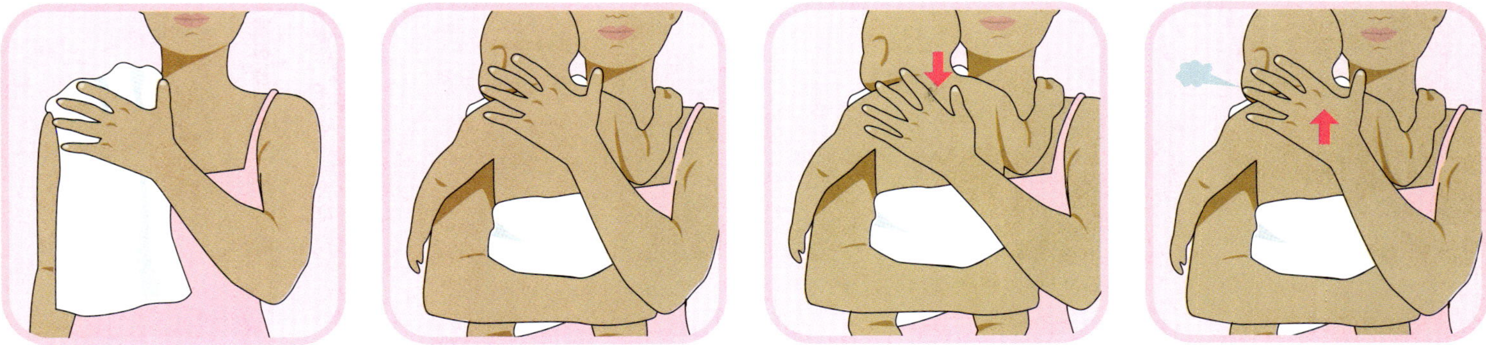

Dé palmaditas en la espalda del bebé...

¡...hasta que eructe!

dé masajes a un bebé con cólicos 305

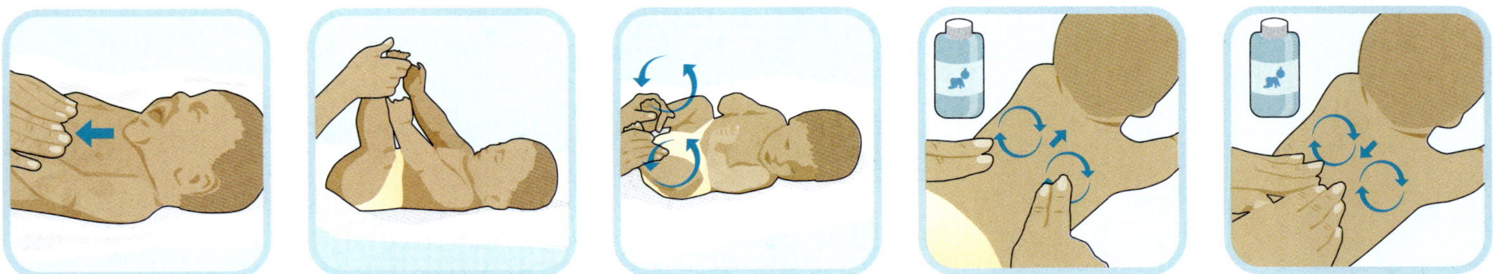

Acaricie el abdomen del bebé.

Mueva sus piernas de lado a lado.

Haga círculos con las piernas.

póngale un pañal a un bebé 306

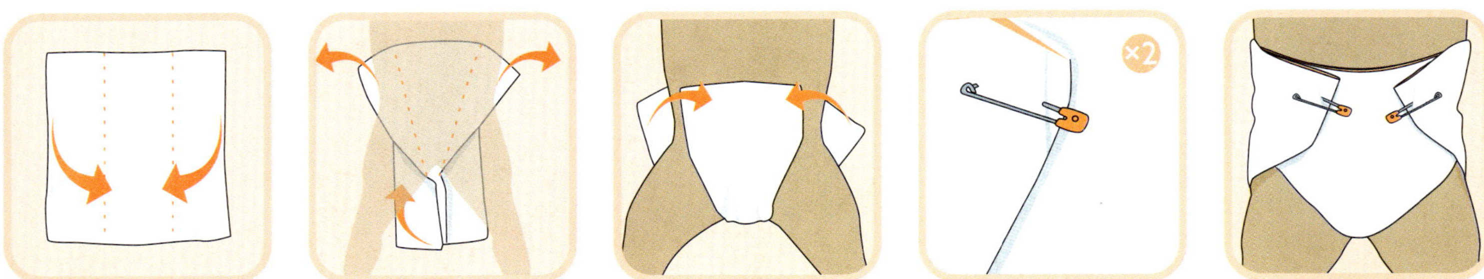

Coloque al bebé; doble el pañal.

307 enseñe a un niño a montar en bici

Póngale las protecciones.

Cada semana levante los ruedines un poco más.

Retírelos cuando el niño esté listo.

384 arregle un pinchazo

Ajústela hasta que toque el suelo con los pies.

Busque una ladera despejada.

Camine mientras se balancea en el sillín.

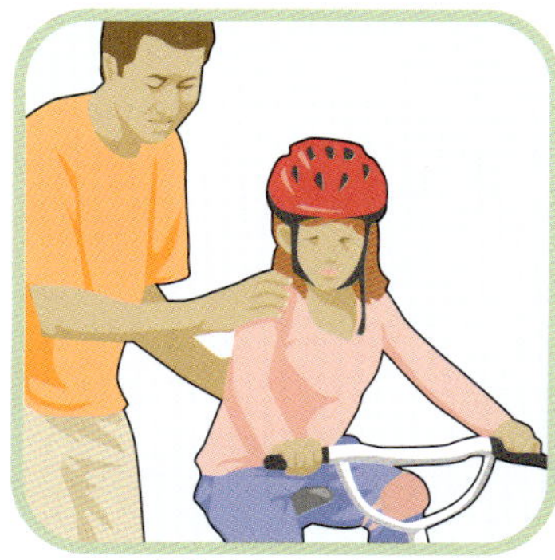

Sujételе los hombros.

308 destierre monstruos imaginarios

Escuche sus temores.

Arrópela en su propia cama.

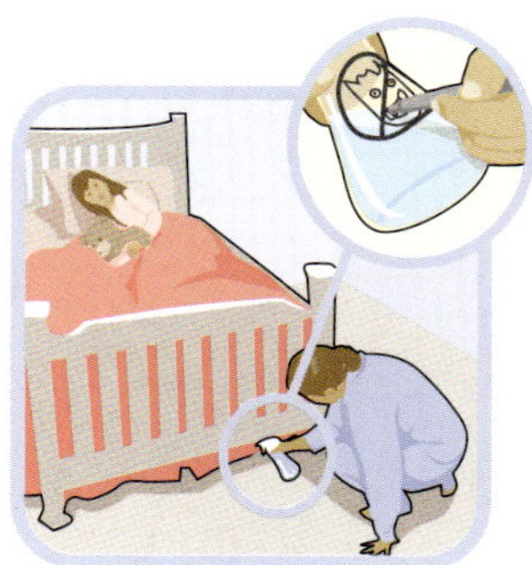

Eche "repelente de monstruos".

Coloque una trampa.

Deje encendida una luz nocturna.

309 quite un chicle del pelo

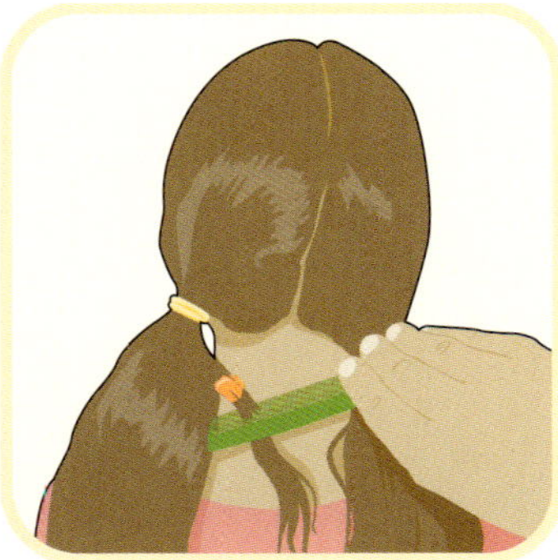

Aísle el chicle.

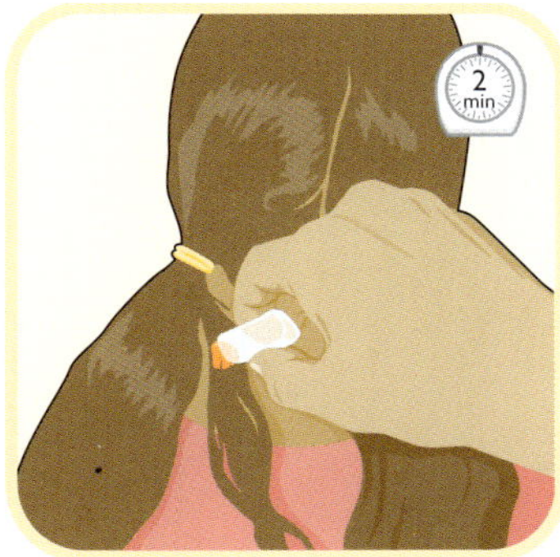

Aplique hielo hasta que el chicle se rompa.

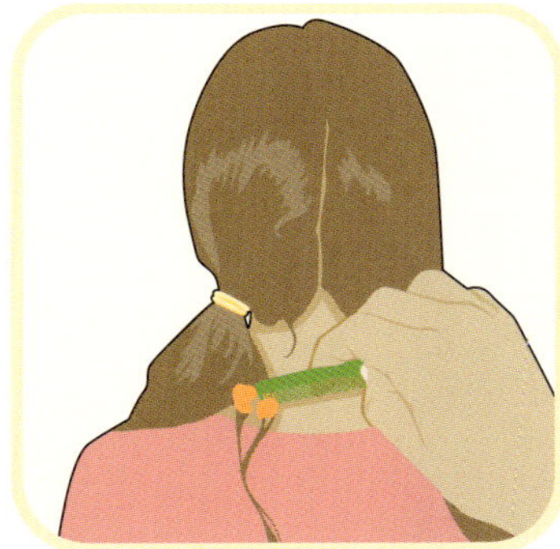

Peine para sacar los trozos.

310 convénzale para que coma verdura

siembre un huerto 273

Elijan la verdura juntos.

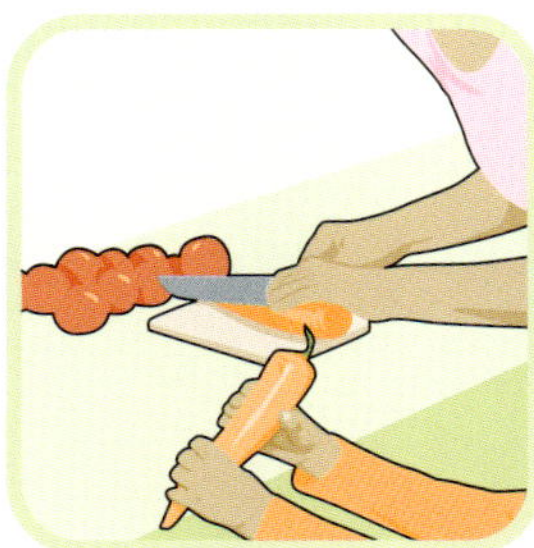

Prepárenla juntos.

Primero sirva la verdura.

Deje que le vea comiéndola.

Haga un diseño gracioso.

311 sirva un pulpo de plátano

Corte ocho "tentáculos".

Haga ranuras para los ojos.

Coloque pasas en las ranuras.

difrute

312 elija el palo de golf apropiado

tipo de palo	distancia media	
madera 1	140-180 m	180-240 m
madera 3	115-165 m	165-215 m
madera 5	95-155 m	155-190 m
hierro 2	95-155 m	155-190 m
hierro 3	90-145 m	145-180 m
hierro 4	80-135 m	135-170 m
hierro 5	75-130 m	130-155 m
hierro 6	65-120 m	120-145 m
hierro 7	60-110 m	110-135 m
hierro 8	55-100 m	100-130 m
hierro 9	50-85 m	85-120 m
pitching wedge	45-75 m	75-110 m
sand wedge	35-55 m	55-90 m

313 perfeccione el *swing*

Permanezca paralelo a la línea de tiro.

Inclínese y flexione las rodillas.

Ponga los pies paralelos a los hombros.

Suba el hombro izquierdo y coloque los pies.

314 conozca un campo de golf

Para salir de la trampa de arena hay que golpear por detrás de la bola y hacerla volar sobre la arena.

trampa

Las bolas suelen tener números para identificarlas, pero es útil que marque la suya para evitar perderla o enfrentarse a alguien que pretenda engañarle.

rough (raf)

salga de arenas movedizas 446

calle

Puede pasear con el carrito, ¡pero no invada el *green*!

La regla de oro es jugar la bola donde se pare, no haga trampas.

La bola es la que vuela, no el palo. Deje su furia fuera del campo de práctica.

putting green

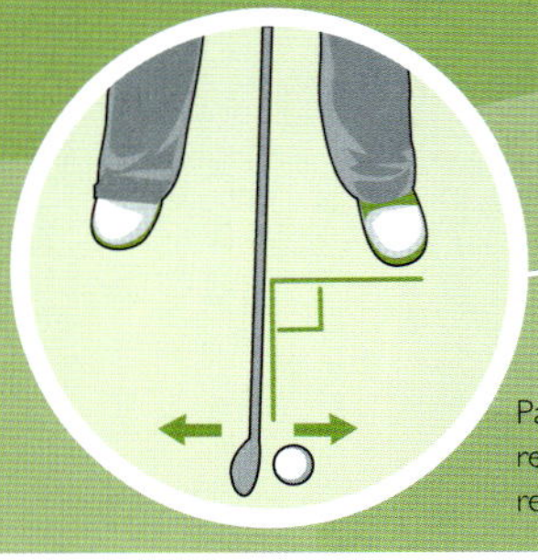

Para hacer un hoyo, lleve el palo recto hacia atrás y golpee en línea recta despacio, pero firme.

Mueva el palo sobre la bola.

Gire desde la cintura mirando la bola.

Golpee girando las caderas y el pie.

Sígala y termine mirando al objetivo.

315 lance una bola rápida

El índice y el corazón en la costura.

Oculte cómo va a lanzar.

Inclínese hacia el pie derecho; gire el izquierdo.

Lance con los dedos sobre la pelota.

316 enceste un tiro libre

Póngase en la línea de tiro.

Concéntrese en el tablero.

Yérgase y suelte las muñecas.

460 gire una pelota de baloncesto

¡Canasta!

317 lance un servicio directo

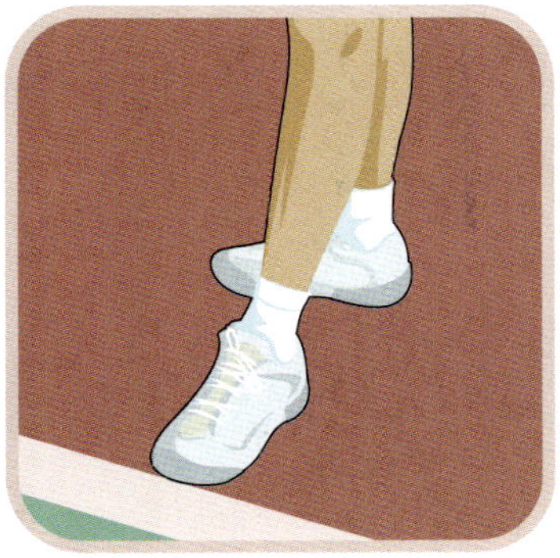

Póngase detrás de la línea de fondo.

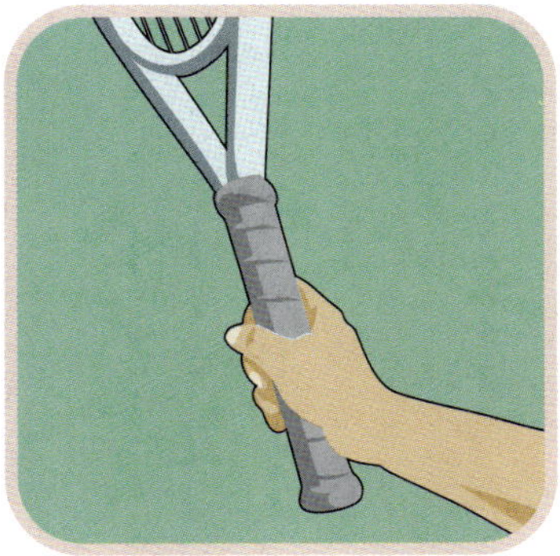

Emplee la empuñadura continental.

Señale su objetivo con la raqueta.

Échese hacia atrás y lance la pelota.

Deje la raqueta atrás.

Estírese y golpee en lo más alto.

318 haga un lanzamiento de petanca

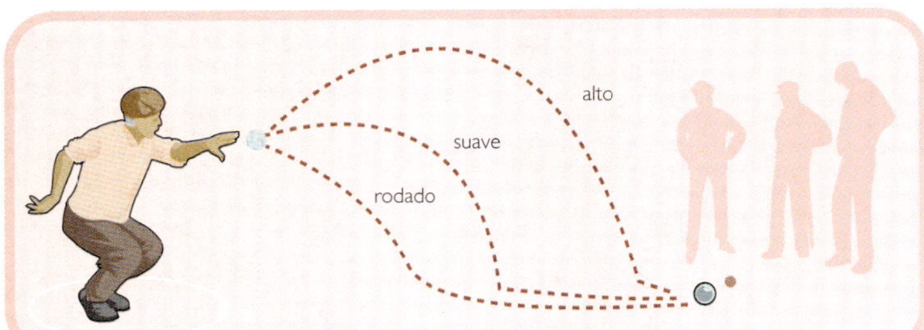

Elija una técnica para lanzar, permanezca dentro del círculo y lance la bola cerca del boliche.

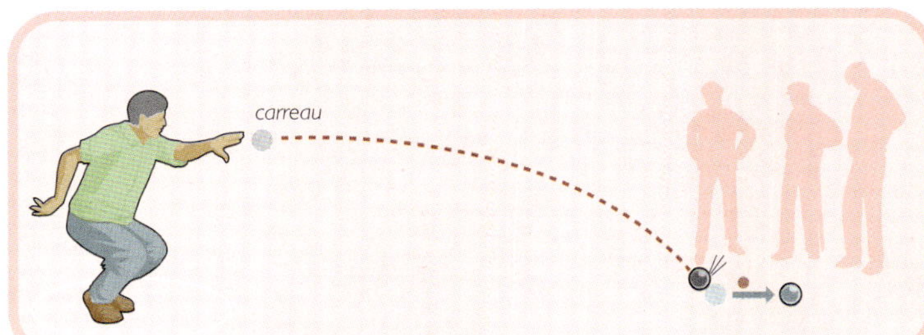

Lance un *carreau* para golpear la bola de otro rival y mandarla lejos del boliche.

319 adopte el básico 4-4-2

Comience el partido con el consagrado 4-4-2, que protege la portería y el mediocampo, mientras envía dos delanteros arriba para marcar.

320 marque un gol con un 4-3-3

¿Necesita goles para mejorar el marcador? Con esta distribución simétrica podrá lanzar un ataque sin poner en peligro su portería.

321 asegure el centro con un 3-5-2

El partido de hoy se gana o se pierde en el mediocampo. Para controlar el partido, añada más centrocampistas.

322 baje a defender con un 4-5-1

El 4-5-1 puede mantener la ventaja o el empate. El único delantero debe ser rápido para marcar si se presenta la ocasión.

comprenda las sanciones del fútbol 323

Dar un cabezazo es una falta clara de tarjeta roja.

¡Cállese! Los insultos y las conductas groseras suponen tarjeta amarilla.

Si sale o entra del campo sin la autorización del árbitro, le sacará la tarjeta amarilla.

¡Tenga cuidado! Dos tarjetas amarillas equivalen a una roja, que le expulsa del partido.

Si escupe a alguien, le sacarán la tarjeta roja y acabará en el banquillo.

dé toques con la cabeza 324

Golpee con fuerza.

Golpee la parte de abajo para elevar el balón.

Flexione desde la cintura. Mantenga la boca cerrada.

Golpee la parte de arriba para bajar el balón.

defienda una portería de fútbol 325

Las manos en forma de triángulo.

Colóquese en la posición básica del portero.

Láncese para atraparlo.

Llévelo hacia el pecho.

Abrace el balón.

Cubra el balón.

326 conozca las vitaminas

Recuerde el consejo de su madre: ¡toma vitaminas! Estos gráficos le ayudarán a elegir los alimentos ricos en vitaminas que su organismo requiere y sabrá la cantidad de cada vitamina que su familia y usted necesitan a diario.

327 queme calorías con actividades

¿Sabía que siempre está quemando calorías, incluso mientras duerme? Compruebe cuántas calorías quema una persona corriente (80 kg) mientras realiza las siguientes actividades durante una hora.

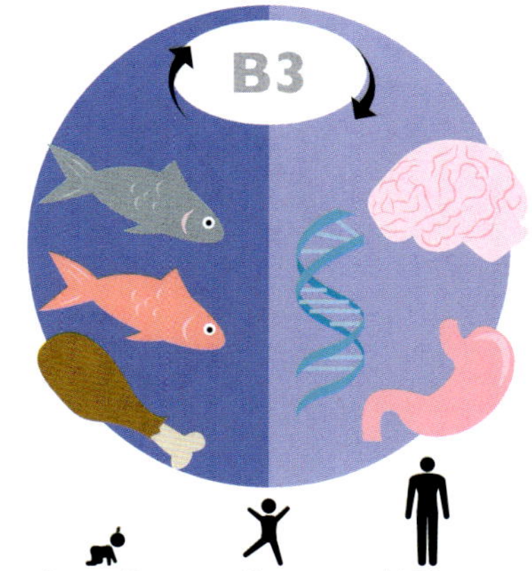

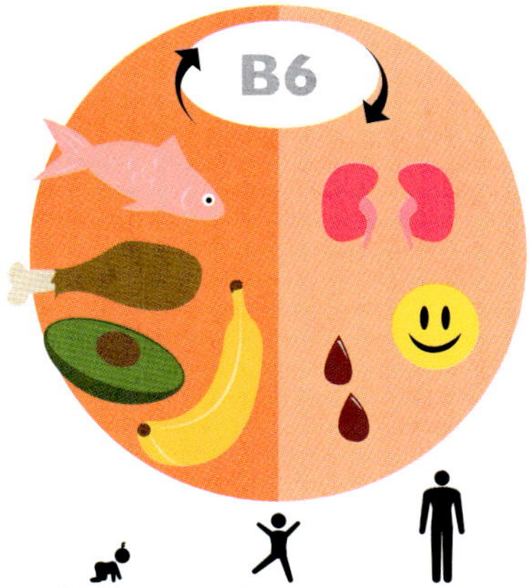

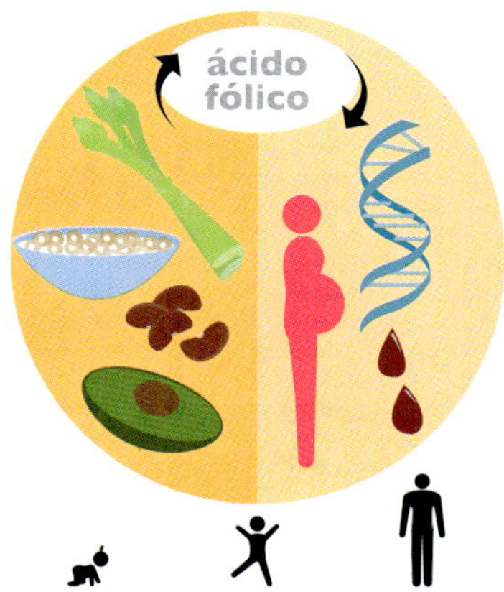

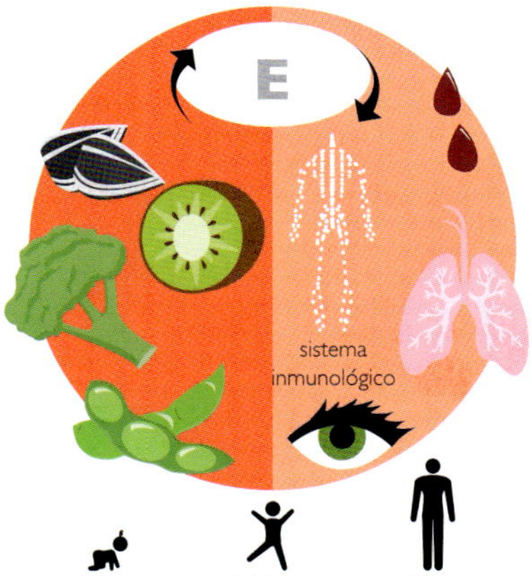

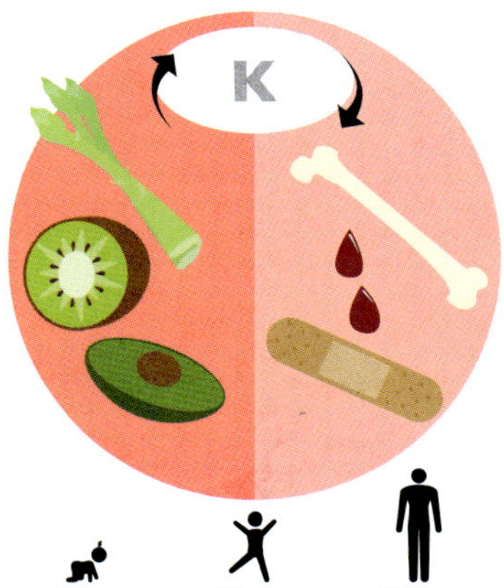

328 visualice las raciones

¿Cuál es el tamaño de una ración? Trate de visualizar un filete como una baraja de cartas, o una patata como un ratón de ordenador, ¡es el tamaño de una ración! Use estas imágenes y recomendaciones para llevar una dieta equilibrada.

6-11 raciones de cereales al día

3-5 raciones de verduras al día

2-4 raciones de frutas al día

2-3 raciones de proteínas al día

2-3 raciones de lácteos al día

329 cure con digitopuntura

Alivie sus dolores y molestias leves con esta técnica tradicional china. Primero, localice el punto que se corresponde con su dolencia y presione la zona con el pulgar o el codo. La presión estimulará sus órganos y mejorará la energía y el flujo sanguíneo y sentirá alivio por todo el cuerpo.

195 haga un masaje en los pies

330 logre un escritorio ergonómico

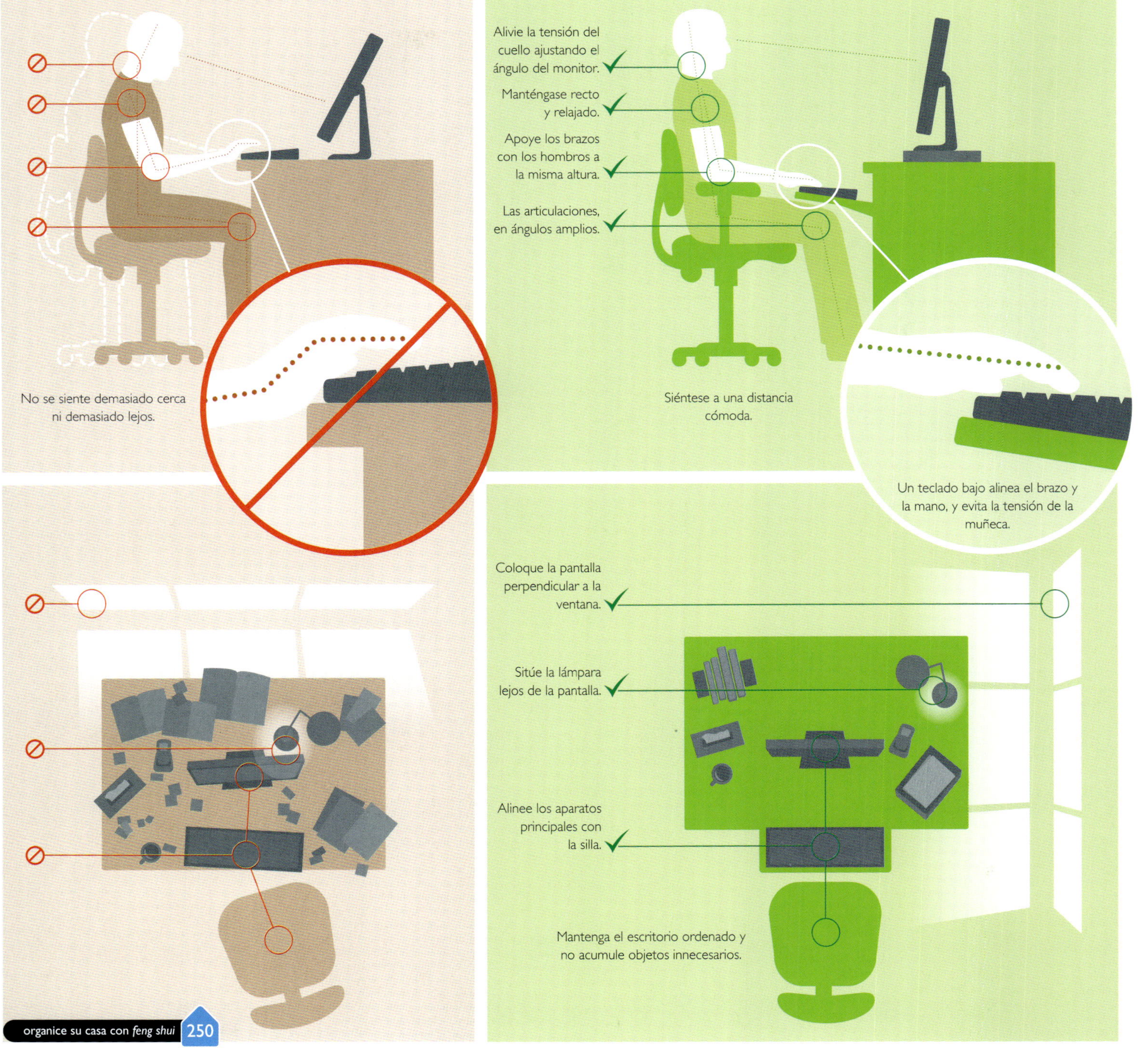

331 calme una quemadura leve

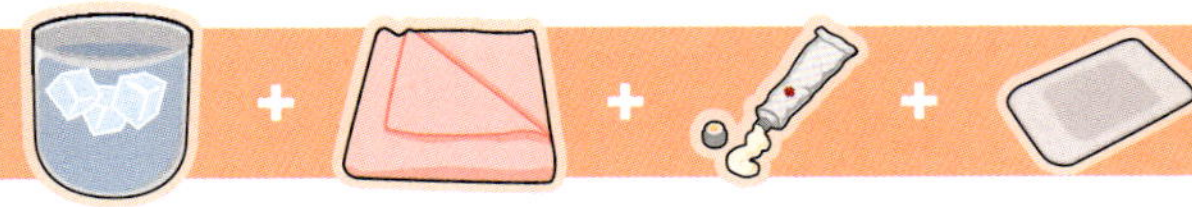

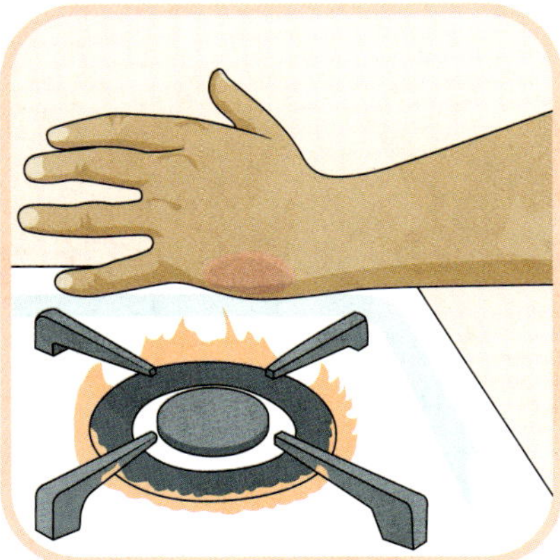

Aléjese de la fuente de calor.

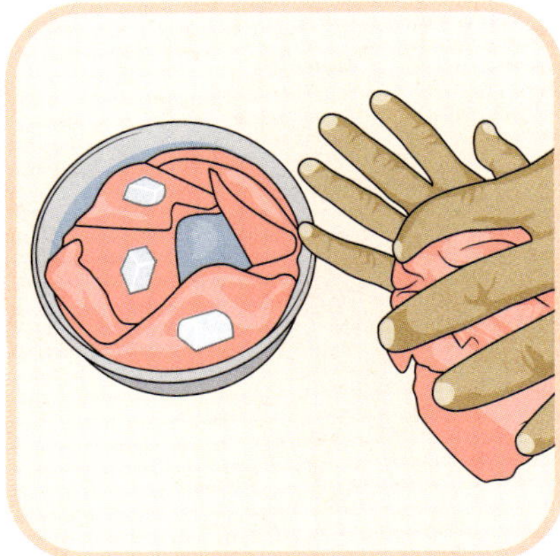

Póngase trapos mojados en agua helada.

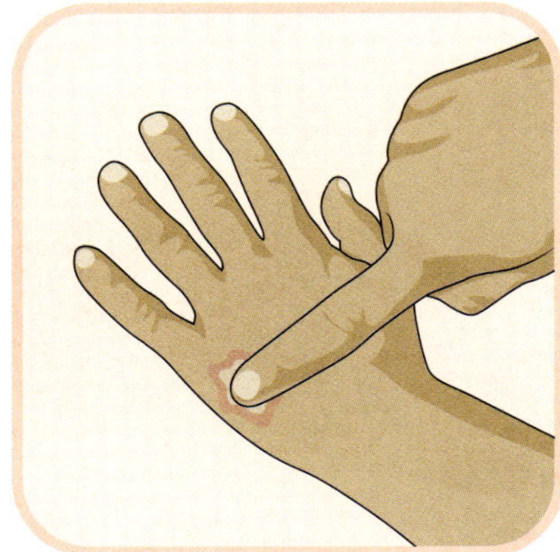

Si está blanca, es una quemadura leve.

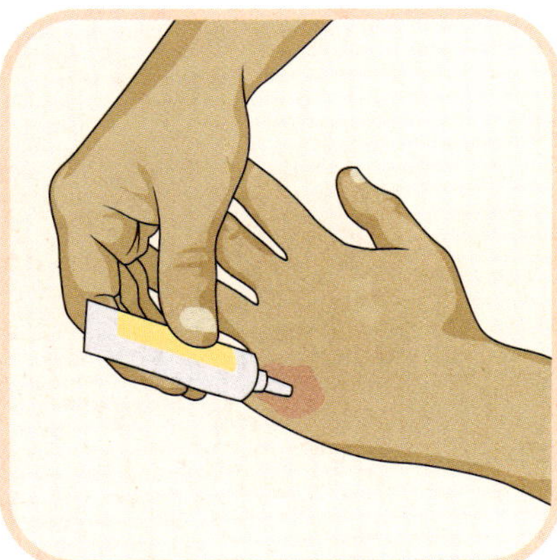

Aplique una pomada antibiótica.

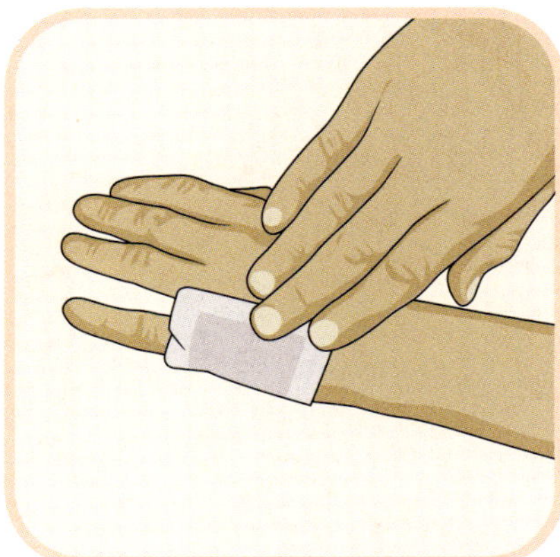

Cúbrala con una venda.

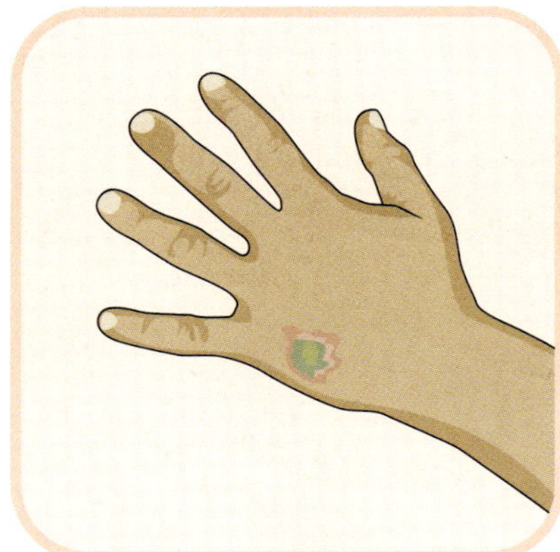

Observe si cambia de color.

332 detenga una hemorragia nasal

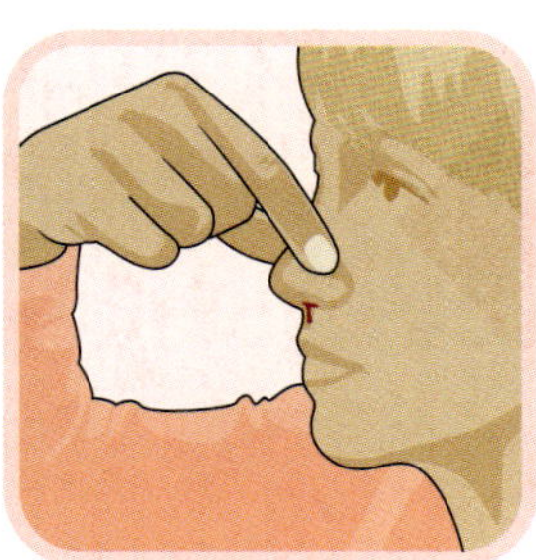

Presione intermitentemente.

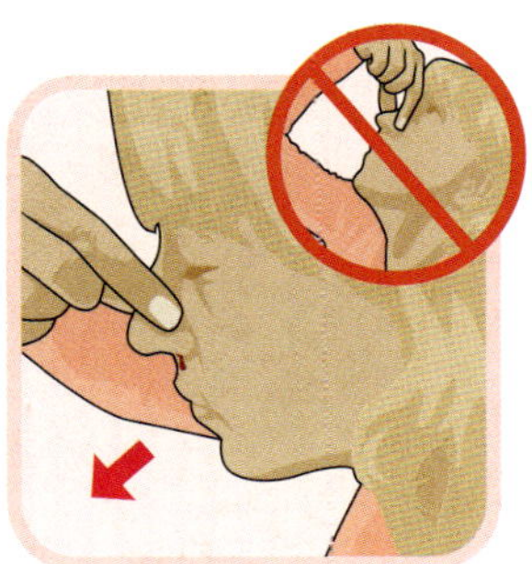

Inclínese.

La sangre caerá en un trapo.

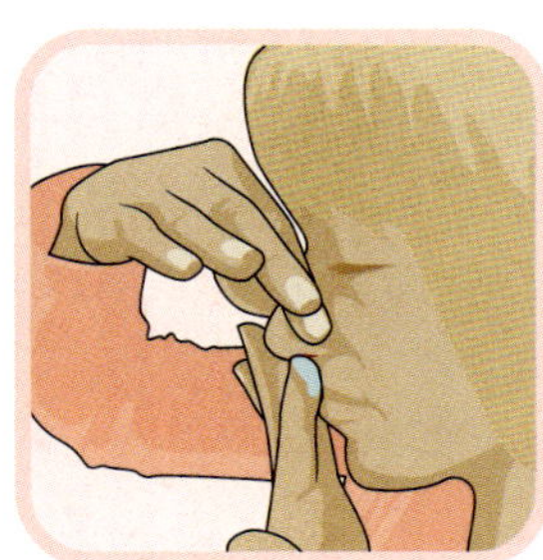

Humedezca la fosa nasal.

Si aún sangra, pida ayuda.

333 cure una picadura de abeja

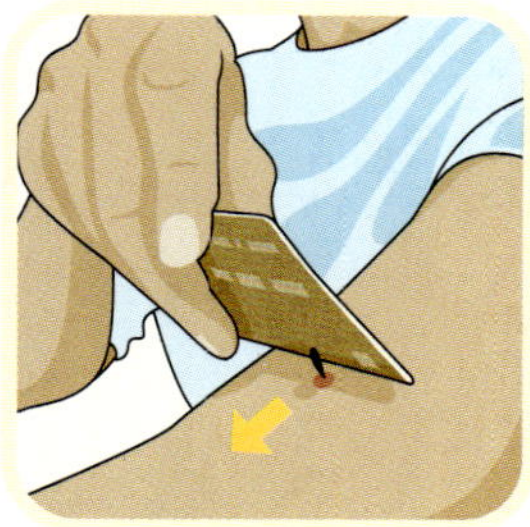
Quite rápido el aguijón.

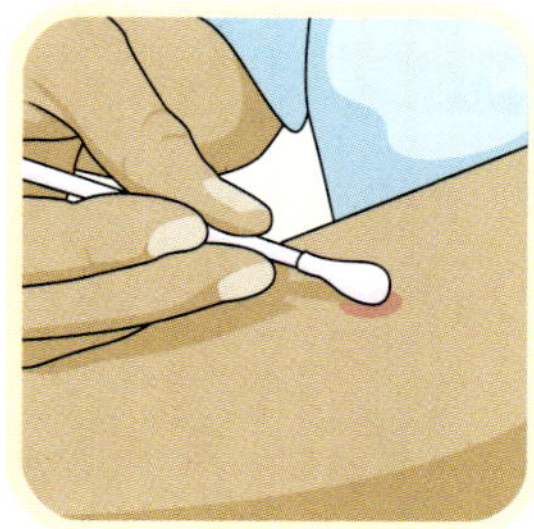
Límpiela con alcohol.

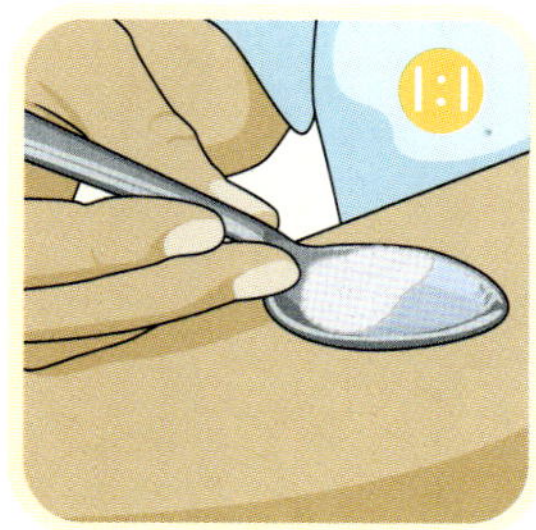

Añada bicarbonato y agua.

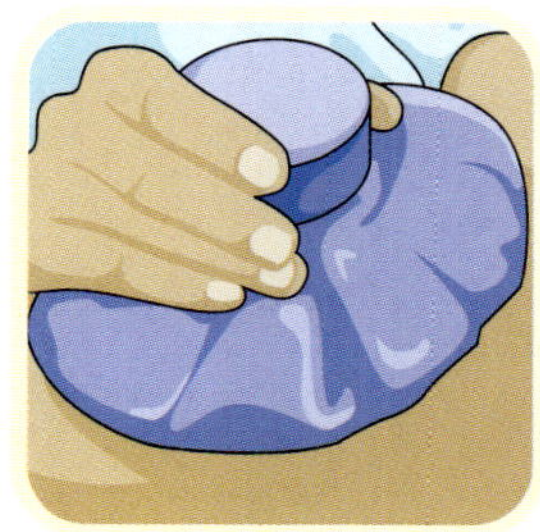

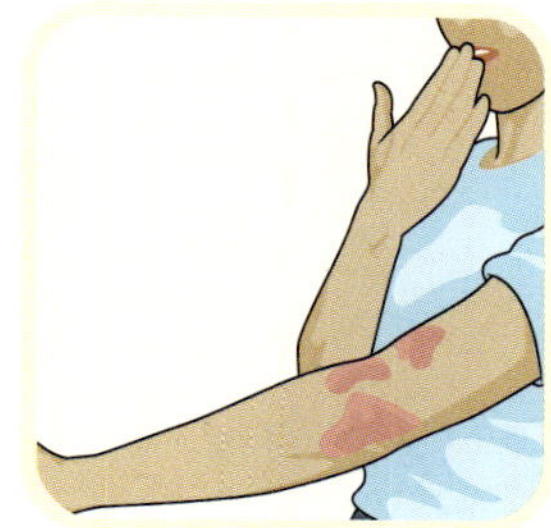
Controle las colmenas.

334 saque una astilla

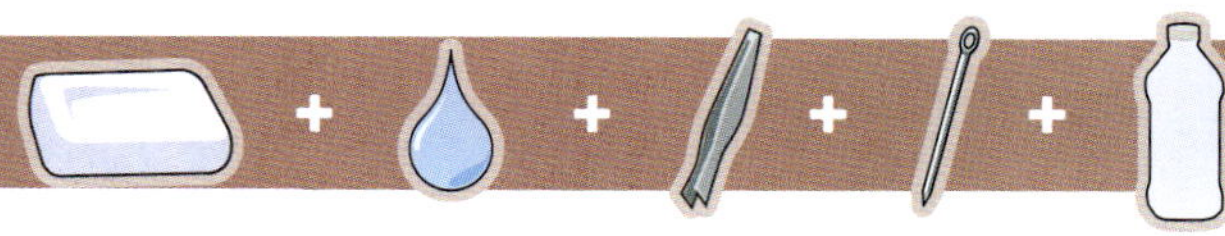

Lave la zona con cuidado.

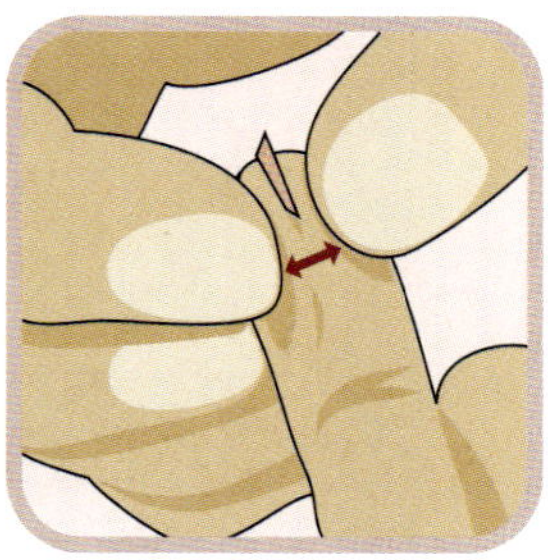
Apriete a ambos lados.

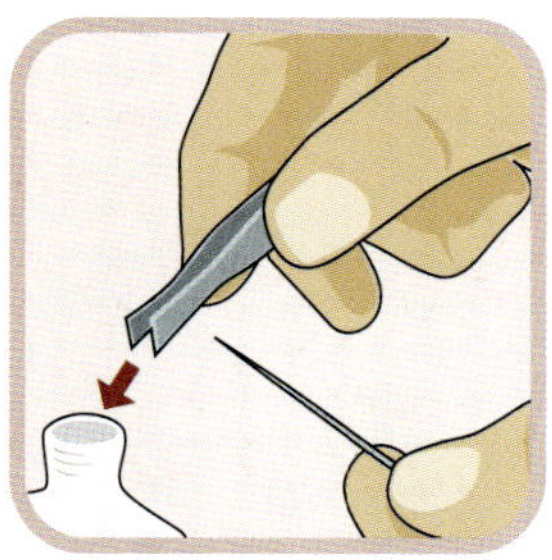
Desinfecte con alcohol.

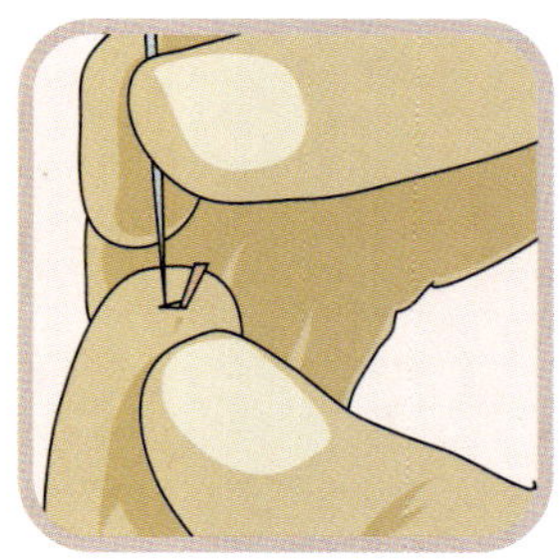
Agrande el orificio.

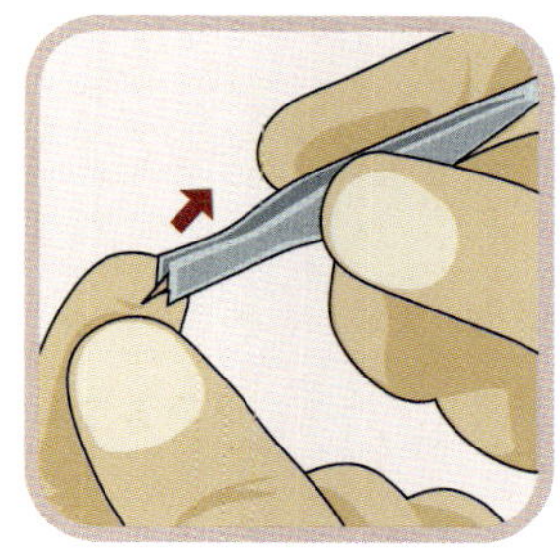

335 quítese una mota del ojo

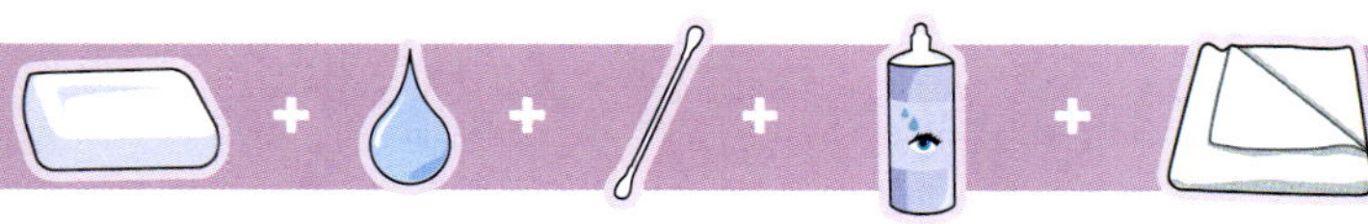

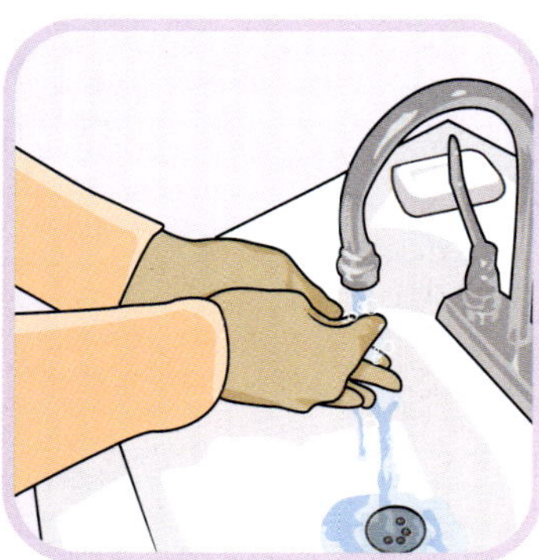
Primero, lávese las manos.

Saque la mota con un bastoncillo.

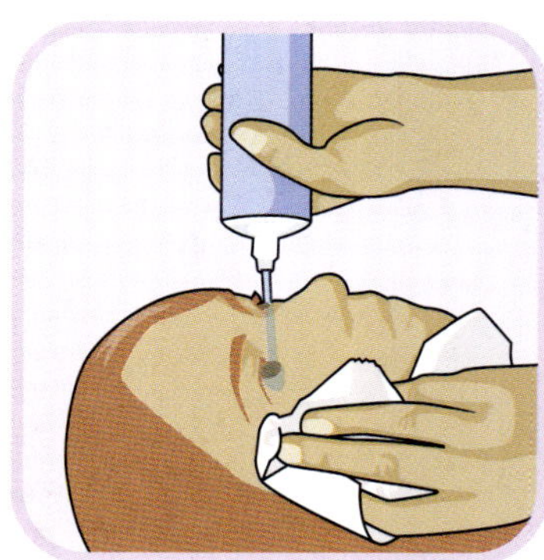
Túmbese; lave el ojo con agua salina.

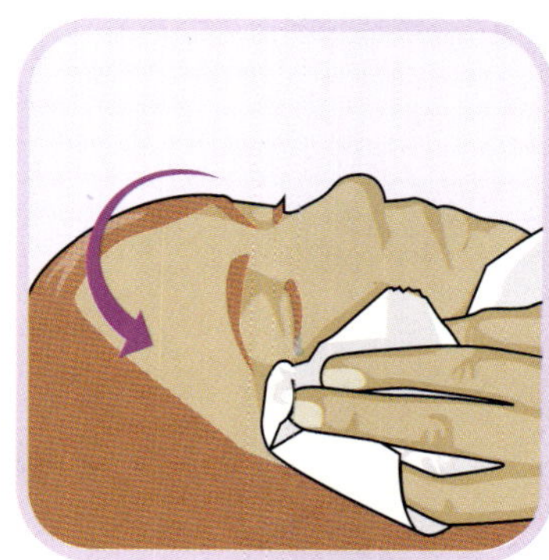
Gire la cabeza para secar lo que caiga.

336 prepare un botiquín

detenga una hemorragia 337

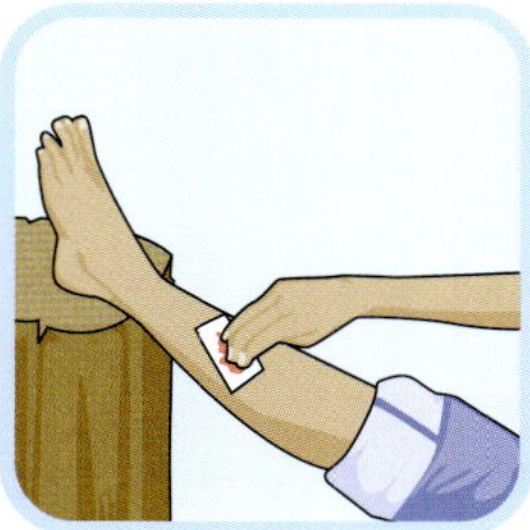

Eleve y presione la herida.

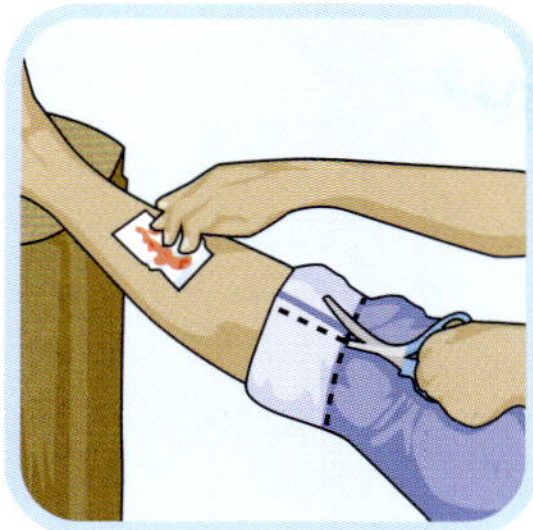

Corte las prendas estrechas.

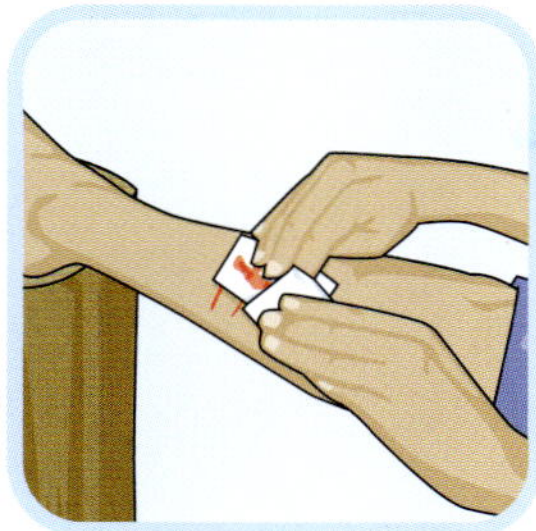

Ponga otra gasa encima.

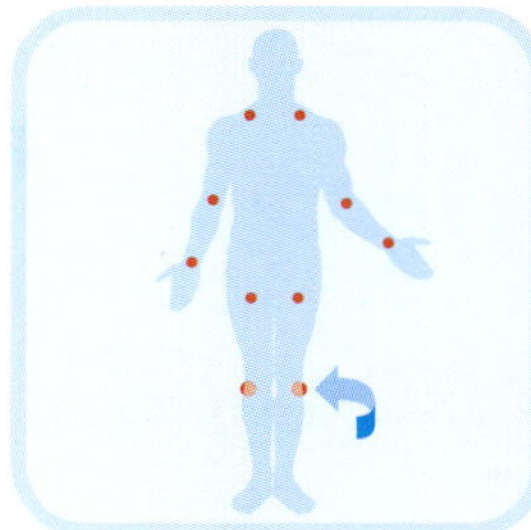

Localice el punto de presión.

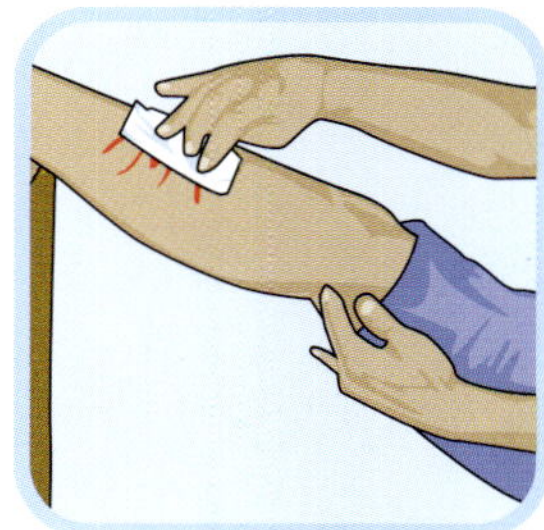

La presión reduce la sangre.

* Si la herida es tan profunda que se ve tejido adiposo amarillo, o resulta difícil cerrarla, necesita puntos de sutura.

vende un corte profundo 338

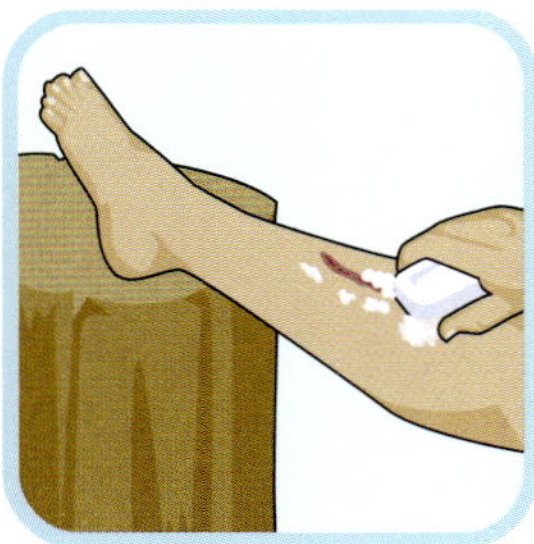

Eleve y lave la zona.

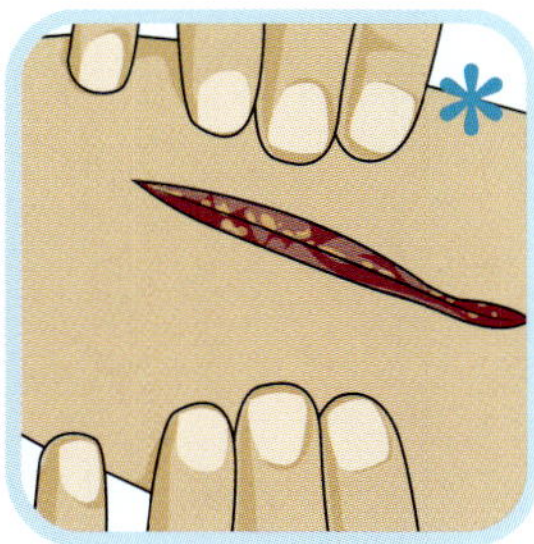

Observe si necesita puntos.

Aplique pomada antibiótica.

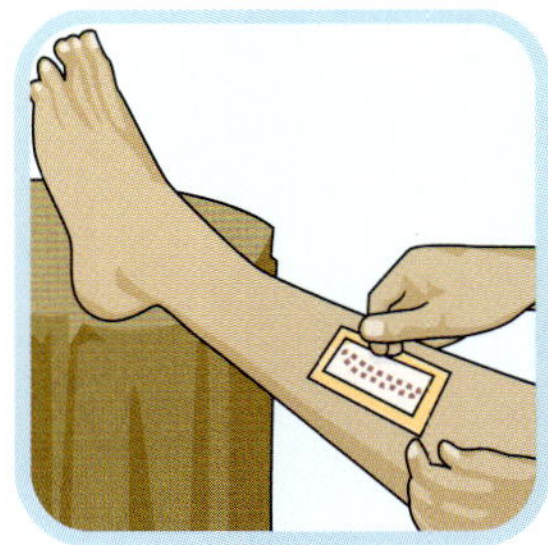

Cúbrala con un apósito.

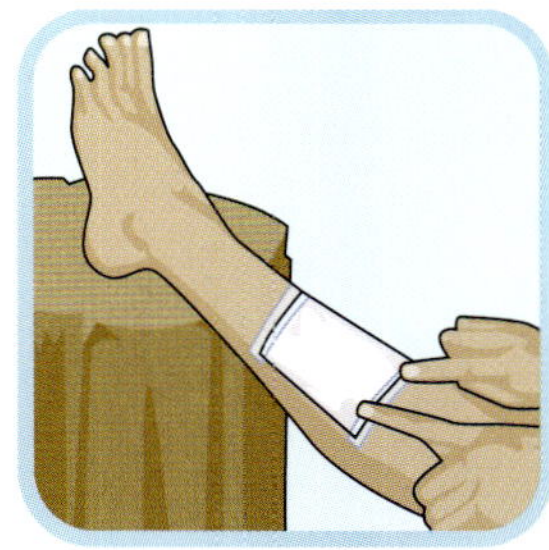

Cúbrala con una tirita.

* Haga un torniquete solo si la hemorragia es aguda. Si la herida está bajo una articulación, átelo encima.

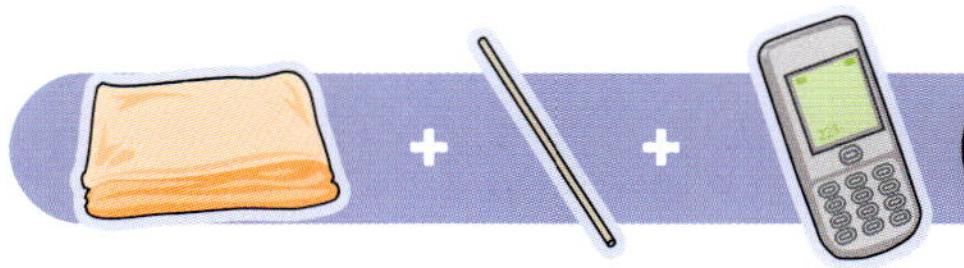

haga un torniquete 339

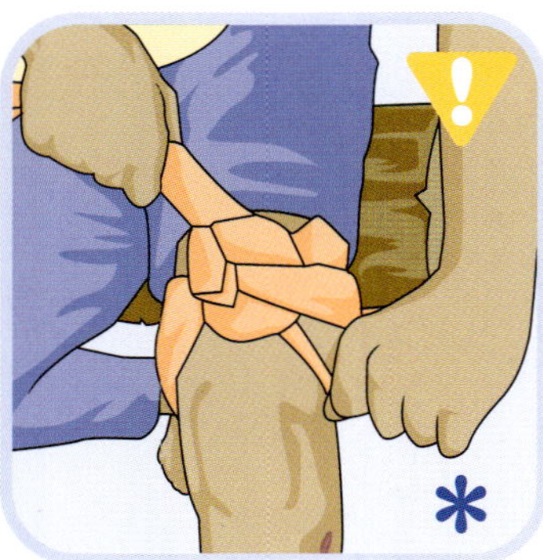

Haga un nudo encima de la herida.

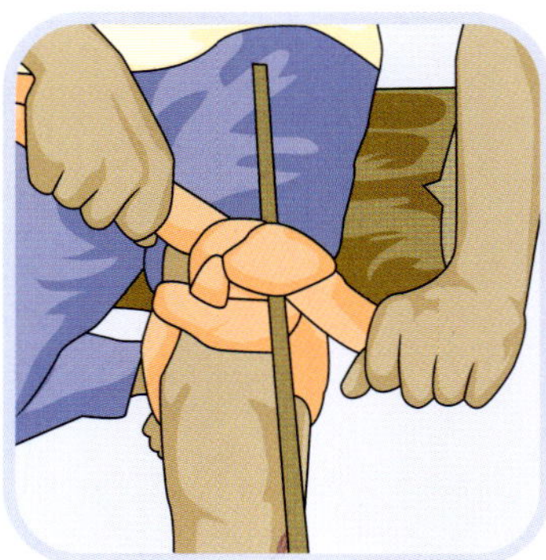

Introduzca un palo.

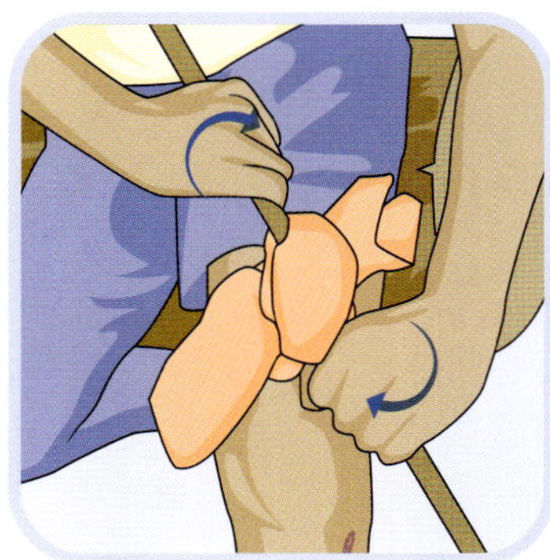

Gírelo y apriete hasta que deje de sangrar.

340 realice la rcp

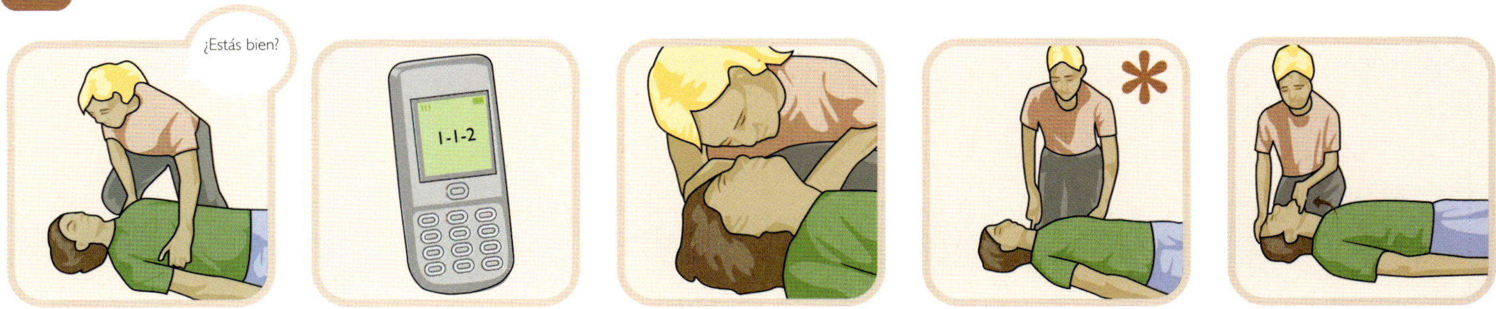

Quite el zapato y el calcetín.

Compruebe si respira.

Tómele el pulso.

Colóquele la barbilla hacia atrás.

Quite objetos de la boca.

Pince las fosas nasales.

Respire por la víctima.

Presione en el esternón.

Repítalo hasta que llegue ayuda.

¡La rapidez es la clave! No pierda mucho tiempo tomando el pulso. Aunque la respiración artificial salva vidas, se cree que las compresiones torácicas son el factor más importante de la RCP. Si la víctima sufre un ataque al corazón, o no se puede llevar a cabo la respiración artificial, comience las compresiones.

341 salve a una víctima de asfixia

Golpee la espalda.

Coloque el puño bajo las costillas.

Presione el abdomen.

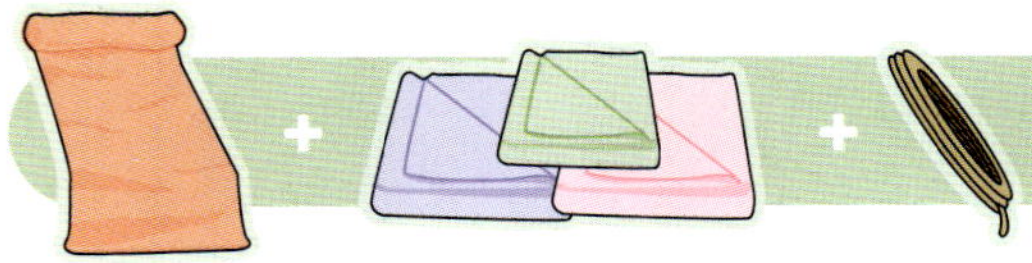

entablille una pierna herida 342

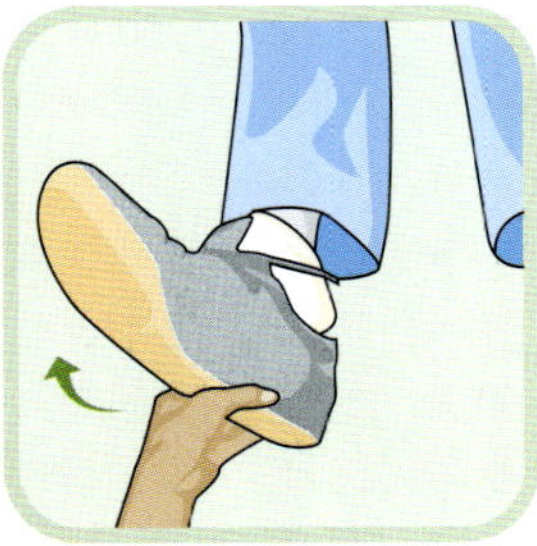

Quite el zapato y el calcetín.

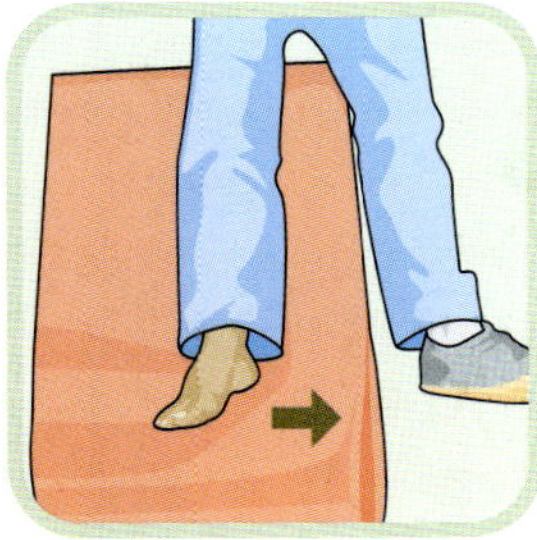

Ponga una esterilla doblada.

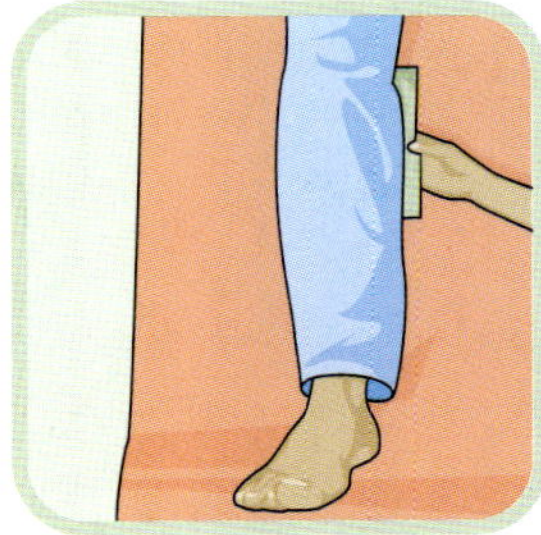

Ponga un cojín bajo la rodilla.

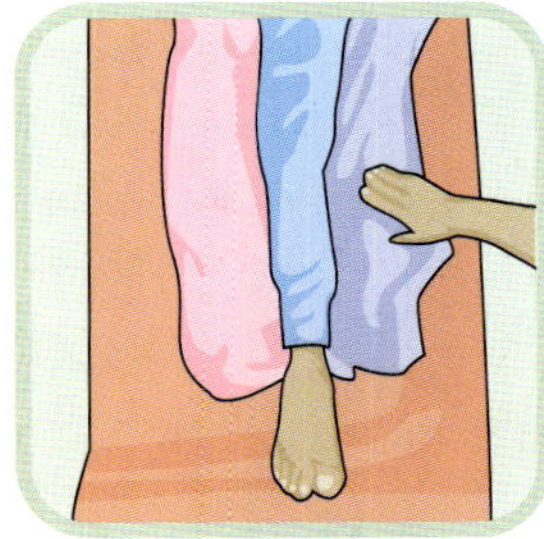

Acolche cada lado.

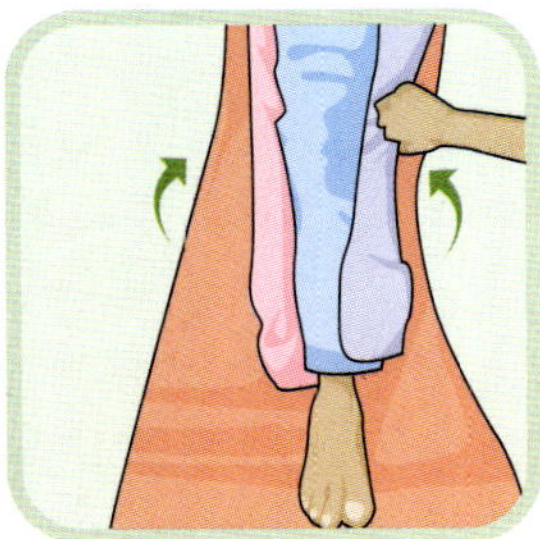

Júntelas sobre la pierna.

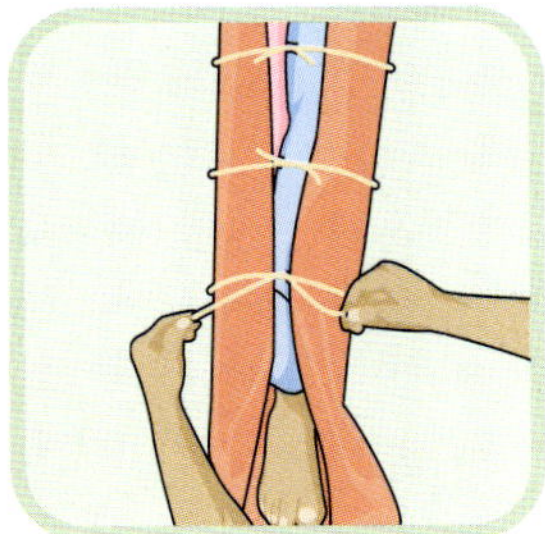

Sujételo con varios nudos.

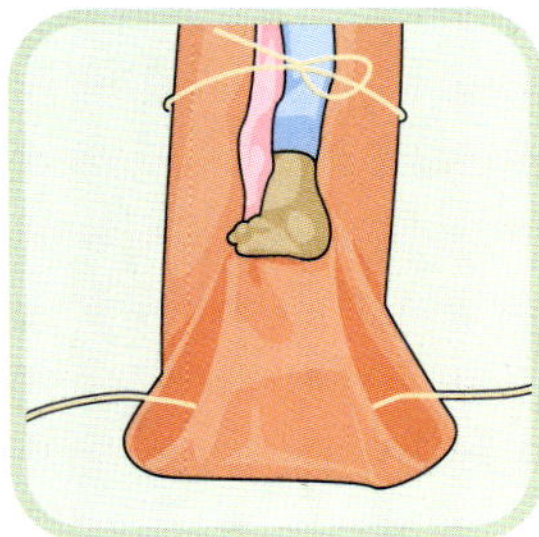

Pase una cuerda por el doblez.

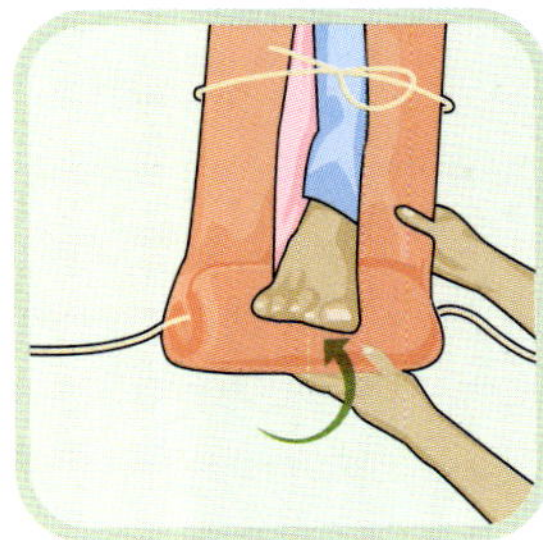

Enrolle lo que sobre.

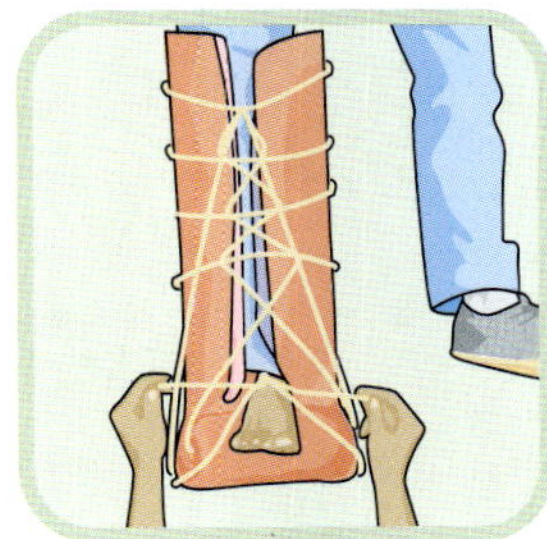

Entrecrúcelo y átelo.

* Si está solo y no puede anudar el cabestrillo, quíteselo y átelo. Después métaselo por la cabeza y coloque el brazo con cuidado.

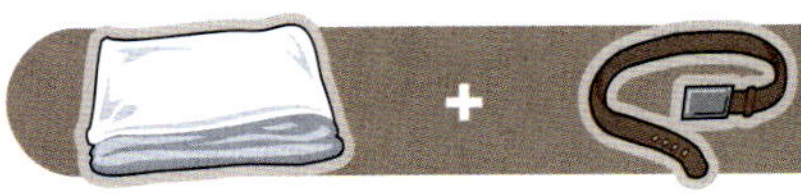

póngase un cabestrillo 343

Coloque tela doblada bajo el brazo.

Dé la vuelta a la tela por el cuello.

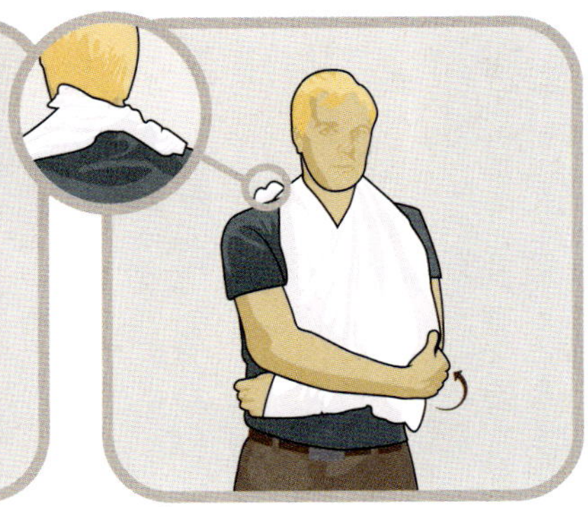

Átela; meta lo que sobre por dentro.

Sujételo para impedir que se mueva.

344 dé a luz en un taxi

Pare un taxi.

191 salga de un coche en minifalda

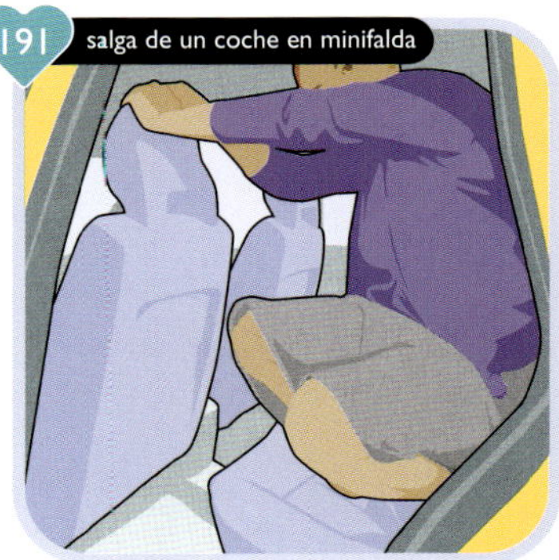

Será más fácil si se pone de cuclillas.

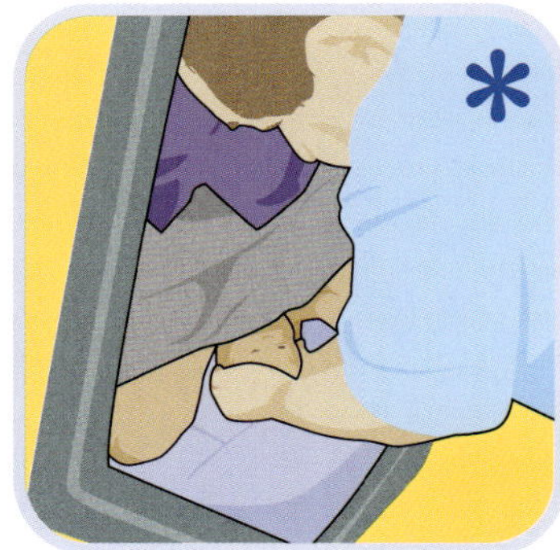

Sujete al bebé con cuidado.

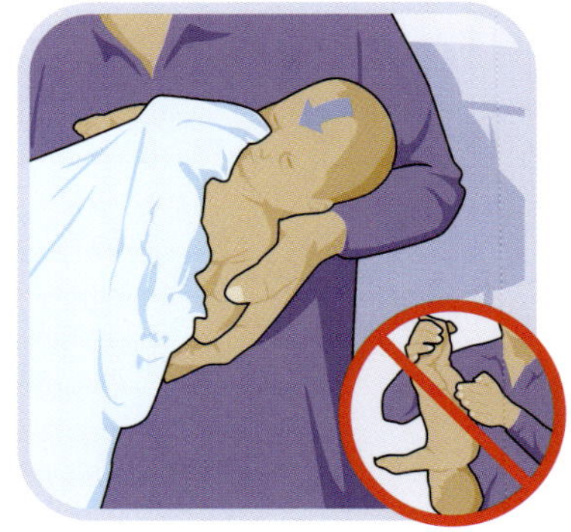

Limpie la cara del bebé con un paño.

Cuando asome la cabeza del bebé, compruebe que el cordón umbilical no está enrollado al cuello y no presenta riesgo de estrangulación. Si está enrollado, deslice el dedo índice entre el cuello y el cordón y pase el cordón por encima de su cabeza. Si sale la placenta, envuélvala en una toalla y llévesela al hospital.

345 realice una autoexploración

El mejor momento para realizar una exploración mamaria es unos días después de que termine su periodo tras darse una ducha o un baño. ¿Qué debería notar? Nada de nada, de verdad. Si nota cualquier cambio al palpar o mirar sus pechos, concierte una cita con su médico. Como dice el refrán: ¡más vale prevenir que curar!

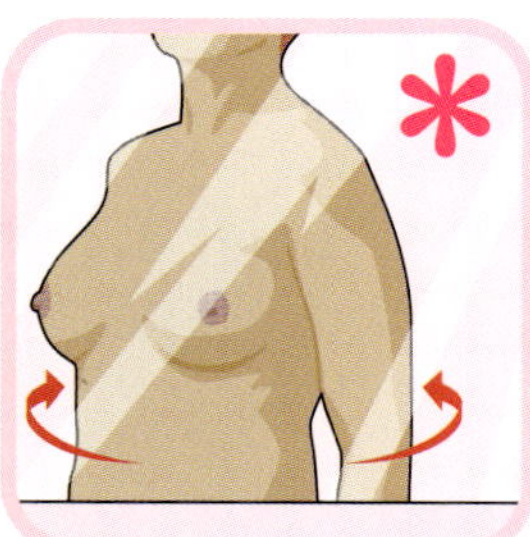

Gire en busca de cambios.

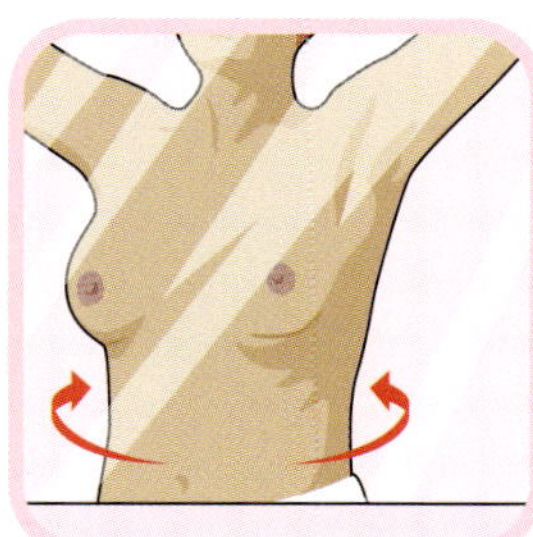

Levante los brazos y repítalo.

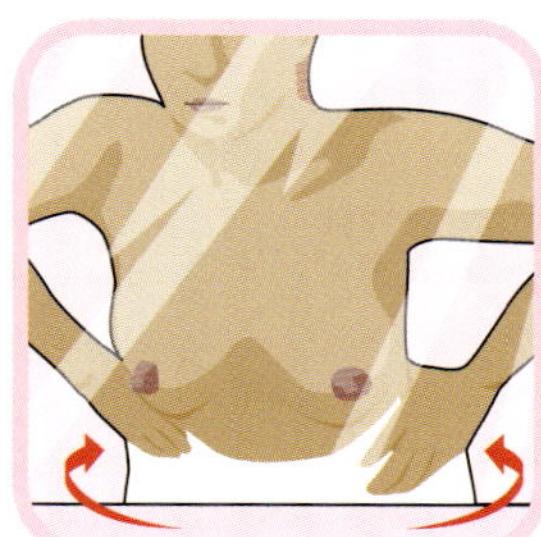

Inclínese y repita lo anterior.

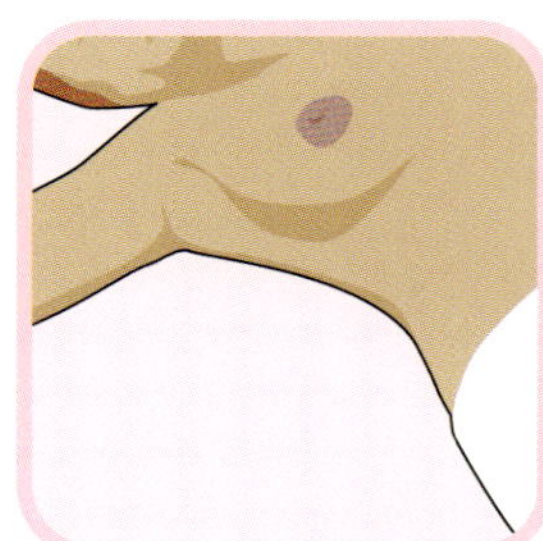

Túmbese y suba el brazo.

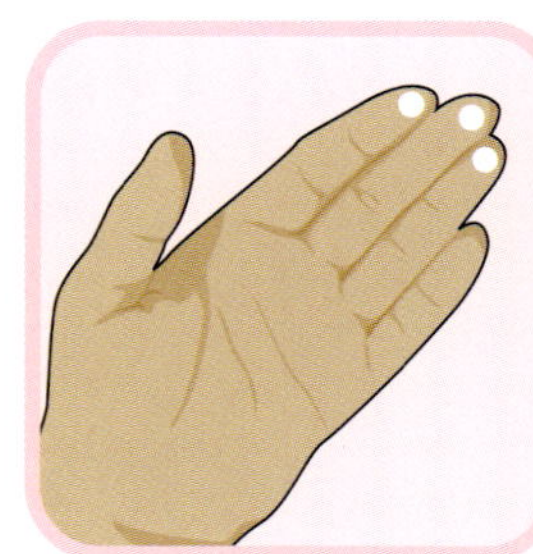

Utilice las yemas de tres dedos.

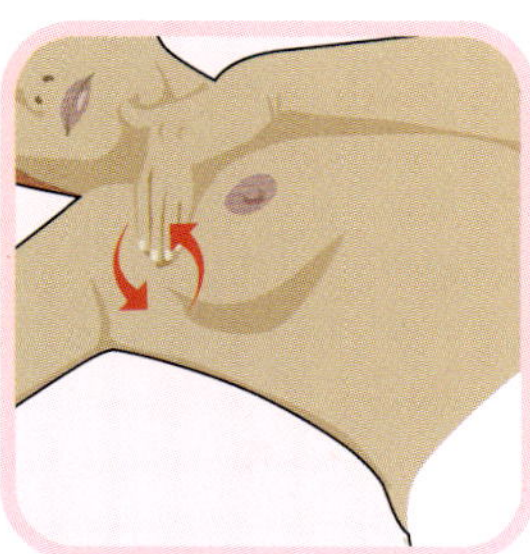

Varíe la presión al palpar.

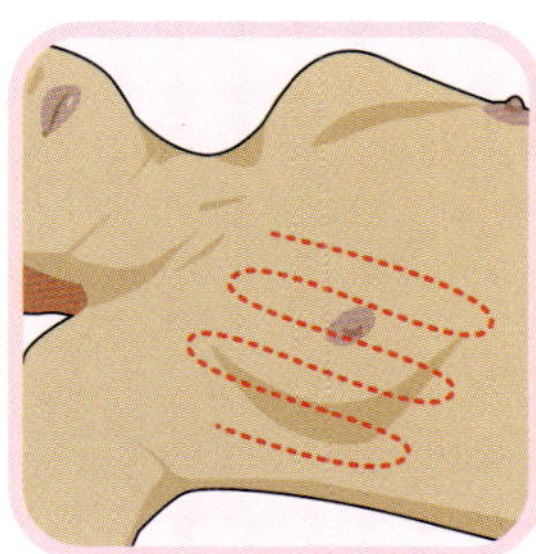

Recorra todo el pecho.

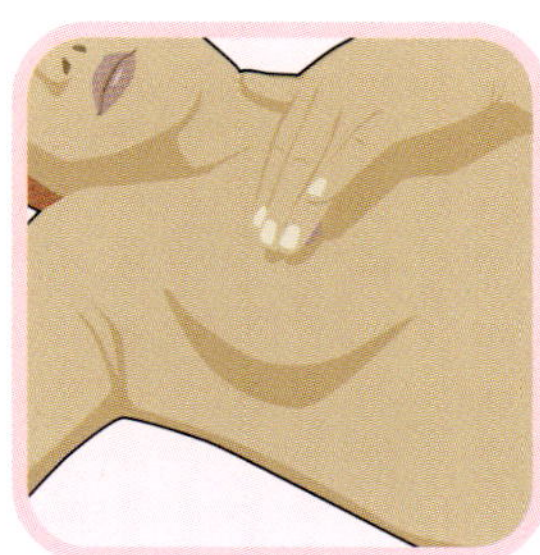

Inspeccione el pezón.

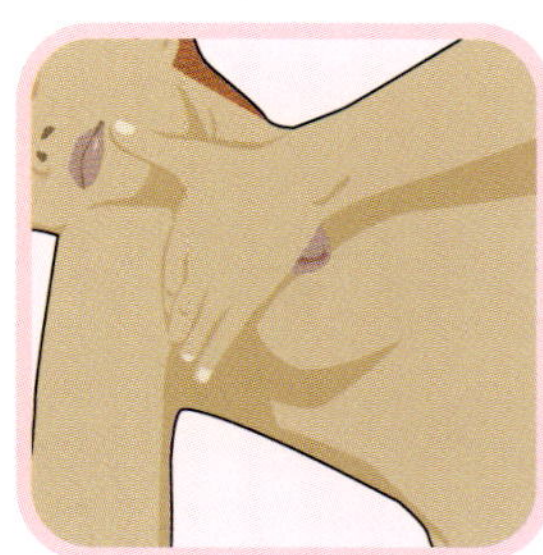

Toque los ganglios linfáticos.

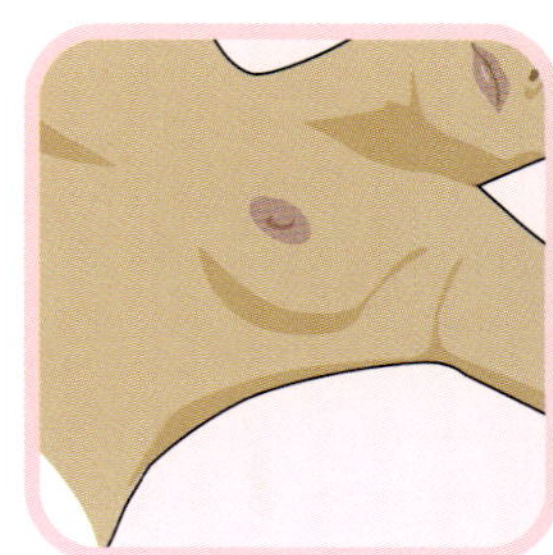

Repítalo en el otro pecho.

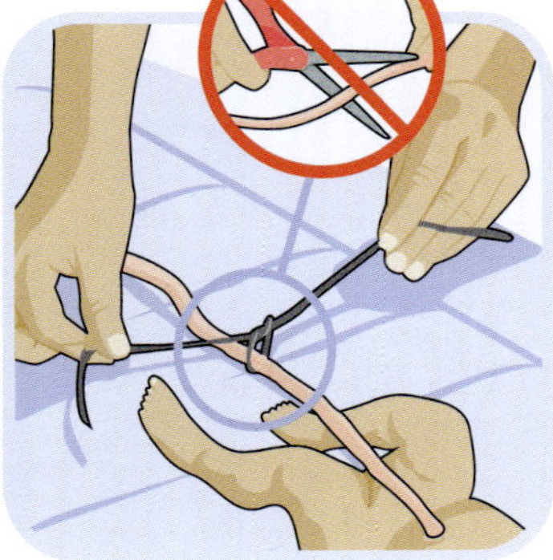

Corte el cordón umbilical.

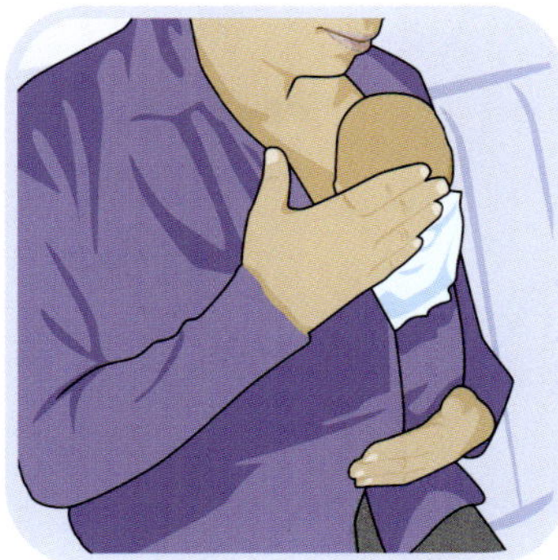

Acérqueselo para mantenerlo caliente.

Si es posible, empiece a darle el pecho.

Acuda al hospital rápidamente.

dé el pecho a un bebé 346

dé el biberón a un cordero 281

Sujételo pegado a su vientre.

Pellizque un poco el pecho.

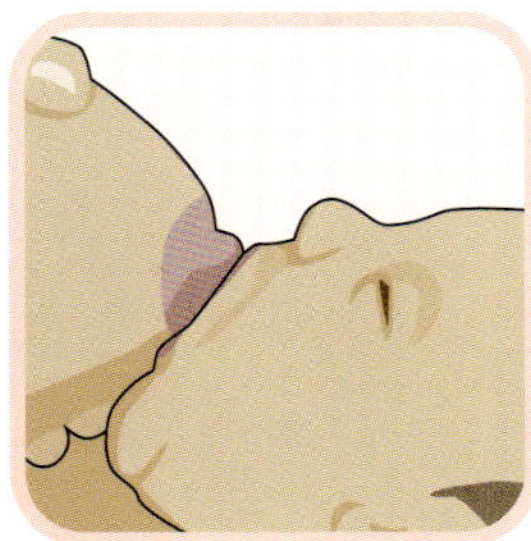

Coloque el pezón en los labios.

Baje el maxilar inferior.

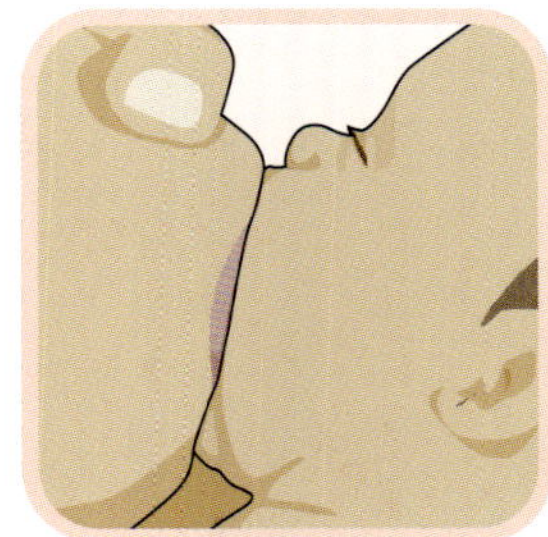

Inclínelo hacia delante.

salve a un bebé que se asfixia 347

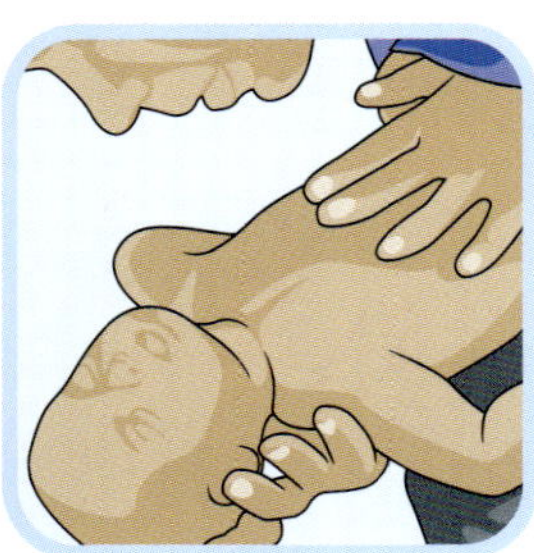

Compruebe si respira.

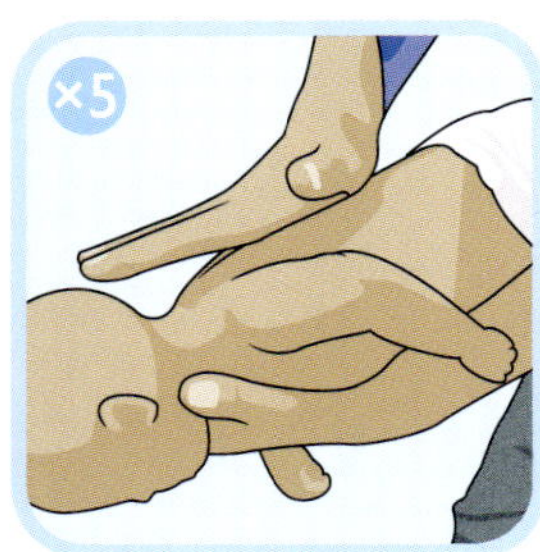

Golpéele la espalda.

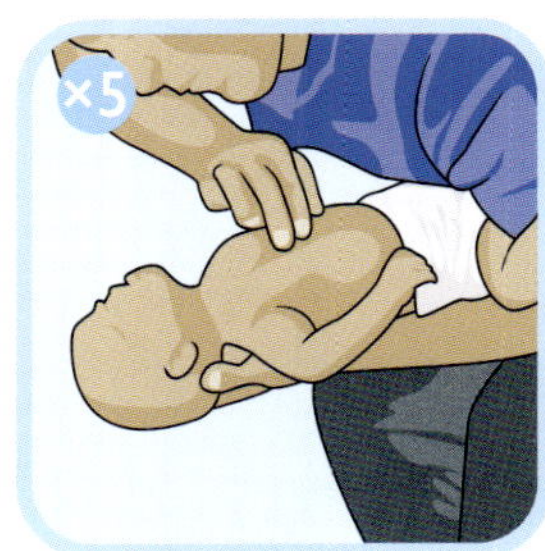

Presione el esternón.

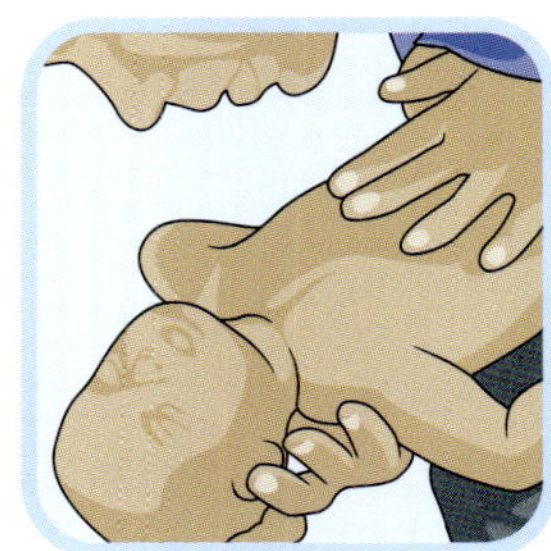

Compruebe su respiración y repita.

348 medite para lograr paz interior

Rodéese de artículos relajantes y espirituales, y siéntese. Relájese y deje que sus inspiraciones y espiraciones fluyan. Si comienza a pensar en ideas concretas, destiérrelas y vuelva a centrar su atención en la respiración.

Si le distrae un sonido, etiquételo mentalmente como un "sonido" y continúe con la respiración.

Si está preocupado o frustrado, o siente alguna otra emoción (incluso una positiva), piense "emoción" para sí mismo y continúe con la respiración.

Si se descubre planificando o reflexionando sobre algo, diga "pensamiento" para sí mismo y continúe con la respiración.

Si experimenta picor, calambre o escozor, piense "sensación física" y continúe con la respiración.

A medida que tenga más práctica, incremente poco a poco la duración de sus sesiones de meditación.

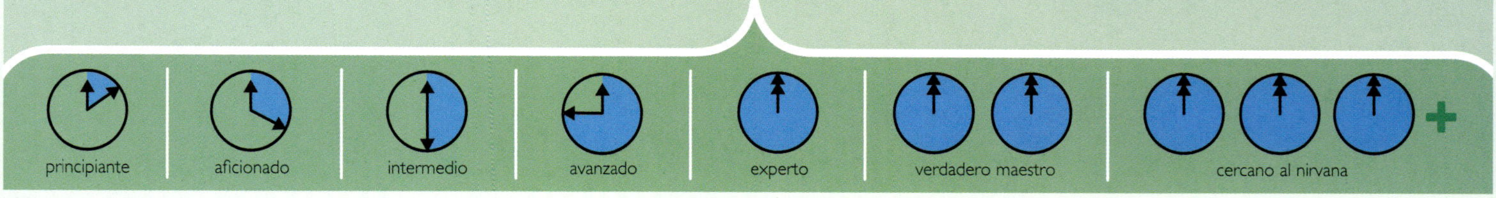

relájese en una sauna finlandesa 349

Dúchese antes de entrar a la sauna.

Eche agua sobre los carbones ardiendo.

Disfrute del calor.

Roce su piel con ramas húmedas.

salve a un hipotérmico 441

Dese un estimulante chapuzón.

¡Manténgase hidratado!

Repita el ciclo las veces que desee.

Dúchese cuando termine.

Los auténticos finlandeses realizan este ritual de limpieza desnudos de pies a cabeza para que se abran todos sus poros. Si es tímido, cúbrase con una toalla y quítesela para disfrutar de unos golpecitos con un haz de abedul húmedo (*vihta*), cuyas hojas tonifican la piel y cuyo fresco aroma revitaliza.

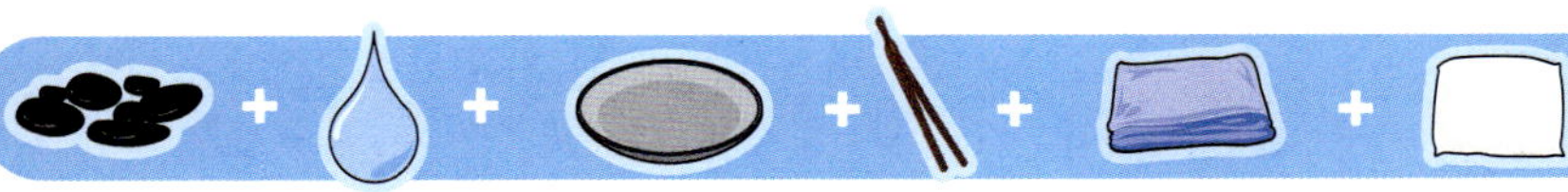

dese un masaje con piedras 350

haga saltar una piedra en el agua 461

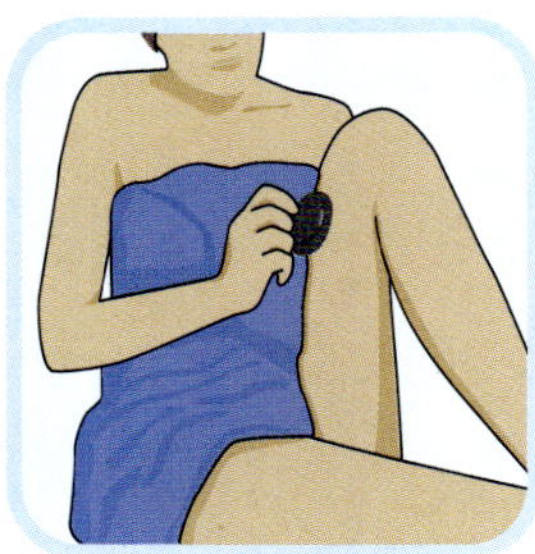

Masajee sus extremidades.

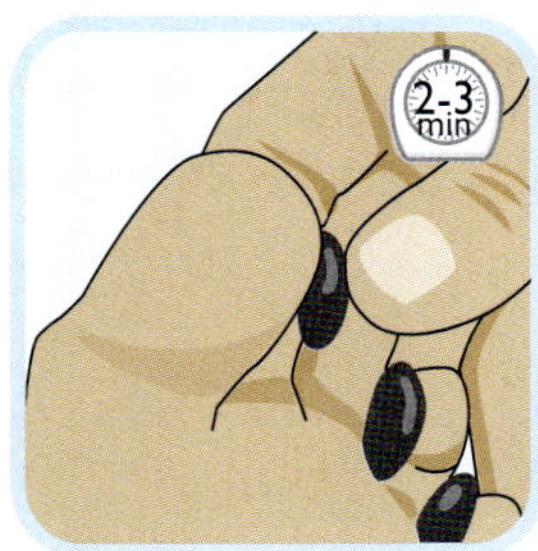

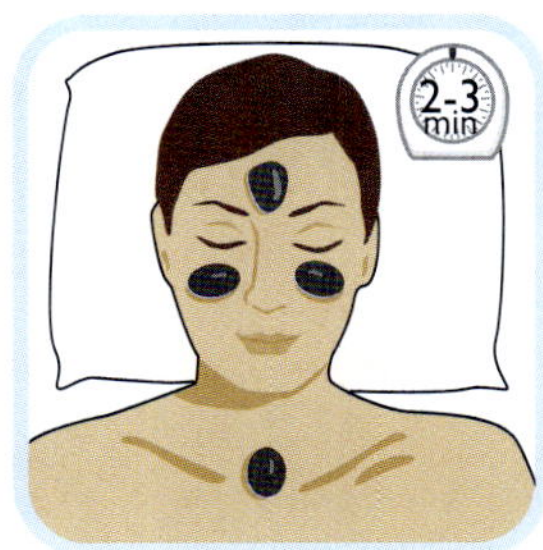

Ponga una piedra en cada palma.

351 cure con *reiki*

Pida a su ego que se aparte.

Canalice el universo.

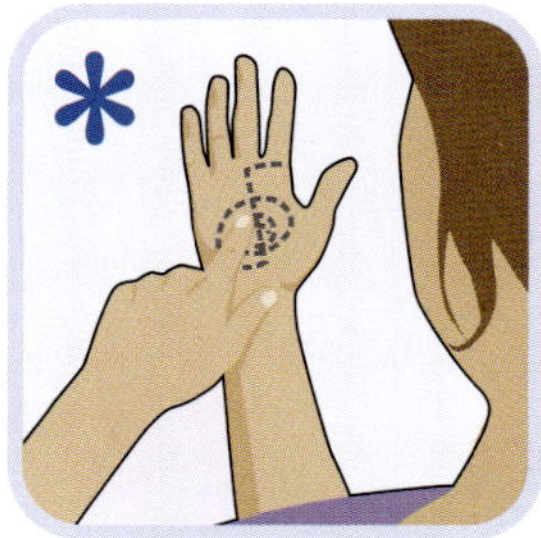

Trace el símbolo correcto.

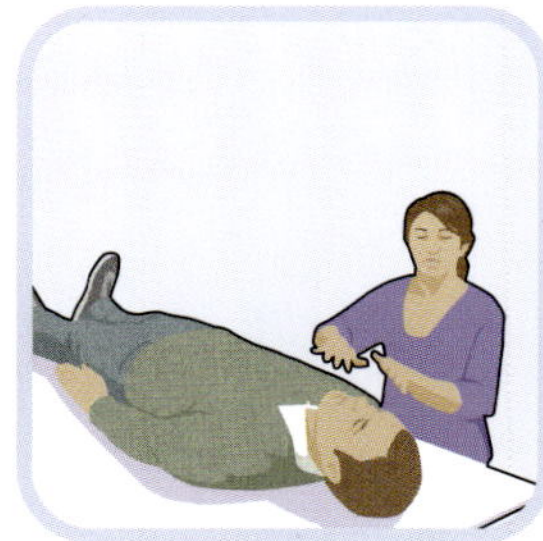

Tomen posiciones.

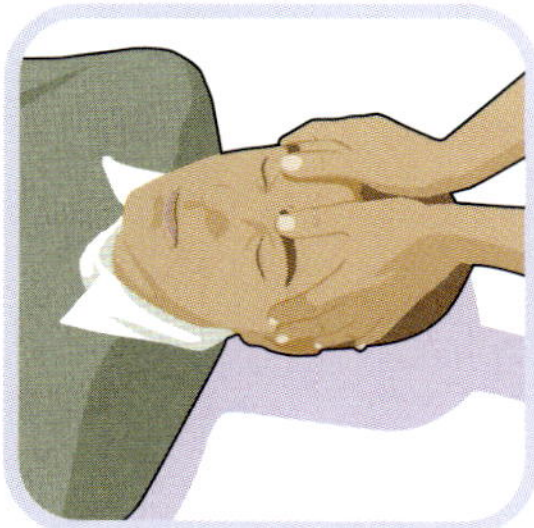

Analice los *chakras*.

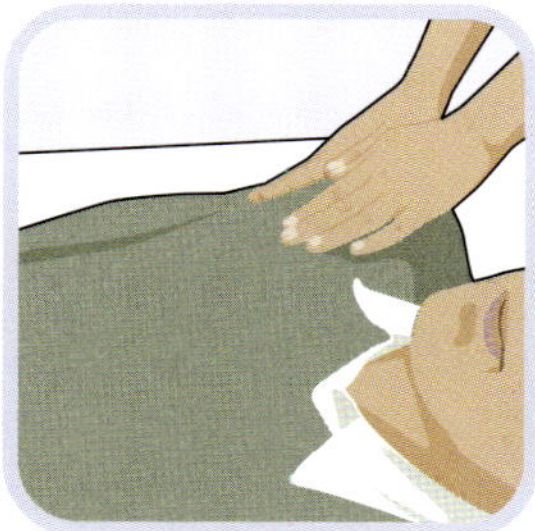

Concéntrese en una zona.

Calme el dolor con calor.

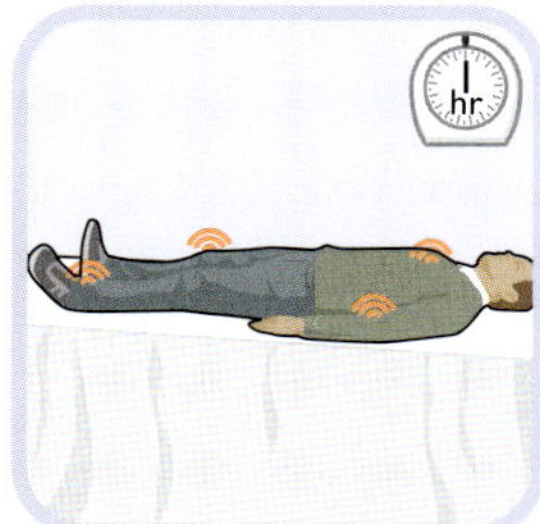

Cure las zonas necesarias.

Relájese. Comenten los efectos.

* El dolor desaparecerá con esta técnica japonesa que se sirve de la transferencia de energía de una persona a otra para curar. Antes de la sesión, el maestro *reiki* traza símbolos en su palma o en el paciente.

cho ku ray
Este símbolo aumenta y concentra la energía.

sei hei ki
Este símbolo trata desequilibrios emocionales.

hon sha ze sho nen
Este símbolo envía energía a personas que están lejos.

352 haga un movimiento de taichi

* Imite los movimientos de las nubes con este movimiento meditativo de taichi llamado "mover las manos como nubes". Mientras hace círculos con las manos, imagine que las rota alrededor de una bola de energía. Repita tres veces los pasos del tres al cinco hasta completar la secuencia.

Mueva el brazo a la derecha.

Desplácese. Abra la mano derecha.

Haga círculos mirando a la derecha.

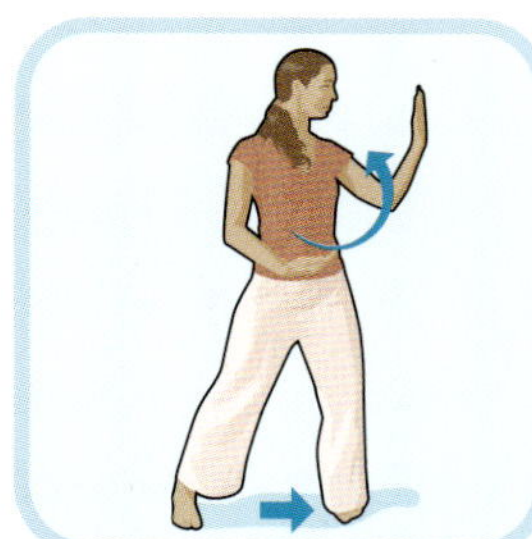

Continúe y gire a la izquierda.

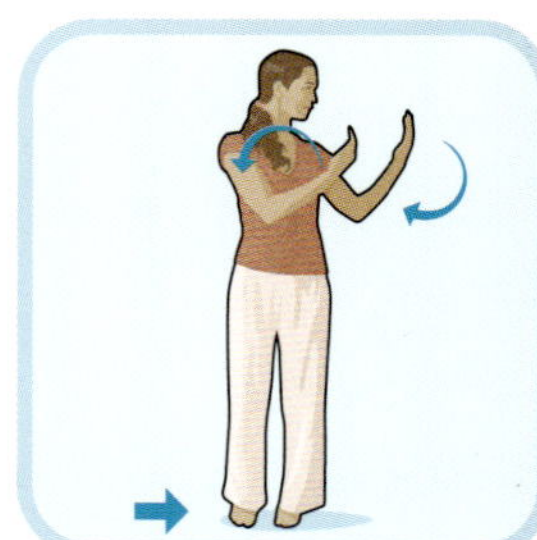

Junte los pies.

haga una postura básica de yoga 353

para principiantes

para embarazadas y principiantes

para niños y principiantes

para practicantes intermedios

sukasana
(fácil)

upavistha konasana
(sentado con las piernas muy abiertas)

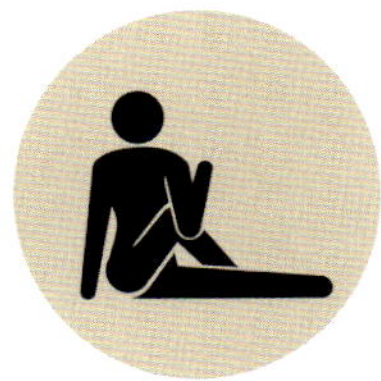

ardha matsyendrasana
(media torsión)

svanasana
(mesa)

marjariasana
(gato)

bitilasana
(vaca)

chakravakasana
(pájaro sol)

garbhasana
(niño)

phalahakasana
(tabla)

astang pranam
(oruga)

bhujangasana
(cobra modificada)

adho mukha svanasana
(perro bocabajo)

ardha adho mukha shvanasana
(perro medio bocabajo)

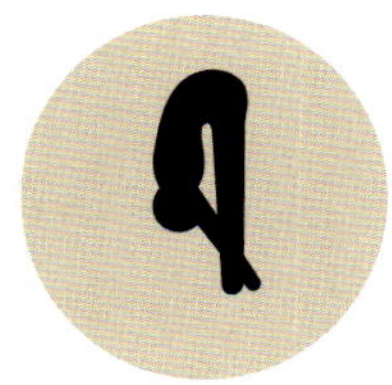

uttanasana
(flexión hacia delante de pie)

utthita ashwa sanchalanasana
(zancada alta)

ardha virabhadrasana
(guerrero bajo)

virabhadrasana III
(guerrero III)

virabhadrasana II
(guerrero II)

parsvakonasana
(ángulo lateral modificado)

trikonasana
(triángulo)

vrksasana
(árbol)

purvottanasana
(plano inclinado)

dhanurasana
(arco)

ustrasana
(camello)

ardha sarvangasana
(media vela)

halasana
(arado)

shavasana
(cadáver modificado)

354 entrénese para largas distancias

¡Átese las zapatillas! Para aumentar su resistencia, alterne unos minutos de carrera con paseos, corriendo un poco más cada semana. Descanse unos días entremedias.

	día 1	día 2	día 3
semana 1	1min 1½min ×8 Total = 20 min	1min 1½min ×8 Total = 20 min	1min 1½min ×8 Total = 20 min
semana 2	1½ 2 ×6 Total = 21 min	1½ 2 ×6 Total = 21 min	1½ 2 ×6 Total = 21 min
semana 3	1½ 1½ 3 3 ×2 Total = 18 min	1½ 1½ 3 3 ×2 Total = 18 min	1½ 1½ 3 3 ×2 Total = 18 min
semana 4	3 1½ 5 2½ 3 1½ 5 Total = 21½ min	3 1½ 5 2½ 3 1½ 5 Total = 21½ min	3 1½ 5 2½ 3 1½ 5 Total = 21½ min
semana 5	5 3 5 3 5 Total = 21 min	8 5 8 Total = 21 min	21 Total = 21 min
semana 6	5 3 8 3 5 Total = 24 min	10 3 10 Total = 23 min	25 Total = 25 min
semana 7	25 Total = 25 min	25 Total = 25 min	28 Total = 28 min
semana 8	28 Total = 28 min	28 Total = 28 min	30 Total = 30 min
semana 9	30 Total = 30 min	30 Total = 30 min	30 Total = 30 min

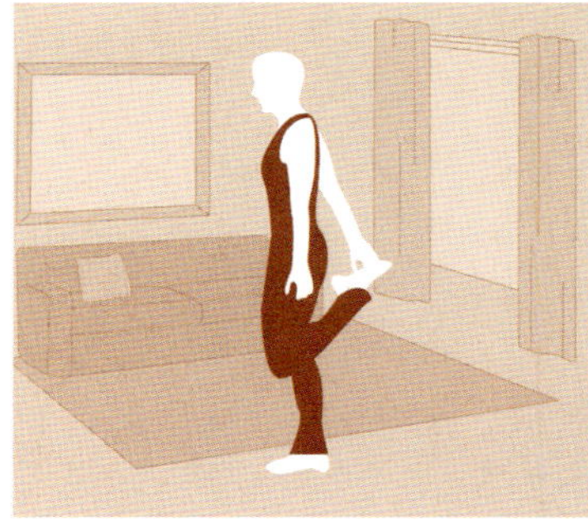

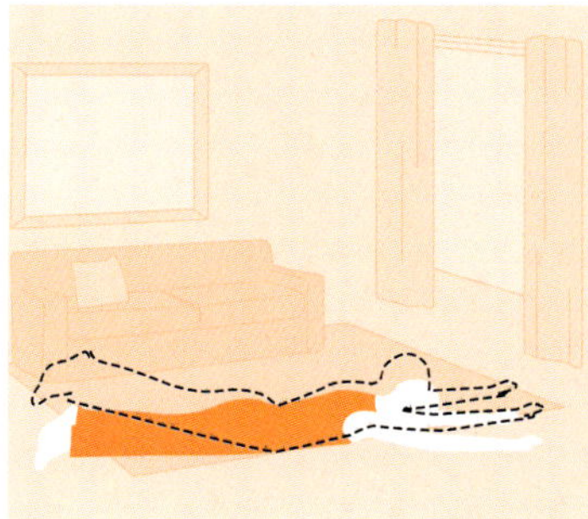

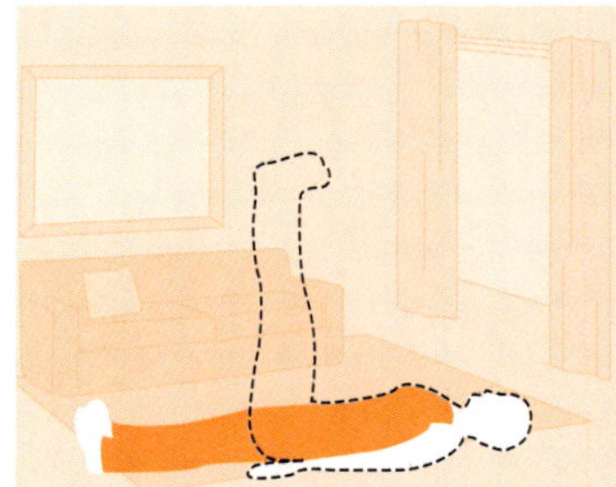

Mantenga la columna pegada al suelo.

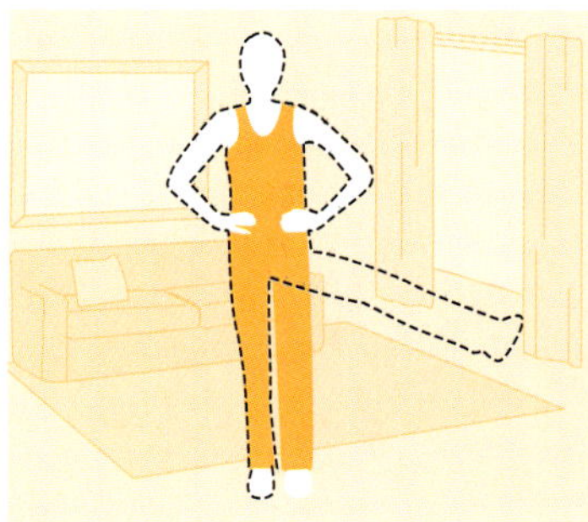

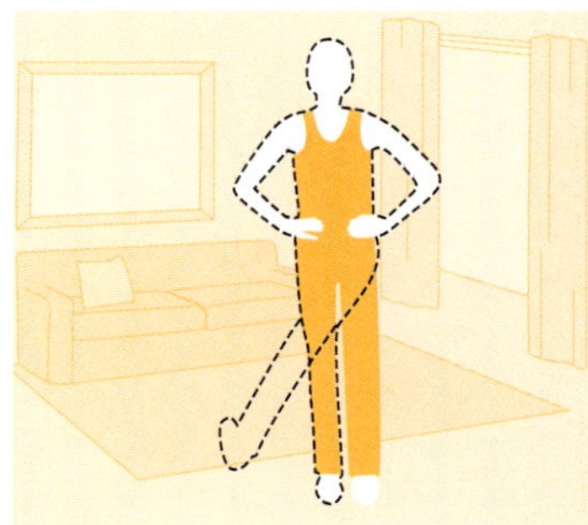

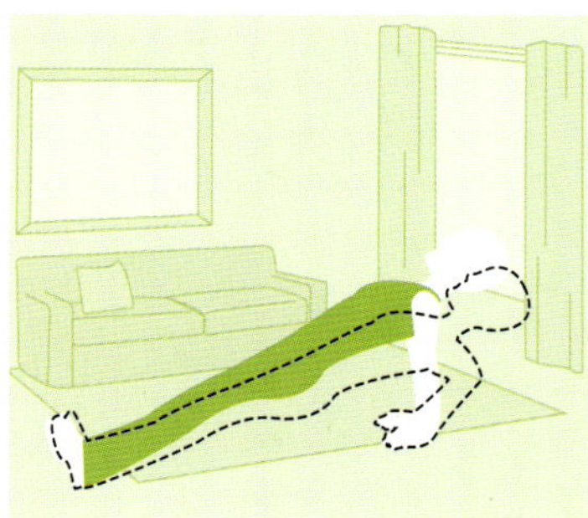

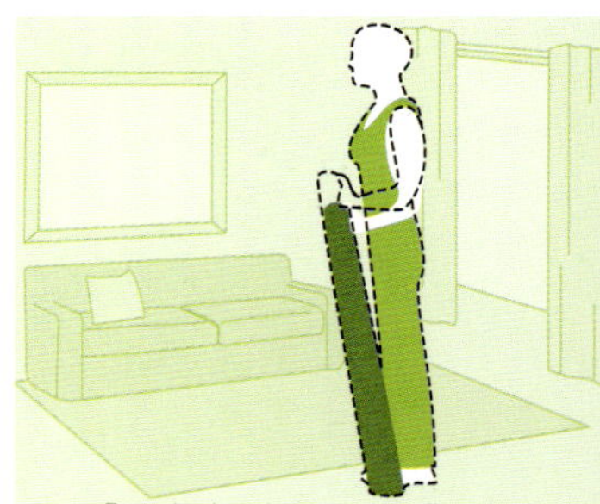

Envuelva los pies en una toalla y tire.

355 estire antes de entrenar

356 fortalezca y tonifique el centro

357 endurezca la parte inferior

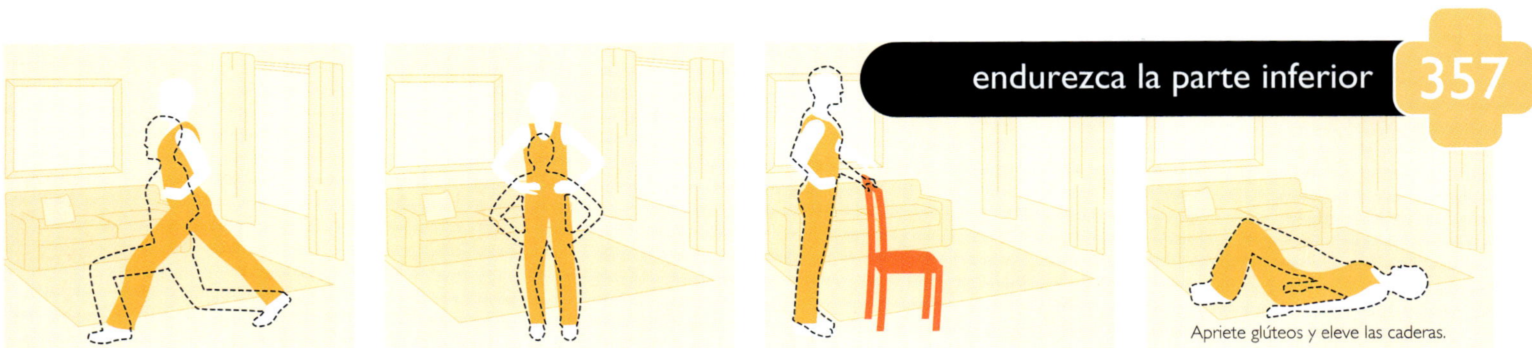

Apriete glúteos y eleve las caderas.

358 ejercite la parte superior

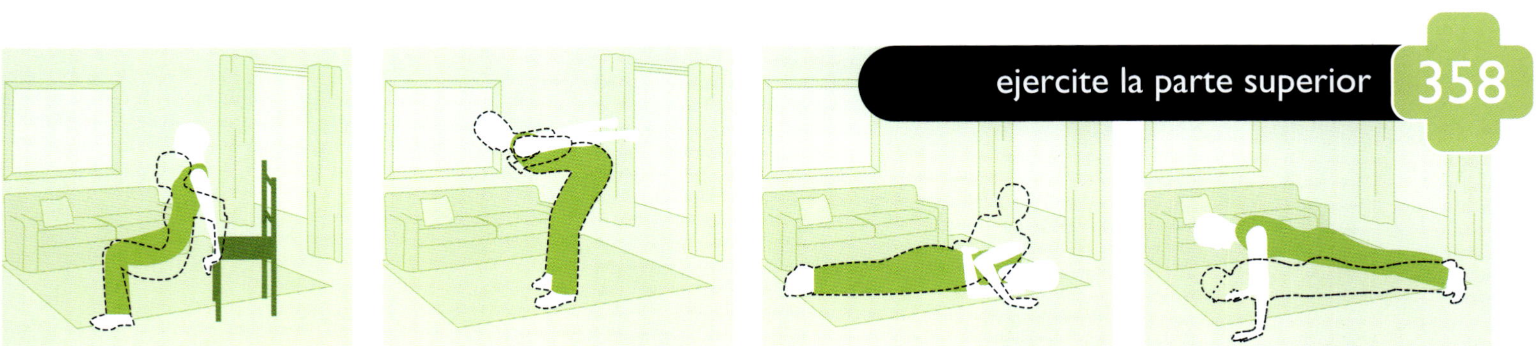

359 nade a crol

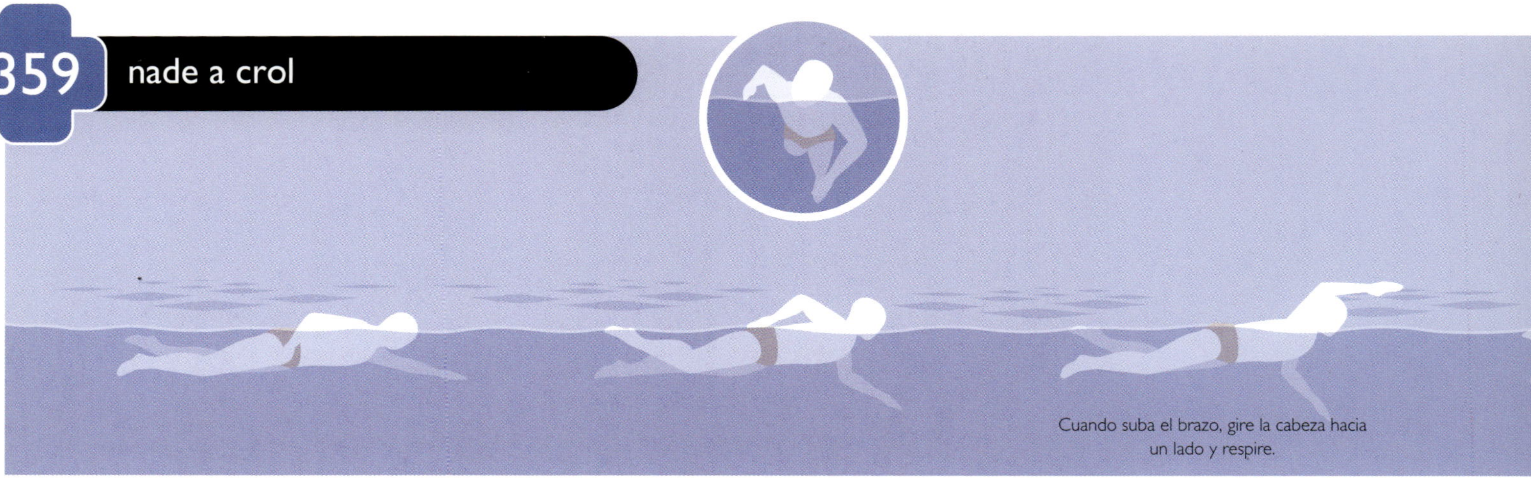

360 nade a espaldas

361 nade a braza

imite a un saltador olímpico 362

salte desde un acantilado 389

363 recupérese de una caída

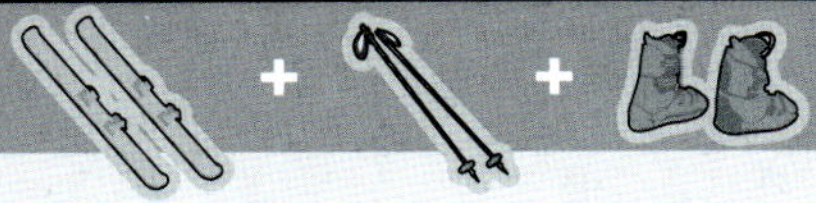

Incorpórese.

Aparte os bastones.

Doble la rodilla de atrás.

Gire la pierna de arriba.

Ponga las piernas en paralelo.

Recoja los bastones.

Levántese con los bastones.

¡Continúe esquiando!

364 baje una pendiente esquiando

deslizamiento lateral
| Para deslizarse, apóyese en su pie guía; para parar, eche hacia atrás el mismo pie, como con el acelerador.

enlazar giros
| Inclínese hacia delante con los esquís hacia abajo.

2 Gire los esquís hacia arriba para completar la curva.

diagonal
¿Divisó un chalé acogedor al otro lado de la pendiente? Vaya en diagonal ladeando los esquís para que se apoyen en los filos superiores. Cambie su peso al esquí inferior.

cuña
Los principiantes se deslizan aumentando la anchura entre hombros y pies, flexionando las rodillas y metiendo los pies hacia dentro.

descienda en una tabla 365

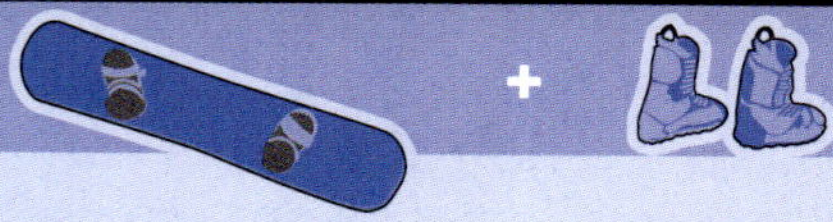

deslizamiento lateral

¿Resbala demasiado? Reduzca su velocidad apoyándose en la nieve; para ir más rápido, inclínese sobre las punteras.

2 Para cambiar de dirección, apóyese en la puntera del otro pie.

Para incorporarse después de una caída, no se apoye en las muñecas.

guirnalda

1 Para reducir la velocidad, eche el peso hacia atrás.

2 Gire poco a poco la punta de la tabla.

3 Para parar del todo, gire la tabla hacia arriba.

Las tablas largas son para *snowboarders* avanzados o de montaña.

Las tablas de longitud media son buenas para distintos terrenos.

Los principiantes manejan mejor las tablas cortas, además se pueden hacer trucos geniales.

manténgase en una tabla de surf 396

lleve los esquís 366

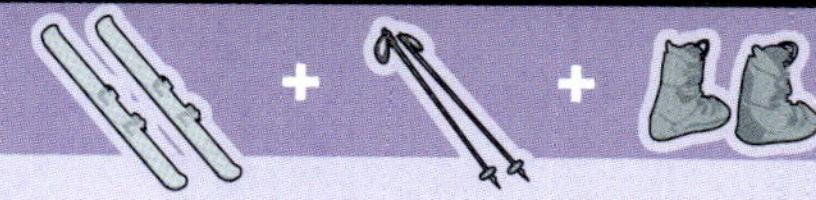

Junte las tiras de las botas.

Cuélgueselas del hombro.

Agarre los esquís y los bastones.

Lleve los esquís sobre el hombro.

escale una pista con su equipo 367

paso en tijera

paso lateral

paseando

viajes

368 elija su destino ideal

369 sepa la hora en cualquier lugar

San Petersburgo, Rusia
El Transiberiano, Rusia
Estambul, Turquía
La Gran Muralla, China
Matsumoto, Japón
El Cairo, Egipto
Dubai, Emiratos Árabes Unidos
Sun Island, Maldivas
Angkor Wat, Camboya
Kosrae, Micronesia
Gran Barrera de Coral, Australia
Monte Kilimanjaro, Tanzania
Masoala, Madagascar
Tabanan, Bali
Queenstown, Nueva Zelanda
línea internacional de cambio de fecha
Helsinki, Finlandia
+2
Nairobi, Kenia
+3
Dubai, Emiratos Árabes Unidos
+4
Taskent, Uzbekistán
+5
Almaty, Kazajistán
+6
Bangkok, Tailandia
+7
Hong Kong, China
+8
Tokio, Japón
+9
Sidney, Australia
+10
Magadán, Rusia
+11
Queenstown, Nueva Zelanda
+12
Petropávlovsk de Kamchatka, Rusia
-12

370 doble ropa femenina para viajar

371 doble ropa masculina para viajar

372 elija el mejor asiento del avión

¿Necesita guardar una bolsa? Los compartimentos de carga delanteros suelen llenarse antes que los traseros.

¿Desea más espacio para las piernas? Solicite un asiento en el mamparo, no tendrá a nadie delante.

¡Bebé a bordo! Los padres suelen solicitar el asiento en el mamparo, ya que allí hay un poco más de espacio.

La distancia entre los asientos aumenta hacia la parte trasera del avión.

305 dé masajes a un bebé con cólicos

¿Cinéfilo? En los asientos del medio es donde peor se ve la pantalla.

¡Cuidado con los codos! En los asientos del pasillo se pueden recibir golpes del carrito de las bebidas.

- demasiado cerca del lavabo
- ruidoso
- más seguro en caso de accidente
- mamparo
- cocina
- malo para dormir
- bueno para dormir
- visión reducida
- frío
- lavabo

haga ejercicios en el avión 373

Estire los costados.

Arquee la espalda.

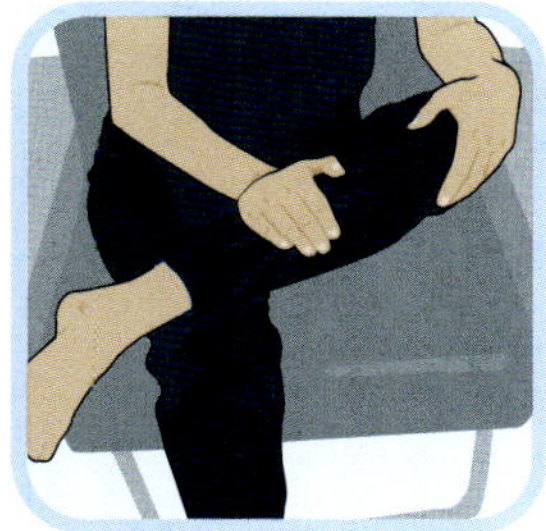
Masajee presionando las piernas.

Dibuje el abecedario con el pie.

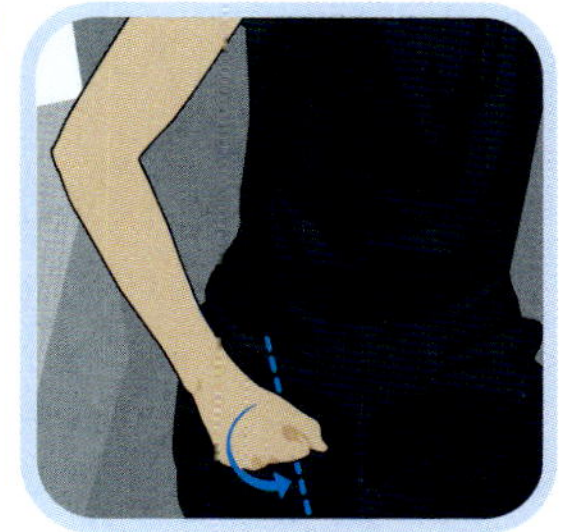
Masajee su muslo con el puño.

combata el *jet lag* 374

Ponga la hora del lugar de destino.

Manténgase hidratado

Estírese para favorecer el flujo sanguíneo.

Duerma si es un vuelo nocturno.

Cuando llegue, disfrute de las horas de luz.

Coma según los horarios locales.

Acuéstese según los horarios locales.

Tome melatonina para dormir.

375 conozca los distintos inodoros

376 encuentre el lavabo de señoras

encuentre el lavabo de caballeros 377

utilice una placa turca 378

1 Vierta un poco de agua en el inodoro.

2

3 Para limpiarlo, vierta agua con la mano izquierda.

4 No olvide lavarse las manos.

refrésquese en un bidé 379

1 Quítese los pantalones y la ropa interior (para que no se mojen).

2 Regule la temperatura y la presión del agua.

3 Siéntese a horcajadas, de cara a los grifos.

4 Aclare la taza con agua a poca presión.

380 juegue a las tabas

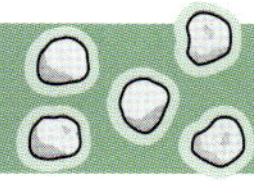

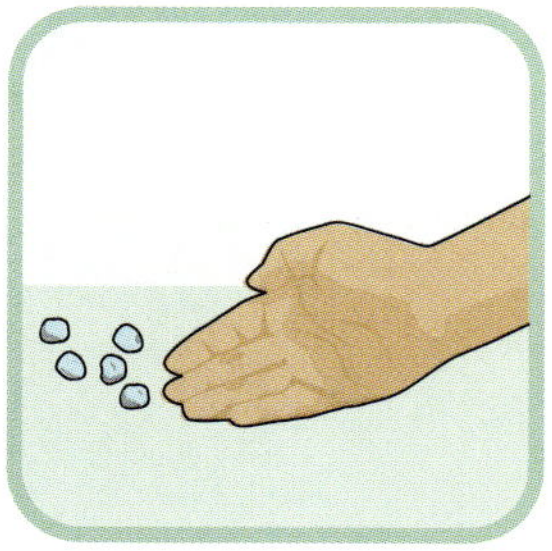
Lance las tabas al suelo.

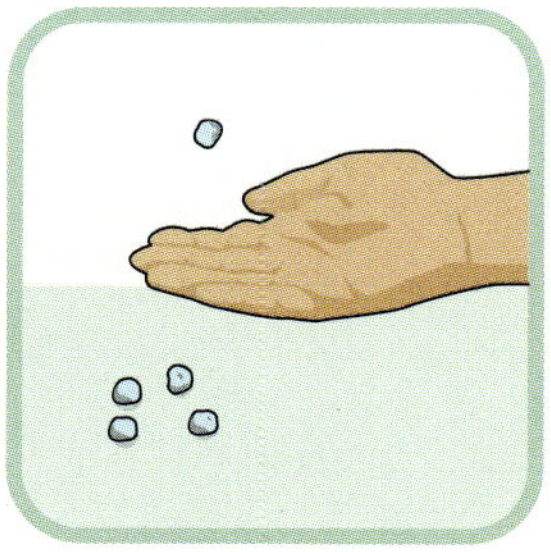
Tome una; láncela al aire.

Tome otra.

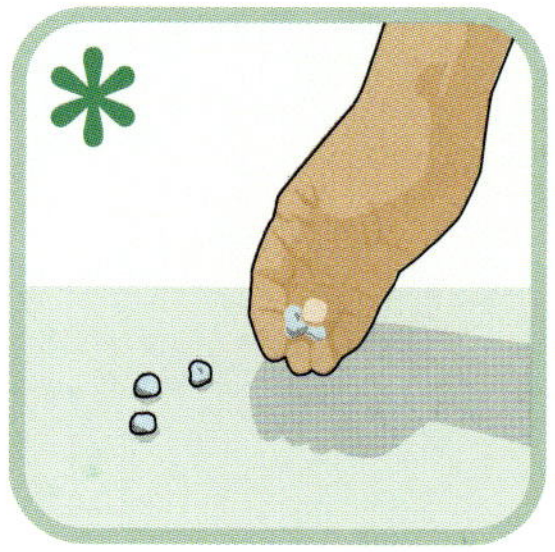
Atrape la que está en el aire.

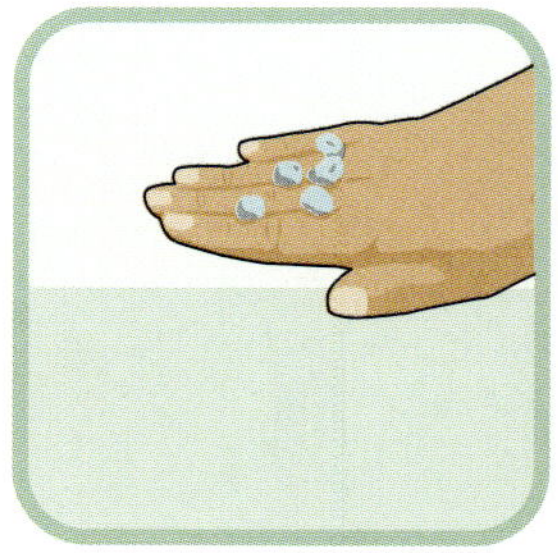
Lance y atrape todas.

* Continúe atrapando las tabas una por una hasta que haya recogido las cinco. Repita el proceso, atrapando dos, tres y después cuatro al mismo tiempo. Para terminar, tire las tabas al aire y recójalas con el dorso de la mano. Su puntuación es el número de tabas que consiga atrapar.

381 disfrute de un ritual de pipa

Llénela de agua helada.

Fije el traste a la base.

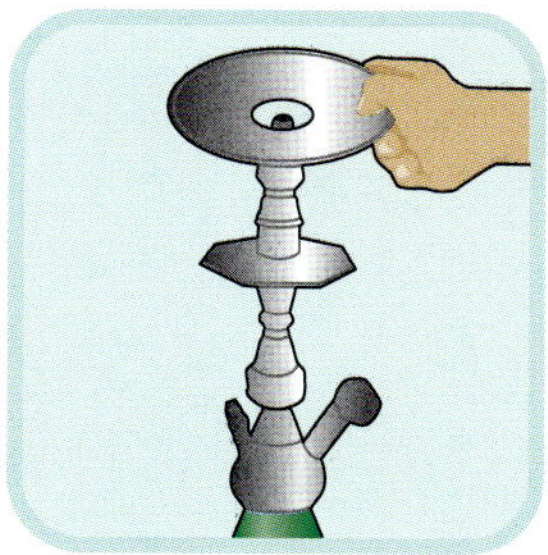
Coloque el cenicero.

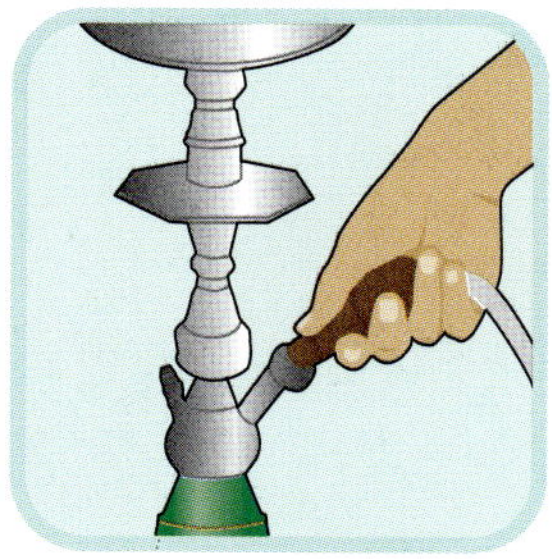
Conecte la manguera.

Fije la cazoleta y llénela.

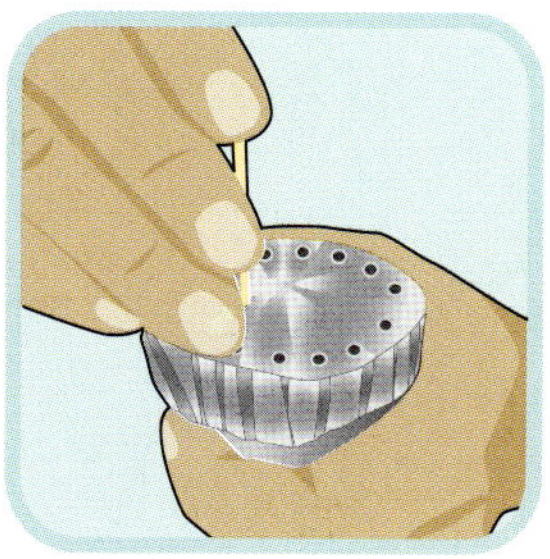
Cúbralo con aluminio y haga agujeros.

Caliente un carbón.

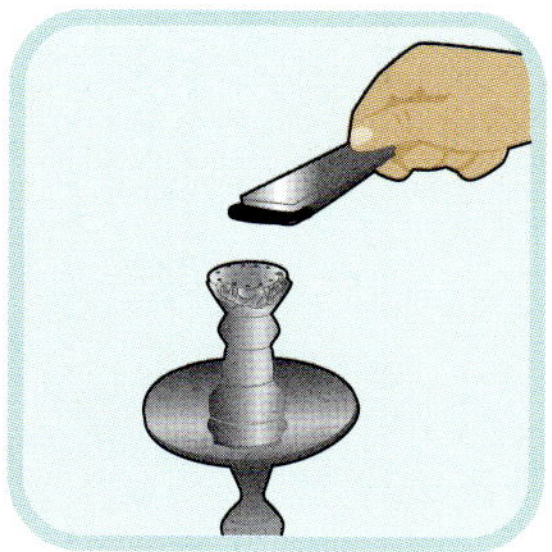
Póngalo sobre la cazoleta.

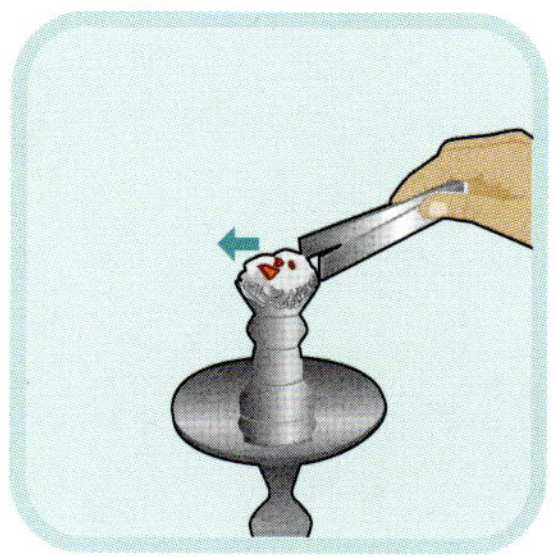
Retire la ceniza cuando se acumule.

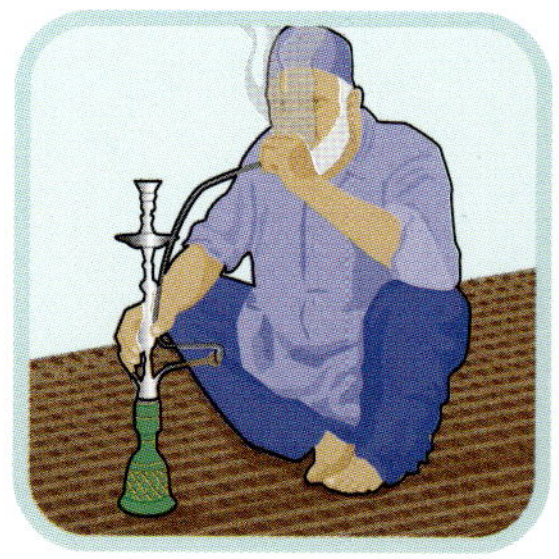

382 túmbese en una hamaca

Extienda la tela.

Duerma en diagonal.

383 comparta auténtica yerba mate

Caliente el agua.

Llene tres cuartas partes del recipiente.

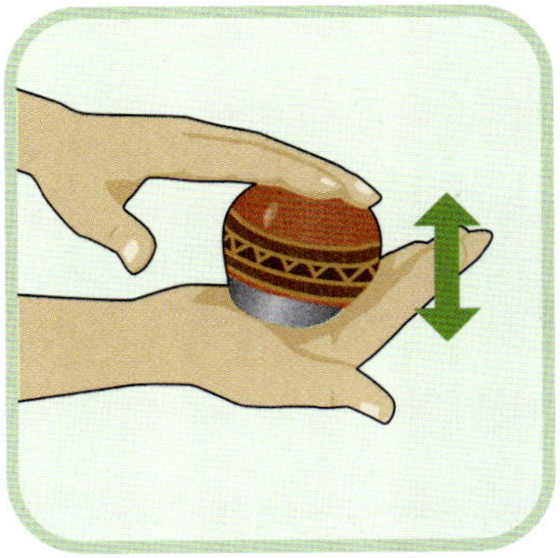

Cúbralo con la mano y agítelo bien.

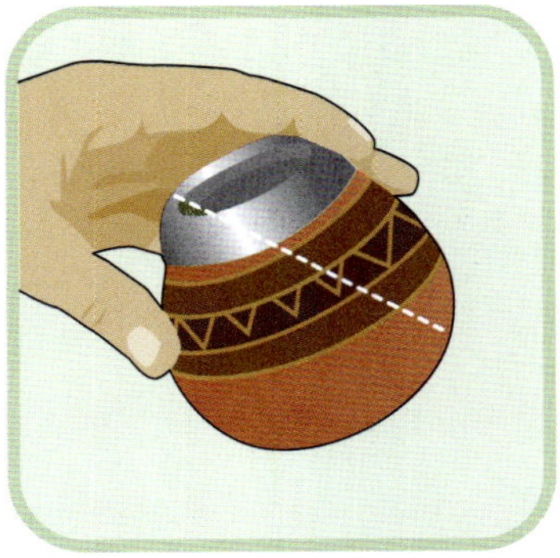

Inclínelo para que las hojas vayan a un lado.

Eche agua fría en el lado bajo.

Introduzca la bombilla.

Llénelo hasta el borde con agua caliente.

sirva té helado tailandés 125

Beba de la bombilla y compártala.

384 ponga un parche a un neumático

Retire el objeto.

Suelte un poco de aire.

Levántela con desmontadores.

Saque la cámara dañada.

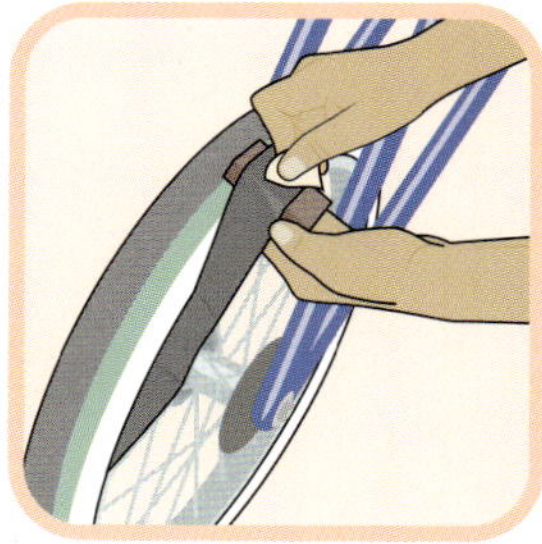

Lije la zona del pinchazo.

Ponga pegamento.

Ponga el parche y apriete.

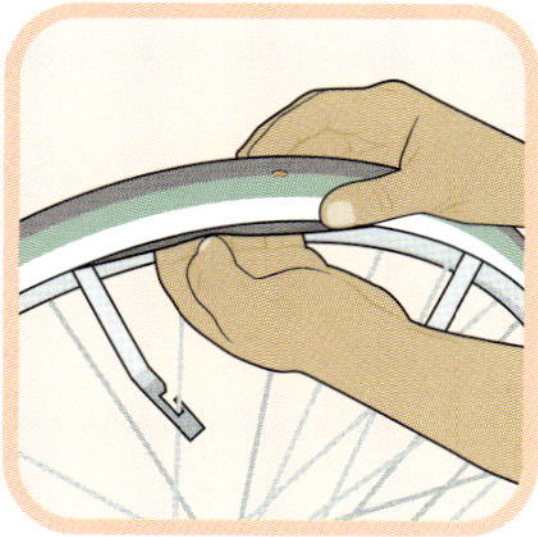

Vuelva a meter la cámara.

Quite los desmontadores.

Vuelva a inflar el neumático.

385 arregle un pinchazo

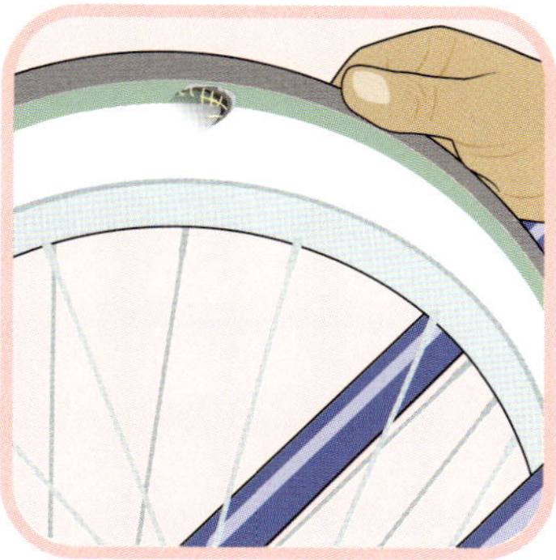

Busque el agujero y saque el neumático.

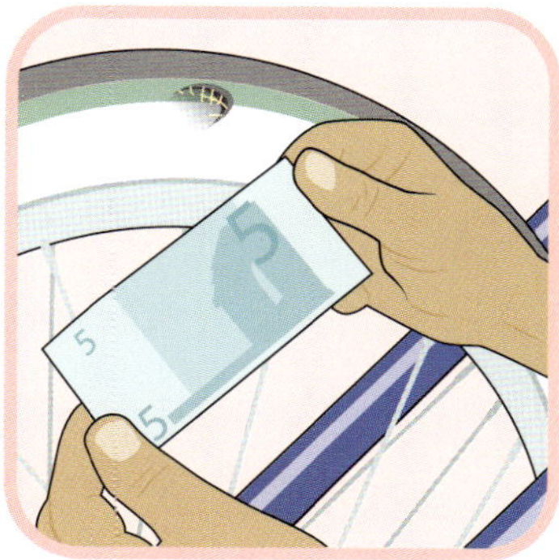

Estire un billete.

237 cree una silla con cámaras de aire

Colóquelo entre el agujero y la llanta.

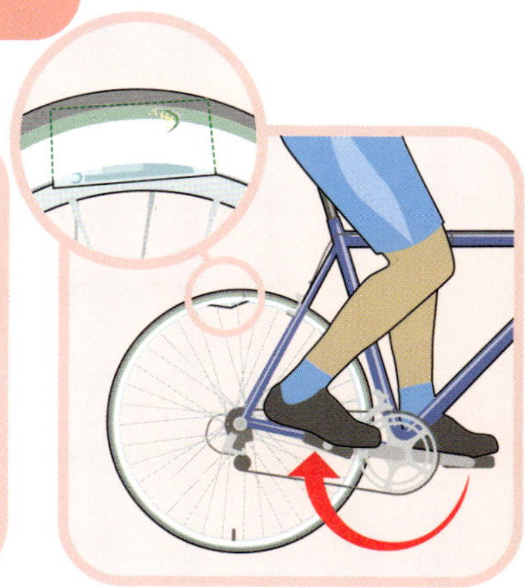

Vaya rápido a casa para repararlo bien.

giro a la izquierda
giro a la derecha
giro a la derecha
coche a la izquierda
coche a la derecha
paso a nivel
reducir o parar
bache a la izquierda
bache a la derecha

387 trepe por una chimenea de roca

¡Échese magnesio!

Escale hasta la chimenea.

Ponga un pie arriba y agárrese.

Busque asideros.

Flexione la pierna izquierda.

Coloque la derecha arriba.

Flexione la pierna derecha.

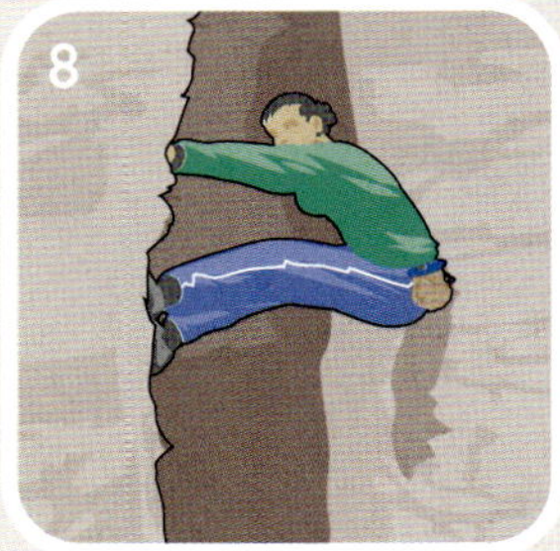

Continúe apoyándose en asideros.

388 haga rápel por una pared rocosa

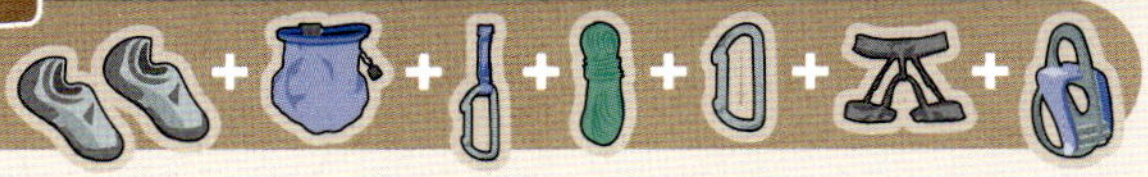

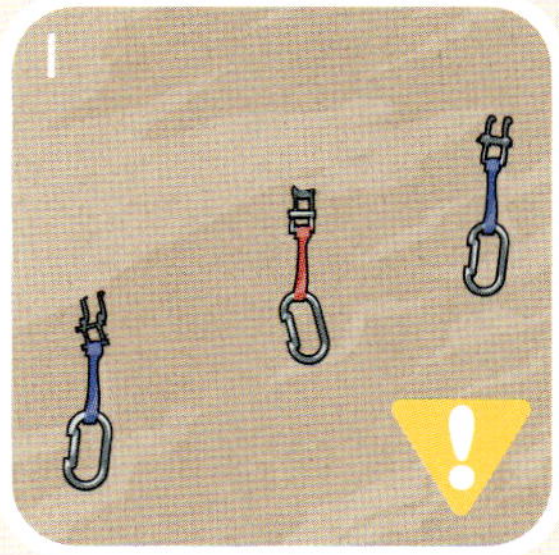

Los anclajes reparten el peso.

Pase cuerdas por los anclajes.

Engánchese a la sujeción.

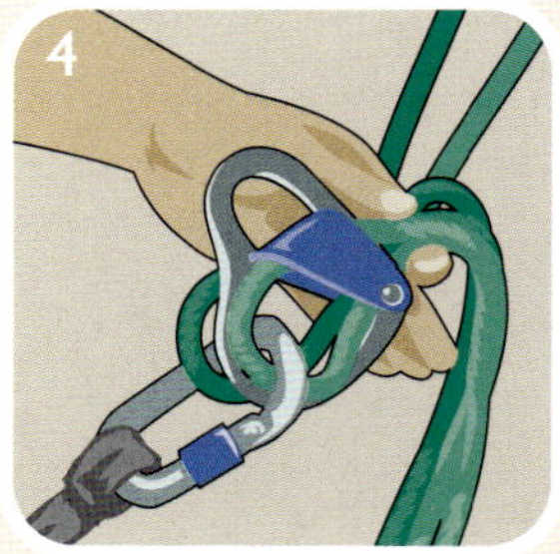

Pase dos cabos de cuerda.

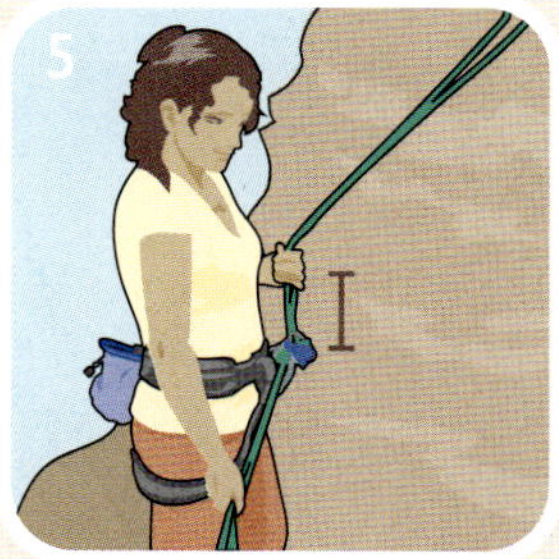

Agarre la cuerda.

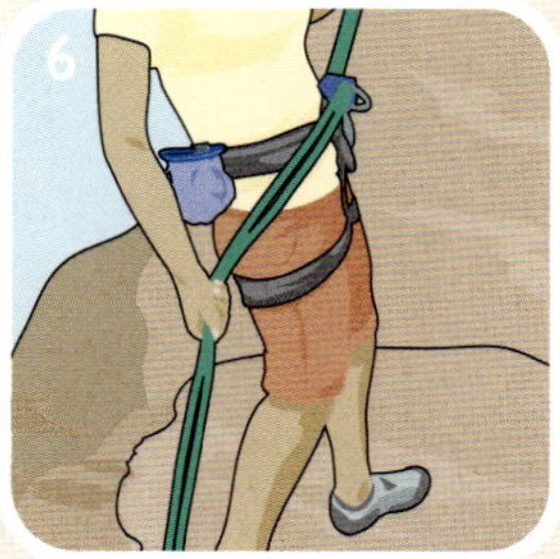

Recoja lo que sobra.

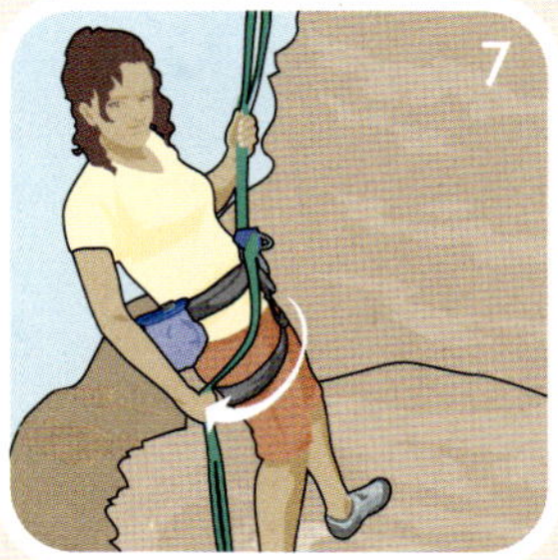

Enróllesela un poco a la cadera.

Baje por la pared del acantilado.

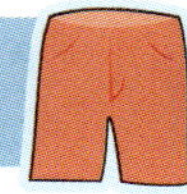

salte desde un acantilado 389

Busque un lugar seguro para saltar.

Compruebe que no haya rocas.

Compruebe que no haya obstáculos.

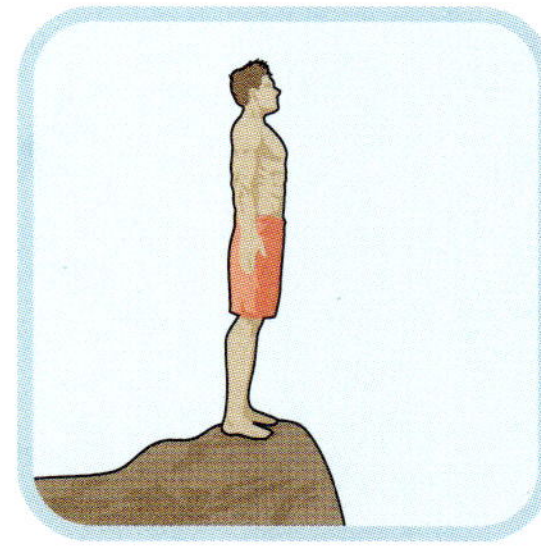
Manténgase recto como una vela.

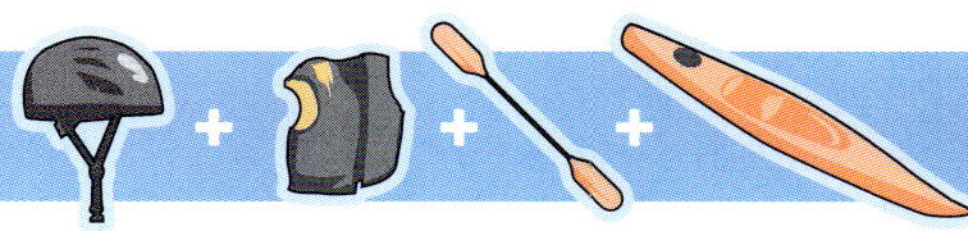

enderece una piragua 390

Inclínese hacia la proa.

Levante el remo.

Muévase de proa a popa.

Haga fuerza con la cadera.

Enderécese y estabilícese.

saque el agua de las gafas 391

Esté atento al agua de las gafas.

Presione un poco para despresurizar.

Eche la cabeza hacia atrás.

Espire despacio por la nariz.

Vuelva a colocarse las gafas.

a (alfa)
manténgase alejado

b (bravo)
mercancías peligrosas

c (charlie)
afirmativo

392 conozca las partes de un barco

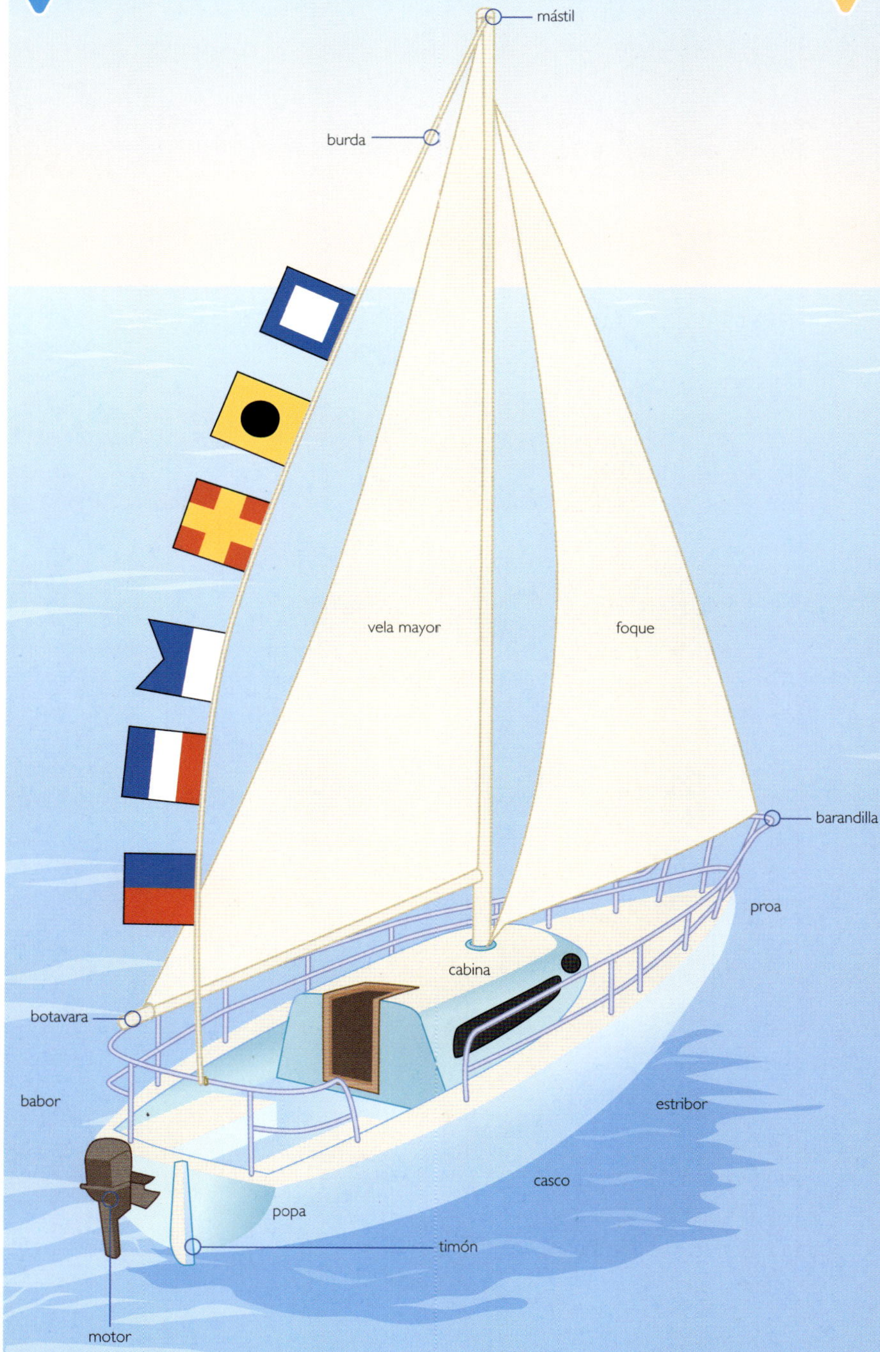

393 descifre las banderas de señales

¿Necesita comunicarse con otro buque, pero no puede usar la radio? ¡Hágalo con banderas de señales! Cuelgue un único mensaje o deletree todo su saludo.

d (delta)
manténgase alejado

k (kilo)
deseo comunicarme

l (lima)
deténgase inmediatamente

o (oscar)
hombre al agua

q (quebec)
buque "sano"

w (whiskey)
necesito asistencia médica

x (xray)
suspenda sus maniobras

z (zulu)
necesito remolcador

virando a estribor

averiado

necesito práctico

j (juliet)
incendio, aléjese

m (mike)
parado

n (november)
negativo

p (papa)
todos a bordo

r (romeo)
(solo para deletrear)

s (sierra)
dando marcha atrás

t (tango)
manténgase alejado

u (uniform)
se dirige al peligro

v (victor)
necesito auxilio

y (yankee)
estoy garreando

supere el mareo en un barco 394

Tome un antiemético.

Procure que le dé el aire.

451 sobreviva a un naufragio

Mire hacia proa.

Asiente su estómago.

haga nudos marineros básicos 395

ocho: asegura el cabo de la cuerda

ballestrinque: amarra el barco al muelle

as de guía: forma un lazo fijo en el cabo de la cuerda

puño de mono: da peso a una cuerda que se lanza

vuelta de maniobra: fija el cabo a una cornamusa

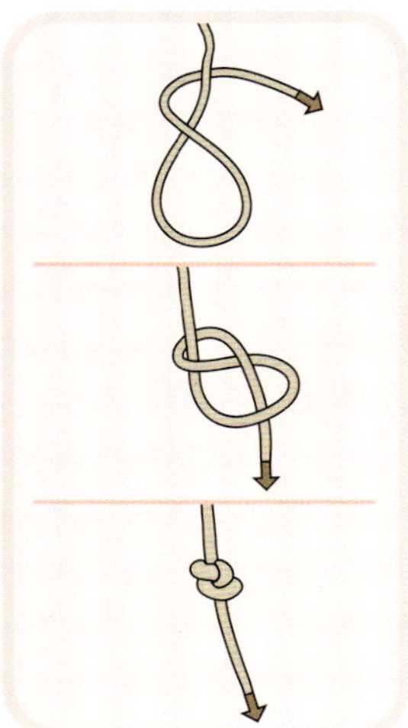

ocho

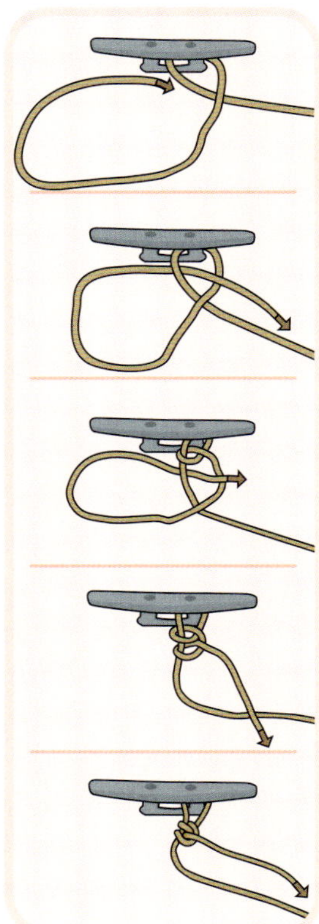

ballestrinque

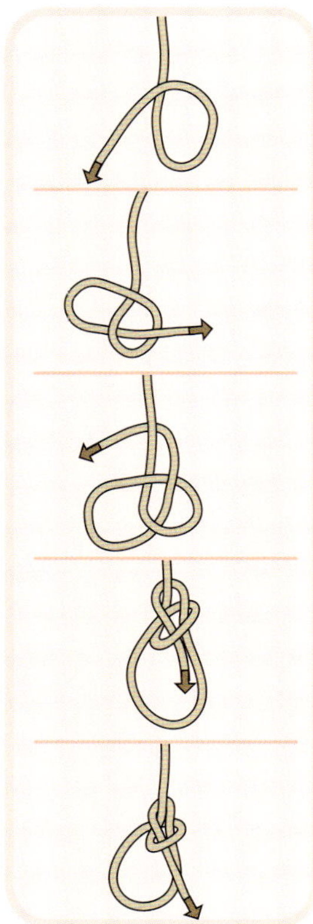

as de guía

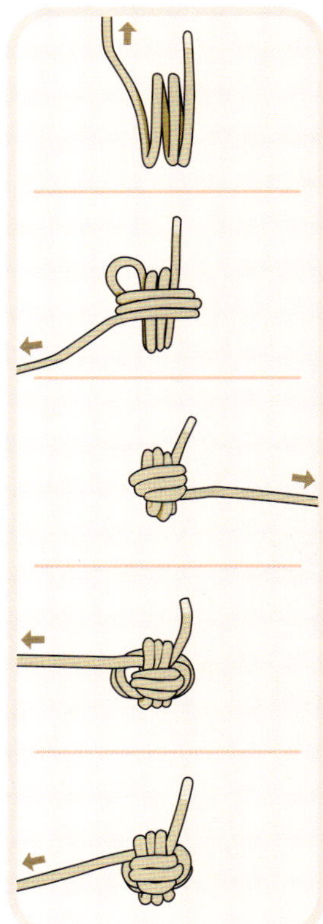

puño de mono

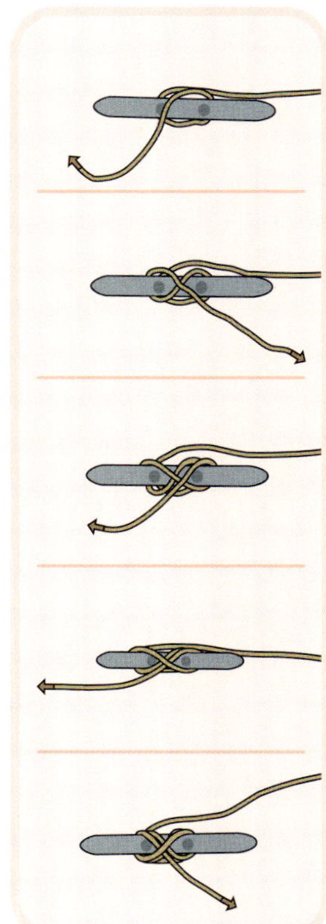

vuelta de maniobra

396 manténgase en una tabla de surf

397 realice un intrépido pato

Agárrese y empuje la nariz de la tabla.

Inclínese y empuje con la rodilla.

Pase por debajo de la ola.

Oriente la tabla hacia arriba.

7 Póngase rápidamente en cuclillas con las piernas en el medio de la tabla y el pie trasero detrás, .un poco girado.

8 Deslícese por el tubo y mantenga su centro de gravedad bajo.

9 Coloque la tabla en la dirección en que rompe la ola. ¿No tiene suficiente? Túmbese en la tabla y reme mar adentro para buscar otra ola.

empalme complejas maniobras 398

399 arranque haciendo un puente

Apague los dos motores.

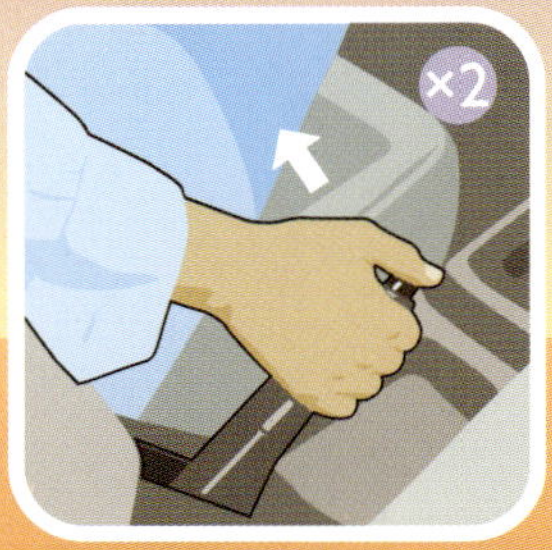

Eche el freno de los dos coches.

Conecte la pinza a la batería descargada.

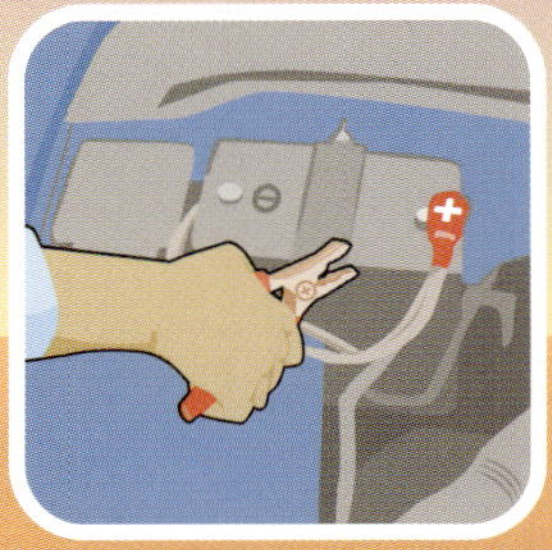

Conéctela a la batería cargada.

179 póngase un pañuelo retro

400 repare una rueda pinchada

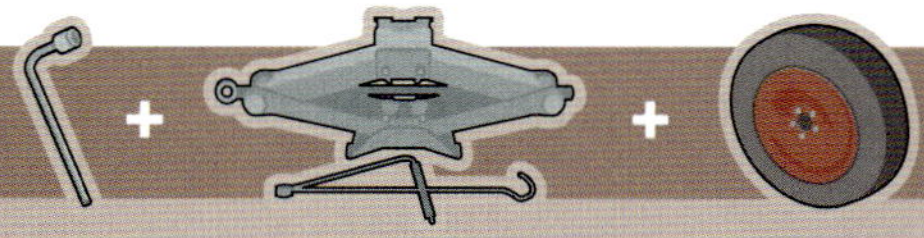

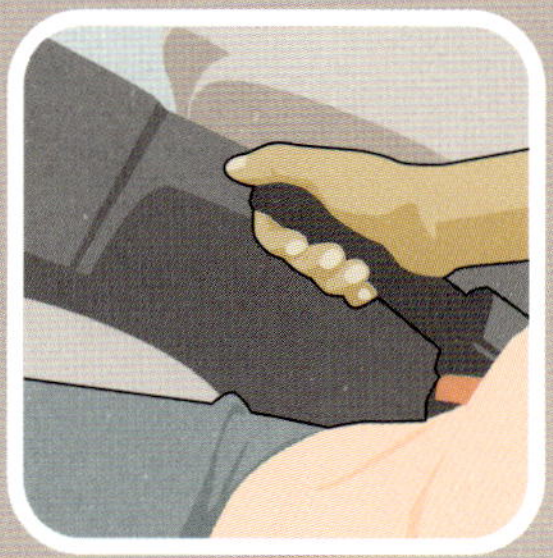

Eche el freno.

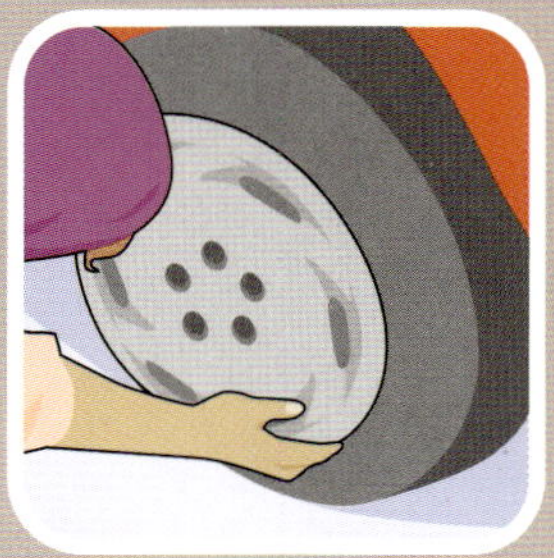

Quite el tapacubos.

Desenrosque las tuercas.

Eleve el coche.

Retire las tuercas y el neumático.

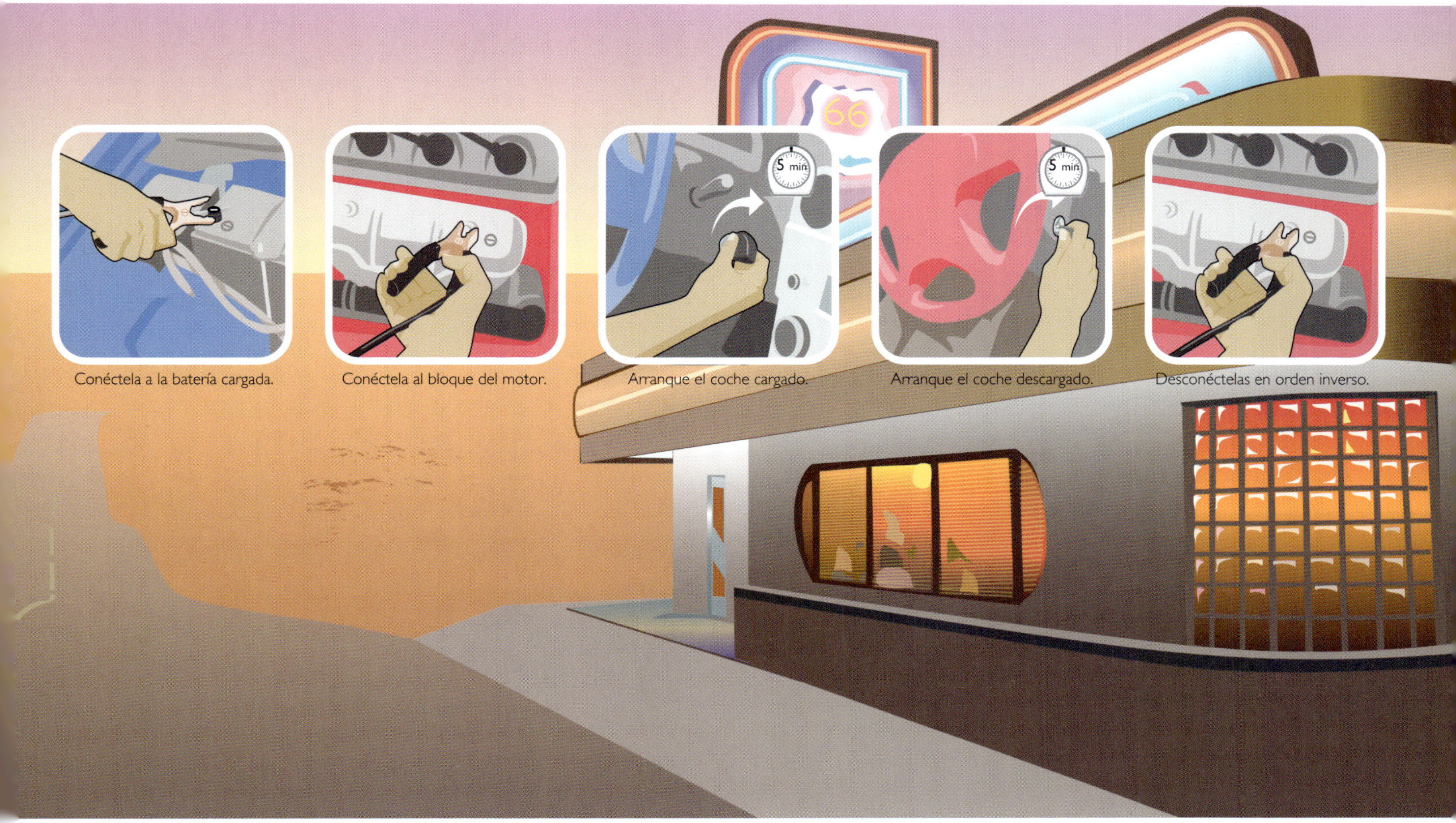

Conéctela a la batería cargada.

Conéctela al bloque del motor.

Arranque el coche cargado.

Arranque el coche descargado.

Desconéctelas en orden inverso.

Encaje los tornillos en los agujeros.

Enrosque las tuercas.

Bájelo y quite el gato.

Apriete las tuercas.

Diríjase a una estación de servicio.

401 ponga y lance el anzuelo

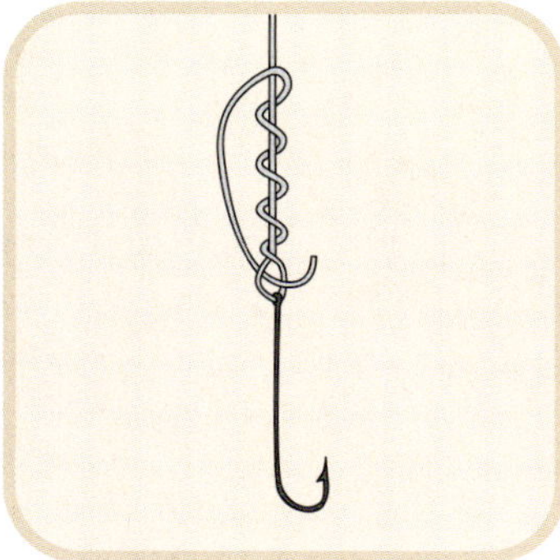

Haga una espiral floja.

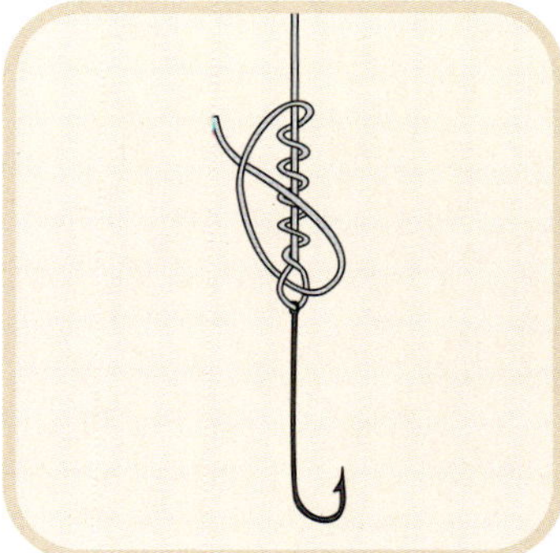

Introduzca el sedal por el lazo.

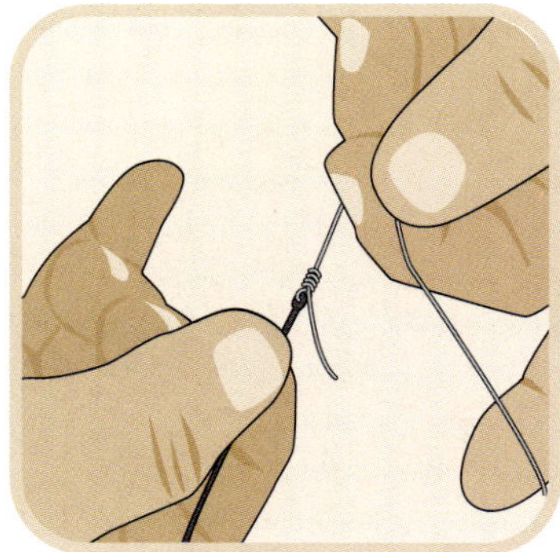

Apriete el nudo del anzuelo.

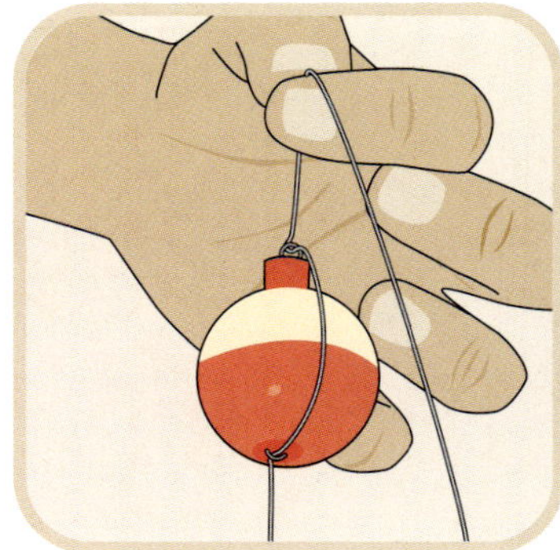

Ponga la boya.

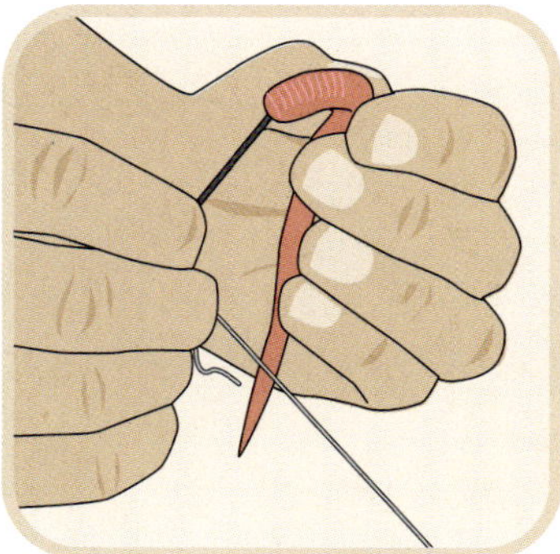

Ponga el cebo en el anzuelo.

Lance el anzuelo y espere a que piquen.

Tire hacia arriba para enganchar el pez.

427 fabrique una trampa para peces

Tire y enrolle el sedal.

402 prepare una crepitante fogata

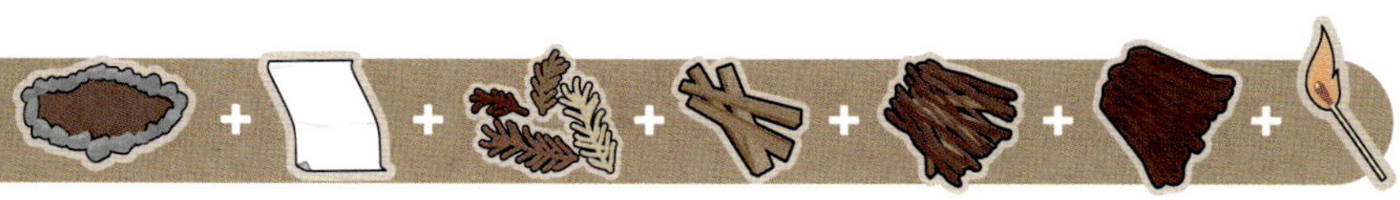

Recoja yesca y añada papel.

Ponga ramitas alrededor.

Ponga una capa de ramas más largas.

Rodéelo con troncos.

Encienda la yesca del interior.

403 haga una tostada en un palo

Quite la corteza del palo.

Unte mantequilla en el pan.

Póngalo sobre el fuego.

Retírelo de las llamas y dele la vuelta.

Tueste el otro lado.

404 haga un rico sándwich con dulces

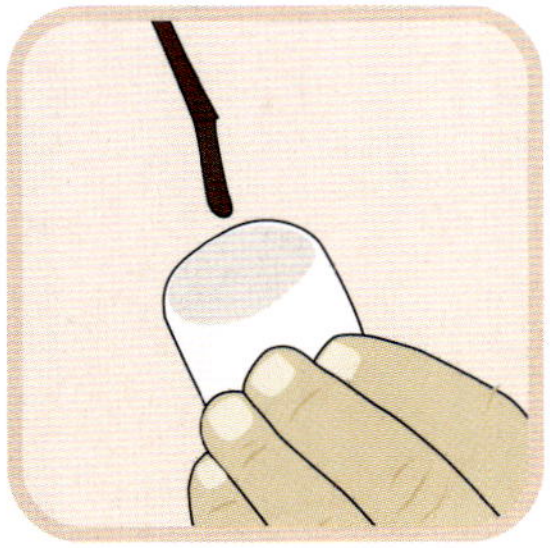

Caliente la nube hasta que se dore.

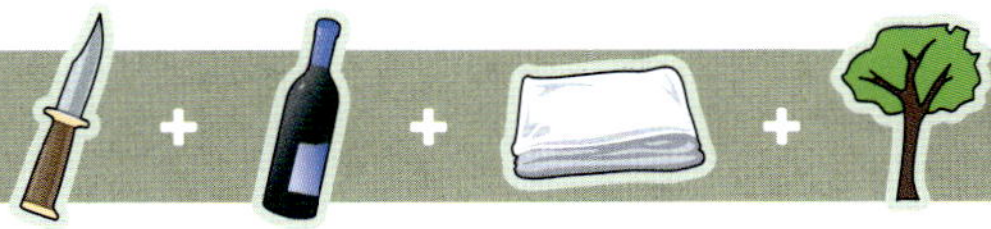

405 abra una botella sin sacacorchos

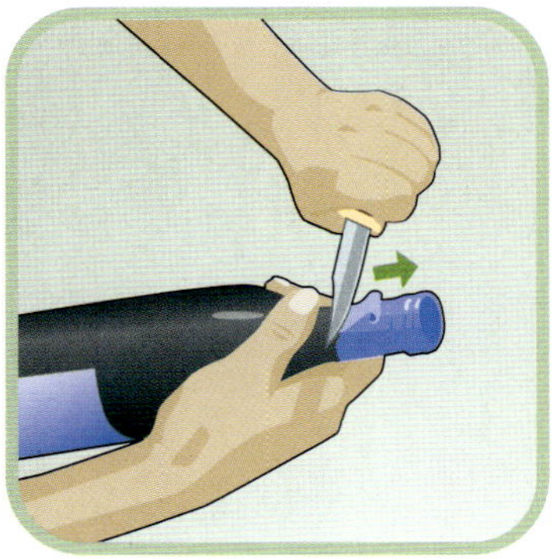

Retire el precinto.

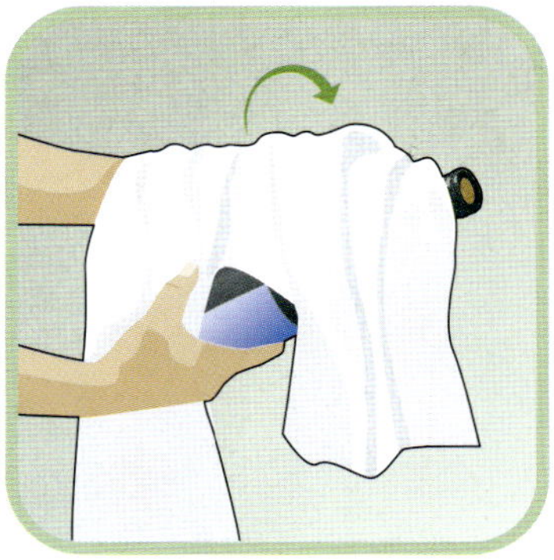

Envuelva la botella en una toalla.

Golpee la parte inferior varias veces.

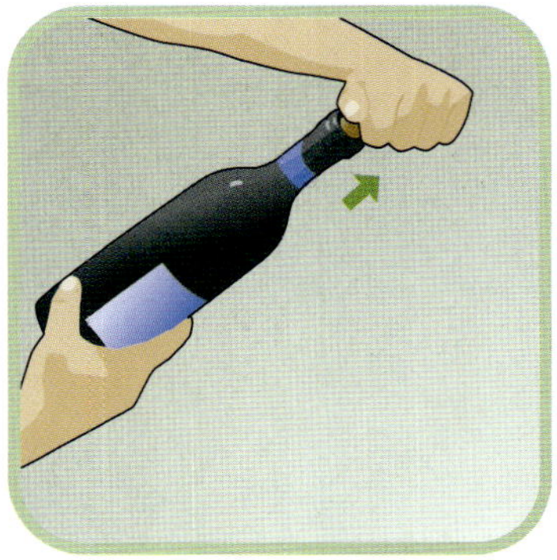

Cuando salga el corcho, tire de él.

406 monte en elefante

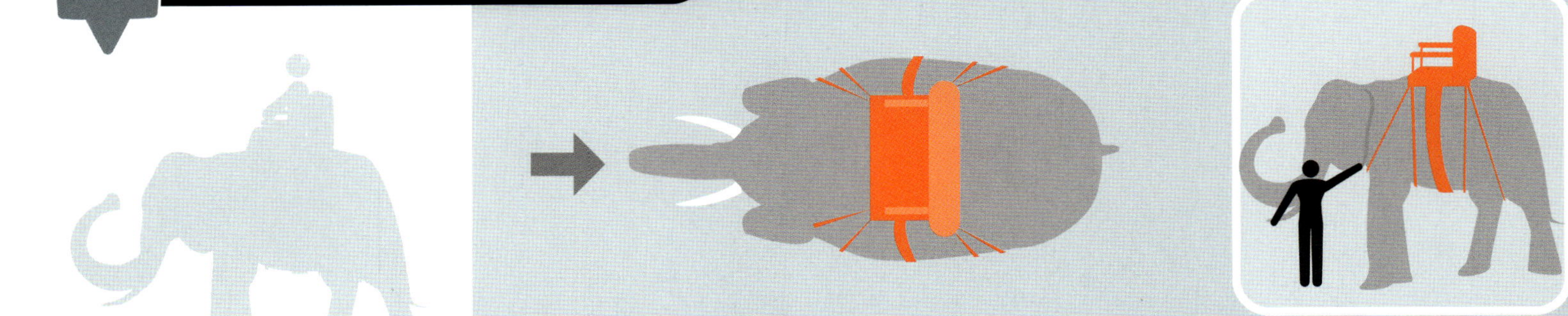

Tóquele la oreja para que baje la trompa.

407 monte en camello

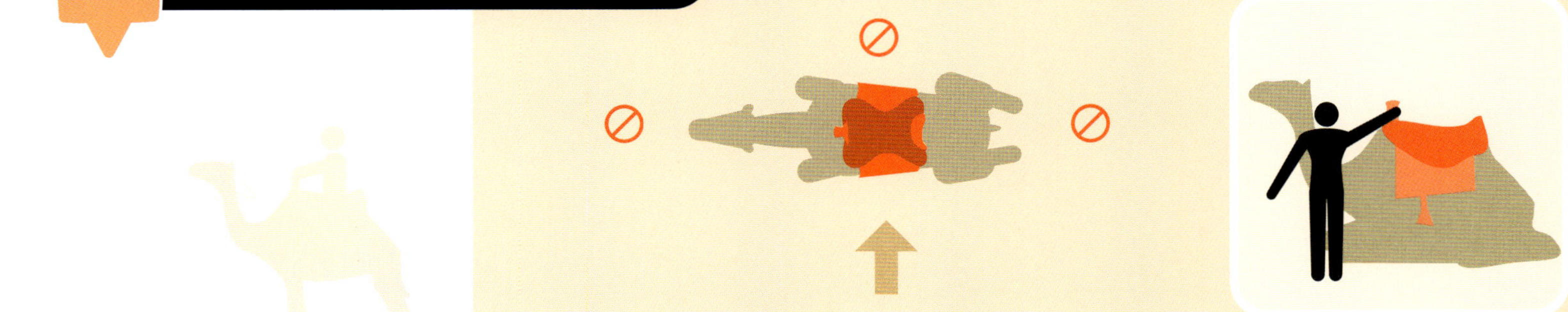

Acérquese al camello con cuidado.

408 monte a caballo

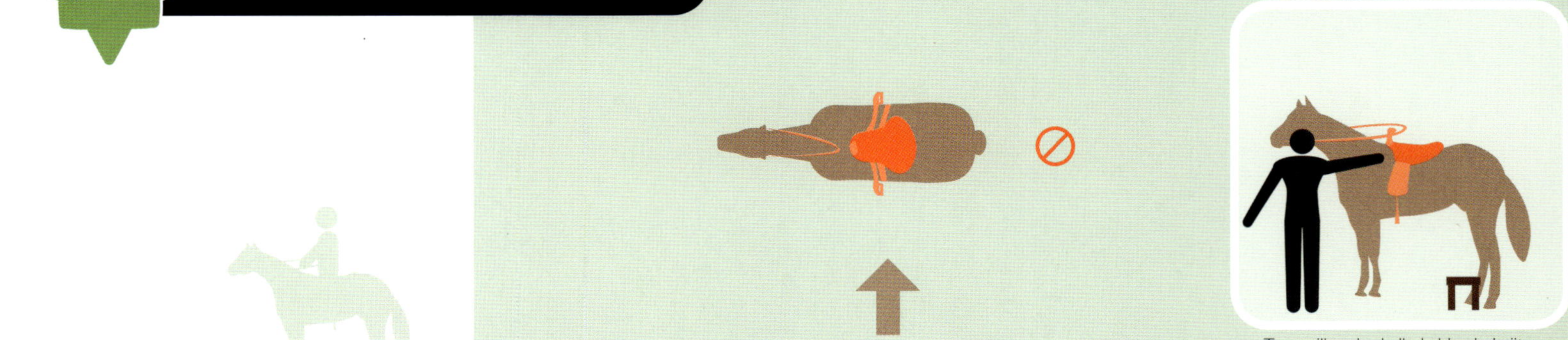

Tranquilice al caballo hablando bajito.

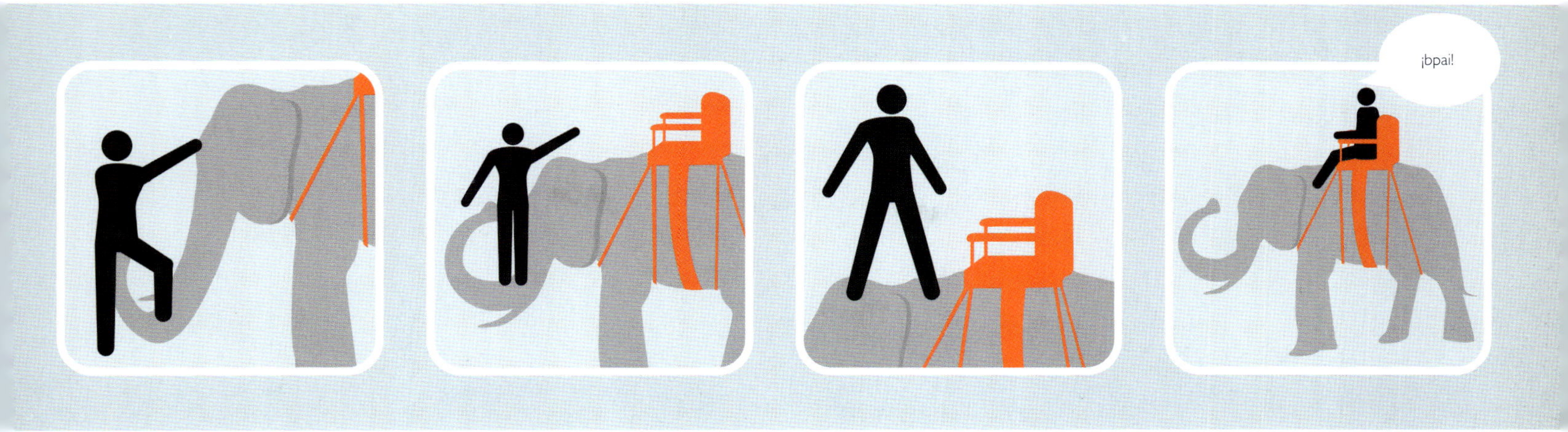
¡bpai!

¡hut, hut!

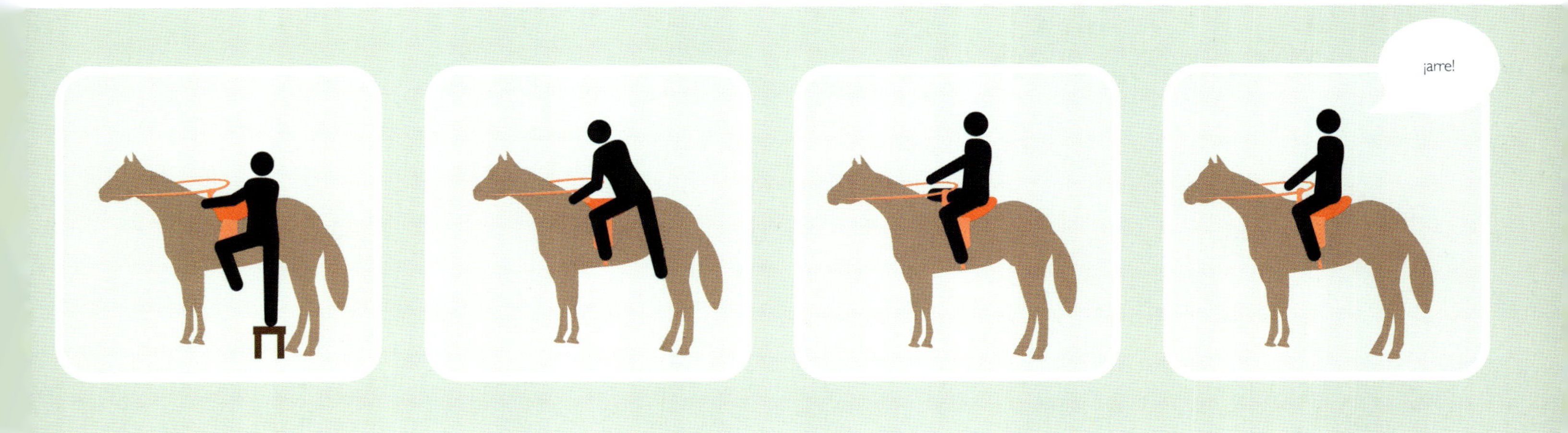
¡arre!

409 saque una fotografía memorable

410 evite que la imagen salga borrosa

Agarre ambos lados de la cámara.

Sujétela fuerte contra el rostro.

Meta los codos para dentro.

Apóyese para tener la cámara recta.

Dispare al tiempo que espira.

Use la regla de los tercios para encuadrar la foto: el horizonte estará en el tercio horizontal y el objetivo, en el vertical.

¿En vertical o en horizontal? Deje que decida la forma natural del objeto.

Dispare a la altura de los ojos de lo que se desee fotografiar (con respeto y cuidado).

Las mejores fotografías son de personas relacionándose con el entorno, no solo posando.

Compruebe que no hay nada que distraiga, como una rama que sale de la oreja.

411 emplee efectos profesionales

Para congelar acciones, fije la velocidad de obturación en 1/500 de segundo.

Para mostrar movimiento borroso, fije la velocidad de obturación en 1/15 de segundo.

Use f2.8 para fotografiar retratos en un fondo borroso y con luz suave.

Para conseguir más profundidad de campo en paisajes, use f11.

Para captar los auténticos colores del crepúsculo, coloque un trípode y use el modo *bulb* para mantener el obturador abierto tanto tiempo como desee.

412 desfile en el carnaval de Río

A finales de enero o principios de febrero, se celebra el carnaval de Río de Janeiro con un asombroso desfile. ¡Participe!

413 empápese en colores

A finales de febrero o principios de marzo se celebra el festival de los colores en la India. El segundo día, llamado Dhulhendi, es el más colorido.

414 corra el encierro de Pamplona

Cada julio los adictos a la adrenalina visitan Pamplona para correr el encierro. La fiesta de San Fermín honra al santo patrón de la ciudad.

A principios de noviembre, los mexicanos celebran el Día de Muertos, cuando los difuntos regresan para que les honren y ¡para pasarlo bien!

Un arco de bambú sirve de portal para los espíritus que regresan. Siempre se adorna con caléndulas y guirnaldas de fruta.

Las calaveras y esqueletos de azúcar decorativos son alegres ofrendas para vivos y muertos.

Disponga un banquete con los platos preferidos de sus seres queridos difuntos. No olvide el mezcal o el llamado pan de muerto.

cultive plantas suculentas 274

El copal, una resina especial utilizada como incienso, atrae a los espíritus al arco del altar.

Se encienden velas votivas en memoria de los difuntos.

sobreviva

416 oriéntese con la estrella polar

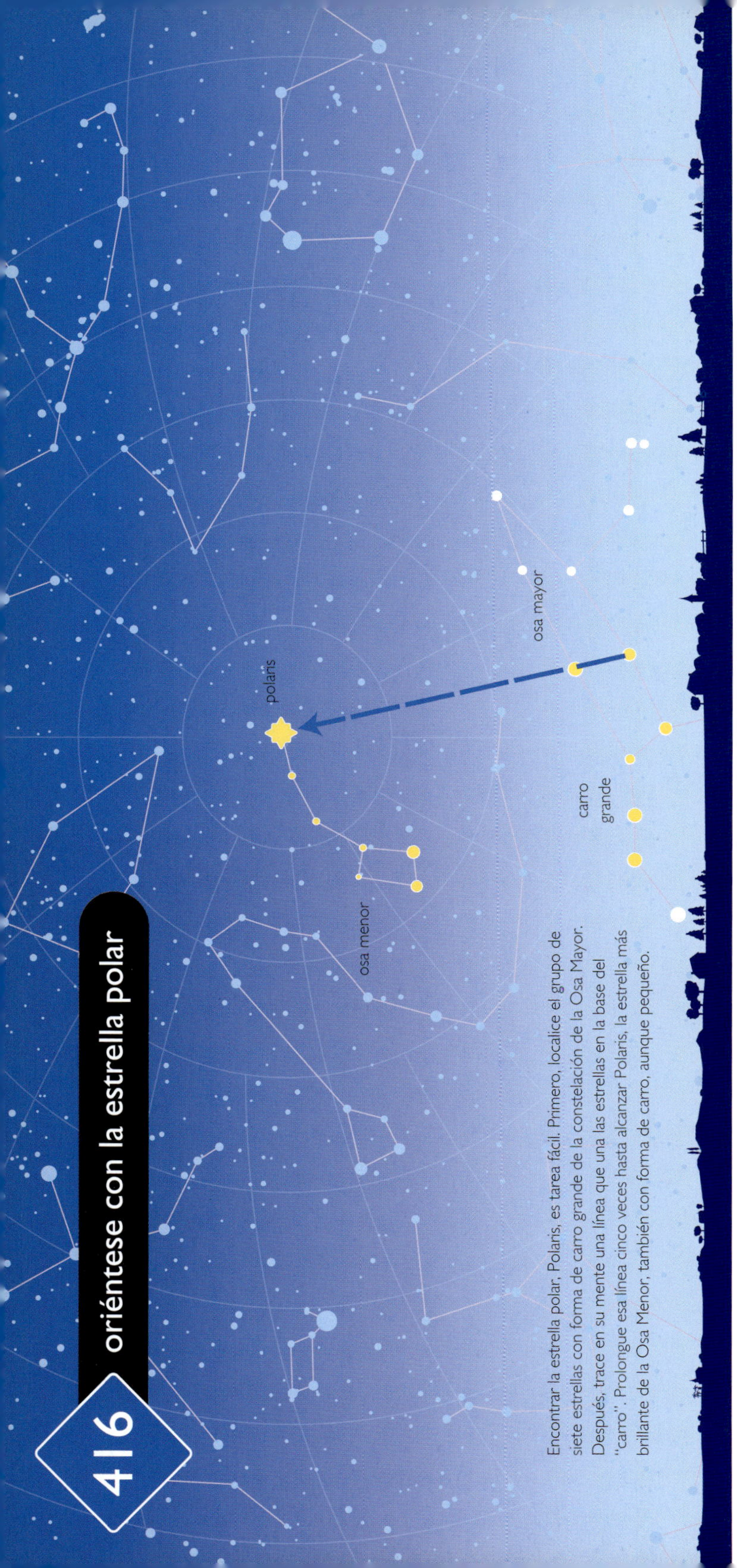

Encontrar la estrella polar, Polaris, es tarea fácil. Primero, localice el grupo de siete estrellas con forma de carro grande de la constelación de la Osa Mayor. Después, trace en su mente una línea que una las estrellas en la base del "carro". Prolongue esa línea cinco veces hasta alcanzar Polaris, la estrella más brillante de la Osa Menor, también con forma de carro, aunque pequeño.

417 construya una brújula solar

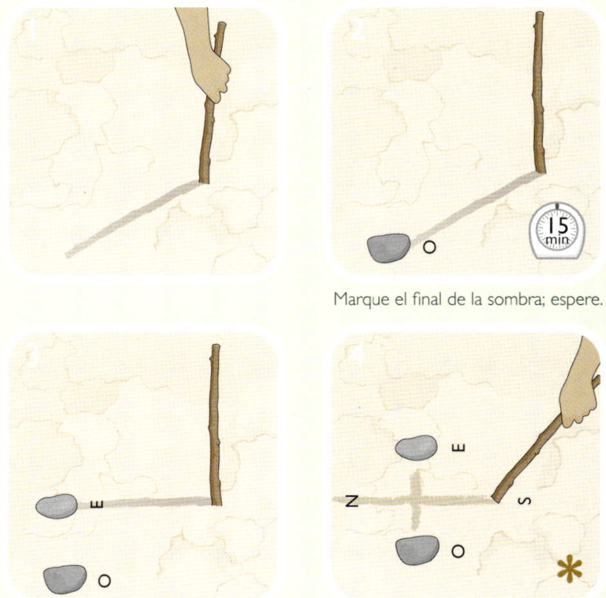

Marque el final de la sombra; espere.

Vuelva a marcar el final de la sombra.

* Un pequeño consejo: cuanto más cerca se encuentre del Ecuador y más próxima esté la época de los equinoccios, más exacto será este método.

418 oriéntese utilizando un reloj

zonas templadas del hemisferio norte

419 improvise una brújula magnética

Haga un charco protegido del viento.

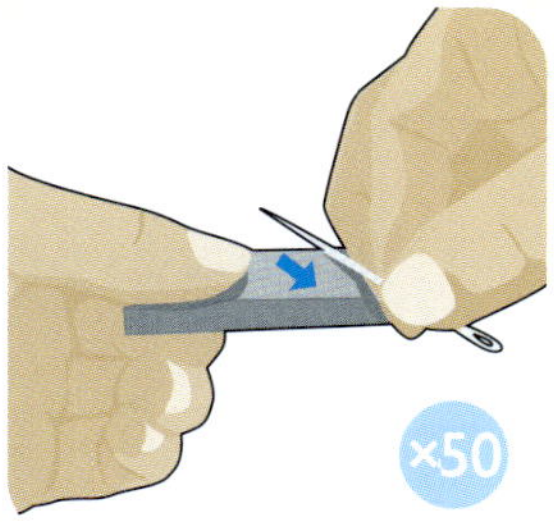

Magnetice la aguja.

Póngala sobre una hoja en el charco.

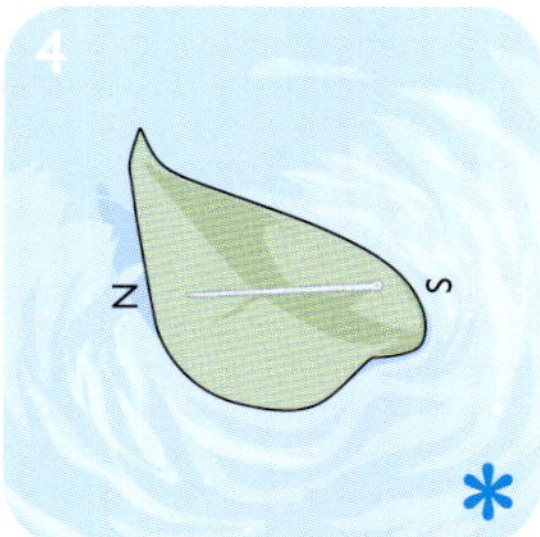

Deje que la hoja se alinee sola.

* La aguja siempre se alinea con el eje norte-sur. Use otros indicios, como la posición del sol en el cielo, para encontrar el Este, el Oeste y el Norte.

zonas templadas del hemisferio sur

420 oriéntese con la cruz del sur

¿Está buscando el Polo Sur? En primer lugar, encuentre el eje longitudinal de la Cruz del Sur (también conocida como Crux) y prolongue esa distancia cuatro veces y media. Mientras tanto, localice las estrellas brillantes Alfa Centauri A y Hadar a la izquierda de la Cruz del Sur. Imagine el punto medio entre ellas y trace una línea imaginaria desde el punto medio al final de la línea que sale de la Cruz del Sur. Esa intersección señala el Polo Sur.

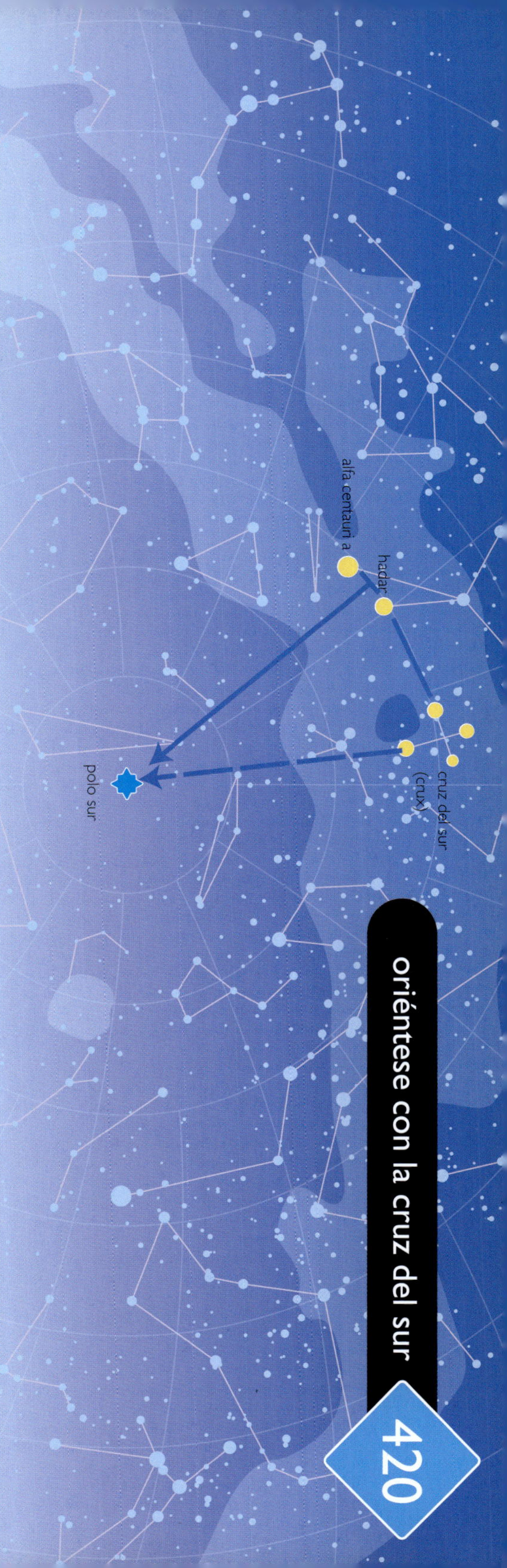

421 calcule la luz solar que queda

¿Es ya hora de parar y buscar cobijo o es mejor seguir caminando? Utilice este sencillo truco para medir la luz solar que queda. Recuerde que necesitará al menos dos horas para montar el campamento antes de que se ponga el sol.

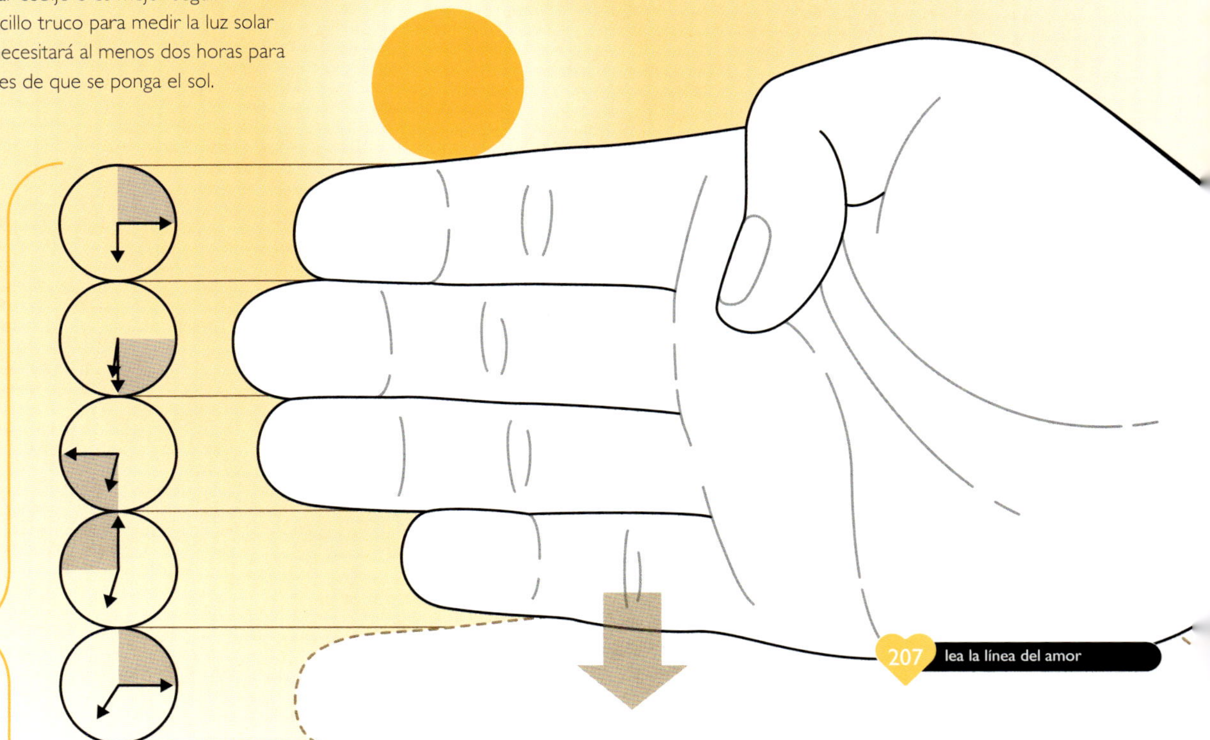

Calcule cuántos dedos (excepto el pulgar) caben entre el sol y el horizonte. Cada dedo equivale a quince minutos, así que la mano equivaldrá a una hora. Si el sol ha bajado ya al punto en que solo caben dos manos, es hora de buscar una zona adecuada para acampar y montar la tienda, (una advertencia: cerca de los polos el sol se cierne sobre el horizonte durante más tiempo, haciendo que la lectura sea imprecisa).

207 lea la línea del amor

Extienda su brazo completamente hacia adelante para obtener un cálculo preciso.

422 haga una cabaña

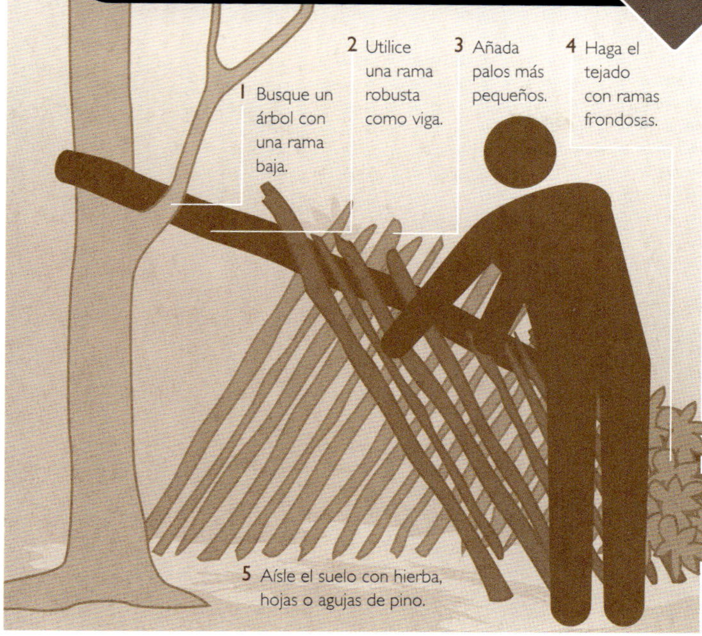

1. Busque un árbol con una rama baja.
2. Utilice una rama robusta como viga.
3. Añada palos más pequeños.
4. Haga el tejado con ramas frondosas.
5. Aísle el suelo con hierba, hojas o agujas de pino.

423 fabrique un quitasol

1. Busque un hoyo natural en la tierra.
2. Cave espacio para que quepa su cuerpo.
3. Ponga una sábana sobre el agujero.
4. Sujétela con piedras.

424 monte una cama en un pantano

1. Busque cuatro árboles distantes o clave cañas de bambú en el barro.
2. Mida unas ramas y córtelas.
3. Haga un marco con las ramas largas; sujételas con enredaderas.
4. Ate las ramas cortas al marco.
5. Haga el relleno con hojas grandes.

425 cave una cueva en la nieve

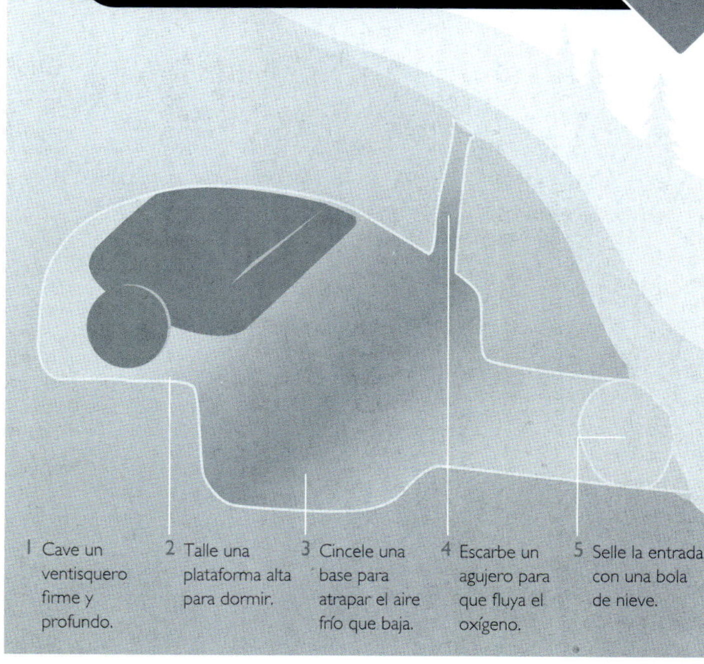

1. Cave un ventisquero firme y profundo.
2. Talle una plataforma alta para dormir.
3. Cincele una base para atrapar el aire frío que baja.
4. Escarbe un agujero para que fluya el oxígeno.
5. Selle la entrada con una bola de nieve.

426 atrape un pez sin guantes

Túmbese con el brazo en el agua.

Agite los dedos.

Láncelo a la orilla.

427 fabrique una trampa para peces

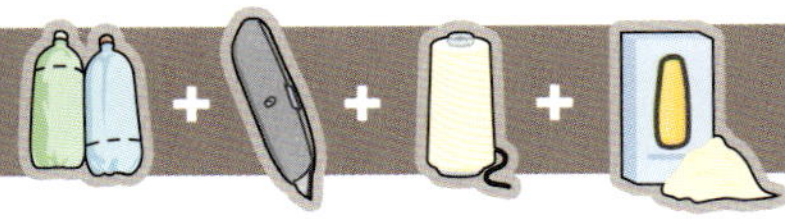

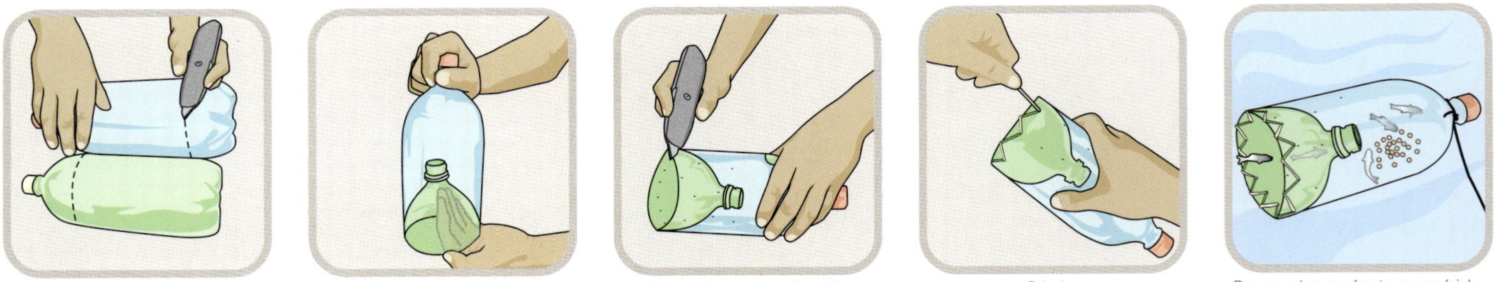

Corte dos botellas.

Haga agujeros en las botellas.

Cósalas.

Ponga cebo, amárrelo y sumérjalo.

428 ase una tarántula

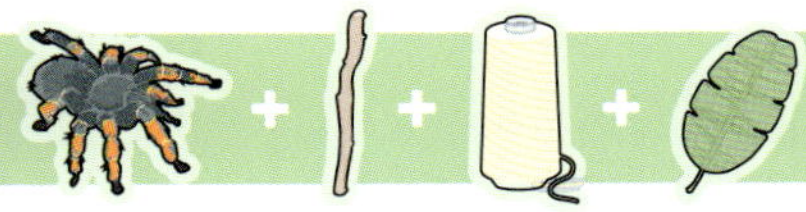

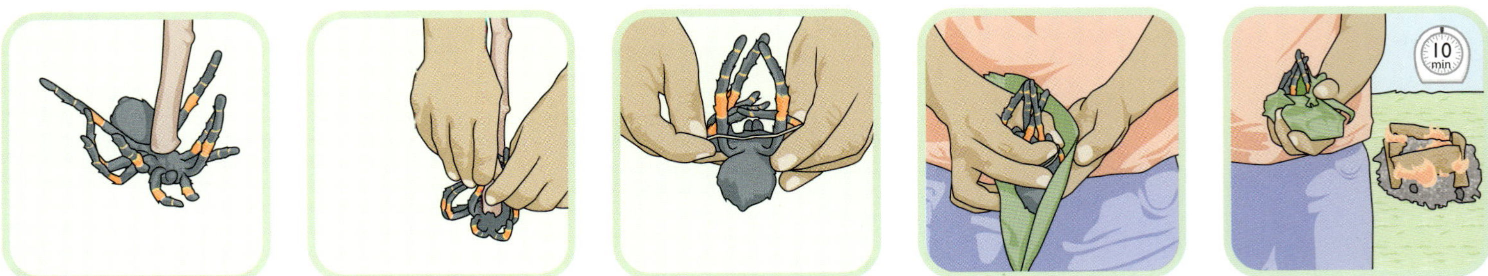

Dé la vuelta a la tarántula; presione.

Junte las patas.

Áteselas.

Envuélvala en una hoja.

Colóquela en carbón caliente.

429 atrape una liebre

Busque un camino hecho por las liebres.

afile y saque brillo a un cuchillo 75

Corte dos palos de la misma longitud; afílelos.

Clávelos a ambos lados del camino.

Fije su cable a una rama firme.

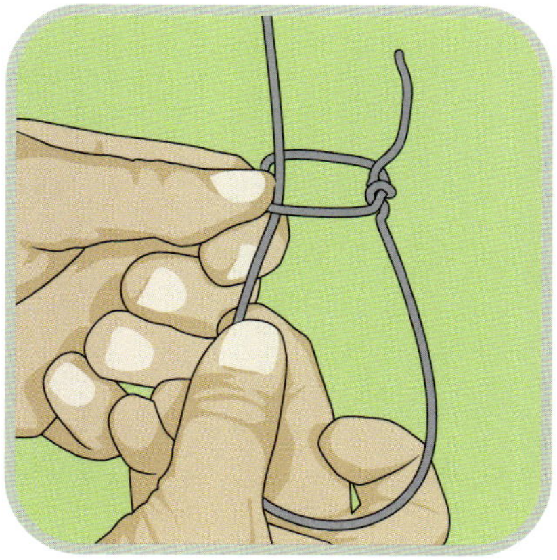

Haga un nudo corredizo en el otro extremo.

Cuelgue el nudo sobre los palos.

430 prepare una deliciosa serpiente

Quítele la cabeza.

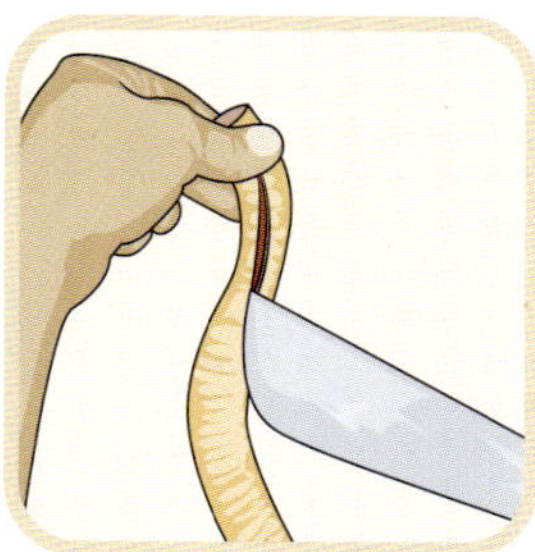

Corte a lo largo del abdomen.

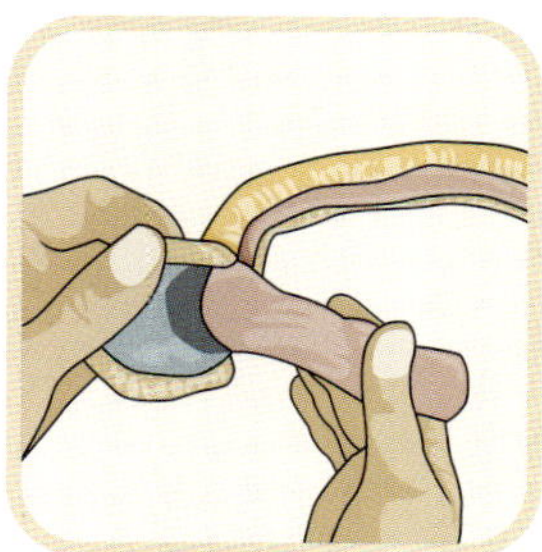

Retire la piel.

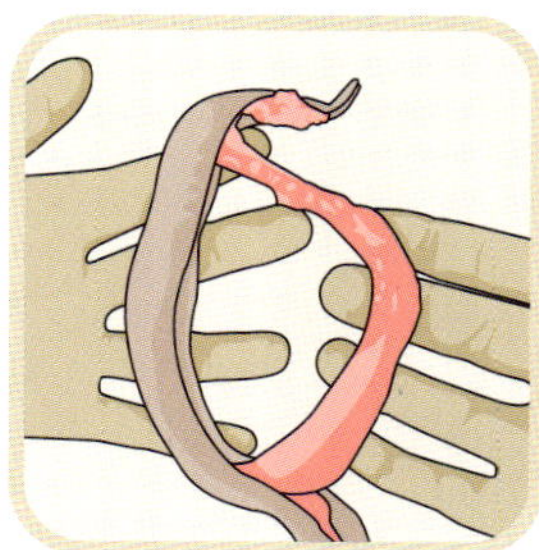

Quite las vísceras.

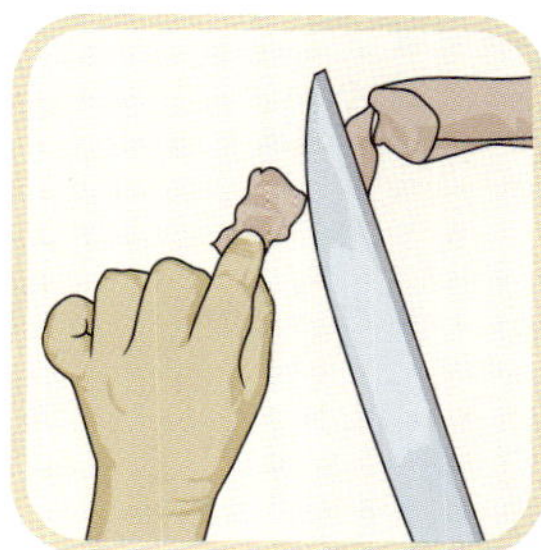

Corte la carne.

431 cure una picadura de serpiente

285 bañe a un loro

Quítese los objetos que le aprieten.

¡No chupe el veneno! Otros tratamientos inútiles son cortar o poner hielo en la picadura.

Limpie la zona con jabón antiséptico y agua.

Mantenga la zona del mordisco por debajo del corazón. Inmovilícelo.

Envuélvalo con un vendaje holgado.

Es importante identificar la serpiente para poder curar la picadura adecuadamente. Captúrela y mátela, o bien fotografíela.

432 mantenga los mosquitos a raya

La ropa de color claro repele los mosquitos.

¡Tápese! Cúbrase los brazos con las mangas...

... y métase la camisa por dentro.

Utilice un poco de savia de un alcanforero, ahuyenta los mosquitos.

circule por la selva 433

evite el ataque de una pantera 434

435 vaya seguro por sitios peligrosos

192 rodee con el brazo a su pareja

Tenga en cuenta que la confianza es el mejor disuasor, así que mire a los ojos y camine con seguridad. También es recomendable no llevar la cartera en el bolsillo trasero, o lucir cosas caras en zonas poco seguras. Si le siguen, diríjase a un lugar más iluminado y concurrido.

436 dé un puñetazo efectivo

Cierre la mano en un puño con el pulgar fuera. Dé un puñetazo; recoja el otro brazo. Golpee con los dos primeros nudillos. Retírese a una posición defensiva.

437 escape de un estrangulamiento

póngase un cabestrillo 343

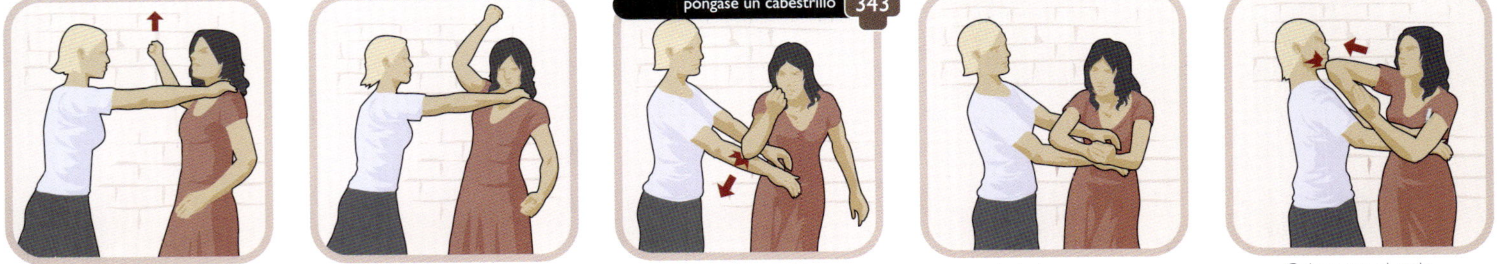

Levante el brazo. Gírese; doble el codo. Rompa la opresión. Junte las manos. Golpee con el codo.

438 escape si le agarran por detrás

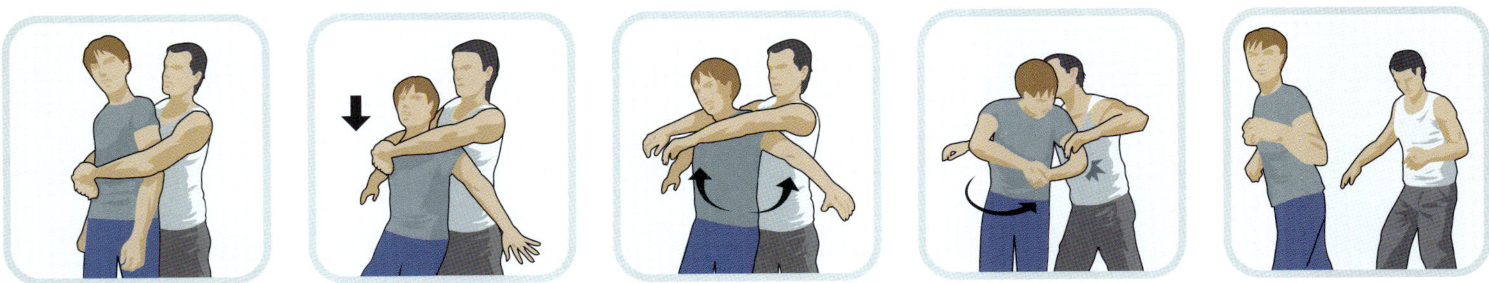

No pierda la calma. Doble las rodillas. Levante los brazos. Gírese; golpee a su atacante. Corra.

439 salga de un agujero en el hielo

Cálmese y concéntrese.

Deshágase de los objetos pesados.

Vuelva a la zona de hielo duro.

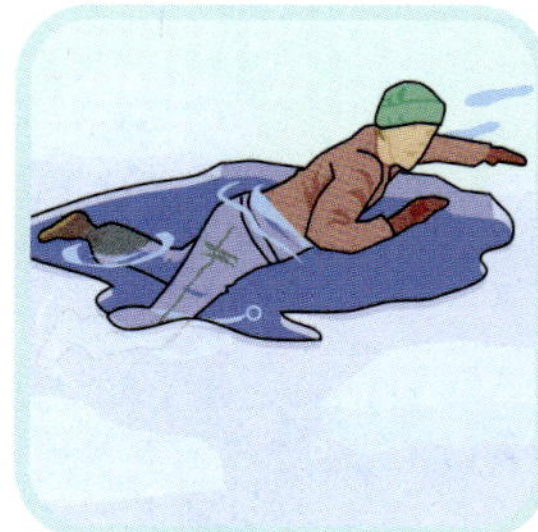

Patalee hasta ponerse en horizontal.

Elévese con ayuda de los codos.

Ayúdese de las piernas para salir.

Apártese deslizándose.

Gatee hasta tierra firme.

Caliéntese y séquese.

Lo normal es que el hielo esté más duro en la orilla, donde el agua es poco profunda y se congela antes. Suponiendo que está cruzando un lago, el hielo estará más duro detrás de usted, así que vuelva en esa dirección antes de salir gateando.

440 atrape un pez en un lago helado

Haga un agujero en hielo grueso.

401 ponga y lance el anzuelo

Ate el cordón a una rama.

Ponga cebo; métalo por el agujero.

Un palo sostendrá el cordón.

Rellénelo para que no se congele.

salve a un hipotérmico 441

Controle su temperatura corporal.

Vigile los temblores fuertes.

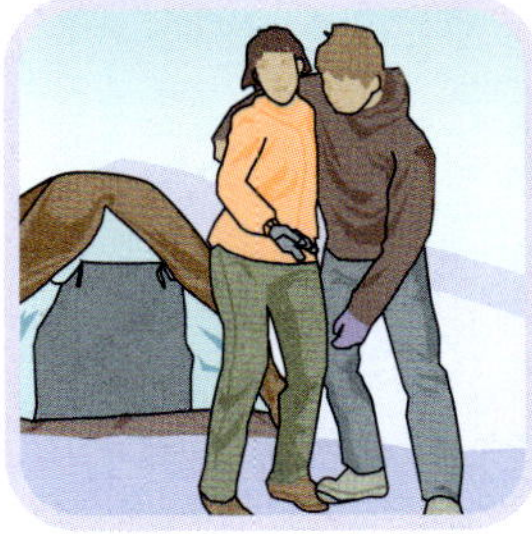
Aléjelo del frío.

Mueva con cuidado a la víctima.

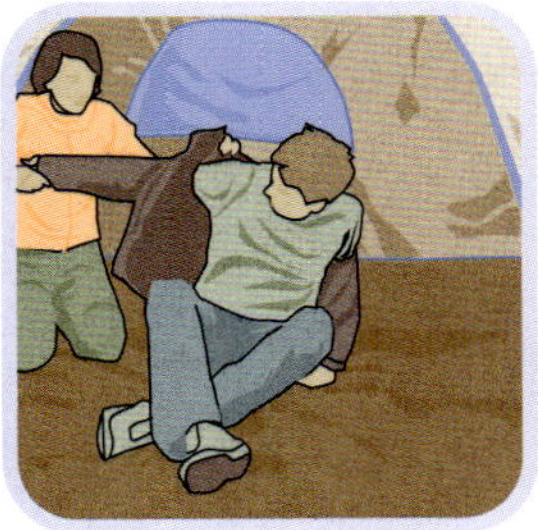
Quítele la ropa húmeda.

Resguarde a la víctima del frío.

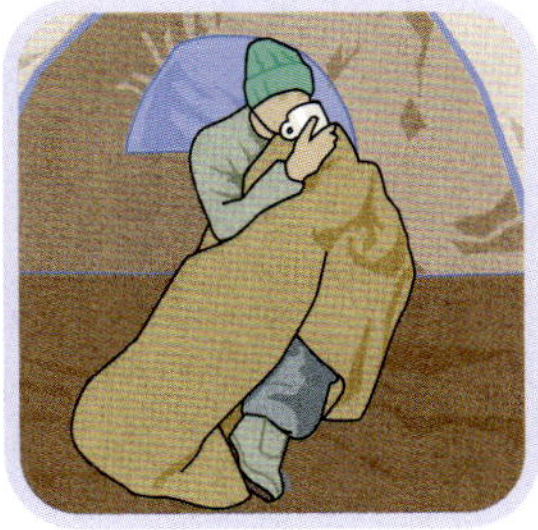
Dele una bebida caliente.

Compartan las mantas.

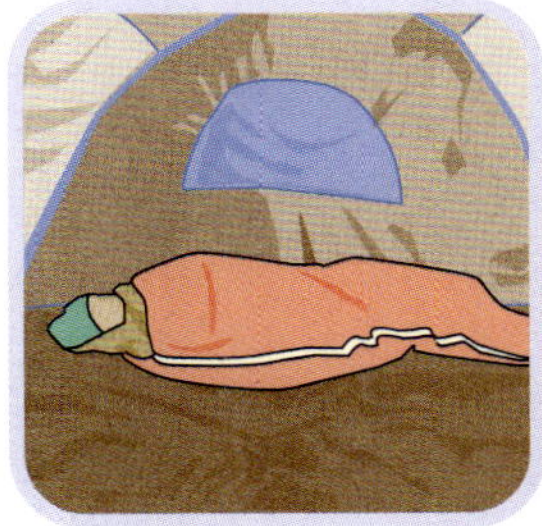
Déjelo tumbado hasta recibir ayuda.

* Busque otros signos de hipotermia, como letargo, desorientación o fatiga general. Si de repente la persona deja de temblar, el caso es especialmente grave y debería conseguir ayuda lo antes posible.

trate un caso de congelación 442

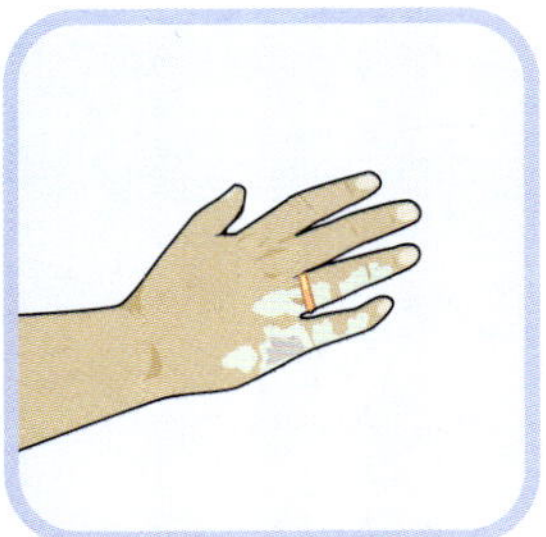
Busque cera o piel blanca.

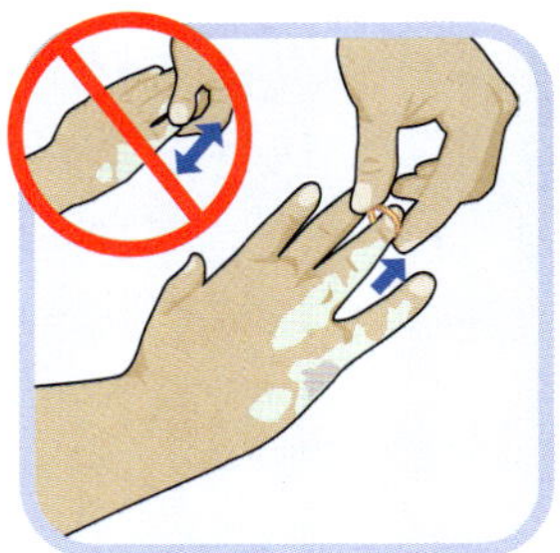
Quítese los objetos que le aprieten.

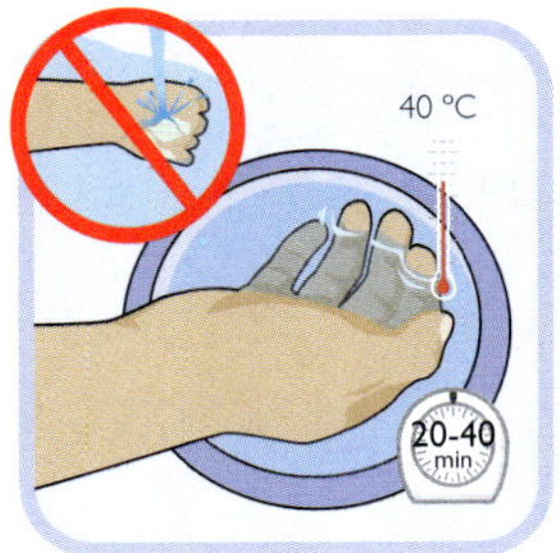

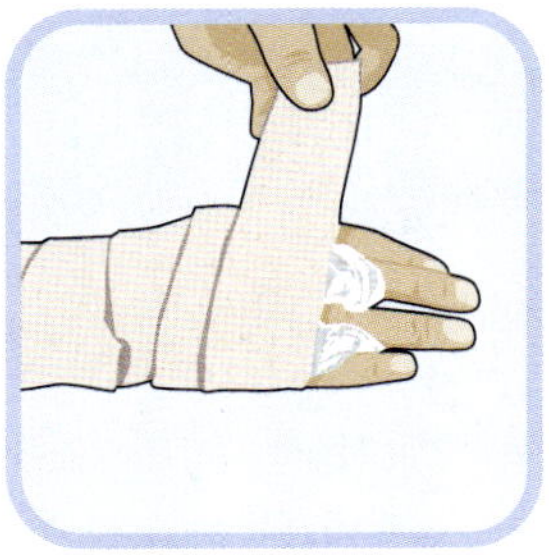
Separe los dedos; véndelos.

443 identifique plantas comestibles

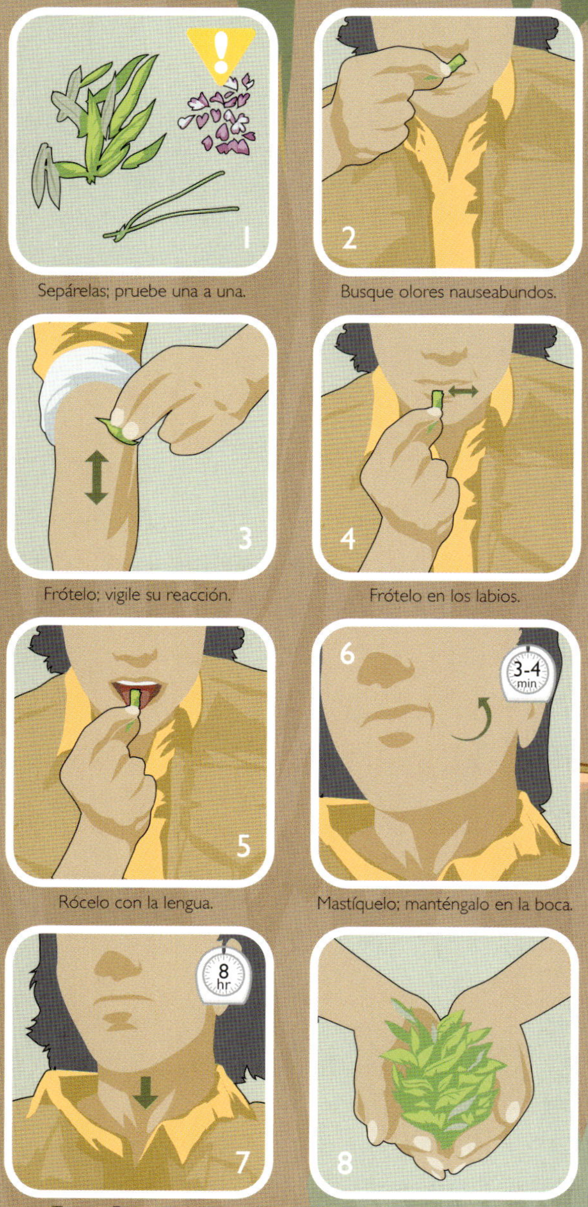

Sepárelas; pruebe una a una.

Busque olores nauseabundos.

Frótelo; vigile su reacción.

Frótelo en los labios.

Rócelo con la lengua.

Mastíquelo; manténgalo en la boca.

Trague. Espere y vigile.

Ya puede comer un puñado.

444 camine seguro por un pantano

Camine cerca de las plantas. ¡Donde hay vegetación, hay tierra firme!

Examine con un palo las zonas sospechosas.

Mantenga los pies juntos.

445 encienda un fuego con una lata

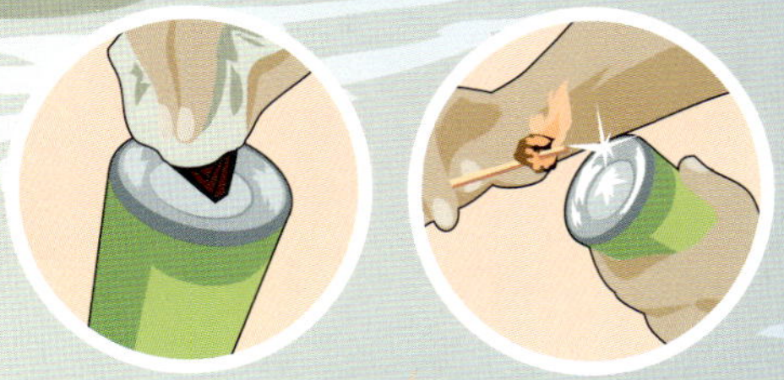

Encérela con chocolate.

Enfoque la luz solar en la lata para que prendan los hongos yesqueros.

402 prepare una crepitante fogata

446 salga de arenas movedizas

447 enfréntese a un cocodrilo

Corra en zigzag.

¿No puede huir? Presione su cuello.

Tápele los ojos.

Si le muerde, golpéele el hocico.

448 siga a flote con sus pantalones

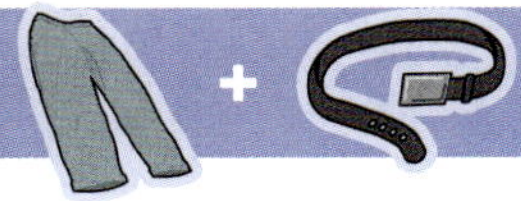

Quítese los pantalones. Anude el final de la pernera. Sáquelos para llenarlos de aire. Ciña el cinturón para atrapar el aire. Abrácese a él; espere al rescate.

449 haga el muerto bocabajo

¿Hombre al agua? Adopte esta afamada postura de supervivencia que le permite conservar la energía decisiva y respirar regularmente hasta que le rescaten.

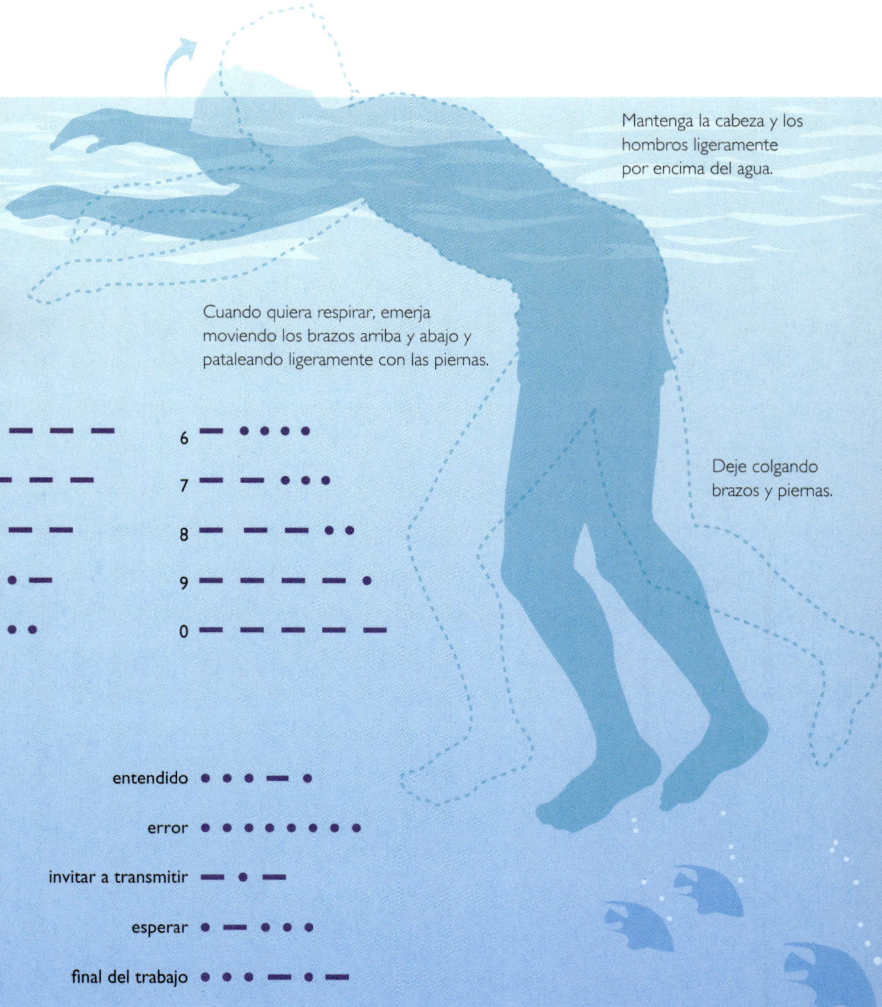

450 conozca el código morse

a • —
b — • • •
c — • — •
d — • •
e •
f • • — •
g — — •
h • • • •
i • •
j • — — —
k — • —
l • — • •
m — —

n — •
o — — —
p • — — •
q — — • —
r • — •
s • • •
t —
u • • —
v • • • —
w • — —
x — • • —
y — • — —
z — — • •

1 • — — — —
2 • • — — —
3 • • • — —
4 • • • • —
5 • • • • •

6 — • • • •
7 — — • • •
8 — — — • •
9 — — — — •
0 — — — — —

entendido • • • — •
error • • • • • • • •
invitar a transmitir — • —
esperar • — • • •
final del trabajo • • • — • —
señal de comienzo — • — • —

451 sobreviva a un naufragio

Manténgase caliente y seco.

Protéjase del sol.

cosa un botón 182

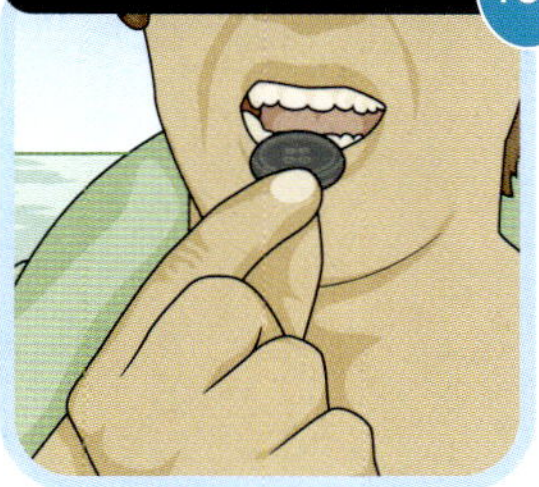

Chupe un botón para aliviar la sed.

Recoja agua de lluvia con una lona.

¿Ve tierra firme? Nade hacia ella.

452 defiéndase de un tiburón

Resguarde su espalda del tiburón.

Golpéelo en un lado.

Golpéelo al final de la nariz.

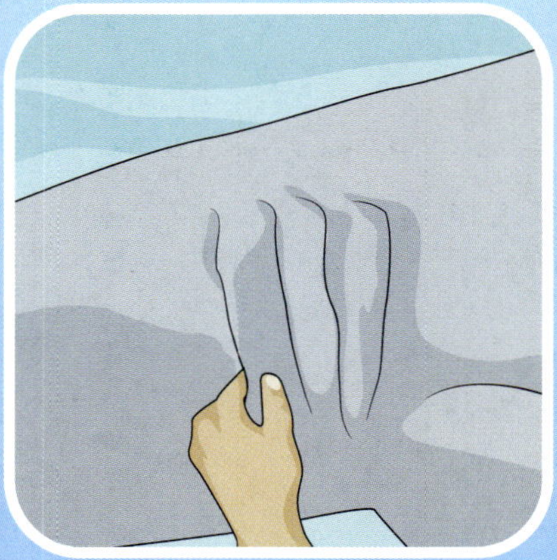

Meta las manos en sus agallas.

Pinche al tiburón en el ojo.

Escape; cúrese las heridas enseguida.

453 consiga agua en el desierto

Cualquier recipiente impermeable servirá.

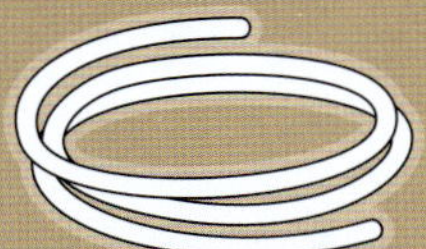

La manguera debería tener una longitud mínima de 90 cm.

La lona de plástico debe ser clara.

Las rocas de tamaño mediano funcionan mejor.

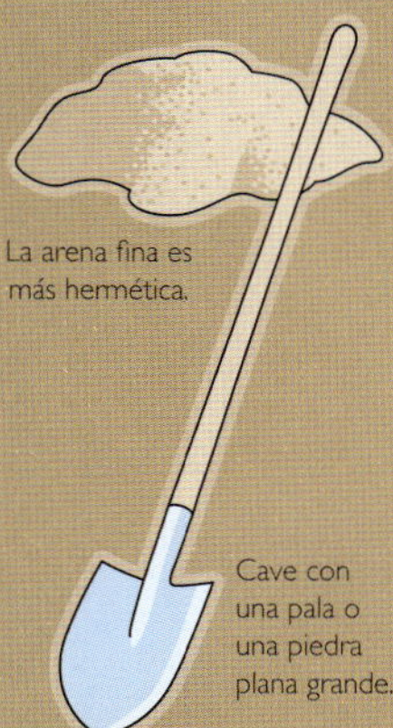

La arena fina es más hermética.

Cave con una pala o una piedra plana grande.

El hoyo debe ser lo suficientemente profundo como para llegar al subsuelo húmedo. Puede incrementar la humedad del suelo colocando vegetación en el hoyo u orinando cerca (¡nunca dentro!) del recipiente.

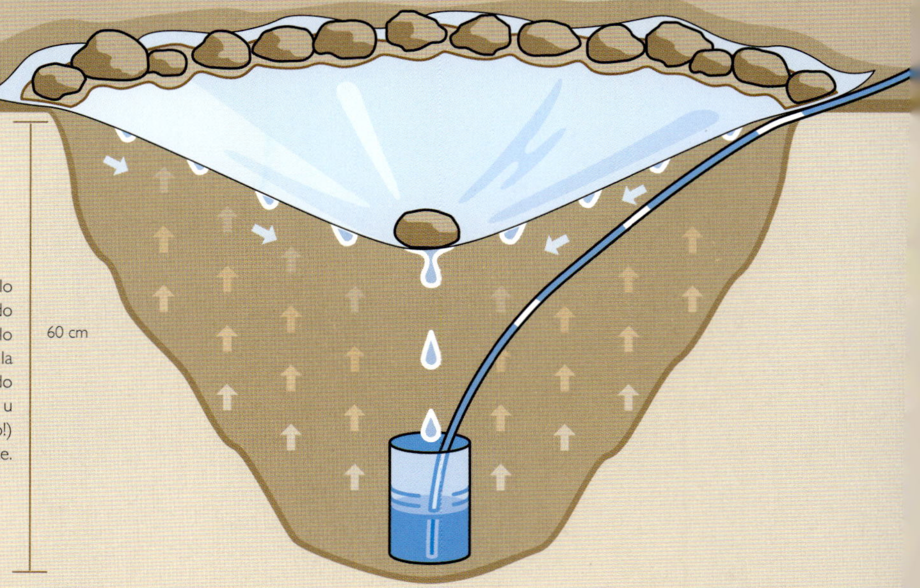

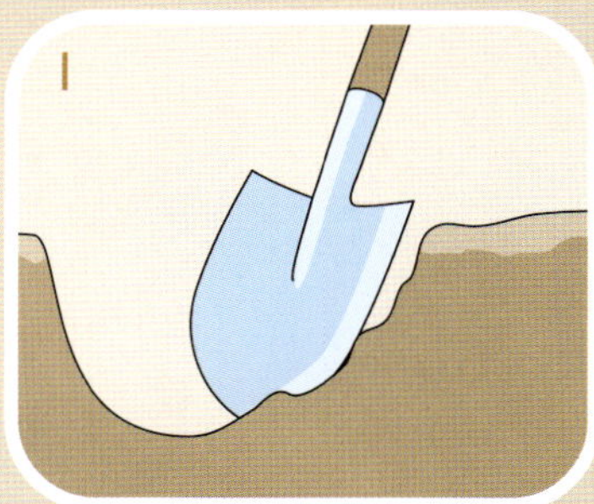

La lona tiene que ser mayor que el hoyo.

42 haga una lámpara con una lata

Coloque el recipiente para recoger el agua.

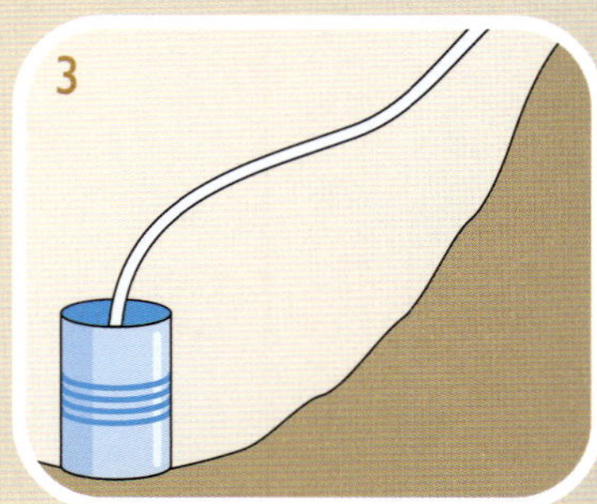

Inserte la manguera para utilizarla de pajita.

Espere a que el agua se condense.

La roca hará que el agua vaya al centro.

* Durante las horas de luz, el vapor de agua se condensará de forma natural bajo la lona y goteará desde el punto más bajo (la roca). Hacen falta 24 horas para reunir 0,5-1 litros de agua en el recipiente, dependiendo de la temperatura ambiental y de la humedad de la tierra. Se recomienda hacer tres hoyos para cubrir las necesidades de agua diarias.

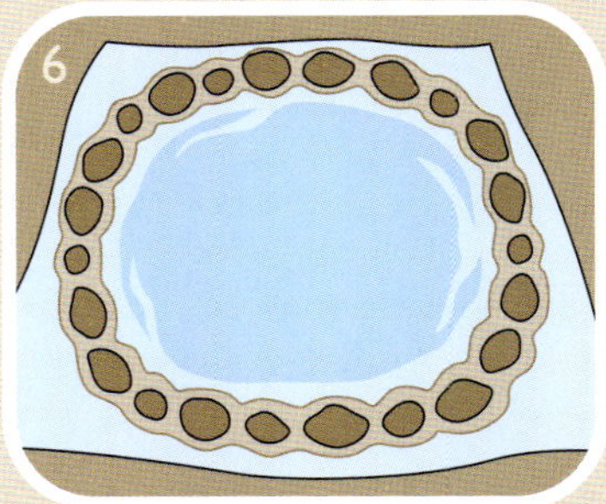

Selle los agujeros con arena.

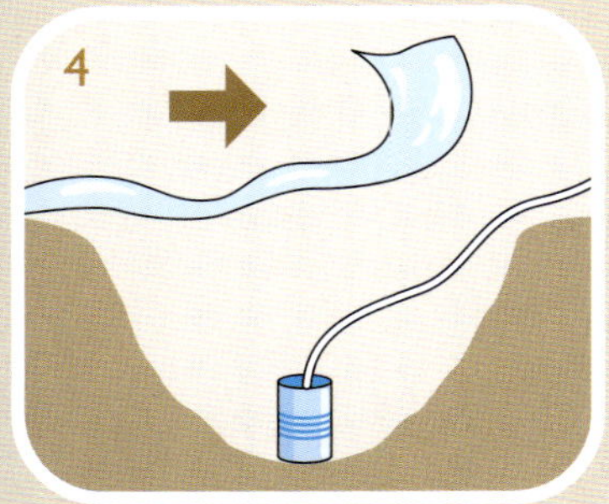

Cubra el hoyo con la lona.

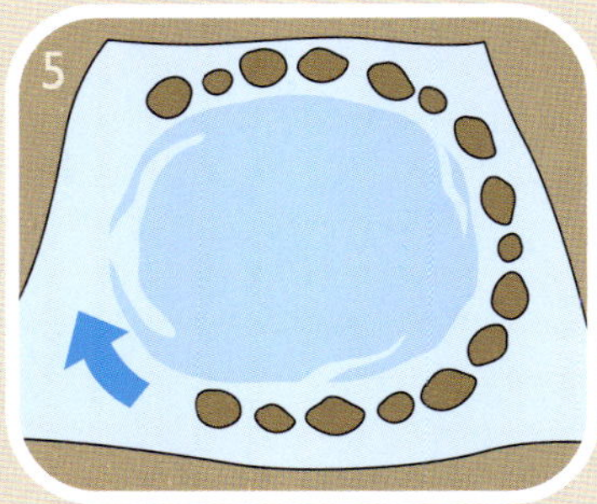

Coloque las rocas para fijar la lona en su sitio.

Trace símbolos en el suelo lo bastante grandes como para que se vean desde arriba.

I lesión grave	LL todo va bien
O necesito una brújula y un mapa	△ creo que es seguro aterrizar aquí
K indique la dirección a seguir	↑ voy en esta dirección
F necesito comida y agua	

Trace símbolos con ramas, huellas del pie o cualquier otro material que tenga disponible.

increíble

455 ate un lazo con un nudo de honda

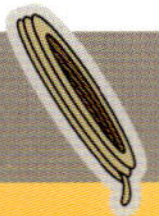

Tense el bucle izquierdo.

Haga el lazo.

84 conozca los cortes de la vaca

456 atrape un ternero

Sujételo por encima del nudo y recoja el resto.

Haga girar el lazo hacia la derecha.

Levántelo por encima de la cabeza.

El lazo debería ponerse en horizontal y expandirse.

Avance y láncelo.

Amárrele las patas con el lazo.

457 descubra otro tipo de lazo

* ¿No consigue hacer el lazo vertical lo suficientemente grande como para saltar a través de él? Compre un nudo de honda de metal y átelo a la cuerda. El peso añadido tira de la cuerda hacia abajo ampliando de esta forma el lazo.

Cruce el brazo por delante del pecho cuando el nudo esté señalando las 12h.

458 rompa un listín por la mitad

14 haga un libro hueco

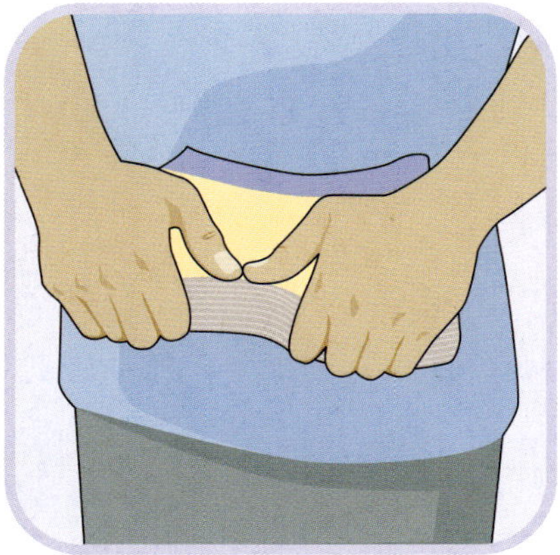

Agárrelo por un lado; apriételo contra el cuerpo.

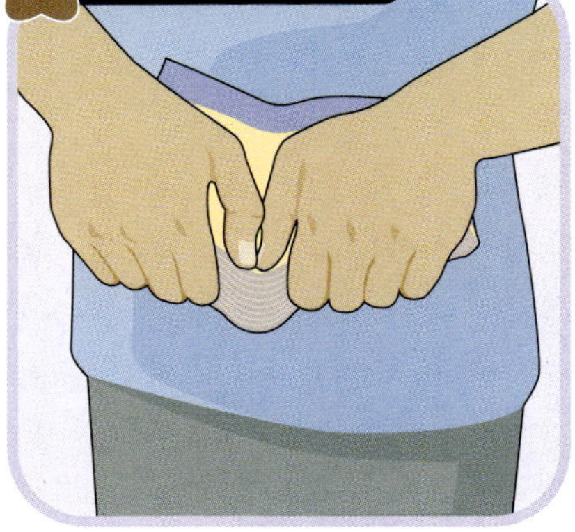

Dóblelo.

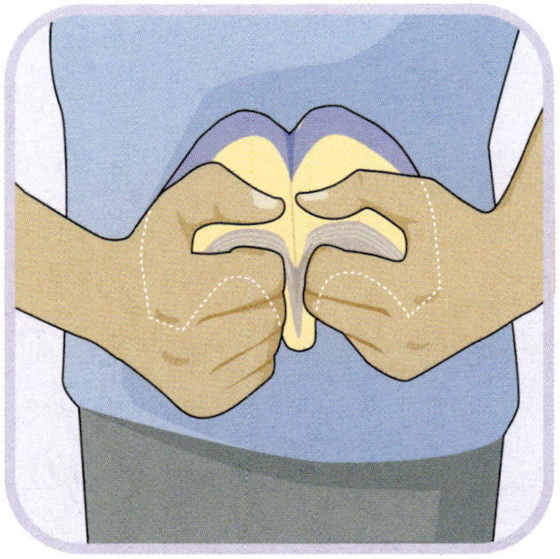

Continúe apretándolo; tire de los extremos.

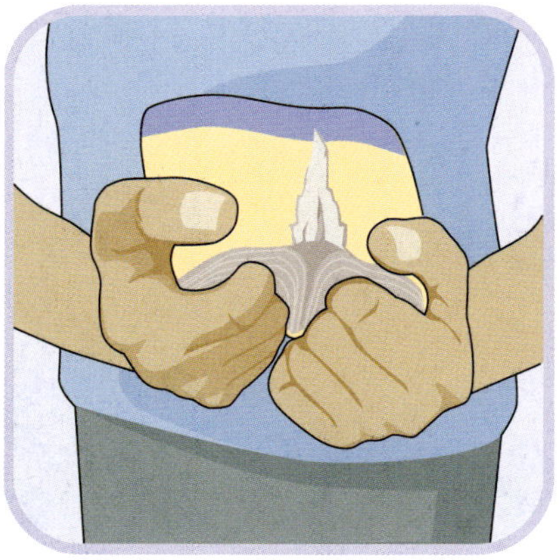

Empiece a romperlo.

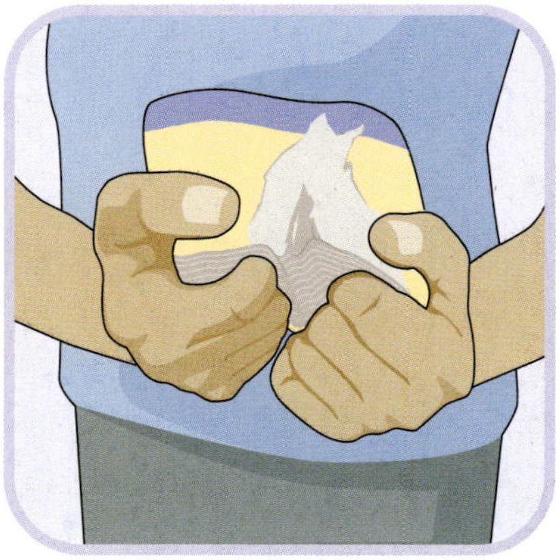

¡Rómpalo aún más!

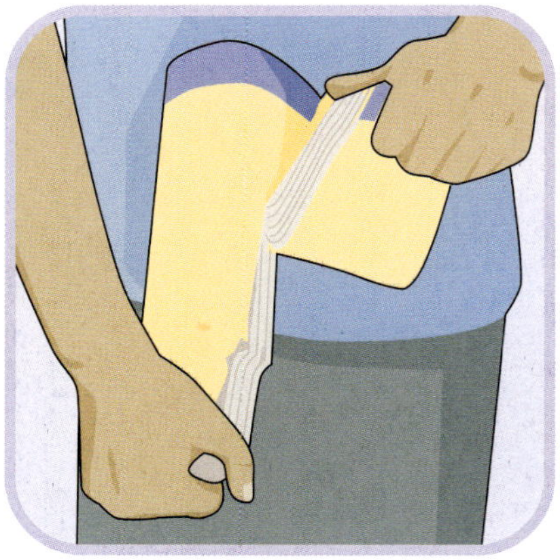

Pártalo en dos con mucha fuerza.

459 lance una bola de papel

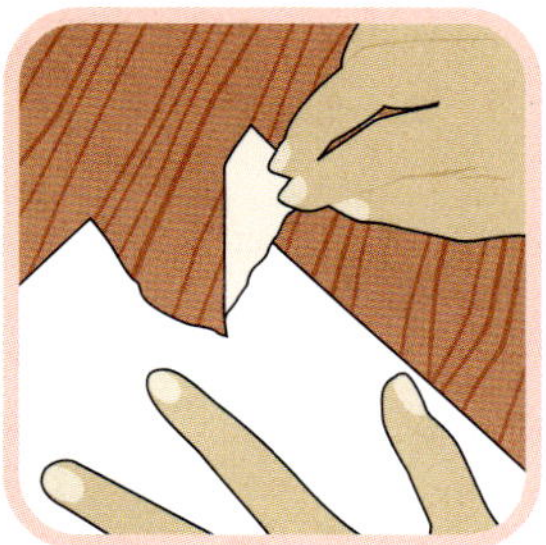

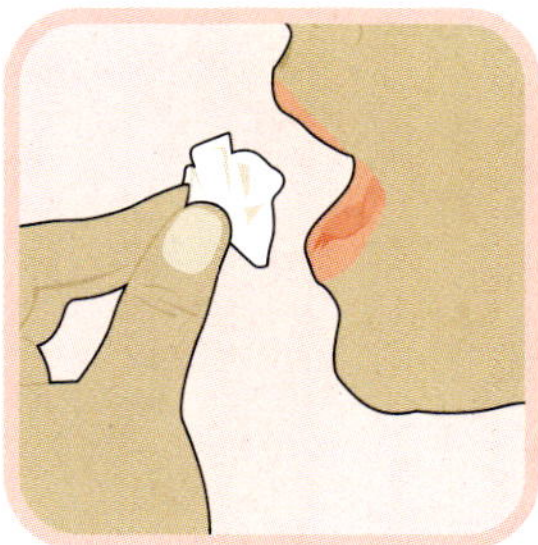

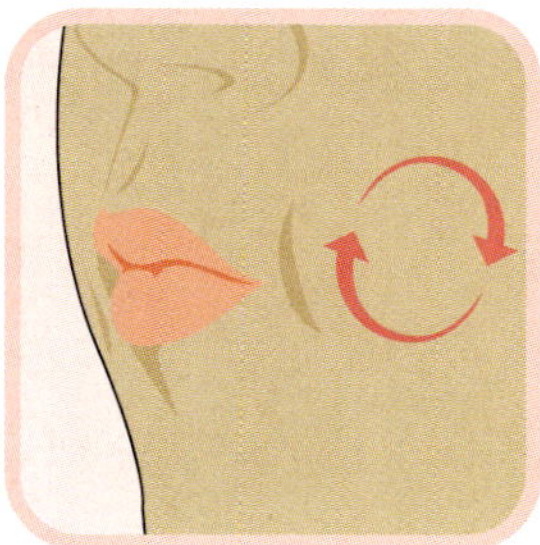

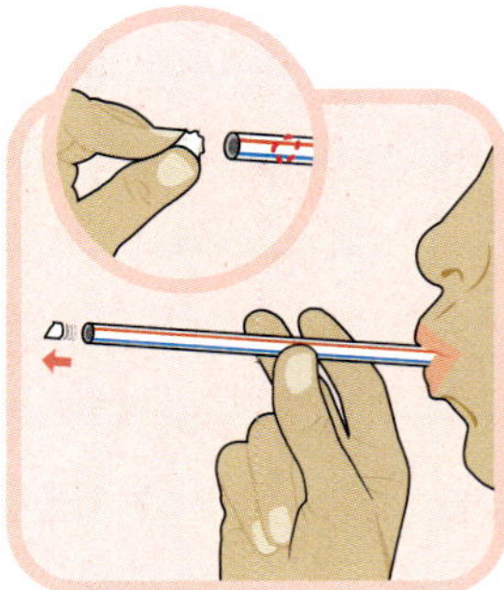

Póngalo dentro de una paja; sople.

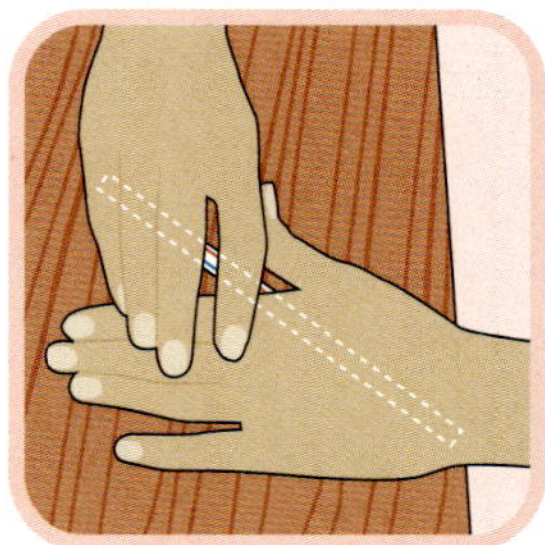

Esconda su arma.

460 gire una pelota de baloncesto

Sujétela con los dedos. Hágala girar en la yema de un dedo. Cámbiela de mano; impúlsela un poco.

461 haga saltar una piedra en el agua

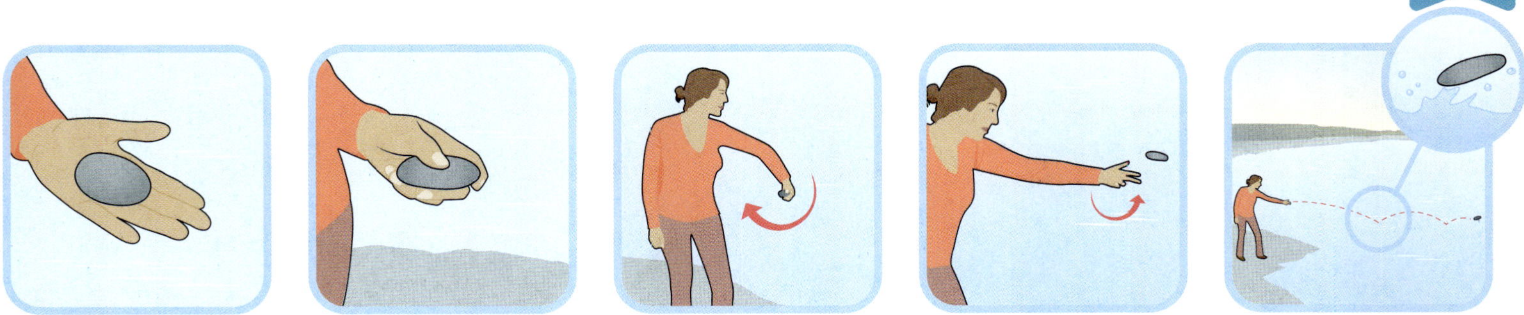

Escoja una piedra plana y lisa. Acaríciela con un dedo. Acerque el brazo a su cuerpo. Suéltela con un giro de muñeca.

462 pasee el perro

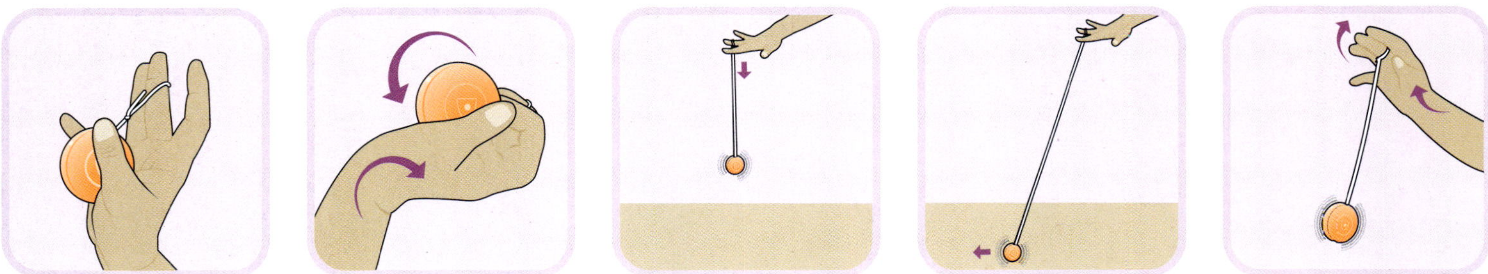

Enrolle el hilo. Cierre el puño. Déjelo bajar hasta el suelo. Deje que el yoyó camine. Hágalo subir hasta su mano.

463 avance como un gusano

Piense que su cuerpo es un gusano, ¡uno que se mueve mucho! Cuando levante los pies, su pecho debe bajar hacia el suelo.

464 baile el *moonwalk* con estilo

¡Prepárese para luchar con este clásico del *breakdance!* Haga movimientos fluidos para dar la sensación de que camina por la Luna.

465 baile como un robot

¿El truco para hacer el "*popping*" y el "*locking*"? Muévase de forma errática y brusca, aguante los movimientos unos segundos y vaya girando.

Ponga los pies en el suelo; levante el torso.

Gire sobre sí mismo y muestre sus habilidades por el otro lado.

466 toque "*chopsticks*"

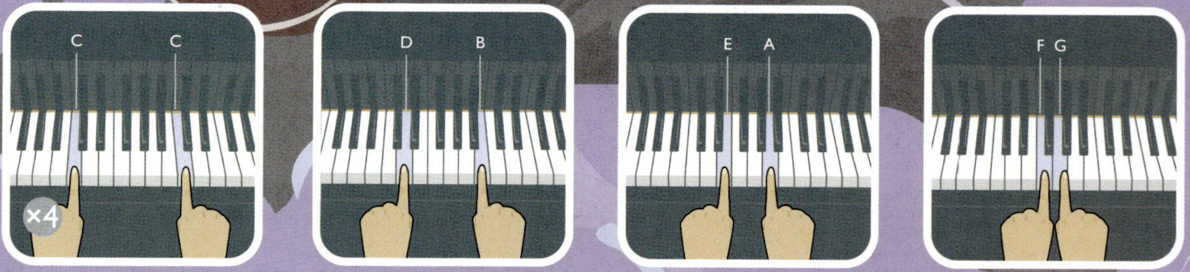

467 toque un *twelve-bar blues*

¿Está triste? ¡Entonces, rasguee un poco! Por cada compás de la progresión I-IV-V, toque cuatro tiempos del acorde indicado, después deslice la mano por el mástil para tocar el siguiente acorde (en este caso el de mi).

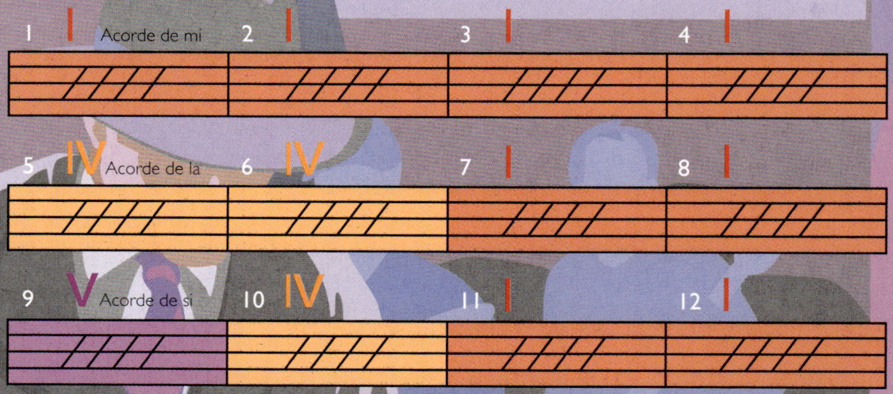

lea música 468

construya una sierra musical 469

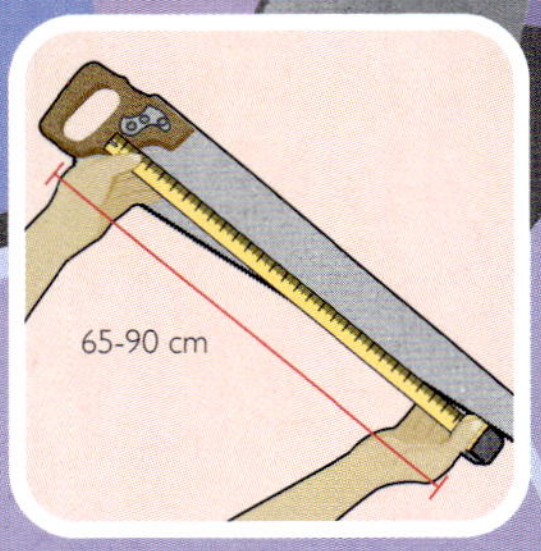

Aplique colofonia en el arco.

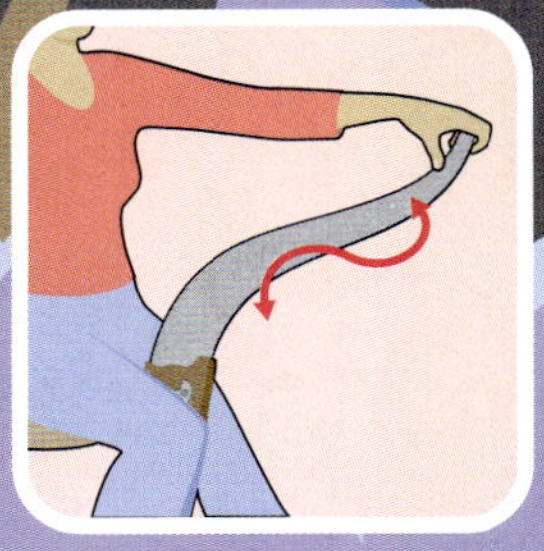
Dele forma de S.

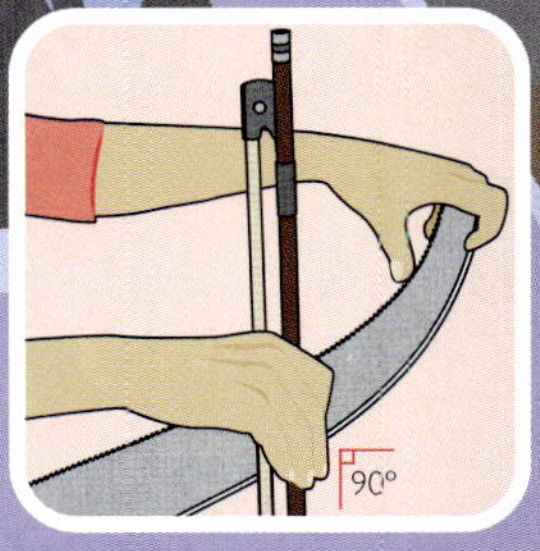

Toque por el lado sin dientes.

470 anude un cigarrillo

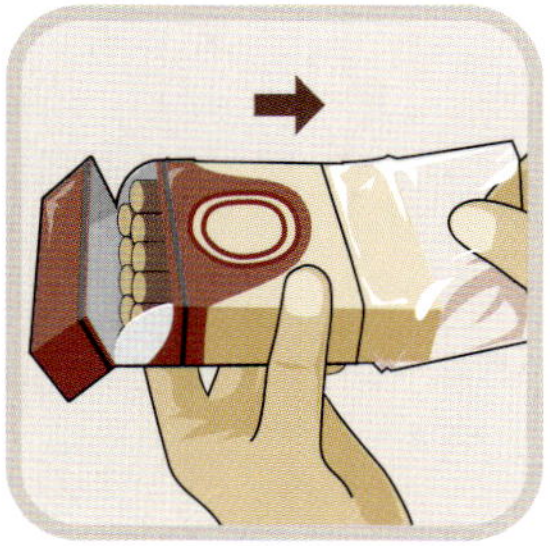
Quite el envoltorio.

Desdóblelo; alíselo.

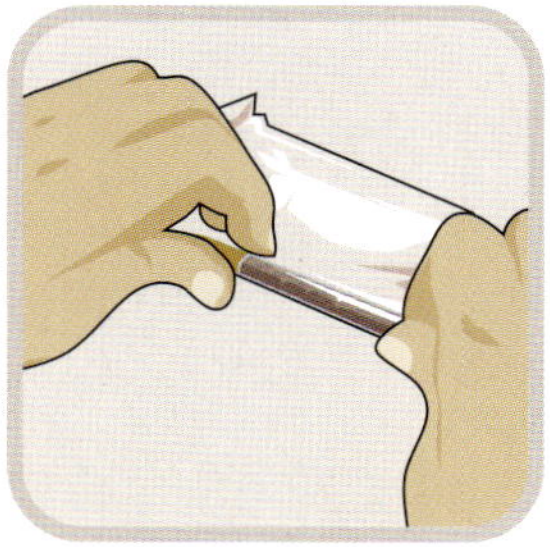
Envuélvalo con el envoltorio.

Haga un nudo con el envoltorio.

Desátelo; saque el cigarrillo.

471 beba cerveza de un casco

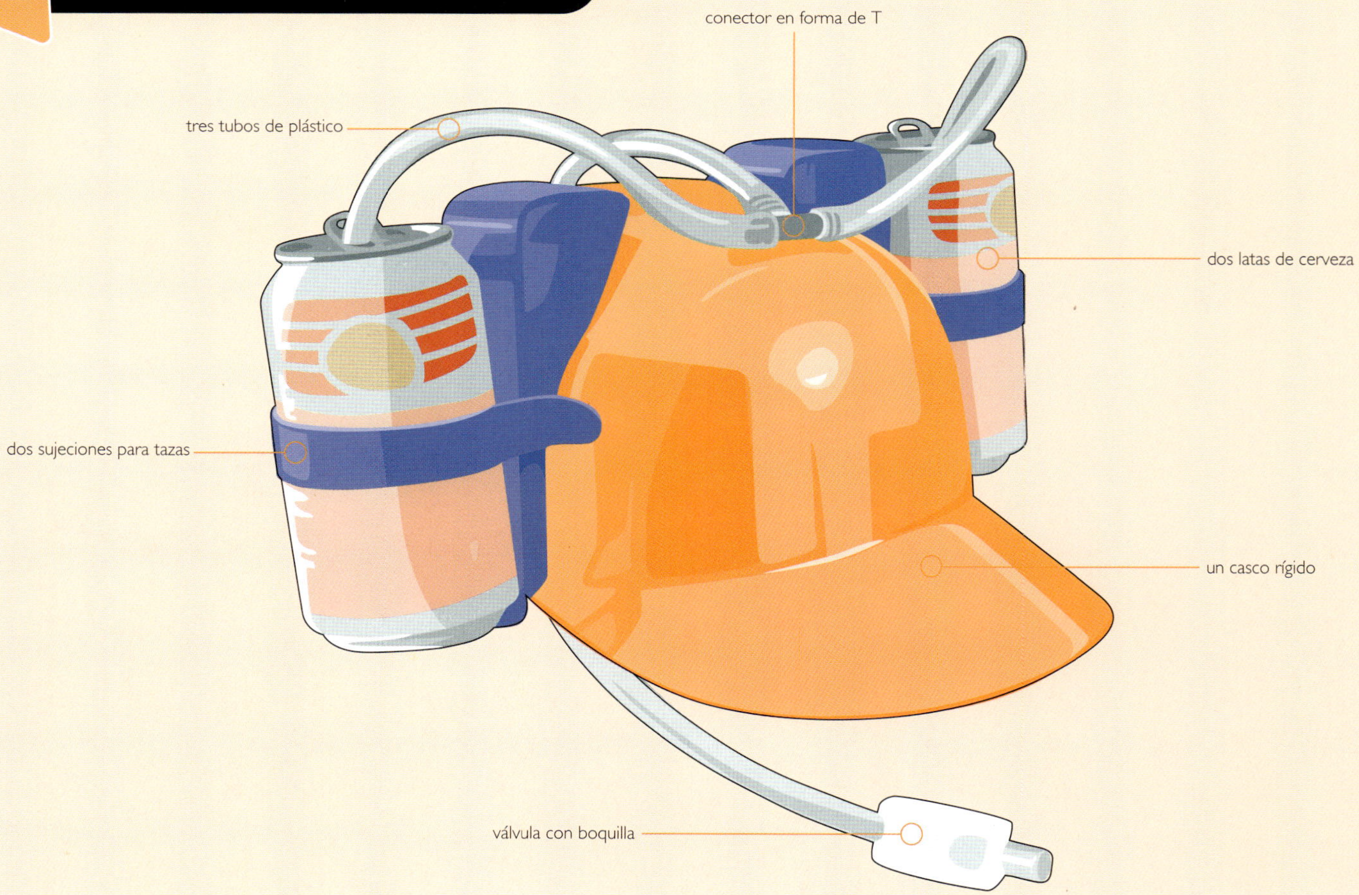

gane las apuestas de los bares 472

Apueste. · Sople hacia el vaso. · Recoja su premio.

súbase encima de un barril 473

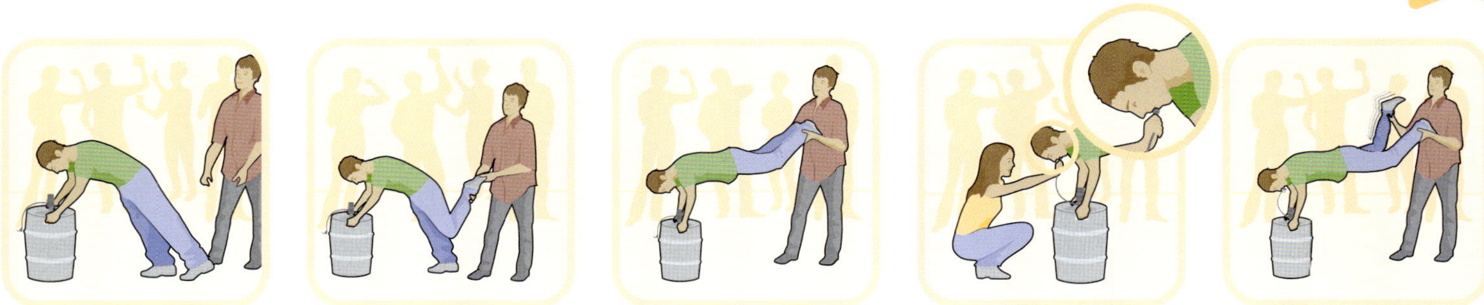

Agárrese a los bordes del barril. · Levante una pierna. · Impulse la otra pierna hacia arriba. · Beba por la boquilla. · Mueva la pierna cuando esté lleno.

acabe con el hipo 474

Tápese los oídos. · Apriétese las narinas. · Beba un vaso de agua del revés. · Mastique y engulla azúcar. · Beba más agua.

475 utilice el poder del *cloudbuster*

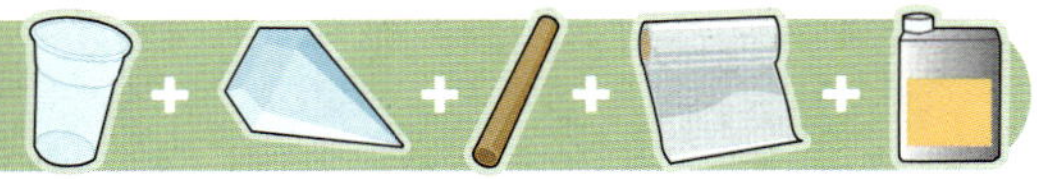

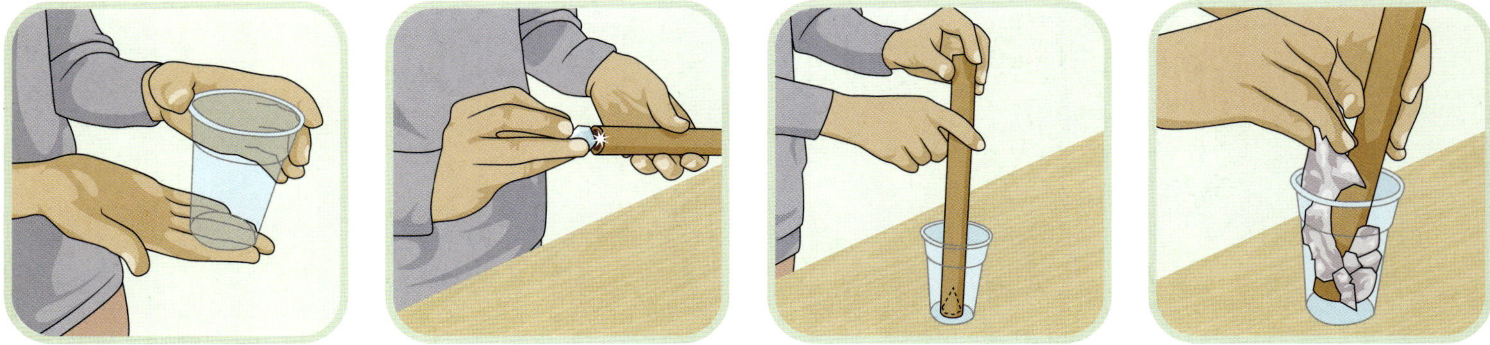

Inserte el vidrio en el tubo de cobre.

Use papel de aluminio para fijarlo en el sitio.

Llene el vaso de resina.

Déjelo reposar.

Disfrute de sus poderes.

* La teoría favorita entre los entusiastas de la pseudociencia es que el ***cloudbuster*** equilibra el tiempo cambiando la energía de la atmósfera. Suele ser un aparato grande, pero puede usar esta versión en miniatura para despejar el cielo, ¡o hacer que llueva!

476 engañe a los radares

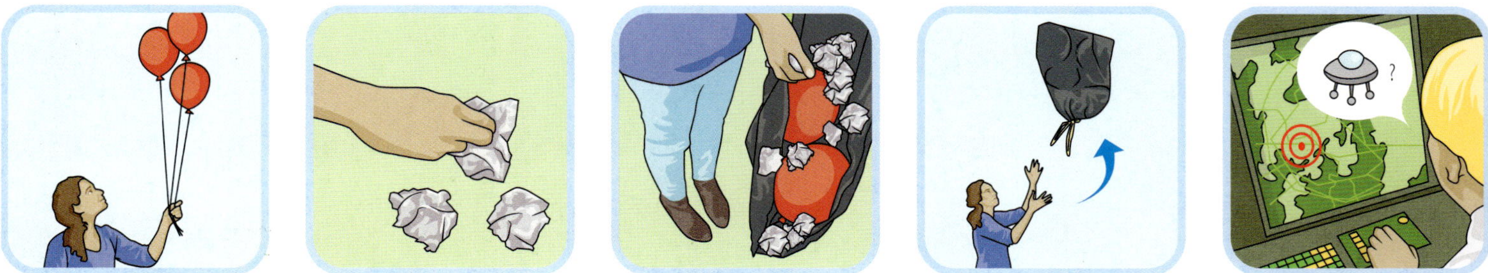

Infle globos de helio.

Arrugue papel de aluminio.

Llene una bolsa de basura.

Ciérrela; deje que suba.

haga círculos en los cultivos
477
¡Shh! El ruido y la luz llaman la atención.
Descienda. Aparque lejos, muy lejos y camine.
Los tallos de la planta deberían doblarse, no romperse.
Camine sólo por caminos ya hechos.
Una tabla de madera prensa uniformemente los tallos al pasar, levantando un lado de la tabla.
Siga los planos que hizo previamente.
Consiga a alguien o una estaca para mantener un centro constante.
Acuérdese de llevarse todas las herramientas y la basura cuando acabe. Cualquier olvido podría descubrirle, ¡hasta una huella!

478 lea el futuro en las hojas de té

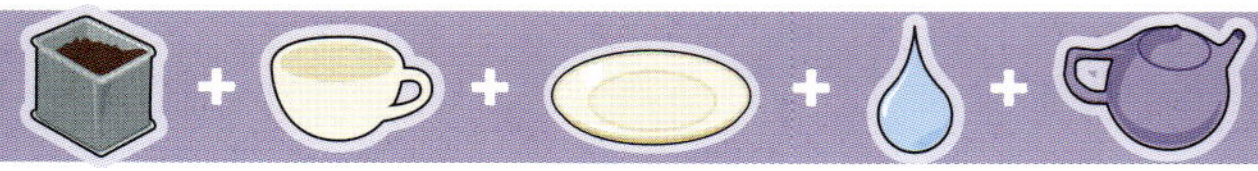

Inhale; hágale una pregunta.

479 prediga cuándo pasará

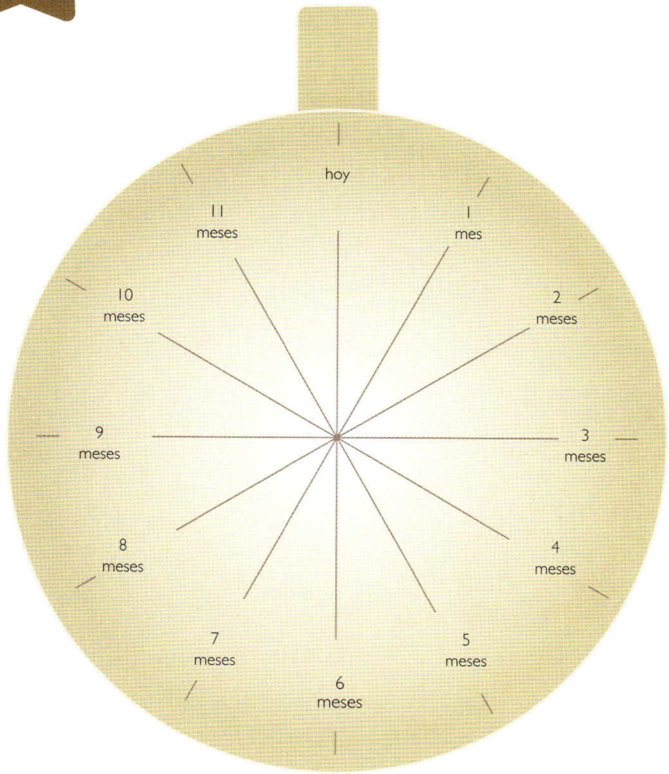

La taza se divide por meses. Los hechos sucederán en el número de meses donde haya aparecido el símbolo.

480 encuentre los símbolos

Encontrar formas conocidas entre las hojas de té es un arte, como ver imágenes en las nubes. Así que, piense en algo que quiera saber y mire como el futuro toma forma en la taza.

Gire la taza hacia la derecha.

Vierta el té sobrante; conserve las hojas de té.

Busque las formas.

481 proyecte sombras chinas

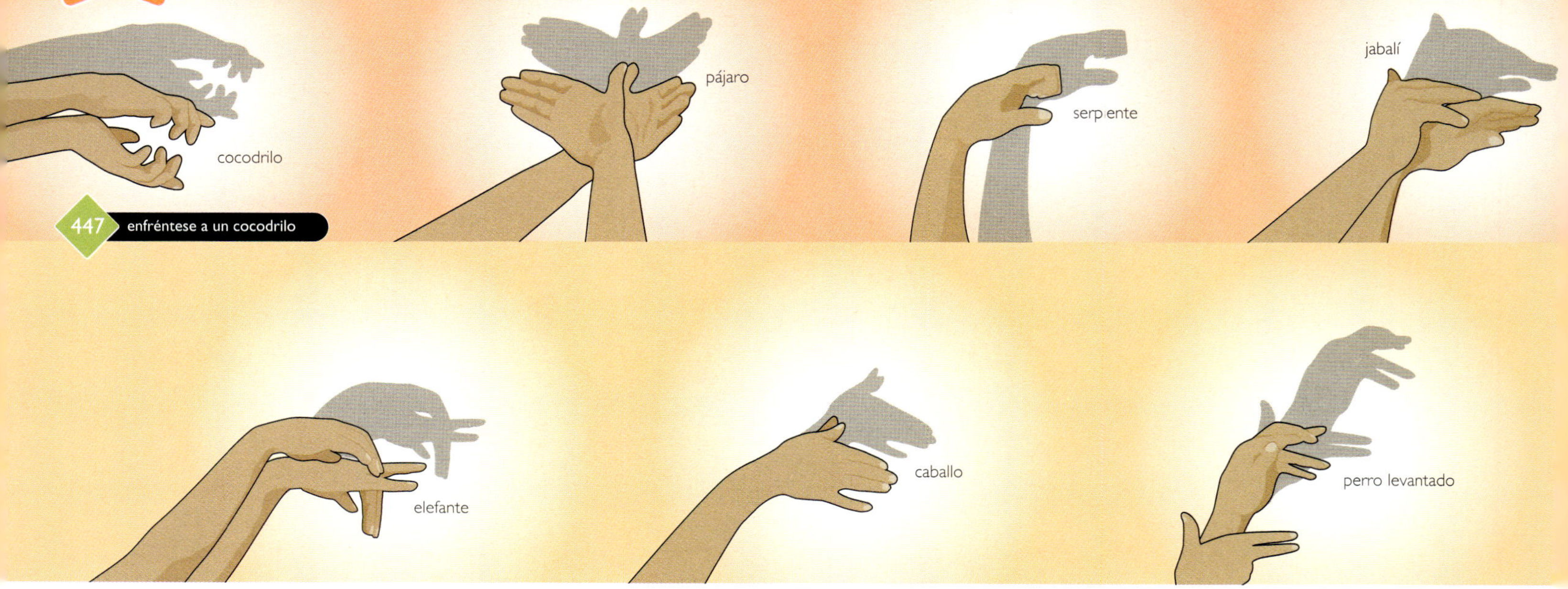

447 enfréntese a un cocodrilo

482 incorpore efectos de sonido

57 parta un coco

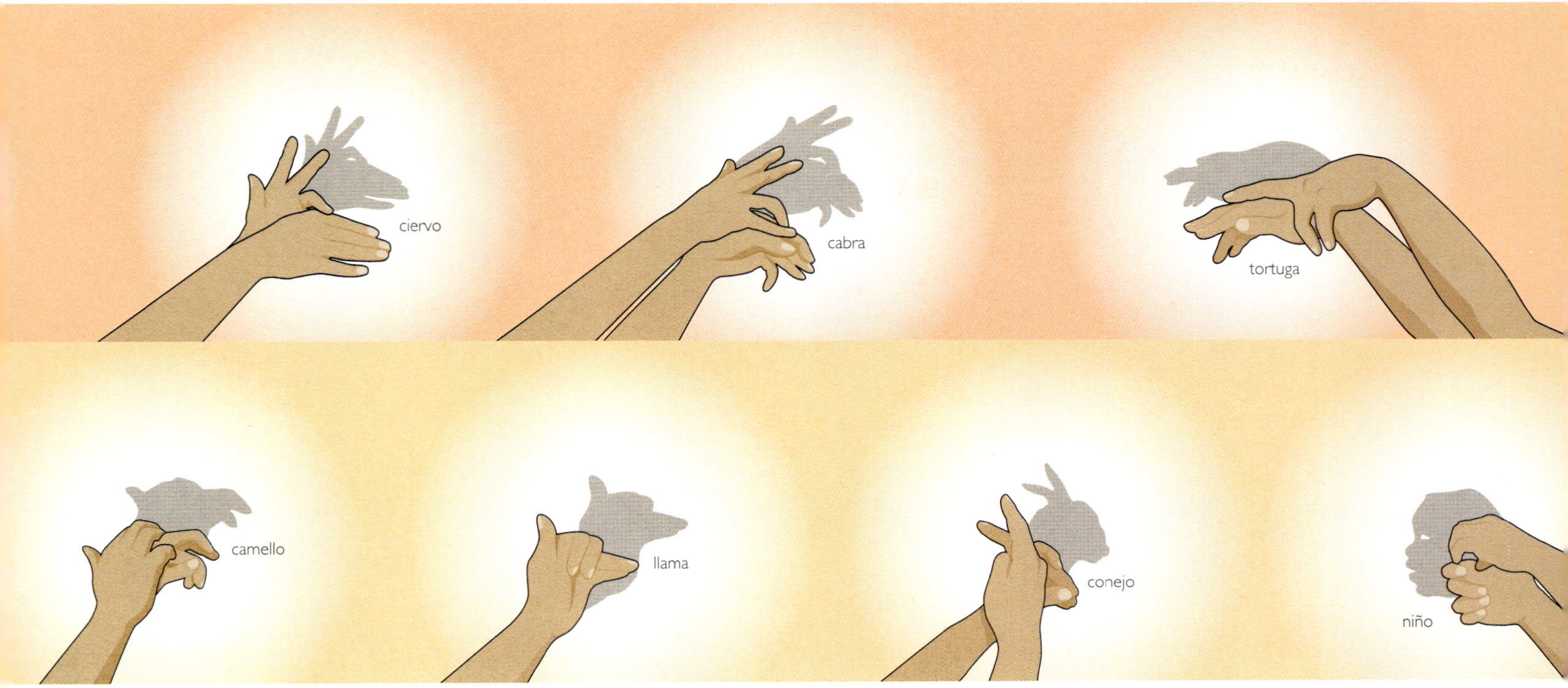

ciervo
cabra
tortuga
camello
llama
conejo
niño

pájaro volando
el crepitar del fuego
campanadas
apuñalamiento
pisadas en la nieve
agite unos guantes
arrugue papel de celofán
golpee una tapadera metálica
apuñale una sandía
pise arena para gatos

483 sorprenda con un truco

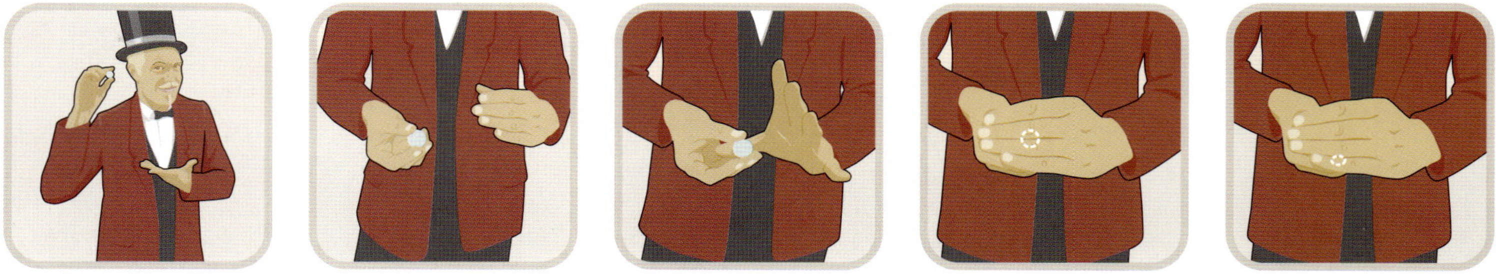

Presente la moneda. Deslice su pulgar por debajo. Cierre la mano por encima. Déjela caer en la mano derecha.

Póngala entre sus dedos. Baje y abra su mano derecha. Céntrese en su mano izquierda.

484 haga creer que levita

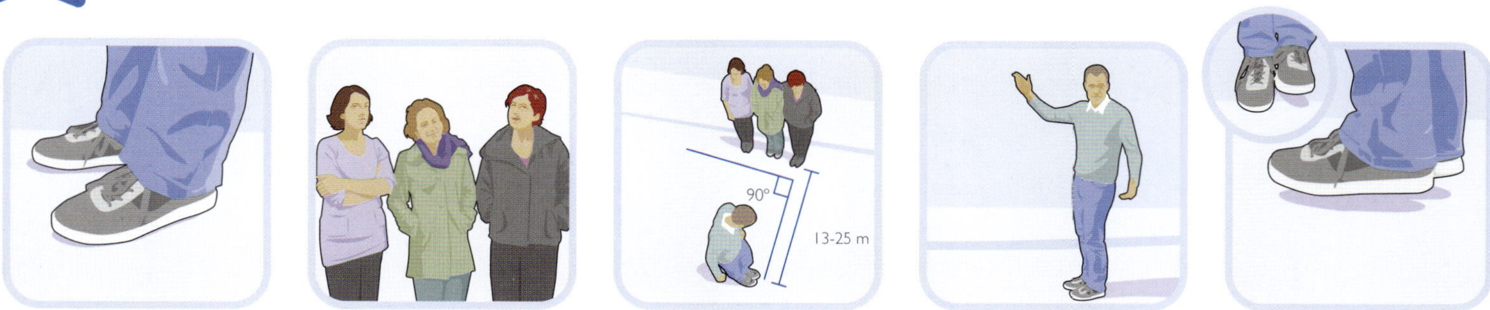

Lleve pantalones anchos. Reúna un poco de público. Distraiga al público. Póngase de puntillas.

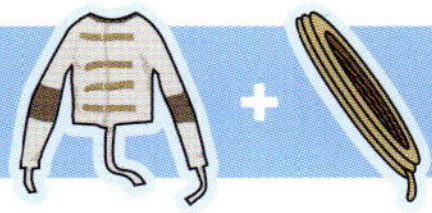

escápese de una camisa de fuerza

Cruce su brazo fuerte; aspire.

Espire y muévase.

Cuélguese del revés.

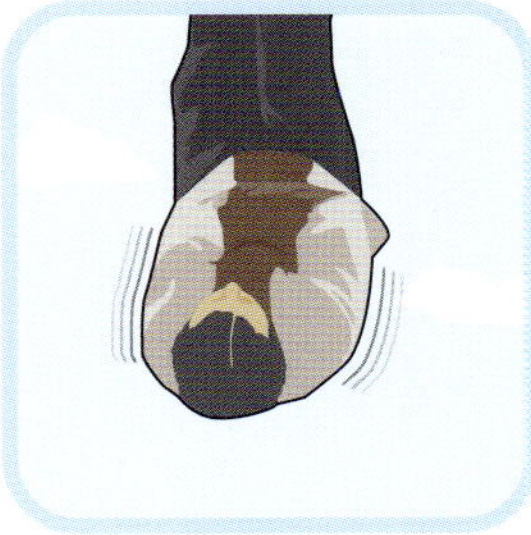

Mueva los codos.

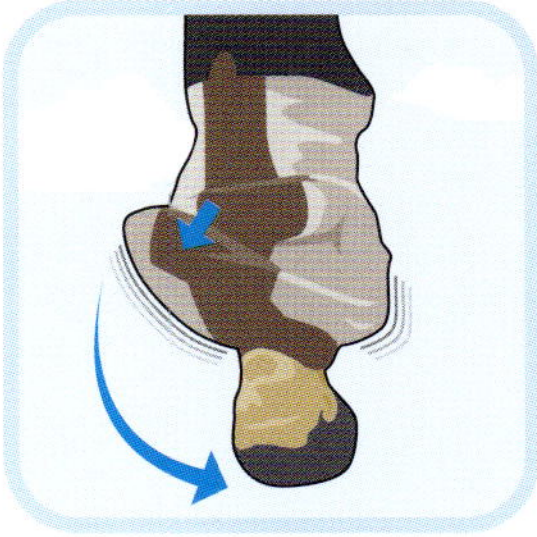

Suba su codo.

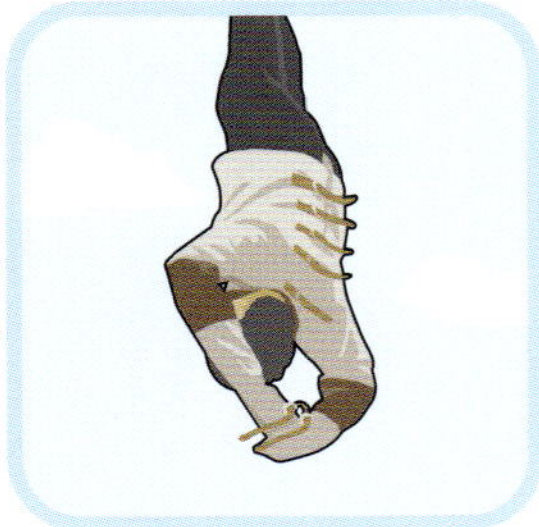

Descruce y levante los brazos.

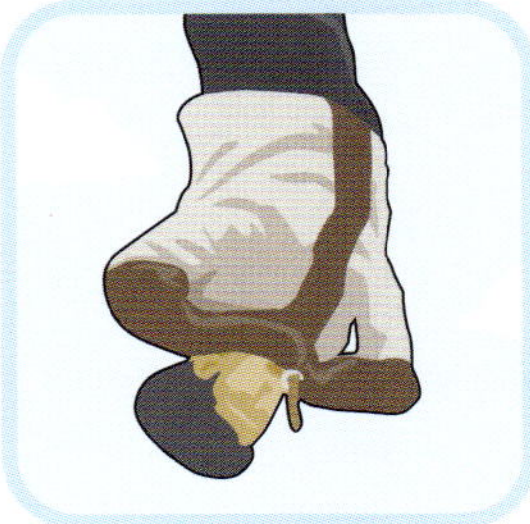

Muerda las correas de las mangas.

Desabroche las correas de la espalda.

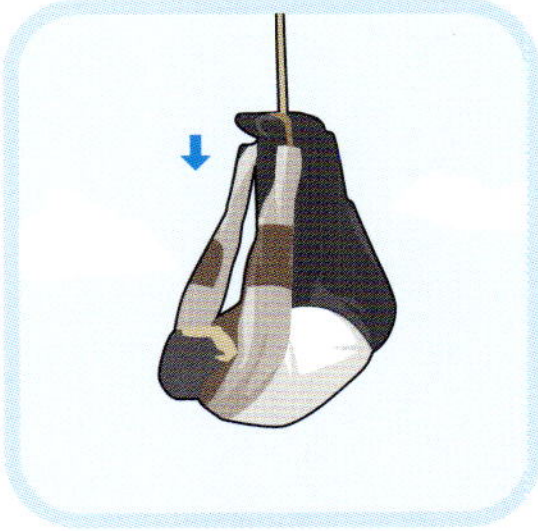

Enganche el cinturón; tire.

Quítese la camisa con estilo.

* ¿Quiere hacer como Houdini? Cuando esté atado en la camisa de fuerza, ponga su brazo fuerte (o dominante) bajo el codo opuesto y respire profundamente, expandiendo su pecho y aflojando la camisa de fuerza. De esta forma, después podrá usar más fuerza para subir su codo por encima de la cabeza. Una vez descruce los brazos, desabroche las hebillas, ¡y sorprenda a la gente con sus dotes de escapista!

quite el mantel de la mesa

Coloque el mantel en el borde.

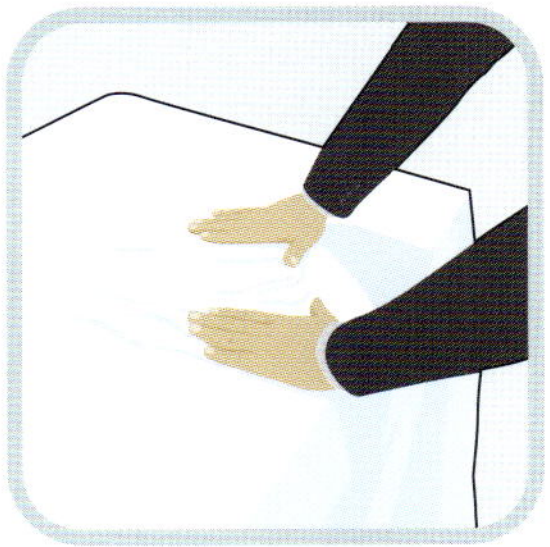

Elimine las arrugas.

Coloque objetos pesados.

Agárrelo por el centro.

Tire rápidamente del mantel.

487 cree una huella dactilar falsa

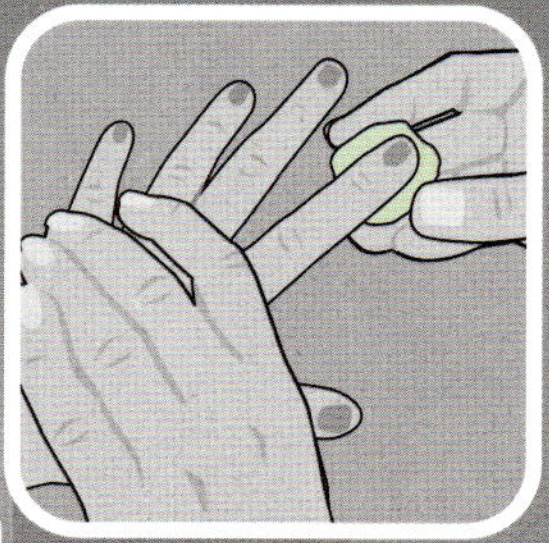

Modele la huella de otra persona.

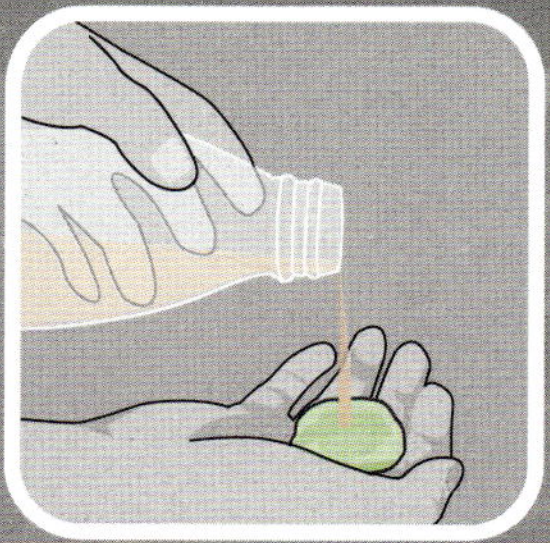

Rellénela con gelatina líquida.

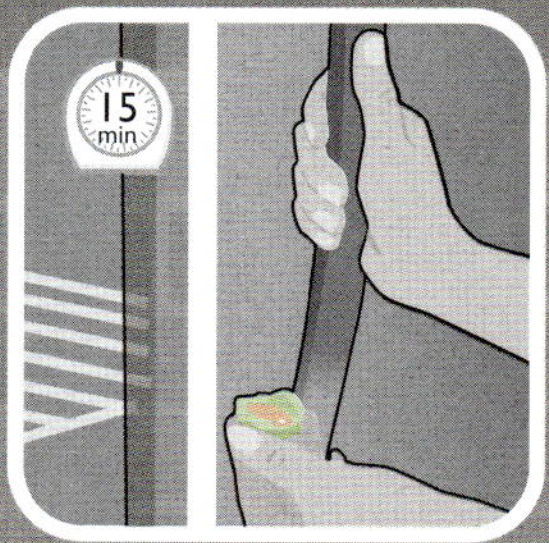

Refrigérela.

Presiónela contra su dedo.

488 abra una cerradura

Pruebe con una llave inglesa.

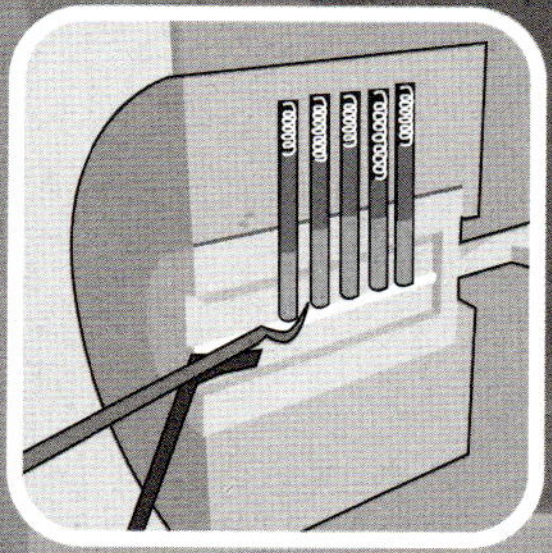

Introduzca una piqueta.

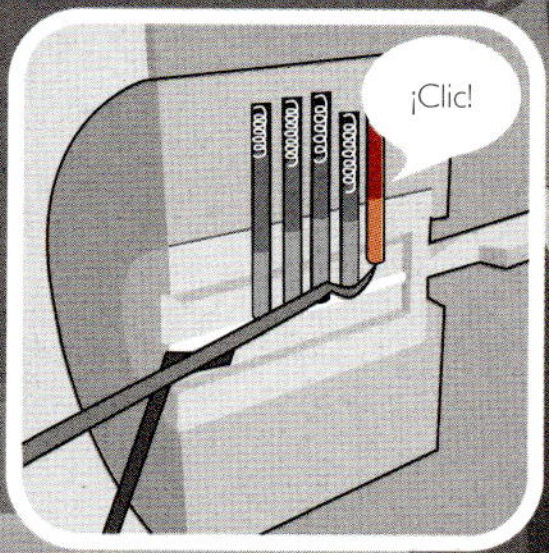

Presione el pasador.

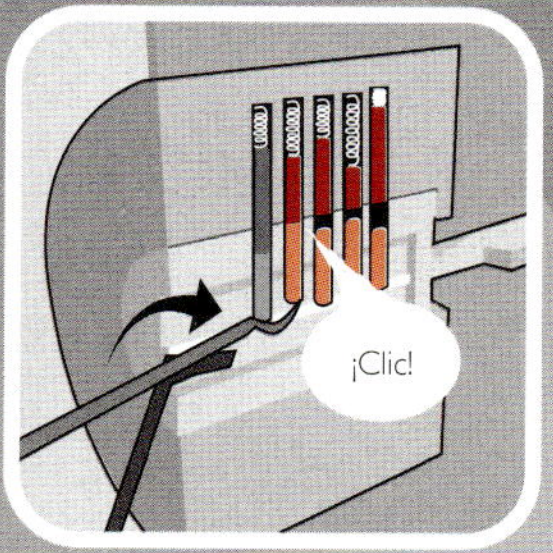

Gire; levante los otros.

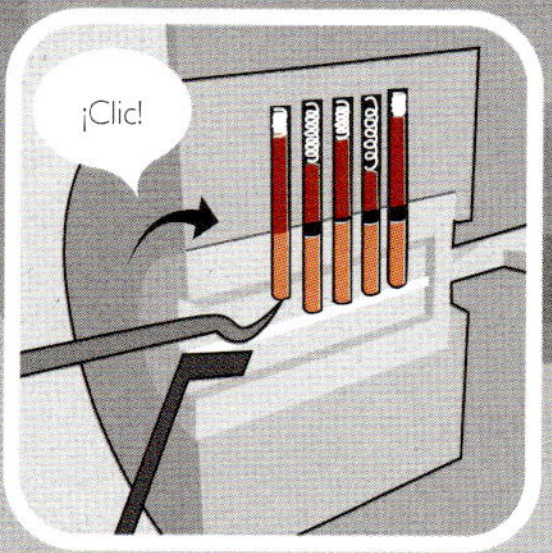

Levante la última clavija.

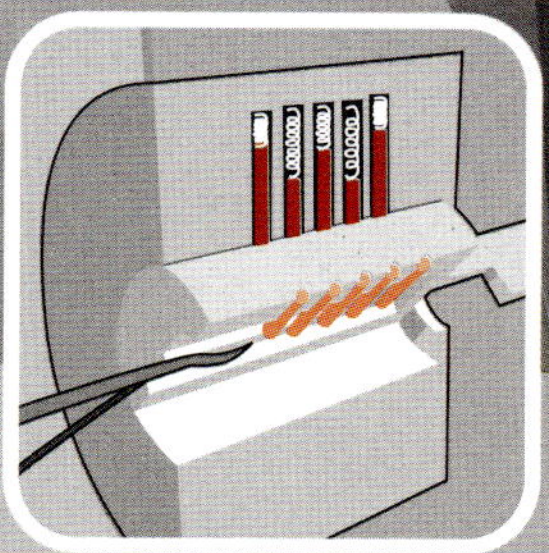

Gire; abra la puerta.

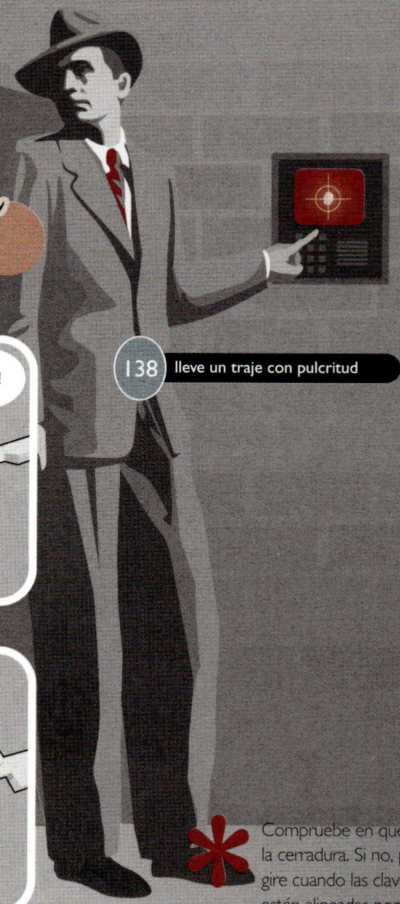

138 lleve un traje con pulcritud

* Compruebe en qué dirección gira la cerradura. Si no, puede que no gire cuando las clavijas de arriba estén alineadas por encima del pasador y tendrá que empezar de nuevo.

Hay algo sospechoso en esta maleta cerrada ¡y necesita una respuesta satisfactoria! ¿Pero cómo puede saber si ella le está diciendo la verdad? Busque estas pistas para cazar a un mentiroso en el acto.

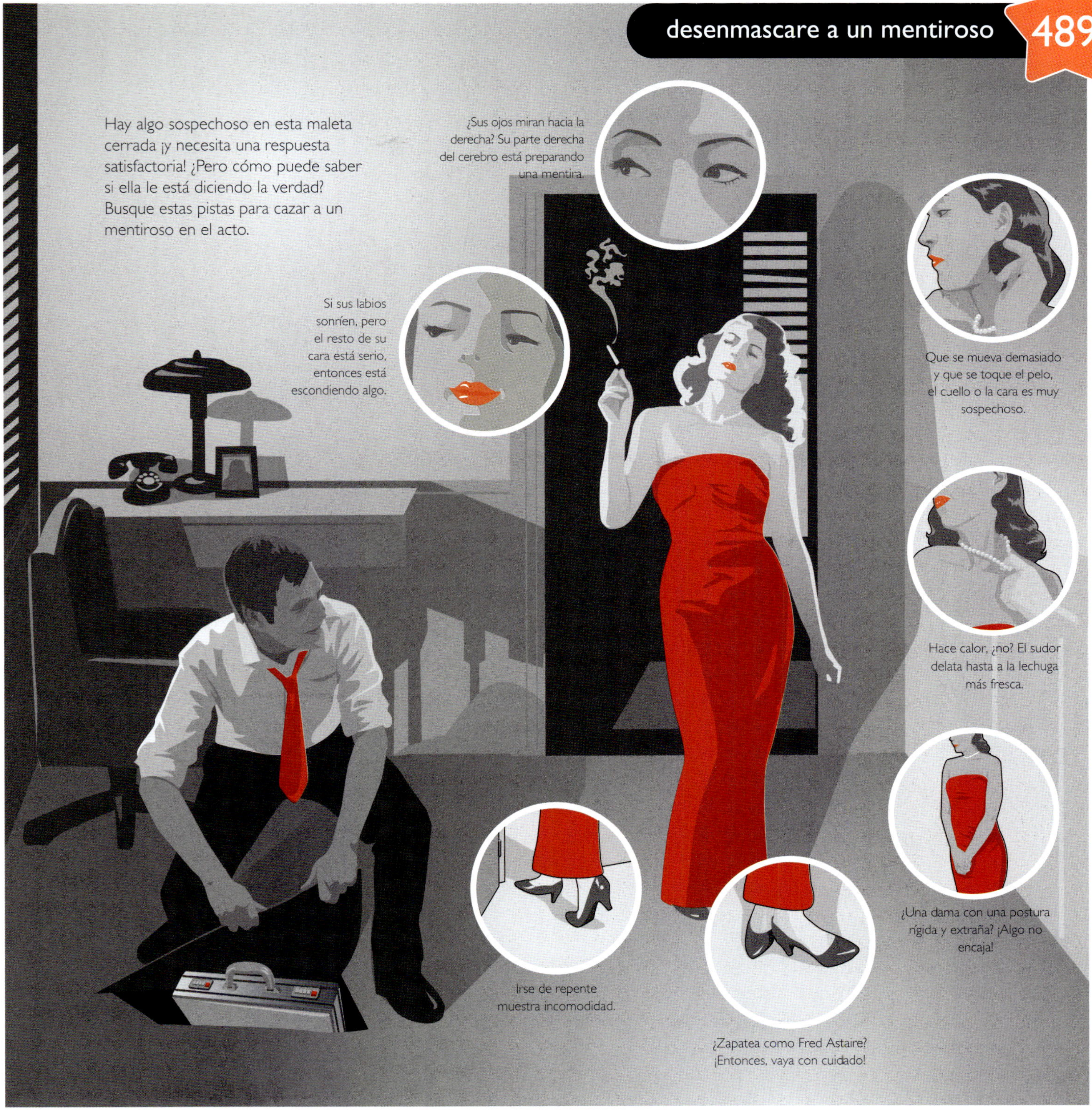

¿Sus ojos miran hacia la derecha? Su parte derecha del cerebro está preparando una mentira.

Si sus labios sonríen, pero el resto de su cara está serio, entonces está escondiendo algo.

Que se mueva demasiado y que se toque el pelo, el cuello o la cara es muy sospechoso.

Hace calor, ¿no? El sudor delata hasta a la lechuga más fresca.

¡Una dama con una postura rígida y extraña? ¡Algo no encaja!

Irse de repente muestra incomodidad.

¿Zapatea como Fred Astaire? ¡Entonces, vaya con cuidado!

490 haga un giro de 180° con el coche

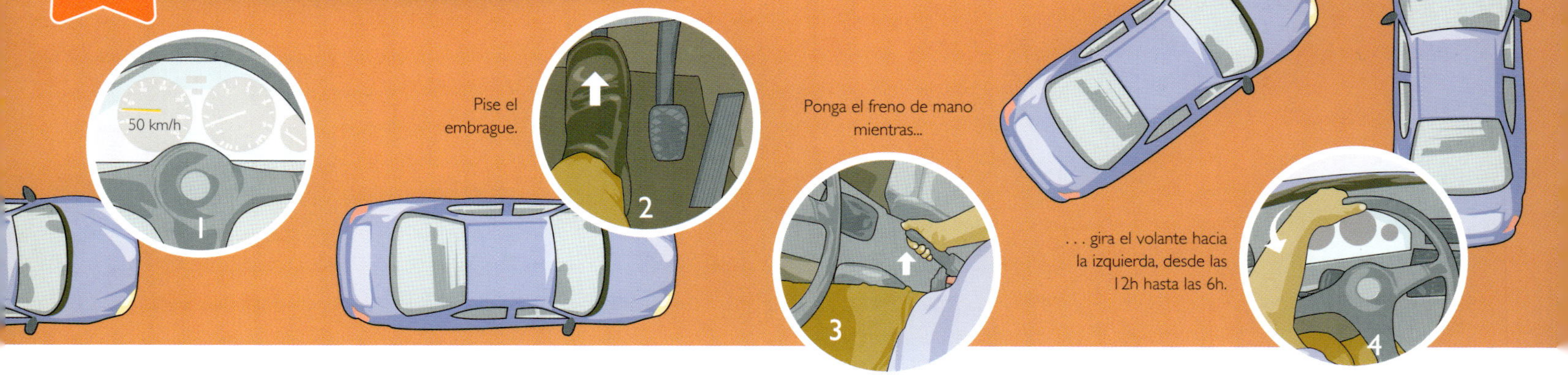

491 levante rueda con su moto

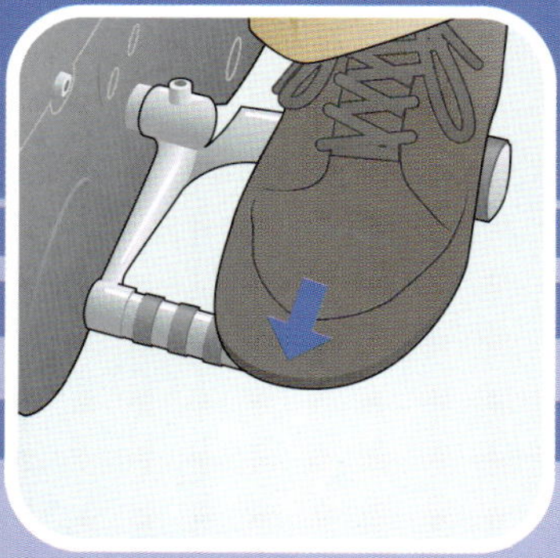
Cambie a primera marcha.

Revoluciónela a 2/3 de su capacidad.

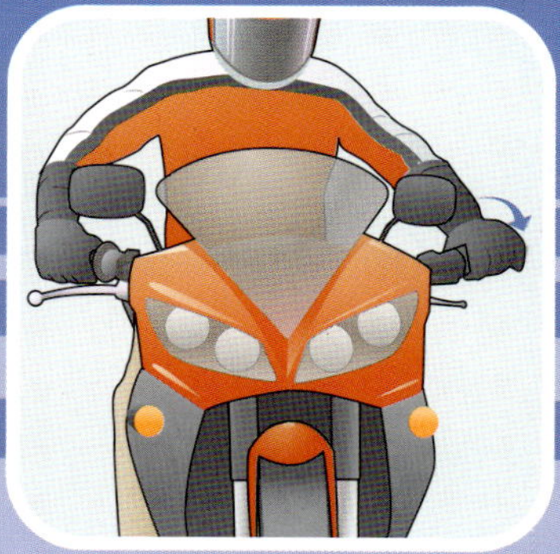
Pise el embrague, revoluciónela al máximo.

Échese hacia atrás en el sillín.

Abra gas a fondo; suelte el embrague.

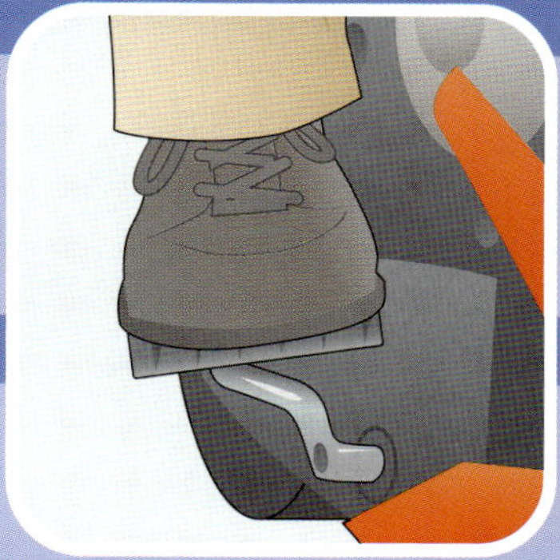
Mantenga el pie en el freno trasero.

Levántela. Mantenga la rueda delantera recta.

Sujete el freno trasero, por si acaso.

gire con el coche sobre sí mismo

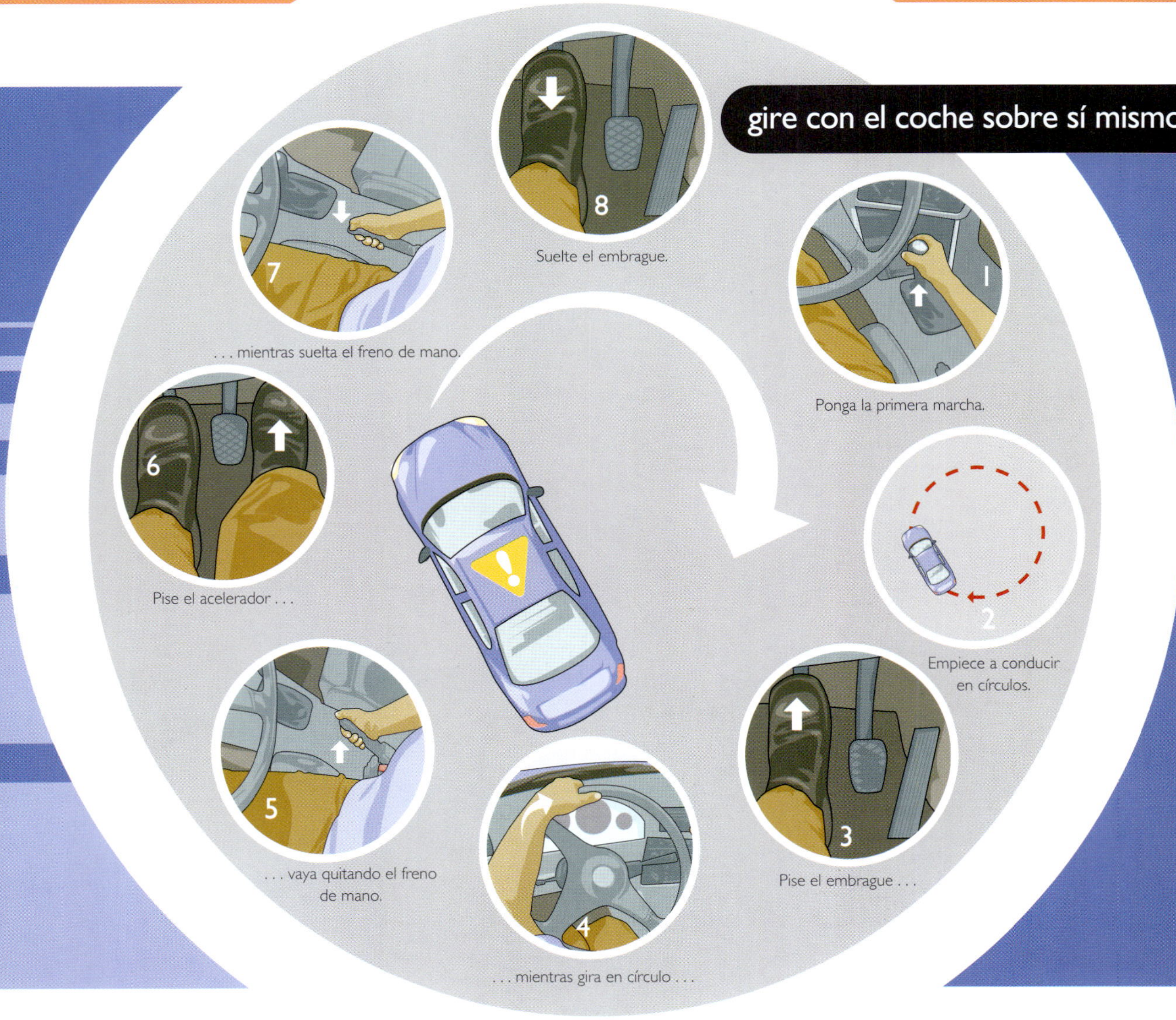

493 escupa fuego

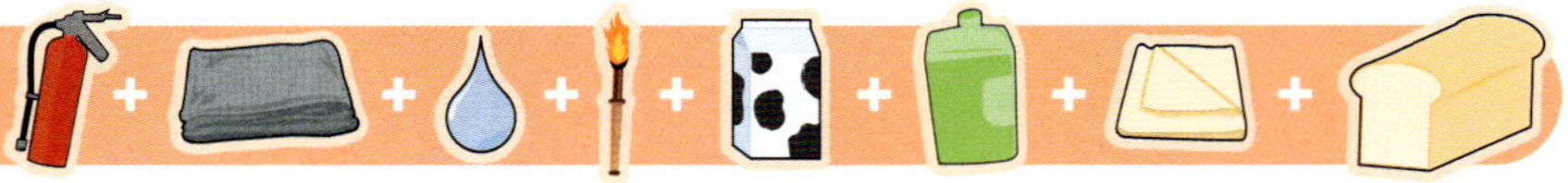

Tenga siempre un amigo cerca.

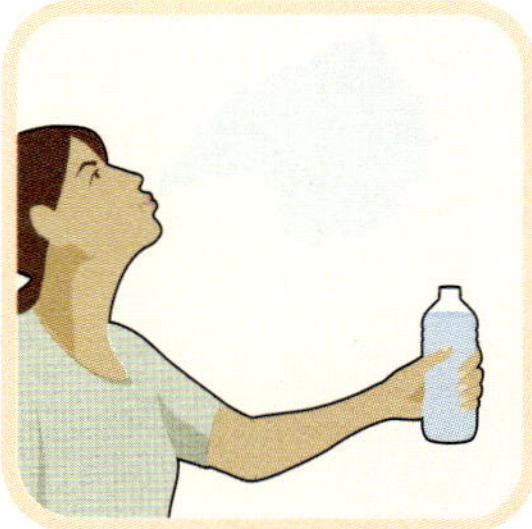

Practique con un *spray*.

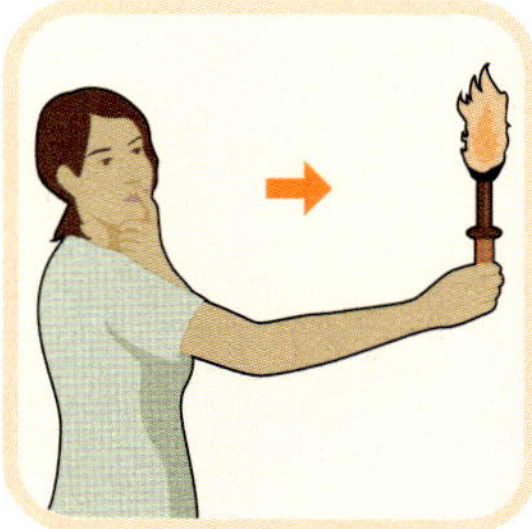

Compruebe el viento.

La leche neutraliza el queroseno.

Manténgalo en su boca.

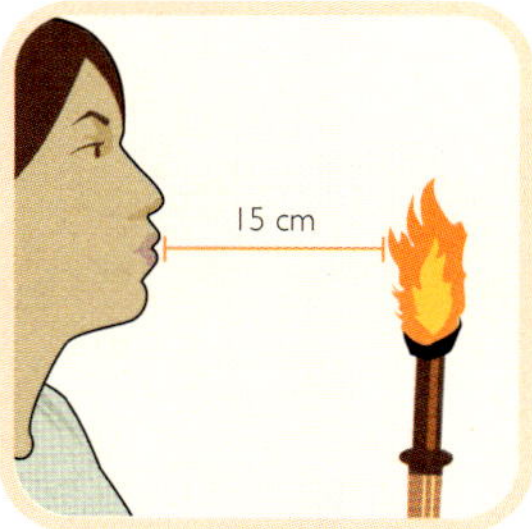

Pulverice una nube de queroseno.

Baje la antorcha.

Límpiese con un trapo húmedo.

El pan absorbe el combustible.

494 vaya en monociclo

Baje el asiento.

Suba el pie más fuerte.

Inclínese hacia delante; suba el otro pie.

Cambie los pies mientras se mueve.

domine el malabarismo 495

lance un servicio directo 317

Practique con una bola.

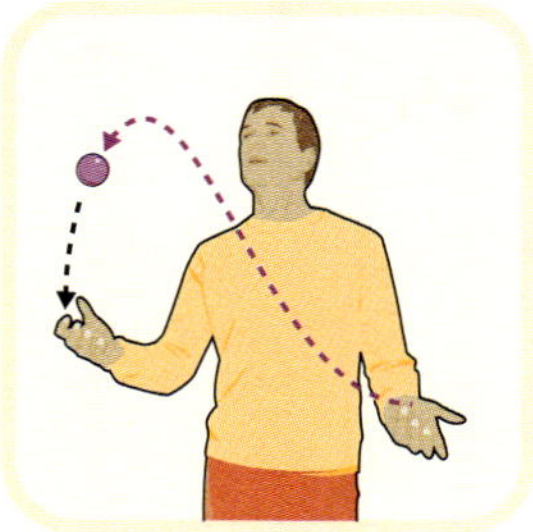

No pierda de vista la bola.

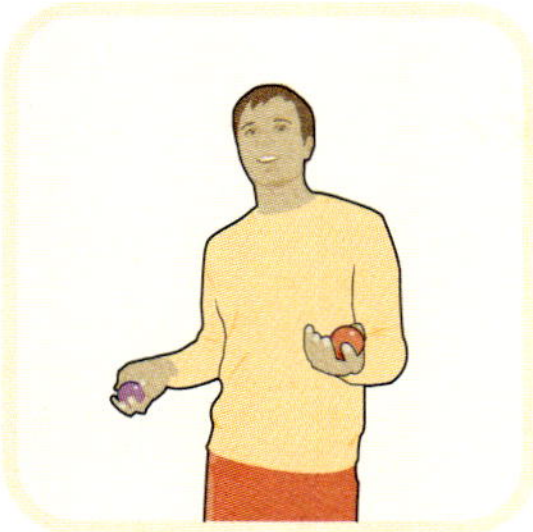

Añada una segunda bola.

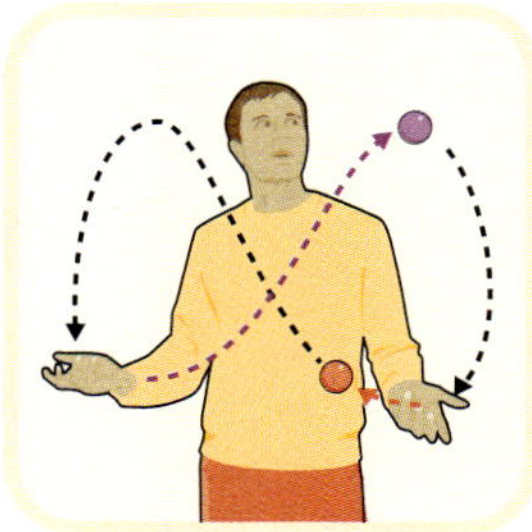

Láncela cuando la otra esté en lo alto.

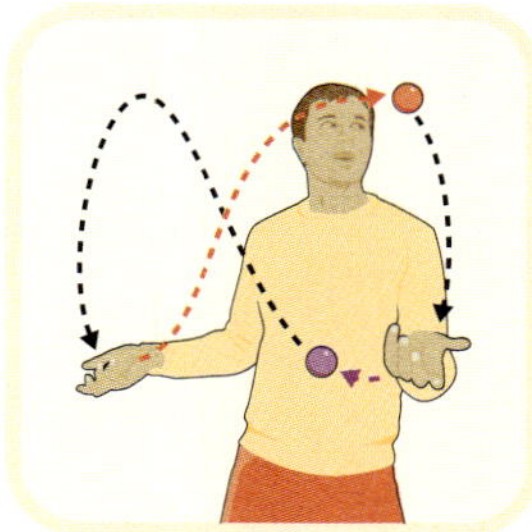

Repítalo muchas veces.

Añada una tercera bola.

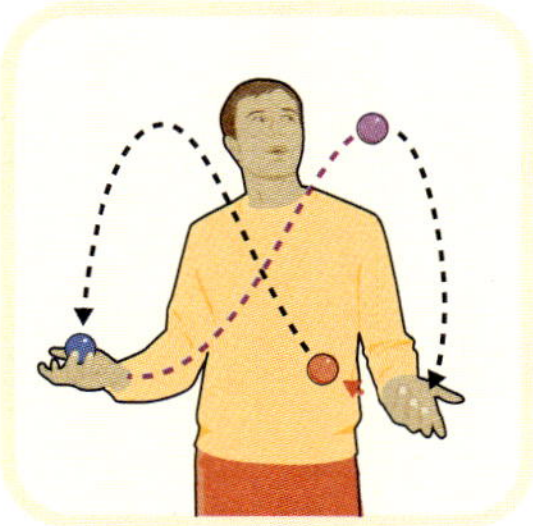

Láncela cuando la otra esté en lo alto.

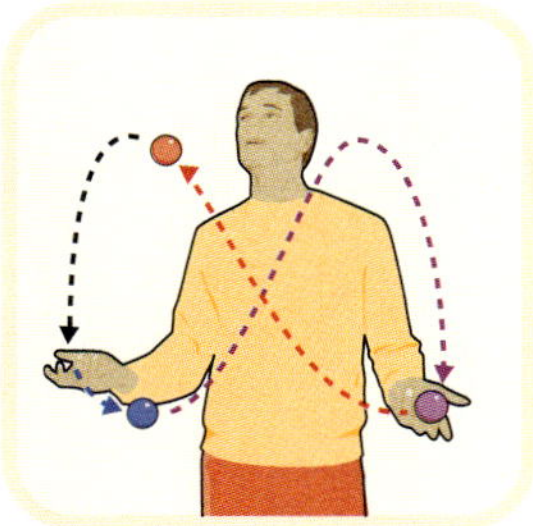

Lance la siguiente.

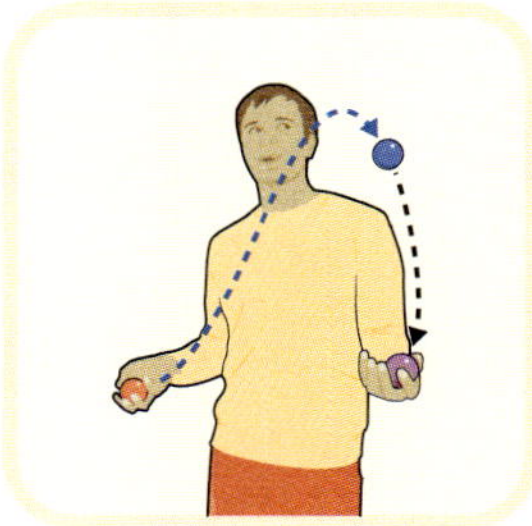

¿Cómo se mantienen todas las bolas en el aire? Primero, practique lanzando una bola de mano a mano trazando un ocho, lanzándola a cucharón. También es útil numerar las bolas mientras se lanzan.

practique el cañón humano 496

Métase en el cañón.

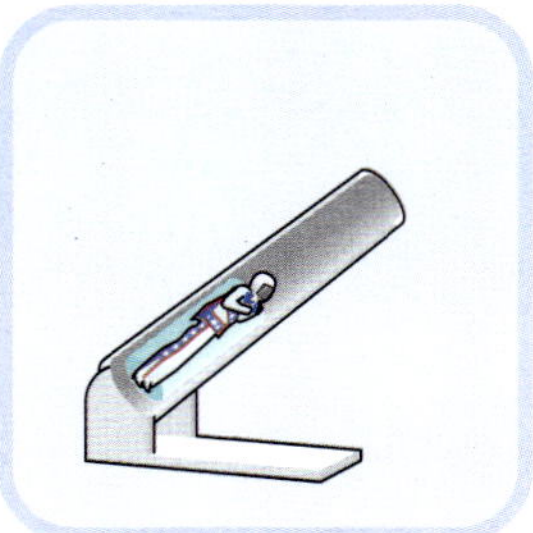

Túmbese.

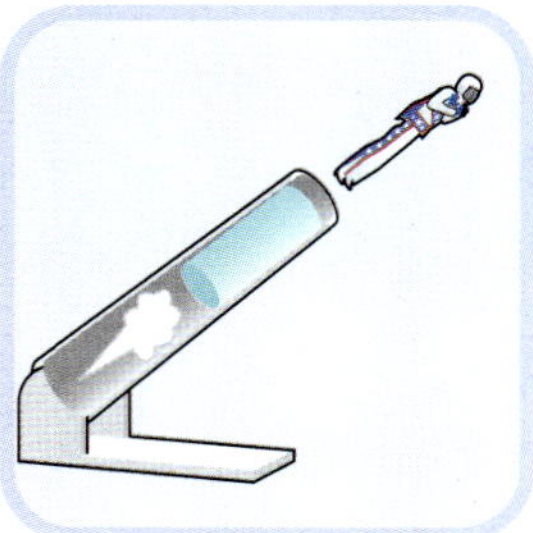

497 haga un *ollie*

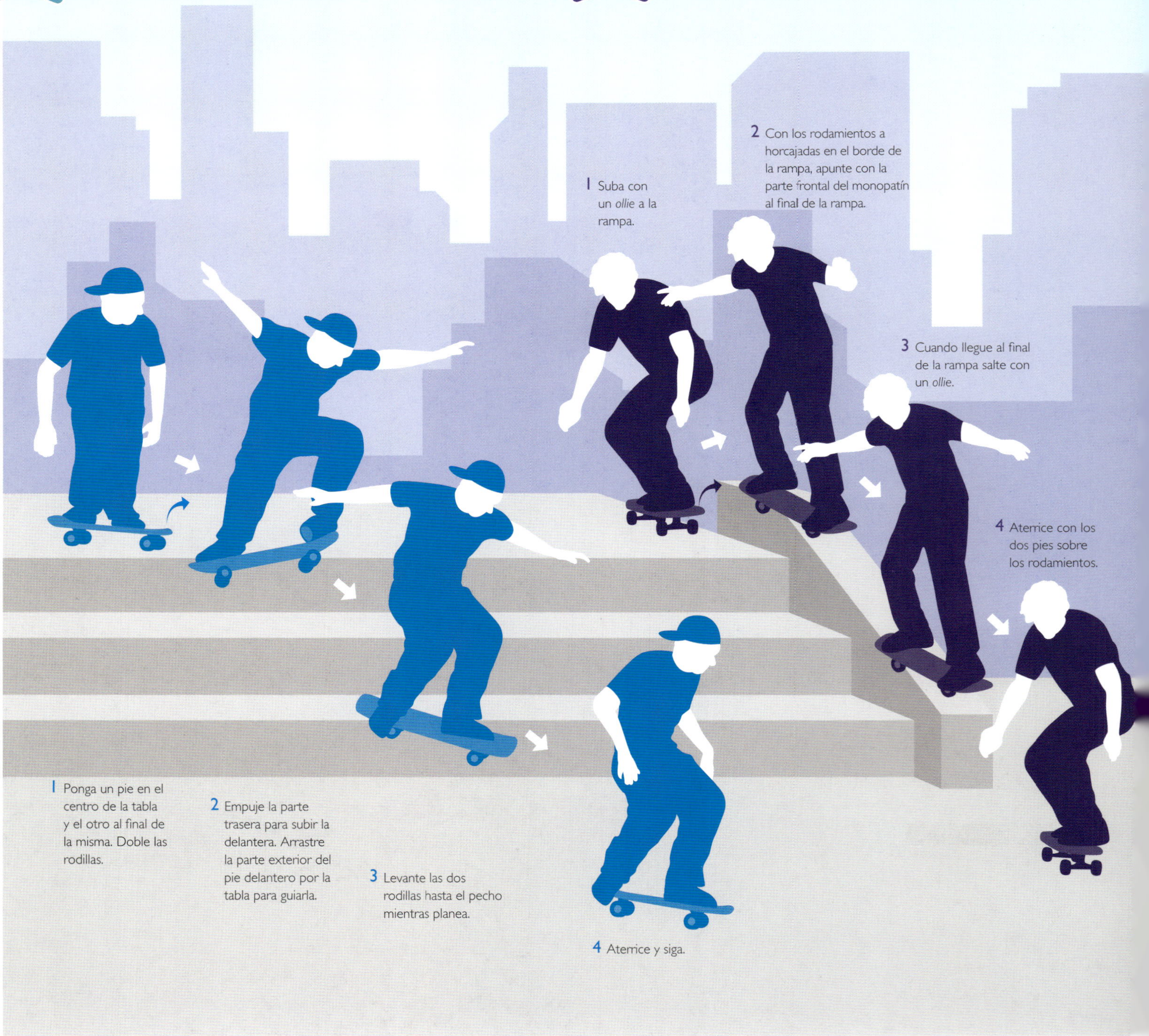

1 Ponga un pie en el centro de la tabla y el otro al final de la misma. Doble las rodillas.

2 Empuje la parte trasera para subir la delantera. Arrastre la parte exterior del pie delantero por la tabla para guiarla.

3 Levante las dos rodillas hasta el pecho mientras planea.

4 Aterrice y siga.

498 baje por una rampa

1 Suba con un *ollie* a la rampa.

2 Con los rodamientos a horcajadas en el borde de la rampa, apunte con la parte frontal del monopatín al final de la rampa.

3 Cuando llegue al final de la rampa salte con un *ollie*.

4 Aterrice con los dos pies sobre los rodamientos.

aterrice con un *kickflip* de 180° 499

1 Agáchese para ganar velocidad.

2 Salte, utilizando los pies traseros para girar la tabla.

3 Lleve los dos pies encima de la tabla mientras gira. No pierda de vista la tabla.

4 Clave el aterrizaje con el pie delantero en el rodamiento frontal y el trasero en la cola.

haga un *fingerflip* haciendo el pino 500

1 Haga el pino sobre la tabla, agarrándola por la parte exterior de los rodamientos.

2 Doble las rodillas rápidamente. Tire de la tabla hacia arriba hasta que gire.

3 Suelte la tabla mientras gira, llevando las piernas bajo las caderas.

4 Aterrice con los dos pies sobre los rodamientos.

dibuje a hurtadillas 12

materiales

plantas de semillero
libro
hoja
rama de hojas perennes
hierbas
cinta floral
datejime (cinturón del quimono)
crema de menta
toalla
caldo de pollo
koshi himo (cinturón del *kimono*)
vegetación para la pecera
ceras de colores
atado de salvia
árbol
narguille
alambre floral
tónico
lazo
cinta de pintor
cuenco
agua helada
grillo
lata de refresco
hoja de bananero
cocodrilo
líquido de limpieza
aguacate
kit de parches
pasta de dientes para perros
vermú
cuchillo artístico
coche
oliva
wasabi
alcachofa
judías verdes
pegamento para los neumáticos
henna
sombrero
mampara
líquido de burbujas
cable eléctrico
tabla de *snowboard*
aceite de oliva
cítricos
pintura
planta de interior
follaje decorativo
algas *nori*
tabaco de pipa
billetes
agua
tijeras para gasas
esponja
quitaesmalte
cilantro
hormona de enraizamiento
bambú
helecho
vino tinto
rotuladores
crema hidratante
harina de maíz
cubo
avena
absenta
menta
plantas
sillón
rosal
alambre floral
caramelo de menta
brocha de afeitar
tumbona
cinta aislante
cepillo de dientes
lima
pelota de tenis
bufanda
pulverizador
pantalones de tirolés
emulsión fotográfica
ginger ale
regadera
cuchilla pavonada
productos químicos para la pecera
ancla de tornillo
queroseno
lechuga
peine
ginebra
tela
pepino
cinta de jardinería
fijador
bolsa de malla fina
pescado
masilla
chile
arcilla
abedul
botellas de plástico
maquillaje de teatro
concha de oreja marina
pinza cocodrilo
aceite para masajes
lona
rodillo
bolas de malabares

tijeras de podar	hamaca	manzana	rodillo para las vetas del papel de pared	globos de helio	brillo de labios	anuario	atún	bolsas de plástico	pavo	jersey
anclajes	pincel grueso	salsa	llave inglesa de tuberías	tijeras	pintalabios	taza de expreso	bistec	globo	adobo	botón
botas de *snowboard*	roca de acuario	esmalte de uñas	langosta	tela	perfilador	posavasos	flores	rodilleras	caramelo envuelto	cuentas de plástico
aparato para hacer rápel	brocha pastelera	colorante alimenticio	cangrejo	cacao	aguja de descoser	*brandy*	rosa	desatascador	grapadora	escalera
aletas	papel para empapelar	cerezas	herramienta para rallar el papel	bañador masculino	espátula	paquete de cigarrillos	bayas	bayeta	segueta	cinta de raso
cama	tinta	palomitas	pastilla para mascotas	granadina	tenazas	carne picada	*obi* (cinturón de quimono)	maquillaje de látex líquido	piragua	alicates
agua con gas	pegamento de pestañas	tomate	rasqueta	gusano de mentira	tabla de surf	*spray* antiadherente para cocinar	corsé	programa de bodas	sábana	tijeras de podar
vaqueros	tabla de planchar	extintor	manguitos	pañuelo	camisa	rábano	nota	lima de uñas	saco de dormir	imperdibles para pañales
cinta decorativa	alfileres	pimiento	globo alargado	lazo del corsé	sangre falsa	pinzas de la batería	hilo	colorete	arcilla	destornillador
bolsa de hielo	hilo	cereza	boya	zapatos sexis	tienda de campaña	granada	separador de dedos	aceite de cutículas	esterilla	mechero
solución salina	papel crepé	celo	plato de pasta	aplicador de betún	vinagre blanco	limpiacascos	quimono	pollo	remo	ruedines

zanahorias
nudo de honda de metal
sellador
pasas
turba
patata
dinosaurio de juguete
jengibre
tendedero
galletita de perro
alfombrilla de bambú
zumo de naranja
palo
clavo
guante de béisbol
mortero
coco
red de seguridad
tarjeta de crédito
mantequilla de cacahuete
bate de béisbol
tierra
huevas de salmón
antorcha
especias
rastrillo
aplicador de sombra de ojos
lámina de madera
guitarra
ante
postes para valla
serpiente
espada
naranja
recipiente para beber el mate
camisa de fuerza
martillo
horquillas
bolsa de golf
leña
papel de lija
cepillo para el cuerpo
alargador de rodillo
aplicador de sellador
yoyó
cable de cobre
boliche
arco de violín
cucharón de madera
adhesivo de caucho
palo
caja de cartón
bruza
ventana
brocheta de madera
kois
colofonia
ternero
árbol con la raíz desnuda
yesca
bolsa de la compra
rama con forma de horca
maceta
manta
piñas
gelatina de teatro
queso rallado
cofre del tesoro
palo para caminar
pastilla de té
tabla para cortar
cartón con serigrafía
rama
ladrillos de adobe
kit de lámparas
tablas
herramientas de hueso
cuentas de vidrio
yesca
judías
tableta de chocolate
cubo de agua
mazo
galleta integral
tinte de tejidos
tetera
bolsa de papel marrón
tubo de papel higiénico
flor
mantequera
mesa
sombrero
tenazas de madera
sierra de cola de milano
relleno de *tortellini*
plataforma para ordeñar cabras
cuerda
magnesio
mazo de madera
pelota de baloncesto
cepillo de pelo
cigarrillo
cerveza
pincel fino
bramante
cera de surf
cebo
prensador
madera
lona protectora
cerilla
aceite para las pezuñas
cinturón
palillos chinos
marco
enchufe eléctrico
betún
samovar
galletita para gatos
cartón
tazón

rasqueta	pinza	levadura	limón	champú para bebés	bombilla	chapa	máquina de coser	bolita de algodón	tubo de pvc	bañera de bebé
base de tartas	béisbol	detector de clavijas	listín telefónico	abeja	medias	rodillo	pomada para las quemaduras	arroz	papel	pelotas de golf
goma elástica	gomaespuma	resina	mantequilla	vino blanco	cera de abejas	partitura	tetera	cal en polvo	mantillo	servilleta
palo	tortillas de maíz	paja	mango	champán	paja seca	vela	taza de té	pañal de tela	jabón	minifalda
tortillas de harina	pan	termómetro para la pecera	patito de goma	galletitas saladas	cabo de un lápiz	*obi makura* (forma del *obi*)	crema hidratante	lata de cerveza	papel de cocina	cola blanca
molde de ladrillos	comida para bebé	aceite de maíz	zumo de limón	gomas para el pelo	mariposa de papel	papel sin ácido	bastoncillo de algodón	papel higiénico	jabón de afeitado	tetera eléctrica
harina	masa de pan	piña	mantequilla de yak	jarabe de maíz	cinta métrica	vela votiva	vendas	almohada	esparadrapo	pegamento para tejidos
rodilllo	masa de pastas	pastilla para el mareo	plátano	campanilla	marco para serigrafía	gasa	nube	salero	canasta de baloncesto	pajitas
vaso en forma de bota para cerveza	té	yerba mate	cúter	tinte para huevos	mondadientes	comida para grillos	cebolla	pimentero	huevos	jabón para bebés
medias de nailon	sábana bajera	arena	guante de goma	hilo para coser	suero de leche	esponja de maquillaje	palito de cutículas	terrón de azúcar	zapatos de golf	fosfato trisódico
bollo	metro	taxi	cepillo de zapatos	vaselina	tirita	camiseta	luz nocturna	melatonina	leche	sal gorda

láminas de plástico acrílico
detergente
separador de salsa
vaso de medidas
copa de vino
grifo aireador
coctelera
regla
machete
tenedor de marisco
esponja para secar las paredes
plancha
gorro para debajo de la peluca
alcohol desinfectante
tarro de plástico
vaso de absenta
cámara compacta
papel de aluminio
corta *pizzas*
cincel
pinzas
raqueta de tenis
cuchara medidora
cinta aislante
cinta transparente
vaso de martini
vaso de precipitados
azúcar
raspador de masa
cuchara
mosquetón
cuchara para cóctel
batidor
baraja
filtro de café
vidrio
diapositiva de plástico
salero
dijes
compact disc
estribos
cuchillo de buceo
imperdibles
tenedor para trinchar
sales de Epsom
crema agria
hielo
laca de uñas
biberón
desmontadores
esquís
sierra
lima para madera
abrelatas
pelador de verdura
guijarros
bandeja plana para horno
lona de plástico transparente
barniz
envolturas para salchichas
alfileres florales
cascanueces
cuchara para absenta
rueda reguladora
tacos
cuerda
palangana
cordel
cristal
jarra
tapa de plástico
reloj
cacerola
tornillos
adhesivo para plástico
pez
clavos
rotulador permanente
periódico
botella de agua
ron blanco
vaso de pinta
cañón
cuchillo de mantequilla
tees de golf
soportes en L
bolígrafo
cinta adhesiva
enchufe
bola de porexpan
envoltorio de plástico
prensa francesa
cinta para injertos
jarra
cuchillo de chef
armellas
aguja
escuadras
gancho
sebo
colchón
manga pastelera de plástico
vaso de chupito
sedal
podstakannik (vaso de té ruso)
cuchillo de pelar
sable
taladro para vidrio
tenedor
monociclo
esmalte
box spring
alfombra de yoga
copa de champán
gafas de buceo
herramienta para alisar el papel
pintura
navaja
tubería de agua fría
piedras de afilar
barril

móvil
estropajo de aluminio
cinta de juntas
llave de tubo
botas de esquí
piqueta
rizador
computadora
alambre
pestañas postizas
piano
tijeras
colador
cepillo de pelo
bloques de hormigón
espumadera
nivel
clips de pelo
tetera
bicicleta
caña de pescar
zapato de vestir
bastones de ski
lámpara
bombilla
cortauñas
rocas para la hoguera
protector de madera
pala
cepillo de maquillaje
tarántula
rasuradora
carbón
pico
palo de golf
zapatos de escalada
pantalones
asiento de avión
llave inglesa
almohaza
arnés de escalada
traje de buceo
cable usb
cámara slr
moneda
colector de aceite
bolas de petanca
bandeja de horno
tornillo
imán
colador de bebidas
reloj de pulsera
tanque de oxígeno
taladradora
peluca de *geisha*
pala
gato del coche
termómetro de cocina
cortauñas de animales
auricular de cristal
agujas de punto
silla
tetera eléctrica
chaleco salvavidas
pistola de cola
disco
piedra pómez
cuchara de medir
ostra
cuchara de hielo
cuchillo en paleta
percha
anillas
casco
rueda de coche
adaptador *wi-fi*
amuletos
alicates
tamiz
tenazas
sartén
espuma aislante
chincheta
máquina de expreso
sombra de ojos
zuncho
desatascador
piedra
gamba
sacacorchos
té
ordenador portátil
lata
destornillador
secador
limusina
llaves del coche
junta tórica
cazoleta de ducha
bisel
cámaras de la bicicleta
cubitera
cuchilla
cuchillo de injerto
laca
carbón ardiendo
rímel
granos de café
petaca
pintura en *spray*
máquina de embuchar
molinillo de café
anzuelo
anillas de cortina
bolsas de basura grandes
raya de ojos
pila
tubo de goma

índice alfabético

a

abejas
cure una picadura de abeja 333
monte una colmena 278
absenta
prepare absenta al estilo tradicional 113
acantilado
salte desde un acantilado 389
accesorios *(ver también ropa, joyas)*
asombre con su nudo 175
ate una pajarita 176
beba cerveza de un casco 471
elija un collar de perro adecuado 293
haga un nudo *windsor* tradicional 177
póngase un pañuelo retro 179
prepare una flor para el chaqué 215
teja una pulsera de la amistad 33
acicalar
acicale un caballo 282
aplíquese el colorete 161
adobe
construya una pared de adobe 257
fabrique ladrillos de adobe 256
afeitado
aféitese bien la barba 141
agua *(ver también nadar)*
defiéndase de un tiburón 452
imite a un saltador olímpico 362
realice un intrépido pato 397
salte desde un acantilado 389
saque el agua de las gafas 391
aguacate
cultive un aguacate 262
deshuese un aguacate 56
prepare guacamole 65
alcachofa
arregle una alcachofa 72
alfombra
cree una alfombra de plástico 238
animales *(ver animales de granja, animales salvajes)*
animales de granja
acicale un caballo 282
atrape a un ternero 456
construya una granja de hormigas 279
dé el biberón a un cordero 281
monte a caballo 408
ordeñe una cabra 280
animales salvajes
acabe con las plagas del patio 275
alimente una *grammostola rosea* 283
atraiga a bichos inofensivos 276
defiéndase de un tiburón 452
enfréntese a un cocodrilo 447
evite el ataque de una pantera 434
árbol
construya una casa de árbol 260
cultive un aguacate 262
decore una casa de árbol 261
injerte un árbol cítrico 266
plante un árbol con la raíz desnuda 265
arcilla
cree bichos raros con arcilla 8
cree cuentas de fimo 5
ensarte cuentas de arcilla 6
modele animales de arcilla 7
arenas movedizas
salga de arenas movedizas 446
arma
deslumbre con el *sabrage* 111
haga una espada de gomaespuma 26
lance una bola de papel 459
monte un supertirachinas 15
practique el cañón humano 496
arreglar *(ver reparaciones)*
astrología
busque a la del horóscopo chino 190
encuentre su pareja del zodiaco 189
atar *(ver también nudo, cuerda)*
anude un cigarrillo 470
asombre con su nudo 175
ate sus zapatos con estilo 178
ate un corsé *sexy* 203
ate un lazo con un nudo de honda 455
ate una pajarita 176
ate una verja de bambú 259
haga un nudo *windsor* tradicional 177
póngase un pañuelo retro 179
autodefensa
dé un puñetazo efectivo 436
defienda una portería de fútbol 325
defiéndase de un tiburón 452
escape si le agarran por detrás 438
escape de un estrangulamiento 437
haga un movimiento de taichi 352
vaya seguro por sitios peligrosos 435
aves de corral
ase un pavo 90
prepare el clásico pollo frito 92
prepare pollo a la cerveza 89
trinche un pavo 91
avión *(ver también viajar)*
combata el *jet lag* 374
elija el mejor asiento del avión 372
haga ejercicios en el avión 373
haga señales a un avión 454
azúcar
adorne un vaso con azúcar o sal 116
forme azúcar cande 36

b

bailar
avance como un gusano 463
baile como un robot 465
baile el *moonwalk* con estilo 464
baile el vals toda la noche 197
baile un sensual tango 199
baile un *swing* con su pareja 198
sorprenda bailando salsa 200
baloncesto
enceste un tiro libre 316
gire una pelota de baloncesto 460
bambú
ate una verja de bambú 259
construya una verja de bambú 258
bañar
bañe a un bebé 299
bañe a un loro 285
baño
arregle la cisterna de su wc 245
conozca los distintos inodoros 375
desatasque un wc 242
encuentre el lavabo de caballeros 377
encuentre el lavabo de señoras 376
refrésquese en un bidé 379
utilice una placa turca 378
baraja
cree una billetera con una baraja 24
barba
conozca los bigotes y las barbas 140
barco *(ver navegar)*
barril
súbase encima de un barril 473
batería
accione una máquina de hilar 28
arranque haciendo un puente 399
cree un reloj con patatas 27
batik
interprete el batik 44
tiña un mantel de batik 43
bebé *(ver también niños)*
bañe a un bebé 299
cuelgue un móvil llamativo 301
dé a luz en un taxi 344
dé el pecho a un bebé 346
dé masajes a un bebé con cólicos 305
envuelva a una criaturita 303
haga eructar a un bebé 304
ponga un pañal a un bebé 306
prepare una bolsa de recambio 302
prepare una deliciosa papilla 300
salve a un bebé que se asfixia 347
beber *(ver también cerveza, champán, cóctel, vino)*
acabe con el hipo 474
atienda a un invitado ebrio 217
béisbol
lance una bola rápida 315
belleza
aplíquese una mascarilla casera 168
exfóliese adecuadamente 169
hágase una manicura perfecta 165
limpie su piel 167
luzca una piel joven y radiante 170
mime sus pies con una pedicura 166
pase un hilo por sus cejas 157
bicicleta
arregle un pinchazo 385
cree una silla con cámaras de aire 237
enseñe a un niño a montar en bici 307
ponga un parche a un neumático 384
señalice con las manos en la bici 386
bigote
conozca los bigotes y las barbas 140
biquini
fabrique un biquini de malla 25

276

120

278

16

101

boca
ate un tallo de cereza con la boca 193
cepille los dientes a un cachorro 289
dé un primer beso memorable 205
píntese los labios 160
boda
atienda a un invitado ebrio 217
elija la forma de una joya 210
improvise un anillo de papel 216
prepare un elegante ramo 214
prepare una flor para el chaqué 215
bola *(ver también fútbol)*
domine el malabarismo 495
enceste un tiro libre 316
gire una pelota de baloncesto 460
haga un lanzamiento de petanca 318
haga una esfera con un CD 21
lance un servicio directo 317
lance una bola de papel 459
lance una bola rápida 315
perfeccione el *swing* 313
practique el cañón humano 496
bola de papel
lance una bola de papel 459
bolsa
cree una alfombra de plástico 238
dibuje a hurtadillas 12
engañe a los radares 476
prepare una bolsa de recambio 302
vaya seguro por sitios peligrosos 435
botas
ate sus zapatos con estilo 178
beba de una bota 135
botella
abra una botella de vino 108
abra una botella sin sacacorchos 405
cree una lámpara 241
dé el biberón a un cordero 281
descorche una botella de champán 112
deslumbre con el *sabrage* 111
fabrique una trampa para peces 427
brazo
acabe con el dolor de brazo 196
ejercite la parte superior 358
póngase un cabestrillo 343
rodee con el brazo a su pareja 192
brújula
construya una brújula solar 417
improvise una brújula magnética 419
burbujas
haga una burbuja gigantesca 34
burrito
enrolle un burrito 63

C

caballo
acicale un caballo 282
monte a caballo 408
cabecera
haga una cabecera forrada 232
cabra
ordeñe una cabra 280
café
conozca los cafés expresos 126
dibuje una hoja con leche 130
escoja una bebida con cafeína 127
prepare un expreso perfecto 129
cama
acabe con el dolor de brazo 196
ahorre espacio con esta cama 231
doble perfectamente las sábanas 234
doble una sábana bajera 235
haga una cabecera forrada 232
haga una cama perfecta 233
monte una cama en un pantano 424
túmbese en una hamaca 382
camello
monte en camello 407
camisa
consiga una camiseta desteñida 45
cree una espiral desteñida 46
elija una blusa 171
lleve un traje con pulcritud 138
planche una camisa con botones 186
cande
forme azúcar cande 36
cangrejo
casque un cangrejo 82
cañón
practique el cañón humano 496
carne de vaca
cocine un suculento bistec 88
conozca los cortes de la vaca 84
prepare una hamburguesa 87
CD
haga una esfera con un CD 21
cerdo
conozca los cortes del cerdo 86
elabore salchichas 85
cereza
ate un tallo de cereza con la boca 193
cerradura
abra una cerradura 488
cerveza
abra una cerveza con otra cerveza 131
abra una cerveza con un mechero 132
beba cerveza de un casco 471
beba de una bota 135
prepare pollo a la cerveza 89
sirva cerveza en el vaso adecuado 133
sirva una pinta correctamente 134
súbase encima de un barril 473
champán
descorche una botella de champán 112
deslumbre con el *sabrage* 111
sirva y acompañe el champán 102
chaqué
prepare una flor para el chaqué 215
círculos en los cultivos
haga círculos en los cultivos 477
coche *(ver también conducir)*
arranque haciendo un puente 399
gire con el coche sobre sí mismo 492
haga un giro de 180° con el coche 490
repare una rueda pinchada 400
salga de un coche en minifalda 191
coco
parta un coco 57
cocodrilo
enfréntese a un cocodrilo 447
cóctel
adorne un vaso con azúcar o sal 116
elabore variaciones de martini 121
mezcle bebidas en una coctelera 117
mezcle un martini clásico 120
prepare deliciosos cócteles 118
prepare un licor digestivo 114
utilice un mortero 119
utilice una prensa francesa 128
código morse
conozca el código morse 450
color
conozca la teoría del color 219
elija una paleta para su casa 220
columpio
haga un columpio 2
combinar
conozca la teoría del color 219
conozca los diseños de las telas 136
elija una paleta para su casa 220
evite ser una hortera 174
computadora
construya una pecera 236
ligue con emoticonos 201
ligue con emoticonos complejos 202
logre un escritorio ergonómico 330
mejore su *wi-fi* con un colador 240
conducir *(ver también coche)*
gire con el coche sobre sí mismo 492
haga un giro de 180° con el coche 490
conejo
atrape una liebre 429
levante un conejo 288
confección
conozca los diseños de las telas 136
consiga una camiseta desteñida 45
cree una espiral desteñida 46
haga una cabecera forrada 232
haga una falda vaquera sin coser 183
interprete el batik 44
tiña un mantel de batik 43
cordero
dé el biberón a un cordero 281
correr
corra el encierro de Pamplona 414
entrénese para largas distancias 354
corsé
ate un corsé *sexy* 203
corte
conozca los cortes de la vaca 84
conozca los cortes del cerdo 86
corte un chile 66
corte una piña 58
cultive con esquejes de plantas 270
deshuese un aguacate 56
detenga una hemorragia 337

130

326

61

477

140

elija la forma de una joya 210
haga un torniquete 339
parta un mango 55
pique jengibre 70
talle una rosa de rábano 69
vende un corte profundo 338
cortinas
aprenda lo básico sobre las cortinas 253
cosa cortinas sencillas 255
descubra los tipos de cortinas 254
coser
confeccione un muñeco vudú 9
cosa cortinas sencillas 255
cosa un botón 182
dobladille unos vaqueros 181
repare los vaqueros rasgados 180
cruz
oriéntese con la cruz del sur 420
protéjase con la cruz de brígida 252
cruz de brígida
protéjase con la cruz de brígida 252
cuchillo
afile y saque brillo a un cuchillo 75
cuentas
cosa diseños indígenas 51
cree cuentas de fimo 5
ensarte cuentas de arcilla 6
cuerda *(ver también nudo, atar)*
atrape a un ternero 456
descubra otro tipo de lazo 457
haga rápel por una pared rocosa 388
ponga unas esposas de cuerda 204

d

desierto
consiga agua en el desierto 453
fabrique un quitasol 423
dibujar
dibuje a hurtadillas 12
didgeridoo
haga un *didgeridoo* con un tubo 23
dieta
conozca las vitaminas 326
queme calorías con actividades 327
visualice las raciones 328
disco
fabrique un bol con un disco 22
diseño
conozca los diseños de las telas 136
conozca los símbolos de *henna* 213
decore huevos 4
evite ser una hortera 174
haga un diseño con *henna* 212
interprete el batik 44
pinte con esponja 228
pinte rayas decorativas 227
doblar
doble perfectamente las sábanas 234
doble ropa femenina para viajar 370
doble ropa masculina para viajar 371
doble una *galette* 98
doble una sábana bajera 235

e

eclipse
haga una caja para ver eclipses 30
edificar
ahorre espacio con esta cama 231
ate una verja de bambú 259
construya una casa de árbol 260
construya una pared de adobe 257
construya una verja de bambú 258
cuelgue una estantería 230
ensamble madera 229
fabrique ladrillos de adobe 256
haga una cabaña 422
efectos de sonido
incorpore efectos de sonido 482
ejercicio
ejercite la parte superior 358
endurezca la parte inferior 357
entrénese para largas distancias 354
estire antes de entrenar 355
fortalezca y tonifique el centro 356
haga ejercicios en el avión 373
haga un movimiento de taichi 352
haga una postura básica de yoga 353
electrónica
accione una máquina de hilar 28
arranque haciendo un puente 399
cree una lámpara 241
fabrique una radio de trincheras 29
instale un interruptor 239
mejore su *wi-fi* con un colador 240
elefante
monte en elefante 406
emoticonos
ligue con emoticonos 201
ligue con emoticonos complejos 202
enrollar
construya una guirnalda navideña 40
cree extensiones de pelo con hilo 146
detenga una hemorragia 337
enrolle *sushi temaki* 78
enrolle un burrito 63
envuelva a una criaturita 303
haga un torniquete 339
póngase un cabestrillo 343
póngase un quimono 162
ensamblar
ensamble madera 229
envejecer
añádase décadas 156
luzca una piel joven y radiante 170
equipo
prepare un botiquín 336
prepare una bolsa de recambio 302
ergonomía
logre un escritorio ergonómico 330
escalar
escale una pista con su equipo 367
haga rápel por una pared rocosa 388
trepe por una chimenea de roca 387
escapar
escape de un estrangulamiento 437
escápese de una camisa de fuerza 485
evite el ataque de una pantera 434
salga de arenas movedizas 446
salga de un agujero en el hielo 439
espada
deslumbre con el *sabrage* 111
haga una espada de gomaespuma 26
espía
abra una cerradura 488
cree una huella dactilar falsa 487
desenmascare a un mentiroso 489
escriba con tinta invisible 13
haga un libro hueco 14
esquiar
baje una pendiente esquiando 364
escale una pista con su equipo 367
lleve los esquís 366
recupérese de una caída 363
estantería
cuelgue una estantería 230
estrellas
busque a la del horóscopo chino 190
encuentre su pareja del zodiaco 189
oriéntese con la cruz del sur 420
oriéntese con la estrella polar 416
exfoliarse
exfóliese adecuadamente 169
extraterrestre
cree bichos raros con arcilla 8
engañe a los radares 476
haga círculos en los cultivos 477
sea un extraterrestre 155

f

falda
conozca los talles de faldas y vestidos 173
haga una falda vaquera sin coser 183
salga de un coche en minifalda 191
fiesta
coquetee por la noche 188
lea su lenguaje corporal 187
flores *(ver también jardinería, rosas)*
haga una flor de tomate 68
plante bulbos correctamente 268
pode un rosal 267
prense flores bonitas 3
prepare un elegante ramo 214
prepare una flor para el chaqué 215
talle una rosa de rábano 69
fontanería
arregle la cisterna de su wc 245
desatasque el wc 242
recupere objetos del desagüe 243
repare un cabezal de ducha 244
fortuna
busque a la del horóscopo chino 190
encuentre los símbolos 480
encuentre su pareja del zodiaco 189
lea el futuro en las hojas de té 478

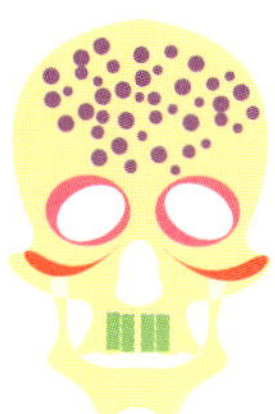
415

76

324

114

284

lea la línea de la cabeza 208
lea la línea de la vida 209
lea la línea del amor 207
organice su casa con *feng shui* 250
prediga cuándo pasará 479
protéjase con la cruz de brígida 252
purifique su casa 251
fotografía
emplee efectos profesionales 411
evite que la imagen salga borrosa 410
saque una fotografía memorable 409
francés
diseñe un jardín de parterres 272
haga un lanzamiento de petanca 318
haga una trenza de raíz 142
utilice una prensa francesa 128
fruta
abra una granada 54
ate un tallo de cereza con la boca 193
corte una piña 58
cultive un aguacate 262
deshuese un aguacate 56
fabrique una bola aromática 41
injerte un árbol cítrico 266
parta un coco 57
parta un mango 55
prepare una deliciosa papilla 300
sirva un pulpo de plátano 311
fuego
calme una quemadura leve 331
encienda un fuego con una lata 445
escupa fuego 493
haga un rico sándwich con dulces 404
haga una tostada en un palo 403
prepare una crepitante fogata 402
fútbol
defienda una portería de fútbol 325
dé toques con la cabeza 324
comprenda las sanciones del fútbol 323
baje a defender con un 4-5-1 322
adopte el básico 4-4-2 319
asegure el centro con un 3-5-2 321
marque un gol con un 4-3-3 320

g

galette
doble una *galette* 98

gamba
pele y desvene una gamba 81
gato
corte las uñas a su gato 298
dé una pastilla a un gato 297
descifre su lenguaje corporal 294
hágase amigo de un gato asustado 296
quite las pulgas con hierbas 295
globo
engañe a los radares 476
haga formas con un globo 35
haga una piñata para una fiesta 37
golf
conozca el campo de golf 314
elija el palo de golf apropiado 312
perfeccione el *swing* 313
granada
abra una granada 54
guacamole
prepare guacamole 65
guirnalda
construya una guirnalda navideña 40

h

henna
conozca los símbolos de *henna* 213
haga un diseño con *henna* 212
póngase *henna* matrimonial 211
herida
cree una herida sangrante 153
vende un corte profundo 338
hielo *(ver también nieve)*
atrape un pez en un lago helado 440
salga de un agujero en el hielo 439
hierbas y especias
acabe con las plagas del patio 275
atraiga a bichos inofensivos 276
corte un chile 66
pique jengibre 70
purifique su casa 251
siembre un huerto 273
utilice un mortero 119
hierro
elija el palo de golf apropiado 312
quite el óxido a una sartén 73

higiene
bañe a un bebé 299
bañe a un loro 285
refrésquese en un bidé 379
hilo
cree extensiones de pelo con hilo 146
haga el montaje para tejer 47
haga punto del derecho 48
haga punto del revés 49
hipo
acabe con el hipo 474
hipotermia
salve a un hipotérmico 441
hormigas
construya una granja de hormigas 279
hornear
amase una *baguette* 99
doble una *galette* 98
fabrique ladrillos de adobe 256
prepare el adorno de una tarta 101
trence un *brioche* 100
huesos
entablille una pierna herida 342
simule un hueso salido 152
huevos
decore huevos 4
escalfe huevos 62
fría huevos 61
hierva un huevo 59
pele un huevo duro rápidamente 60
humo
purifique su casa 251

i

ilusionismo
anude un cigarrillo 470
cree una huella dactilar falsa 487
escápese de una camisa de fuerza 485
gane las apuestas de los bares 472
haga creer que levita 484
quite el mantel de la mesa 486
sorprenda con un truco 483
insectos
construya una granja de hormigas 279
cure una picadura de abeja 333
mantenga los mosquitos a raya 432
monte una colmena 278
quite las pulgas con hierbas 295
interruptor
instale un interruptor 239

j

jardinería *(ver también plantas, flores)*
acabe con las plagas del patio 275
atraiga a bichos inofensivos 276
cree un jardín zen japonés 271
cultive con esquejes de plantas 270
cultive plantas suculentas 274
cultive un aguacate 262
diseñe un jardín de parterres 272
injerte un árbol cítrico 266
monte un terrario tropical 32
plante bulbos correctamente 268
plante un árbol con la raíz desnuda 265
pode un rosal 267
siembre un huerto 273
trasplante trampas de semillero 269
jengibre
pique jengibre 70
jersey
lave un jersey a mano 185
jet lag
combata el *jet lag* 374
joyas *(ver también accesorios)*
elija la forma de una joya 210
improvise un anillo de papel 216
recupere objetos del desagüe 243
juegos
atrape una liebre 429
haga piececitos 194
juegue a las tabas 380

k

koi
construya un estanque de *kois* 286

433

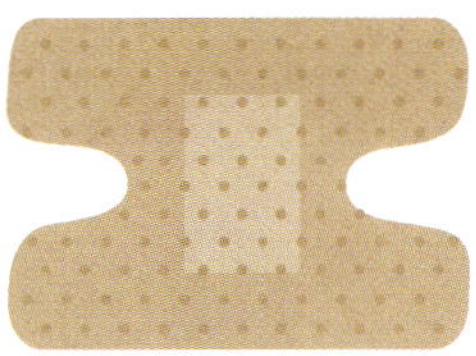
336

268

4

371

l

labios
- maquíllese como una *geisha* 164
- píntese los labios 160

ladrillo
- fabrique ladrillos de adobe 256

lámpara
- cree una lámpara 241
- haga una lámpara con una lata 42

langosta
- limpie una langosta 80

leche
- dé el biberón a un cordero 281
- dé el pecho a un bebé 346
- dibuje una hoja con leche 130
- ordeñe una cabra 280

lencería
- ate un corsé *sexy* 203
- fabrique un biquini de malla 25

lenguaje corporal
- descifre su lenguaje corporal 294
- lea su lenguaje corporal 187 y 290

levitación
- haga creer que levita 484

libro
- encuaderne un libro 20
- haga un libro hueco 14
- rompa un listín por la mitad 458

licor digestivo
- prepare un licor digestivo 114

ligar
- ate un tallo de cereza con la boca 193
- coquetee por la noche 188
- lea su lenguaje corporal 187
- ligue con emoticonos 201
- ligue con emoticonos complejos 202

limpieza
- haga tareas estacionales 248
- lave un jersey a mano 185
- limpie cada semana 247
- limpie con sustancias naturales 249
- limpie su piel 167
- ordene todos los días 246
- purifique su casa 251
- quite las manchas 184

m

malabarismo
- domine el malabarismo 495

mancha
- limpie con sustancias naturales 249
- quite las manchas 184

mango
- parta un mango 55

manicura
- hágase una manicura perfecta 165

mano
- calcule la luz solar que queda 421
- conozca los símbolos de *henna* 213
- cree una huella dactilar falsa 487
- cure con digitopuntura 329
- dé un puñetazo efectivo 436
- haga un diseño con *henna* 212
- haga un *fingerflip* haciendo el pino 500
- hágase una manicura perfecta 165
- improvise un anillo de papel 216
- lea la línea de la cabeza 208
- lea la línea de la vida 209
- lea la línea del amor 207
- ponga unas esposas de cuerda 204
- póngase *henna* matrimonial 211
- presuma de ondas fabulosas 145
- proyecte sombras chinas 481
- señalice con las manos en la bici 386

mantel
- quite el mantel de la mesa 486
- tiña un mantel de batik 43

manualidades con papel
- construya una caja de *origami* 17
- cree un pingüino de papel 18
- cree una billetera con una baraja 24
- encuaderne un libro 20
- escriba con tinta invisible 13
- haga un libro hueco 14
- haga una estrella de 16 puntas 16
- improvise un anillo de papel 216
- lance una bola de papel 459
- rompa un listín por la mitad 458

maquillaje
- añádase décadas 156
- aplíquese el colorete 161
- consiga unos ojos sexis 159
- conviértase en un hada 154
- cree una herida sangrante 153
- elabore sangre de mentira 151
- maquíllese como una *geisha* 164
- píntese los labios 160
- ponga y quite pestañas postizas 158
- sea un extraterrestre 155
- simule un hueso salido 152
- transfórmese en un zombi 150

mareo *(ver también navegar)*

marisco *(ver también pescado)*
- abra una ostra 83
- casque un cangrejo 82
- limpie una langosta 80
- pele y desvene una gamba 81

masaje
- cure con digitopuntura 329
- dé masajes a un bebé con cólicos 305
- dese un masaje con piedras 350
- haga un masaje en los pies 195

mascarilla
- aplíquese una mascarilla casera 168

meditación
- medite para lograr paz interior 348

mentir
- desenmascare a un mentiroso 489

miel
- monte una colmena 278

mocasines
- cosa diseños indígenas 51
- fabrique unos mocasines de ante 53
- mida sus pies para los mocasines 52

monociclo
- vaya en monociclo 494

monstruo *(ver también zombi)*
- destierre monstruos imaginarios 308

mosquito
- mantenga los mosquitos a raya 432

moto
- levante rueda con su moto 491

móvil
- cuelgue un móvil llamativo 301

muebles
- ahorre espacio con esta cama 231
- cree una silla con cámaras de aire 237
- haga una cabecera forrada 232
- organice su casa con *feng shui* 250

música
- construya una sierra musical 469
- fabrique un bol con un disco 22
- haga un *didgeridoo* con un tubo 23
- lea música 468
- toque "chopsticks" 466
- toque un *twelve-bar blues* 467

n

nachos
- fría nachos 64

nadar *(ver también agua)*
- haga el muerto bocabajo 449
- nade a braza 361
- nade a crol 359
- nade a espaldas 360

naufragio *(ver navegar)*

navegar
- conozca el código morse 450
- conozca las partes de un barco 392
- descifre las banderas de señales 393
- enderece una piragua 390
- haga nudos marineros básicos 395
- sobreviva a un naufragio 451
- supere el mareo en un barco 394

neumático
- arregle un pinchazo 385
- cree una silla con cámaras de aire 237
- haga un columpio 2
- ponga un parche a un neumático 384
- repare una rueda pinchada 400

nieve *(ver también hielo)*
- cave una cueva en la nieve 425
- haga una bola de nieve de cristal 39
- salve a un hipotérmico 441
- trate un caso de congelación 442

niños *(ver también bebé)*
- convénzale para que coma verdura 310
- destierre monstruos imaginarios 308
- enseñe a un niño a montar en bici 307
- quite un chicle del pelo 309
- sirva un pulpo de plátano 311

nube
- utilice el poder del *cloudbuster* 475

nudo *(ver también cuerda, atar)*

173

236

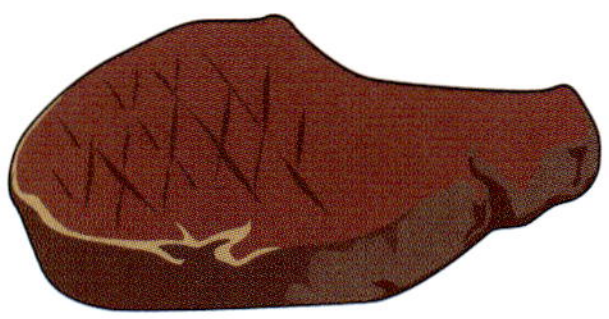

88

250

218

ate un lazo con un nudo de onda 455
haga nudos marineros básicos 395

o

ojos
consiga unos ojos sexis 159
pase un hilo por sus cejas 157
ponga y quite pestañas postizas 158
quítese una mota del ojo 335
ola
empalme complejas maniobras 398
manténgase en una tabla de surf 396
realice un intrépido pato 397
onda
presuma de ondas fabulosas 145
orientación
conozca el campo de golf 314
construya una brújula solar 417
improvise una brújula magnética 419
oriéntese con la cruz del sur 420
oriéntese con la estrella polar 416
oriéntese utilizando un reloj 418
origami
construya una caja de *origami* 17
cree un pingüino de papel 18
haga una estrella de 16 puntas 16
ostra
abra una ostra 83
ovni
engañe a los radares 476
haga círculos en los cultivos 477

p

pájaros *(ver también aves de corral)*
atraiga a bichos inofensivos 276
bañe a un loro 285
cree un pingüino de papel 18
prepare sebo para las aves 277
palillos
utilice palillos 77
pan
amase una *baguette* 99
trence un *brioche* 100
pantalones
dobladille unos vaqueros 181
elija un traje para cada ocasión 137
escoja unos pantalones 172
haga una falda vaquera sin coser 183
lleve un traje con pulcritud 138
repare los vaqueros rasgados 180
siga a flote con sus pantalones 448
pantano
camine seguro por un pantano 444
encienda un fuego con una lata 445
enfréntese a un cocodrilo 447
indentifique plantas comestibles 443
monte una cama en un pantano 424
salga de arenas movedizas 446
pañuelo
asombre con su nudo 175
póngase un pañuelo retro 179
papel
lance una bola de papel 459
pared
arregle un tablero de yeso 225
construya una pared de adobe 257
empapele a la perfección 221
pinte con esponja 228
pinte rayas decorativas 227
prepare y pinte una habitación 226
quite los desconchones 223
retire el papel de pared viejo 222
pareja
baile un *swing* con su pareja 198
busque a la del horóscopo chino 190
encuentre su pareja del zodiaco 189
rodee con el brazo a su pareja 192
pasta
acompañe la pasta con salsas 94
amase la pasta 95
corte *fettuccine* 96
doble *tortellini* 97
patata
cree un reloj con patatas 27
talle un sello de patata 38
patinar
aterrice con un *kickflip* de 180º 499
baje por una rampa 498
haga un *fingerflip* haciendo el pino 500
haga un *ollie* 497
pavo *(ver aves de corral)*
peces
atrape un pez en un lago helado 440
atrape un pez sin guantes 426
construya un estanque de *kois* 286
construya una pecera 236
defiéndase de un tiburón 452
fabrique una trampa para peces 427
ponga y lance el anzuelo 401
pecho
dé el pecho a un bebé 346
ordeñe una cabra 280
realice una autoexploración 345

pedicura
mime sus pies con una pedicura 166
pelo *(ver también vello facial)*
consiga una cresta de indio 147
cree extensiones de pelo con hilo 146
haga una trenza de raíz 142
hágase rastas 149
hágase un recogido sofisticado 143
luzca trencitas 148
luzca un moño cardado 144
presuma de ondas fabulosas 145
quite un chicle del pelo 309
bola *(ver también fútbol)*
domine el malabarismo 495
enceste un tiro libre 316
gire una pelota de baloncesto 460
haga un lanzamiento de petanca 318
haga una esfera con un CD 21
lance un servicio directo 317
lance una bola de papel 459
lance una bola rápida 315
perfeccione el *swing* 313
practique el cañón humano 496
perro
cepille los dientes a un cachorro 289
dé una pastilla al perro 292
elija un collar de perro adecuado 293
haga formas con un globo 35
lea su lenguaje corporal 290
pasee al perro 462
salude a un perro desconocido 291
pescado *(ver también marisco)*
enrolle *maki* 79
enrolle *sushi temaki* 78
petanca
haga un lanzamiento de petanca 318
pico de gallo
elabore pico de gallo 67
piedra
dese un masaje con piedras 350
elija la forma de una joya 210
haga saltar una piedra en el agua 461
juegue a las tabas 380
pierna
endurezca la parte inferior 357
entablille una pierna herida 342

pies
corte las uñas a su gato 298
cure con digitopuntura 329
haga piececitos 194
haga un masaje en los pies 195
mime sus pies con una pedicura 166
pimiento
corte un chile 66
elabore pico de gallo 67
pele un pimiento 71
pintar
decore huevos 4
dibuje a hurtadillas 12
pinte con esponja 228
pinte rayas decorativas 227
prepare y pinte una habitación 226
piña
corte una piña 58
piñata
haga una piñata para una fiesta 37
piragua *(ver navegar)*
planchar
planche una camisa con botones 186
plantas *(ver también jardinería, flores)*
identifique plantas comestibles 443
improvise una brújula magnética 419
monte un terrario tropical 32
trasplante una planta a otro tiesto 264
trasplante una planta de interior 263
plátano
lustre zapatos 139
sirva un pulpo de plátano 311
pollo *(ver aves de corral)*
pomelo
fabrique una bola aromática 41

102

275

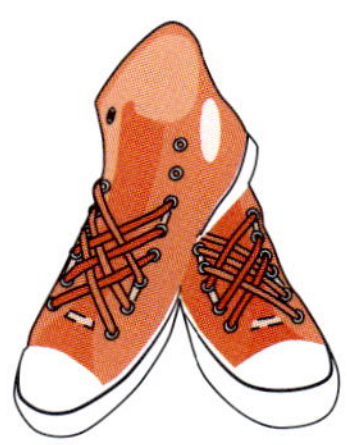

178

35

261

primeros auxilios
acabe con el hipo 474
calme una quemadura leve 331
cure una picadura de abeja 333
detenga una hemorragia 337
detenga una hemorragia nasal 332
entablille una pierna herida 342
haga un torniquete 339
póngase un cabestrillo 343
prepare un botiquín 336
quítese una mota del ojo 335
realice la rcp 340
salve a un hipotérmico 441
salve a una víctima de asfixia 341
saque una astilla 334
trate un caso de congelación 442
vende un corte profundo 338
puercoespín
abrace un puercoespín 287
pulsera
teja una pulsera de la amistad 33
puntadas
aprenda las puntadas básicas 50
puñetazo
dé un puñetazo efectivo 436

q

quemar
calme una quemadura leve 331
queso
haga una tostada en un palo 403
quimono
descifre los tipos de quimono 163
póngase un quimono 162

r

rábano
talle una rosa de rábano 69
radio
fabrique una radio de trincheras 29
incorpore efectos de sonido 482
ramo
prepare un elegante ramo 214
rcp
realice la rcp 340
reciclar
construya una pecera 236
cree una alfombra de plástico 238
cree una billetera con una baraja 24
cree una lámpara 241
cree una silla con cámaras de aire 237
fabrique un bol con un disco 22
haga una esfera con un CD 21
refugio
cave una cueva en la nieve 425
construya una casa de árbol 260
fabrique un quitasol 423
haga una cabaña 422
reiki
cure con *reiki* 351
relajación
medite para lograr paz interior 348
relájese en una sauna finlandesa 349
túmbese en una hamaca 382
reparaciones
arregle la cisterna de su wc 245
arregle un tablero de yeso 225
arregle un zócalo roto 224
cosa un botón 182
repare los vaqueros rasgados 180
repare un cabezal de ducha 244
repare una rueda pinchada 400
reptiles
cure una picadura de serpiente 431
determine el sexo de una tortuga 284
enfréntese a un cocodrilo 447
prepare una deliciosa serpiente 430
rodillo
haga que el rodillo no se pegue 74
ropa *(ver también confección, lencería, coser)*
conozca los diseños de las telas 136
conozca talles de faldas y vestidos 173
descifre los tipos de quimono 163
doble ropa femenina para viajar 370
doble ropa masculina para viajar 371
elija un traje para cada estación 137
elija una blusa 171
escoja unos pantalones 172
evite ser una hortera 174
lave un jersey a mano 185
limpie con sustancias naturales 249
lleve un traje con pulcritud 138
planche una camisa con botones 186
póngase un quimono 162
quite las manchas 184
salga de un coche en minifalda 191
siga a flote con sus pantalones 448
rosa
pode un rosal 267
prepare un elegante ramo 214
prepare una flor para el chaqué 215
talle una rosa de rábano 69

s

sándwich
haga un rico sándwich con dulces 404
sal
adorne un vaso con azúcar o sal 116
salchichas
elabore salchichas 85
salsa
corte un chile 66
elabore pico de gallo 67
haga salsa a fuego lento 93
sorprenda bailando salsa 200
salvia
purifique su casa 251
sangre
detenga una hemorragia nasal 332
elabore sangre de mentira 151
haga un torniquete 339
vende un corte profundo 338
sangría
haga una refrescante sangría 115
sartén
haga salsa a fuego lento 93
quite el óxido a una sartén 73
sauna
relájese en una sauna finlandesa 349
sebo
prepare sebo para las aves 277
seguridad *(ver también primeros auxilios, autodefensa)*
camine seguro por un pantano 444
señalice con las manos en la bici 386
sepa cuánto se mantiene la comida 76
seguridad alimenticia
identifique plantas comestibles 443
sepa cuánto se mantiene la comida 76
selva
circule por la selva 433
cure una picadura de serpiente 431
evite el ataque de una pantera 434
haga una cabaña 422
mantenga los mosquitos a raya 432
prepare una deliciosa serpiente 430
señal
conozca el código morse 450
descifre las banderas de señales 393
descifre su lenguaje corporal 294
fabrique una radio de trincheras 29
haga señales a un avión 454
lea su lenguaje corporal 187 y 290
mejore su *wi-fi* con un colador 240
señalice con las manos en la bici 386
serigrafía
serigrafíe un diseño fantástico 19
serpiente
cure una picadura de serpiente 431
prepare una deliciosa serpiente 430
silla
cree una silla con cámaras de aire 237
símbolos
conozca los símbolos de *henna* 213
encuentre los símbolos 480
ligue con emoticonos 201
ligue con emoticonos complejos 202
use el muñeco vudú 10
snowboard
descienda en una tabla 365
sol
calcule la luz solar que queda 421
construya una brújula solar 417
haga una caja para ver eclipses 30
sombra
proyecte sombras chinas 481
sujetador
fabrique un biquini de malla 25
surf
empalme complejas maniobras 398
manténgase en una tabla de surf 396
realice un intrépido pato 397
sushi
enrolle *maki* 79
enrolle *sushi temaki* 78

46

218

169

126

7

swing
baile un *swing* con su pareja 198
perfeccione el *swing* 313

t

tabaco
anude un cigarrillo 470
disfrute de un ritual de pipa 381
gane las apuestas de los bares 472
tabas
juegue a las tabas 380
taichi
haga un movimiento de taichi 352
tango
baile un sensual tango 199
tarántula
alimente una *grammostola rosea* 283
ase una tarántula 428
tarta
prepare el adorno de una tarta 101
té
comparta la auténtica yerba mate 383
elabore té de mantequilla de yak 124
encuentre los símbolos 480
haga té ruso en un samovar 123
lea el futuro en las hojas de té 478
prediga cuándo pasará 479
prepare un té digno de una reina 122
sirva té helado tailandés125
tejer
haga el montaje para tejer 47
haga punto del derecho 48
haga punto del revés 49
tenis
lance un servicio directo 317
teñir
consiga una camiseta desteñida 45
cree una espiral desteñida 46
decore huevos 4
tiña un mantel de batik 43
terrario
monte un terrario tropical 32
tiburón
defiéndase de un tiburón 452
tiempo
calcule la luz solar que queda 421
coquetee por la noche 188
cree un reloj con patatas 27
elija su destino ideal 369
oriéntese utilizando un reloj 418
tinta
escriba con tinta invisible 13
tirachinas
monte un supertirachinas 15
tocar
acabe con el dolor de brazo 196
haga piececitos 194
haga un masaje en los pies 195
prepare un hogar romántico 218
rodee con el brazo a su pareja 192
tomate
haga una flor de tomate 68
tortuga
determine el sexo de una tortuga 284
traje
conozca los diseños de las telas 136
elija un traje para cada estación 137
lleve un traje con pulcritud 138
trenzar
cree una alfombra de plástico 238
cree una silla con cámaras de aire 237
haga una trenza de raíz 142
prepare el adorno de una tarta 101

u

uñas
hágase una manicura perfecta 165
limpie su piel 167
utensilio
afile y saque brillo a un cuchillo 75
haga que el rodillo no se pegue 74
mejore su *wi-fi* con un colador 240
mezcle bebidas en una coctelera 117
utilice palillos 77
utilice un mortero 119

v

vaca
atrape a un ternero 456
conozca los cortes de la vaca 84
corra el encierro de Pamplona 414
vals
baile el vals toda la noche 197
vello facial
aféitese bien la barba 141
conozca los bigotes y las barbas 140
pase un hilo por sus cejas 157
verduras
arregle una alcachofa 72
convénzale para que coma verdura 310
cree un reloj con patatas 27
haga una flor de tomate 68
pele un pimiento 71
talle un sello de patata 38
talle una rosa de rábano 69
vergüenza, evitar la
encuentre el lavabo de caballeros 377
encuentre el lavabo de señoras 376
evite ser una hortera 174
salga de un coche en minifalda 191
vestido
conozca talles de faldas y vestidos 173
viajar *(ver también avión)*
celebre el día de muertos 415
conozca los distintos inodoros 375
corra el encierro de Pamplona 414
desfile en el carnaval de Río 412
doble ropa femenina para viajar 370
doble ropa masculina para viajar 371
elija su destino ideal 368
empápese en colores 413
encuentre el lavabo de caballeros 377
encuentre el lavabo de señoras 376
sepa la hora en cualquier lugar 369
vino
abra una botella de vino 108
abra una botella sin sacacorchos 405
cate un vino 110
haga una refrescante sangría 115
quite trozos de corcho del vino 109
sirva y acompañe un pinot gris 103
sirva y acompañe un pinot negro 105
sirva y acompañe un cabernet 107
sirva y acompañe un merlot 106
sirva y acompañe un chardonnay 104
volcán
construya un volcán en erupción 31
vudú
confeccione un muñeco vudú 9
protéjase con un amuleto 11
use el muñeco vudú 10

w

wi-fi
mejore su *wi-fi* con un colador 240

y

yerba mate *(ver té)*
yoga
conecte con su pareja con yoga 206
haga una postura básica de yoga 353
yoyó
pasee al perro 462

z

zapatos
ate sus zapatos con estilo 178
cosa diseños indígenas 51
fabrique unos mocasines de ante 53
lustre zapatos 139
mida sus pies para los mocasines 52
zócalo
arregle un zócalo roto 224
zodiaco
busque a la del horóscopo chino 190
encuentre su pareja del zodiaco 189
zombi
cree una herida sangrante 153
elabore sangre de mentira 151
simule un hueso salido 152
transfórmese en un zombi 150
zonas erógenas
haga piececitos 194
haga un masaje en los pies 195

287

118

267

471

94

mira quién

John Owen
Pte. Ejecutivo de Altos Vuelos

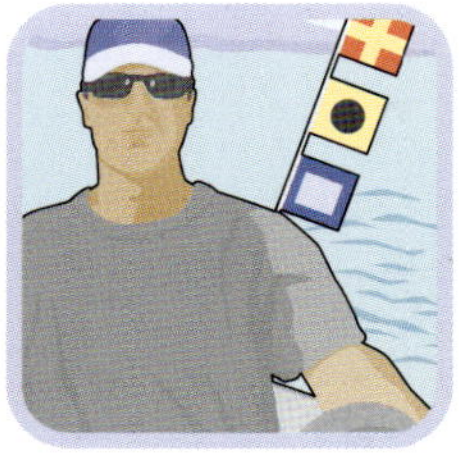
Terry Newell
Director Ejecutivo y Pte. Salado

Dawn Low
Vicepta. del Drive VP; Ventas

Amy Kaneko
Vicepta. a la Moda; Ventas

Stuart Laurence
Vicepte. Surfero; Ventas Extranjero

Kristine Ravn
Coordinadora Amante de los Animales

Roger Shaw
Vicepresidente y Editor Barman

Mariah Bear
Redactora Jefe Implacable

Lucie Parker
Ediora de Proyectos Errante

Paula Rogers
Editora Tragafuegos

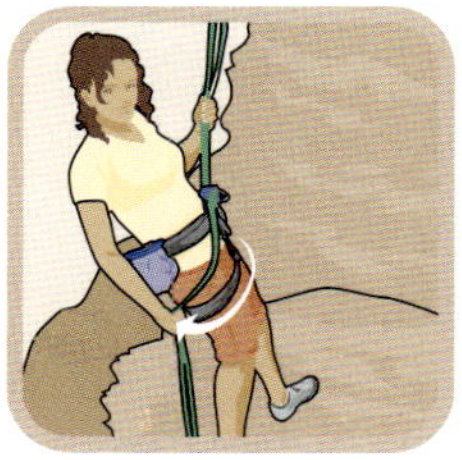
Sarah Gurman
Ayudante de Redacción Escaladora

Mark Perrigo
Director Financiero Astuto

Gaye Allen
Vicepta. Estética; Dtora. Creativa

Kelly Booth
Dtora. Artística Bailarina de Samba

Britt Staebler
Diseñadora e Ilustradora Chic

Esy Casey
Diseñadora Cósmica

William Mack
Diseñador Ingenioso

Delbarr Navai
Diseñadora *Paparazzi*

Lauren Smith
Portavoz de Artesanos

Derek Fagerstrom
Portavoz de Dobladores de Sierras

Mira cómo se hace

Título original: *Show Me How: Instructions For Life*
Autores: Derek Fagerstrom, Lauren Smith y El Show Me Team
Diseño de cubierta: Weldon Owen
Traducción y compaginación: abm Communication Management S.L

Círculo de Lectores, S.A.
(Sociedad Unipersonal)
Travessera de Gràcia, 47-49.
08021 Barcelona
www.circulo.es
8012987654321

Licencia editorial para Círculo de Lectores por cortesía de Weldon Owen.

ISBN 978-84- 672-3231-8
N.º 40253

SHOW ME NOW™

Un libro **Show Me Now**.
Show Me Now es una marca registrada de Weldon Owen Inc.
www.showmenow.com

Chris Hemesath
Director de Producción Baloncestista

Michelle Duggan
Jefa de Producción Haciendo Eslalon

Teri Bell
Jefa de Colorido Extravagante

Charles Mathews
Coordinador de Producción Simpático

Hayden Foell
Ilustrador de Alzamiento de Pintas

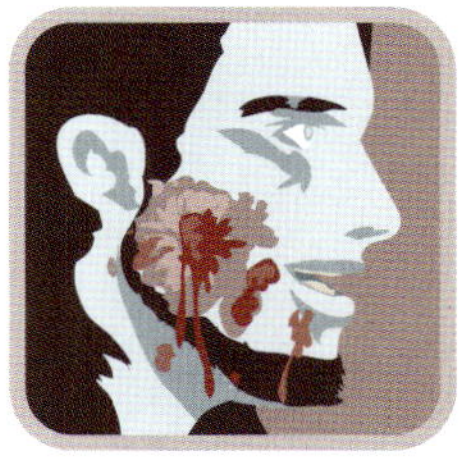

Ross Sublett
Ilustrador de Muertos Vivientes

Matthew Borgatti
Especialista en Ilustración a la Última

Michael Alexander Eros
Ayudante de Producción Intrépido

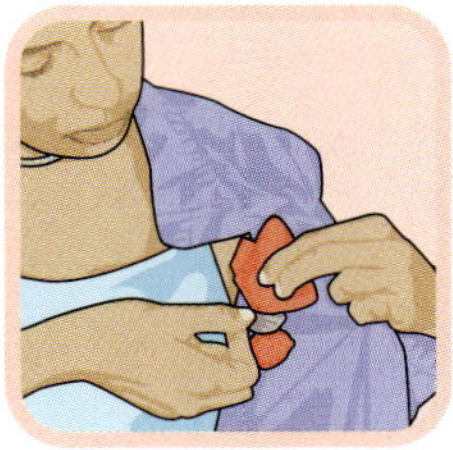

Brandi Valenza
Investigadora de Amuletos

Juan Calle
Ilustrador Revivido

Joshua Kemble
Ilustrador Trasnochador

Vic Kulhin
Ilustrador Malabarista

Vincent Perea
Ilustrador Entrenador de Perros

Bryon Thompson
Ilustrador Aventurero

Otis Thomson
Ilustrador Pez Gordo

Gabhor Utomo
Ilustrador Misterioso

Tina Cash Walsh
Ilustradora Ciclista de Montaña

Mary Zins
Ilustradora Tradicional

CRÉDITOS DE LAS ILUSTRACIONES Las ilustraciones de este libro son fruto de la gran labor de equipo que se ha llevado a cabo y nos gustaría agradecer a nuestros ilustradores el esfuerzo realizado.

Portada: **Britt Staebler**: bailarines, elefante, martini, camisa **Bryon Thompson:** patinadores **Juan Calle:** jugador de baloncesto **Mary Zins:** tragafuegos **Kelly Booth:** emoticonos *Contraportada:* **Britt Staebler:** barman **Tina Cash Walsh:** *mohawk*, *sabrage*, bebé **Vincent Perea:** quimono **Bryon Thompson:** buzos **Juan Calle:** gusano

Abreviaturas: f=fondo, b=bordes, m=marcos, ex=dibujos adicionales

Juan Calle: 16-18, 27, 28, 44, 81, 86, 150-156, 176, 187-188, 193-194, 258-259 m, 277, 313-314, 317-318, 334, 347, 363-367, 387-391, 396-398, 412-414 m, 435-438, 443-447, 460, 463-465, 470, 472 **Esy Casey:** 19 ex, 43, 126-127 f, 241 f, 256 f, 258 f, 354, 449 **Hayden Foell:** 210, 278 m, 279 **Joshua Kemble:** 11m, 122-125, 191, 236-238 m, 256-257 m, 269-270, 315-316, 331-333, 335, 337-339, 340-343, 426-430, 451-452, 475-476, 490, 492 **Vic Kulhin:** 25-26, 29, 82, 98-101, 231, 241 m, 252, 260-261f, 384-385, 448, 461-462, 459, 491, 494-496 **William Mack:** cubiertas de los capítulos **Vincent Perea:** 9 m, 162-163, 180-182, 186, 280-281 m, 283-284, 286, 289-290, 294, 296, 392, 394-395, 431-434, 439-42 **Britt Staebler:** 4, 9-11 f, 10, 32, 35-38 f, 39, 50, 55-56, 67, 68-69 f, 76, 77, 77-79 f, 84-85, 114, 116, 118-119, 120-121, 126-127, 133, 136-138, 171-174, 177, 184, 189-190, 197-200, 212-213, 218, 219-220, 233, 246-249, 250, 262, 268, 271-276, 278 f, 303, 326-328, 336, 348, 353, 355-358, 370-371, 372, 375, 378-379, 386 m, 406-408, 412-414 f, 415, 455-457, 477, 478-480, 482 **Bryon Thompson:** 5-8, 59-62, 102-107, 140, 329-330, 359-362, 421-425, 453-454, 497-500 **Otis Thomson:** 113, 164, 226-228 **Wil Tirion:** 416, 420 **Gabhor Utomo:** 13, 15, 19, 20, 22, 24, 30-31, 33, 35-38 m, 45-46, 51-53, 58, 73, 75, 87-89, 90, 92-93, 130, 142-143, 149, 185, 195, 224-225, 230, 234-235, 242, 244, 251, 263-264, 265-266, 280-282 f. 282, 292, 295, 297, 307-311, 312, 319-325, 344-346, 351-352, 368, 373-374, 386 f, 399-400, 409-411, 419, 458, 466-469 f, 466, 471, 474, 483-486, 487-489 **Brandy Valenza:** 368-369 f **Tina Cash Walsh:** 2, 3, 12, 14, 21, 23, 34, 40-42, 47-49, 57, 63-66 m, 68-72 m, 74, 78-79 m, 80, 83, 91, 94, 95-97, 108-112, 115, 117 m, 128-129, 131-132, 134-135, 139, 141, 146-147, 157-161, 165-170, 175, 178-179, 183, 192, 203-206, 211, 216-217, 221-223, 236-238 ex, 239-240, 243, 253-255, 285, 287-288, 291, 298, 299-300, 302, 304-306, 349-350, 380-383, 401-405, 418 **Mary Zins:** 144-145, 148, 196, 214-215, 229, 232, 236 ex, 245, 260 m, 265-267 ex, 267, 301, 393, 393 b, 417, 467-469 m, 473, 481, 493

cómo lo hicimos

Para crear y editar las ilustraciones de este libro se ha utilizado Adobe Illustrator. El tipo de letra es Gill Sans, diseñada por Eric Gill en 1927. Esta fuente, versátil y fácil de leer, recibió la influencia de la fuente Johnston diseñada por Edward Johnston para el metro de Londres, en la que trabajó cuando era aprendiz de Johnston.

La investigación, verificación y comprobación de datos la ha realizado un amplio grupo de expertos y profesionales entusiastas. Estamos especialmente agradecidos a Jennifer Newens y Hannah Rahill por su destreza en la cocina, a Lou Bustamante por los consejos cocteleros, a Elizabeth Dougherty por la visión maternal, a Jay Wiseman por las indicaciones sobre primeros auxilios, a Ronda Slota por la formación en yoga, a Renee Myers por la clase de punto, a Khan "Samurai" Hasegawa del Café Abir por su maestría cafetera, a Jan Egan por sus conocimientos en obstetricia, a Richard Trory por su saber hacer constructor, y a Karen Perez por los datos náuticos. Otros muchos expertos en todo tipo de materias, desde motos a minifaldas, aportaron sus conocimientos y su enfoque a fin de mejorar este libro.

Casi todo el Show Me Team aparece en las páginas anteriores, aunque también contribuyeron Christopher Davis, Stephanie Tang, Shelly Firth, Malin Westman y Scott Erwert. Susan Jonaitis aportó su maestría en corrección y edición y Mike Bass consiguió que las computadoras no dejaran de funcionar. Muchas gracias a todos.

mira cómo lo hago

¿Sabe una manera mejor, más rápida o más ingeniosa de hacer alguna de las cosas que aparece en este libro? ¡Si la sabe, queremos conocerla! Envíenos un correo electrónico a email@showmenow.com y sus ideas podrían aparecer en la siguiente edición de este libro. Envíenos fotos y/o un video, y quizá le retratemos mostrando el proceso.

forme parte del equipo

¿Cree que hay algo que debería haberse incluido en este libro? ¿Algo que usted o sus amigos saben hacer y de lo que quieren presumir? Nuestro Show Me Team está buscando nuevos colaboradores para que muestren al mundo sus conocimientos. Por favor envíenos sus mejores ideas* y, si las empleamos, será reconocido como miembro oficial de este emocionante grupo de expertos y aficionados.

* y también algunas de las segundas mejores.